AF566017

Claudia Goldin

Karriere und Familie

Propyläen wurde 1919 durch die Verlegerfamilie Ullstein als Verlag für hochwertige Editionen gegründet. Der Verlagsname geht zurück auf den monumentalen Torbau zum heiligen Bezirk der Athener Akropolis aus dem 5. Jh. v. Chr. Heute steht der Propyläen Verlag für anspruchsvolle und fundierte Bücher aus Geschichte, Zeitgeschichte, Politik und Kultur.

Claudia Goldin

Karriere & Familie

DER JAHRHUNDERTELANGE WEG DER FRAUEN ZU MEHR GLEICHBERECHTIGUNG

Aus dem Englischen von Marlene Fleißig, Rita Gravert, Sigrid Schmid und Caroline Weißbach

PROPYLÄEN

Die Originalausgabe erschien 2021 unter dem Titel *Career and Family. Women's Century-Long Journey toward Equity* bei Princeton University Press, Princeton.

Wir verpflichten uns zu Nachhaltigkeit

- Papiere aus nachhaltiger Waldwirtschaft und anderen kontrollierten Quellen
- Druckfarben auf pflanzlicher Basis
- ullstein.de/nachhaltigkeit

Propyläen ist ein Verlag der Ullstein Buchverlage GmbH
www.propylaeen-verlag.de

ISBN 978-3-549-10082-0

Gesetzt aus der Minion Pro
Satz: Dörlemann Satz, Lemförde
Druck und Bindearbeiten: GGP Media GmbH, Pößneck
Printed in Germany

Inhalt

1 Das neue Problem ohne Namen

Arbeit und Familie, Arbeits- und Privatleben unter einen Hut zu bringen ist für Paare aller Art heute schwieriger als je zuvor. In den Vereinigten Staaten bemerken wir gerade kollektiv, wie wichtig, wie wertvoll für die Gegenwart und für zukünftige Generationen Care-Arbeit ist. Die Kosten dieser Care-Arbeit werden uns erst langsam bewusst: das geminderte Einkommen, die abgeflachte Karriere und die Kompromisse, die Paare (heterosexuell und gleichgeschlechtlich) dafür eingehen müssen, sowie die besondere Belastung für alleinerziehende Mütter und Väter.

Betty Friedan schrieb 1963 über Collegeabsolventinnen, die über ihr Hausfrauen- und Mütterdasein frustriert waren, sie hätten »ein Problem ohne Namen«. Fast 60 Jahre später stehen die meisten Collegeabsolventinnen im Berufsleben, aber im Vergleich zu den Absolventen werden sie bei Gehalt und beruflichem Aufstieg offenbar oft immer noch benachteiligt. Auch sie haben ein »Problem ohne Namen«.

Doch in Wirklichkeit hat ihr Problem viele Namen: Geschlechterdiskriminierung, Gender Bias, gläserne Decke, Mutti-Syndrom, aufs Abstellgleis geschoben werden – suchen Sie sich etwas aus. Eine unmittelbare Lösung für dieses Problem ist nicht in Sicht. Wir sollten Frauen beibringen, konkurrenzfreudiger zu sein und besser zu verhandeln. Wir müssen die unausgesprochenen Vorurteile der Führungskräfte aufdecken. Die Regierung sollte Geschlechterparität in Unternehmensvorständen verpflichtend machen und den Grundsatz von gleicher Bezahlung für gleiche Arbeit durchsetzen.

Frauen in den Vereinigten Staaten und andernorts fordern immer lauter eine solche Lösung. Landesweit machen ihre Anliegen Schlagzeilen (und werden in Büchern veröffentlicht). Brauchen sie mehr Biss? Müssen sie sich mehr reinhängen? Warum steigen Frauen in Unternehmen langsamer auf als ihre männlichen Kollegen? Warum werden ihre Erfahrung und die Dauer der Betriebszugehörigkeit nicht angemessen vergütet?

Viele Frauen werden zusätzlich von persönlicheren Zweifeln geplagt, die sie nur Lebenspartnern oder guten Freundinnen anvertrauen. Ist es klug für eine Frau, mit jemandem auszugehen, der genauso viel Zeit für seine Karriere aufwendet wie sie selbst? Soll sie die Gründung einer Familie aufschieben, selbst wenn sie sicher ist, dass sie Kinder will? Soll sie Eizellen einfrieren lassen, wenn sie mit 35 noch keinen Partner gefunden hat? Ist sie bereit, eine ehrgeizige Karriere (an der sie womöglich seit dem Schulabschluss gearbeitet hat) aufzugeben, um Kinder großzuziehen? Wenn sie es nicht tut, wer wird dann die Pausenbrote schmieren, das Kind vom Schwimmtraining abholen und auf Notfallanrufe aus der Schule reagieren?

Frauen fühlen sich immer noch ausgenutzt. Sie geraten bei ihrer Karriere ins Hintertreffen und verdienen gleichzeitig weniger als ihre Ehemänner und männlichen Kollegen. Man sagt ihnen, sie seien selbst schuld an ihren Problemen. Sie seien nicht aggressiv genug und verhandelten nicht ausreichend; sie forderten ihren Platz am Tisch nicht ein, und wenn sie es täten, verlangten sie nicht genug. Aber Frauen wird auch gesagt, dass sie nicht selbst schuld an ihren Problemen sind, selbst wenn diese Probleme ihr Verderben sind. Sie werden ausgebeutet, diskriminiert, schikaniert und aus dem Männerclub ausgeschlossen.

All diese Faktoren sind real. Aber sind sie wirklich die Wurzel des Problems? Summieren sie sich zu dem großen Unterschied bei Gehalt und Karriere auf, der zwischen Männern und Frauen besteht? Wenn all diese Probleme auf wundersame Weise beseitigt würden, würde die Welt von Frauen und Männern, die Welt der Paare und der jungen Eltern völlig anders aussehen? Bilden sie zusammen das »neue Problem ohne Namen«?

Öffentliche und private Diskussionen haben diese wichtigen Themen ans Licht gebracht, dennoch ignorieren wir häufig die riesigen Ausmaße und die lange Geschichte des Geschlechtergefälles. Ein einzelnes Unternehmen, dem man auf die Finger klopft, eine weitere Frau, die es in den Aufsichtsrat schafft, ein paar wenige fortschrittliche IT-Führungskräfte, die in Elternzeit gehen – derartige Lösungen sind ebenso unzureichend wie eine Packung Pflaster in einer Pestepidemie.

Diese Maßnahmen haben den Gender-Pay-Gap nicht beseitigt. Und sie werden nie eine umfassende Lösung für die Geschlechterungleichheit liefern, weil sie nur an Symptomen herumdoktern. Sie werden Frauen nie ermöglichen, Karriere und Familie im selben Umfang zu verwirklichen, wie Männer es können. Wenn wir den Pay-Gap auslöschen oder auch nur verringern wollen, müssen wir erst näher an die Ursachen dieser Rückschläge heran und dem Problem einen zutreffenderen Namen geben: gierige Arbeit – *greedy work.*[1]

Ich kann nur hoffen, dass, wenn Sie dies lesen, die Corona-Pandemie – die immer noch wütet, als ich dieses Kapitel beende – abgeflaut ist und wir etwas aus ihr gelernt haben. Die Pandemie hat einige Probleme vergrößert, andere beschleunigt und weitere offengelegt, die schon lange gegärt haben. Aber die Zerreißprobe zwischen Familie und Beruf, vor der wir stehen, ist viele Jahrzehnte älter als diese globale Katastrophe. Tatsächlich begannen Frauen den Kampf, zunächst einmal überhaupt arbeiten zu dürfen und dann Familie und Beruf miteinander vereinbaren zu können, vor mehr als 100 Jahren.

Im 20. Jahrhundert war Diskriminierung ein großes Karrierehindernis für Frauen. Historische Dokumente aus den 1930ern bis zu den 1950ern beweisen allzu deutlich, wie stark Frauen bei Anstellung und Verdienst benachteiligt und diskriminiert wurden. In den späten 1930ern gaben Firmenchefs in Umfragen an: »Lohnarbeit ist für Mädchen nicht geeignet«, »Wer in diesen Jobs (Autohandel) arbeitet, hat Kontakt mit der Öffentlichkeit … Frauen wären da nicht akzeptabel«, und »Ich würde keine Frau als Maklerin beschäftigen«.[2] Das war am Ende der Weltwirtschaftskrise. Doch auch in den 1950er-Jahren, als die Arbeitsmarktlage angespannt war, erklärten Unternehmenssprecher grundsätzlich: »Mütter mit kleinen Kindern werden nicht eingestellt«, »Verheiratete Frauen mit … Kleinkindern werden nicht ermutigt, zur Arbeit zurückzukehren«, und »Eine Schwangerschaft ist ein Grund für eine freiwillige Kündigung, [auch wenn] die Frauen gerne wieder ins

Unternehmen zurückkehren können, wenn die Kinder, sagen wir, die Mittelstufe erreicht haben«.[3]

Die Beschäftigung verheirateter Frauen war bis in die 1940er-Jahre durch allerlei Gesetze und Unternehmensgrundsätze eingeschränkt. Danach wurden Schwangerschaften zum Einstellungshindernis oder gar zum Kündigungsgrund, und Unternehmen schlossen die Einstellung von Frauen mit kleinen Kindern aus. Bei manchen Institutionen aus dem akademischen Bereich war Vetternwirtschaft bei der Arbeitsplatzvergabe verboten. Der Zugang zu zahllosen Jobs war nach Geschlecht, Familienstand und natürlich Hautfarbe beschränkt.

Heute geschieht das nicht mehr ganz so offensichtlich. Aktuelle Daten zeigen, dass echte Diskriminierung bei Bezahlung und Einstellung immer noch eine Rolle spielt, aber relativ gering ist. Das bedeutet nicht, dass Frauen nicht mehr mit Benachteiligung oder Diskriminierung konfrontiert sind oder es keine sexuellen Belästigungen und Übergriffe am Arbeitsplatz mehr gibt. Die landesweite #MeToo-Bewegung gab es nicht ohne Grund. In den späten 1990ern reichte Lilly Ledbetter Klage wegen sexueller Belästigung gegen Goodyear Tire ein, und die Klage wurde zugelassen. Das war ein echter Sieg für sie, aber sie zog die Anzeige zurück, als sie ihre alte Stelle als Abteilungsleiterin zurückbekam. Jahre später führte sie ihren inzwischen berühmten Prozess wegen ungerechter Bezahlung. Ledbetter bekam schlechte Leistungsbeurteilungen und so gut wie keine Gehaltserhöhungen, weil die Männer, deren Vorgesetzte sie war, sie ebenso diskriminierten wie die Männer, die letztendlich das Sagen hatten, aber den Sexismus ihrer Untergebenen ignorierten. In Ledbetters Fall war der Unterschied zwischen ihrem Gehalt und dem ihrer Kollegen zu 100 Prozent auf Diskriminierung zurückzuführen.

Also warum gibt es dann immer noch Unterschiede bei der Bezahlung, wenn Geschlechtergerechtigkeit bei der Arbeit doch nun endlich in greifbare Nähe gerückt zu sein scheint, und in einer Zeit, in der Frauen mehr Berufe offenstehen als je zuvor? Bekommen Frauen tatsächlich *weniger* Geld für die *gleiche* Arbeit? Im Großen und Ganzen sind die Unterschiede nicht mehr sehr groß. Tatsächlich macht eine geringere Bezahlung für die gleiche Arbeit nur einen kleinen Teil der Einkommenslücke insgesamt aus. Heute ist das Problem ein anderes.

Manche führen das Lohngefälle zwischen den Geschlechtern auf Geschlechterklischees bei der Berufswahl zurück – die Vorstellung, dass Frauen und Männer selbst Berufe wählen oder in Berufe gedrängt werden, die für ihr Geschlecht typisch sind (etwa bei Krankenpflegerin vs. Arzt, Lehrerin vs. Hochschuldozent), und dass diese Berufe unterschiedlich vergütet werden. Doch die vorliegenden Daten ergeben ein anderes Bild. Bei fast 500 Berufen, die der US Census aufführt, basieren zwei Drittel der geschlechtsbasierten Unterschiede beim Einkommen auf Faktoren *innerhalb* der jeweiligen Berufe.[4] Selbst wenn Frauen bei ihrer Berufswahl der männlichen Verteilung folgen würden – wenn Frauen Ärztinnen und Männer Krankenpfleger wären –, würde das nur ein Drittel des Einkommensunterschieds zwischen Männern und Frauen beseitigen.[5] Es ist damit empirisch nachgewiesen, dass der Löwenanteil des Gender-Pay-Gaps andere Gründe haben muss.

Langzeitdaten – die im Verlauf eines Lebens über das Einkommen eines Menschen gesammelt werden – lassen erkennen, dass direkt nach dem College (oder dem Aufbaustudium) die Gehälter von Männern und Frauen auffallend gleich sind. In den ersten Berufsjahren fällt der Gender-Pay-Gap für Collegeabsolventen und frisch gebackene MBAs zum Beispiel gering aus und lässt sich zum Großteil durch unterschiedliche Studienfach- und Berufswahl zwischen Männern und Frauen erklären.[6] Zu Beginn ihrer Karriere stehen Männer und Frauen also fast gleichberechtigt da. Sie haben sehr ähnliche Möglichkeiten, treffen aber unterschiedliche Entscheidungen, durch die anfänglich ein leichtes Einkommensgefälle entsteht.

Erst später im Leben, etwa zehn Jahre nach dem Collegeabschluss, treten große Differenzen bei der Bezahlung von Männern und Frauen auf. Sie arbeiten in verschiedenen Marktbereichen für verschiedene Firmen. Meist beginnen diese Veränderungen ein oder zwei Jahre nach der Geburt eines Kindes, und sie wirken sich fast immer negativ auf die Karriere der Frauen aus. Aber auch unmittelbar nach der Hochzeit beginnt sich das Einkommensgefälle zu vergrößern.

Durch den Eintritt der Frauen ins Berufsleben veränderte sich die Beziehung zwischen Familie und Wirtschaft in den Vereinigten Staaten grundlegend. Der Gender-Earnings-Gap ist nur Symptom eines weit größeren Problems, und wir werden seine Ursache erst ergründen können, wenn wir seine Entwicklung verstehen. Die Einkommenslücke zwischen den Geschlechtern ist das Resultat einer Karrierelücke, die wiederum Grundlage für die Ungleichheit in Paarbeziehungen ist. Um wirklich zu verstehen, was das bedeutet, muss man die Rolle der Frau in der US-amerikanischen Wirtschaft betrachten und überlegen, wie sie sich im letzten Jahrhundert verändert hat.

In diesem Buch werden wir uns überwiegend auf Frauen mit Collegeabschluss konzentrieren, weil sie die größten Chancen auf eine Karriere haben und ihre Anzahl seit einiger Zeit immer weiter zunimmt. Im Jahr 2020 hatten fast 45 Prozent der 25-jährigen Frauen einen Abschluss von einem vierjährigen College oder standen kurz davor.[7] Bei Männern waren es nur 36 Prozent. Natürlich gab es nicht schon immer mehr Absolventinnen als Absolventen. Lange Zeit und aus vielerlei Gründen standen Frauen vor enormen Hürden, wenn sie ein College besuchen oder gar einen Abschluss machen wollten. Im Jahr 1960 machten für jede Frau 1,6 Männer einen Abschluss an einem vierjährigen College oder einer Universität. Doch ab Ende der 1960er- und frühen 1970er-Jahre änderte sich das. Im Jahr 1980 war der Vorsprung der Männer dahin. Seither haben jedes Jahr mehr Frauen als Männer eine vierjährige Hochschulausbildung abgeschlossen.[8]

Und nicht nur die Abschlüsse von Frauen an Colleges und Universitäten erreichen Rekordzahlen – die Frauen stecken sich immer höhere Ziele. Heute streben mehr Absolventinnen als je zuvor ein Aufbaustudium und danach ehrgeizige Karrieren an. Kurz vor der Weltfinanzkrise erwarben 23 Prozent der Collegeabsolventinnen einen der höchsten akademischen Grade, Master- oder Doktortitel. Das ist mehr als das Vierfache im Vergleich mit 40 Jahren zuvor. Bei Männern blieb der Anteil im selben Zeitraum konstant um 30 Prozent. Frauen planten zunehmend langfristige, lukrative und erfüllende Karrieren – anhaltenden Erfolg, der die individuelle Identität prägt.

Immer mehr von diesen Frauen haben auch Kinder – mehr als seit dem Ende des Babybooms. Fast 80 Prozent der Collegeabsolventinnen, die heute Mitte bis Ende 40 sind, haben ein Kind zur Welt gebracht (weitere 1,5 Prozent haben Kinder adoptiert, ohne selbst eines geboren zu haben). Vor 15 Jahren hatten nur 73 Prozent aller Collegeabsolventinnen Mitte 40 mindestens ein Kind bekommen. Die Geburtenrate ist bei Collegeabsolventinnen, die in den frühen 1970ern geboren wurden, also wesentlich höher als bei jenen, die Mitte der 1950er-Jahre geboren wurden.[9] Heute gibt es mehr Frauen als je zuvor – wie Keisha Lance Bottoms, Liz Cheney, Tammy Duckworth, Samantha Power und Lori Trahan –, die alle eine erfolgreiche Karriere *und* Kinder haben und derzeit etwa 50 Jahre alt sind.

Collegeabsolventinnen nehmen nicht mehr fraglos hin, dass sie nur eine Karriere haben können, wenn sie auf eine eigene Familie verzichten. Jene mit Kindern sind nicht mehr zufrieden damit, eine Familie zu haben, aber keine Karriere. Im Großen und Ganzen wollen Collegeabsolventinnen in beiden Bereichen erfolgreich sein. Doch dafür müssen sie jede Menge Zeitkonflikte lösen und viele schwierige Entscheidungen treffen.

Die Zeit macht keinen Unterschied zwischen Männern und Frauen. Wir alle haben gleich viel Zeit zur Verfügung und müssen entscheiden, wofür wir sie verwenden. Das zentrale Problem für Frauen, die eine erfolgreiche Karriere und ein erfüllendes Familienleben miteinander vereinbaren wollen, sind Zeitkonflikte. In den Aufbau einer Karriere muss man vor allem zu Anfang erheblich Zeit investieren, genau in den Jahren, in denen man Kinder haben »sollte«. Auch für die Familie braucht man eine erhebliche Menge Zeit. Diese Entscheidungen haben heftige Konsequenzen, und schlechte Entscheidungen lassen sich nur schwer wiedergutmachen. Vor 50 Jahren gab eine Unternehmensleiterin und dreifache Mutter jüngeren Frauen bezüglich Karriere den Rat: »Es ist schwierig – aber machen Sie es.«[10]

Wir treffen ständig Entscheidungen, ob wir Party machen oder lieber lernen, ob wir anspruchsvolle Kurse belegen oder einfache. Manche Entscheidungen sind folgenreicher als andere. Ob man jung heiratet oder erst später. Ob man ein Aufbaustudium macht oder gleich einen Job sucht. Ob man jetzt ein Kind bekommt oder das Risiko eingeht, dass man es später nicht mehr kann. Ob man Zeit mit einem Kunden verbringt oder mit dem Kind. Diese großen, folgenreichen Entscheidungen, wie man als Collegeabsolventin seine Zeit einteilt, fangen nach dem Bachelorabschluss an.

Bis vor Kurzem heirateten Collegeabsolventinnen überraschend jung. Bis circa 1970 lag das mediane Alter bei der ersten Hochzeit für Collegeabsolventinnen bei etwa 23 Jahren.[11] Das erste Kind wurde wenig später geboren. Wenn eine Frau jung heiratet, kann sie meist kein Aufbaustudium beginnen, zumindest nicht sofort. Junge Ehepaare wechseln den Wohnort häufiger wegen der Karriere und Ausbildung des Mannes als der Frau. Frauen räumten ihren eigenen Karriereaussichten nicht immer Priorität ein. Stattdessen opferten sie ihre Karriere häufig zugunsten der Familie.

Frauen, die von den 1940ern bis in die späten 1960er das College abschlossen, heirateten früh, weil es riskant war, die Heirat hinauszuschieben. Eine feste Beziehung einzugehen und – letztendlich – sich zu verloben, kurz nachdem man eine ernsthafte (und sexuelle) Beziehung eingegangen war, galt als wichtige Absicherung gegen eine voreheliche Schwangerschaft. In einer Welt, in der Frauen keine effektive Empfängnisverhütung zur Verfügung stand, waren die Wahlmöglichkeiten eingeschränkt.

Im Jahr 1961 war die Pille erfunden und als Arzneimittel in den USA zugelassen worden, und viele Frauen hatten sie sich beschafft. Aber Gesetze und gesellschaftliche Konventionen verhinderten, dass die Pille an junge, unverheiratete Frauen ausgegeben wurde. Diese Beschränkungen wurden erst um 1970 aus verschiedenen Gründen gelockert, die meist nichts mit Verhütung zu tun hatten. Die Pille eröffnete Collegeabsolventinnen neue Möglichkeiten für die Lebensplanung und räumte die erste Hürde aus dem Weg. Frauen konnten nun zeitaufwendige – und tatsächlich in allen Bereichen aufwendige – Aufbaustudiengänge und Ausbildungen beginnen. Ehe und Kinder konnten aufgeschoben werden, bis die Frau die Grundlagen für eine nachhaltige Karriere gelegt hatte.

Ab diesem Zeitpunkt veränderte sich die Situation radikal. Nach 1970 stieg das Heiratsalter mit jedem Jahr weiter an, und heute heiraten Collegeabsolventinnen zum ersten Mal im Durchschnitt mit 28 Jahren.[12]

Nachdem das Problem der zeitlichen Beschränkung gelöst war, tauchten allerdings neue Probleme auf. Collegeabsolventinnen begannen später mit Aufbaustudiengängen, die auch noch länger dauerten. In einigen akademischen Fachbereichen, in Medizin, Jura und BWL wurde immer später promoviert. Die zusätzlichen Jahre summierten sich auf, bis ein neuer Zeitkonflikt bewältigt werden musste.

Vor etwa zehn Jahren promovierte man mit Anfang bis Mitte 30. Inzwischen sind die meisten Doktoranden Mitte bis Ende 30. Bei dieser Planung bleibt nicht mehr genug Zeit, um das erste Kind nach der ersten Beförderung, Festanstellung oder sonstigen beruflichen Fortschritten zu bekommen. Das erste Kind kommt nicht selten schon vor diesen Meilensteinen in der Karriere. Kinder bringen eine Karriere oft durcheinander. Und auch umgekehrt bringt eine Karriere oft die Familienplanung von Frauen durcheinander.

Das Timing ist brutal. Wenn eine Frau bis Mitte 30 mit dem Kinderkriegen wartet, sinken die Chancen, dass es überhaupt noch klappt. Doch Collegeabsolventinnen haben Mittel und Wege gefunden, ihre Chancen zu erhöhen, auch mithilfe der Reproduktionsmedizin. Der Anteil der Mütter unter den heute 45-Jährigen hat sich überraschend erhöht.[13] Doch die höhere Geburtenrate ändert nichts an den Frustrationen, der Trauer und den körperlichen Schmerzen, die jene erlitten, die es nicht geschafft haben. Wer erfolgreich Mutter geworden ist, konnte die Karriere nicht in jedem Fall fortsetzen.

Trotz all dieser Schwierigkeiten hat sich historisch betrachtet viel positiv verändert, die Selbstwirksamkeit der Frauen hat zugenommen und auch die Gleichberechtigung der Geschlechter. Frauen haben mehr Kontrolle über ihre Fortpflanzung. Ehen werden später eingegangen und halten in der Folge länger. Frauen machen heute den Löwenanteil der Collegeabsolventen aus. Viele von ihnen schließen Berufsausbildungen und Studiengänge als Jahrgangsbeste ab. Die besten Firmen, Organisationen und Ämter stellen sie ein. Und was geschieht dann?

Wenn die Karriere einer Frau erfolgreich verläuft und sie Kinder bekommt, ergibt sich der größte aller Zeitkonflikte: Kinder brauchen Zeit. Eine Karriere braucht Zeit. Nicht einmal die Wohlhabendsten können alle Care-Aufgaben Angestellten übertragen. Und warum sollte man überhaupt Kinder in die Welt setzen, wenn man sie dann nicht lieben und aufziehen kann?

Der wichtigste Verhandlungspunkt ist, wer auf Abruf bereitsteht – wer also das Büro verlassen und in kurzer Zeit zu Hause sein kann. Das können beide Eltern übernehmen. Wenn in einer Partnerschaft volle Gleichberechtigung herrscht, übernehmen beide 50 Prozent der Care-Arbeit. Aber wie viel würde das die Familie kosten? Eine Menge Geld – das wird Paaren heute bewusster denn je.

Der Wunsch nach Karriere und Familie hat zugenommen, und gleichzeitig wurde ein wichtiger Aspekt der meisten Karrieren manifest, sichtbar und zentral. Viele Menschen, die Karriere machen wollen, erleben die Arbeit als gierig. Wer viele Überstunden macht, an Wochenenden oder abends zusätzlich arbeitet, verdient mehr – so viel mehr, dass es sich sogar auf den Stundenverdienst auswirkt.

Greedy Work – Gierige Arbeit

Die Gier der Arbeit führt dazu, dass es für Paare mit Kindern und anderer Care-Verantwortung vorteilhaft ist, wenn sie sich spezialisieren. Das bedeutet nicht, dass man die heile Welt der 1950er-Jahre wieder aufleben lässt. Frauen verfolgen noch immer anspruchsvolle Karrieren. Aber eine Hälfte des Paars steht auf Abruf bereit und kann im Notfall das Büro oder den Arbeitsplatz schnell verlassen. Diese Person braucht bei der Arbeit erhebliche Flexibilität, und man wird in aller Regel nicht von ihr erwarten, dass sie um 22 Uhr noch auf E-Mails oder Anrufe reagiert. Dieser Elternteil wird kein Fußballtraining wegen einer dringenden geschäftlichen Besprechung absagen. Der andere Elternteil wird hingegen immer für die Arbeit auf Abruf bereitstehen – mit offensichtlichen potenziellen Auswirkungen auf Beförderungen, Aufstiegschancen und Verdienst.

Die Arbeit von Freiberuflern und Managern war schon immer gierig. Rechtsanwälte haben schon immer bis spät in die Nacht gearbeitet. Akademiker wurden schon immer nach ihrer geistigen Leistung beurteilt und sollten ihre Gehirne auch abends nicht ausschalten. Früher waren die meisten Ärzte und Tierärzte rund um die Uhr erreichbar.

Der Wert gieriger Jobs hat sich stark erhöht, während die Einkommen ungleicher wurden, und diese Ungleichheit ist seit den frühen 1980er-Jahren sprunghaft angestiegen. Die Einkommen am oberen Ende der Verteilungsskala sind explodiert. Wer es am weitesten die Karriereleiter hinauf schafft, bekommt eine immer größere Belohnung. Die Bezahlung für Jobs, die lange Arbeitszeiten und wenig Flexibilität verlangen, ist überproportional angestiegen, während die Verdienste in anderen Bereichen stagniert haben. Positionen, die für Frauen schwieriger zu erreichen waren, etwa im Finanzwesen, sind genau die, bei denen das Einkommen in den letzten Jahrzehnten besonders stark gestiegen ist. Der Private Equity Associate, der ein Beteiligungsgeschäft von Anfang bis Ende abwickelt, die komplexen Modellrechnungen durchführt und zu jedem Meeting und jedem späten Abendessen geht, hat die größten Chancen auf einen großen Bonus und die ersehnte Beförderung.

Die zunehmenden Einkommensunterschiede könnten ein wichtiger Grund sein, warum sich der Gender-Pay-Gap bei Menschen mit Collegeabschluss in den letzten Jahrzehnten nicht verändert hat, obwohl es Verbesserungen bei Qualifikation und Positionen von Frauen gab. Sie könnten der Grund sein, warum die Einkommenslücke zwischen den Geschlechtern bei Collegeabsolventen in den späten 1980er- und frühen 1990er-Jahren größer wurde als die in der Gesamtbevölkerung. Frauen haben sich Fortschritte erkämpft, aber der starke Trend der endemischen Einkommensungleichheit arbeitete gegen sie.

Gierige Arbeit bedeutet auch, dass die Gleichberechtigung bei Paaren, die Couple Equity, oft über Bord geworfen wird, um das Familieneinkommen zu erhöhen. Das geht meist auf Kosten der Geschlechtergerechtigkeit, außer bei gleichgeschlechtlichen Paaren. Gendernormen, die wir geerbt haben, werden in vielerlei Hinsicht bestärkt, damit die

Mütter überwiegend die Kinderbetreuung übernehmen – und andere Care-Verantwortung in der Familie die erwachsenen Töchter.

Nehmen wir als Beispiel das Ehepaar Isabel und Lucas (die einem Paar nachempfunden sind, das ich vor einigen Jahren kennengelernt habe). Beide haben am selben College einen Abschluss in Geisteswissenschaften gemacht und später das identische Aufbaustudium in Informatik abgeschlossen. Danach wurden sie vom selben Unternehmen eingestellt, das wir InfoServices nennen werden.

InfoServices stellte beide vor die Wahl zwischen zwei Positionen: Beim ersten Job gibt es geregelte Arbeitszeiten mit der Option auf Gleitzeit. Beim zweiten muss man auch kurzfristig abends und am Wochenende auf Abruf bereitstehen, selbst wenn die Jahresarbeitszeit nicht unbedingt sehr viel höher ist. Die zweite Stelle ist als Ausgleich für die unsicheren Arbeitszeiten um 20 Prozent besser bezahlt. Aus dieser Position wählt InfoServices auch die späteren Manager aus. Das ist die »gierige« Position, und zunächst entscheiden sich Isabel und Lucas beide dafür. Sie haben beide die gleichen Fähigkeiten und keine externen Verpflichtungen, und so arbeiten sie ein paar Jahre lang auf demselben Gehaltsniveau.

Mit Ende 20 stellt Isabel fest, dass sie mehr Raum und Flexibilität in ihrem Leben braucht, um mehr Zeit mit ihrer kränklichen Mutter verbringen zu können. Sie bleibt bei InfoServices, wechselt jetzt aber auf die Stelle, bei der sie zwar die gleiche Anzahl Stunden arbeitet, die Einteilung der Arbeitszeit jedoch flexibler ist. Die Stelle hat weniger gierige Anforderungen, bietet aber auch weniger Geld.

Die Einkommensentwicklung der beiden ist in Abbildung 1.1 dargestellt. Der Weg, auf dem sie beide gestartet waren und auf dem Lucas auch blieb – der gierige, unflexible –, ist durch die durchgezogene Linie dargestellt. Der Stundenverdienst (implizit, wenn die Person ein Gehalt bezieht, explizit, wenn sie auf Stundenbasis entlohnt wird) steigt mit der Anzahl der Arbeitsstunden oder einer besonderen Anforderung an die geleisteten Stunden. Wenn er 60 Stunden die Woche arbeitet, verdient er *mehr als* das Anderthalbfache von dem, was er bei 40 Stunden bekommen würde. Lucas' impliziter Stundenverdienst erhöht sich, wenn er mehr Stunden arbeitet (oder je unflexibler die Arbeitszeiten sind), sodass er sein Wocheneinkommen verdoppeln könnte, ohne die doppelte Stundenzahl arbeiten zu müssen.

Isabels neue Stelle, mit flexibler Arbeitszeit, ist durch die gestrichelte Linie dargestellt. Ihr Stundenverdienst ist konstant, daher ist es egal, wie viele Stunden sie arbeitet oder in welcher Zeit, sie verdient immer dasselbe. Wenn sie 60 Stunden arbeitet, verdient sie das Anderthalbfache dessen, was sie bei 40 Stunden bekäme. In einer normalen Arbeitswoche erreicht Lucas, in seiner gierigen Stelle, den Punkt, der durch die Raute markiert ist. Isabel schafft es mit ihrem neuen Job in einer normalen Arbeitswoche bis zum Punkt.

Als das Paar beschließt, ein Kind zu bekommen, muss mindestens ein Elternteil auf Abruf bereitstehen. Dazu können sie nicht beide in Lucas' Position arbeiten, wegen der unflexiblen und nicht planbaren Arbeitszeiten. Wenn sie es täten, wäre keiner von ihnen verfügbar, falls das Kind überraschend von der Schule abgeholt werden muss oder die Kinderbetreuung plötzlich mitten am Tag schließt. Wenn die Position verlangt, dass man donnerstags pünktlich um elf Uhr vormittags im Büro zu sein hat, könnten sie sonst nur hoffen, dass ihr Kind nicht um diese Zeit von der Schaukel fällt oder ein älteres Familienmitglied einen Arzttermin hat.

Beide hätten Isabels Stelle haben können. Aber sie konnten sich diese Entscheidung nicht leisten, vor allem, weil sie eine Familie planten. Sie hätten sonst auf das zusätzliche Wocheneinkommen verzichtet, das Lucas verdiente. Sie mussten den Wunsch nach paritätischer Kinderbetreuung gegen den Einkommensverlust abwägen, den das bedeutet hätte. Der Verdienstunterschied könnte bedeutend sein – groß genug, dass sie die Couple Equity für ein höheres Familieneinkommen aufgegeben hätten.

Wie bei den meisten heterosexuellen Paaren, die ein Kind erwarten, behielt Isabel die flexible Stelle und Lucas die gierigere. (Das trifft auch zu, wenn man die ersten Monate nach der Geburt und die frühe Kindheit ausnimmt.)

Lucas verdiente weiterhin mehr als Isabel, und der Einkommens-

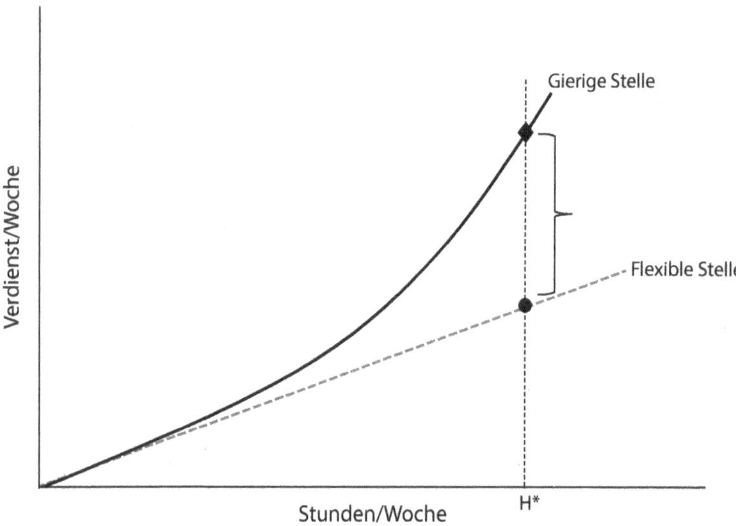

Abb. 1.1: Geschlechterungleichheit und Couple Inequity.

Anmerkungen: Isabel und Lucas werden zwei Stellen angeboten. Eine ist flexibel, und Mitarbeitende verdienen denselben Stundenlohn, unabhängig von der Wochenarbeitszeit. Die andere Stelle ist weniger flexibel (oder »gieriger«), und je mehr Stunden man arbeitet, umso höher wird der Stundenverdienst. Die x-Achse zeigt die Wochenarbeitszeit an (oder dass eine bestimmte Stundenanzahl in der Woche gearbeitet werden muss). Die y-Achse zeigt den Gesamtverdienst pro Woche an. H steht für eine übliche Anzahl an Wochenstunden, etwa 40 oder 45. Der Unterschied zwischen Raute (gierige Stelle) und Punkt (flexible Stelle) verdeutlicht, auf wie viel Geld ein Mitarbeiter verzichtet, der sich gegen die gierige Stelle entscheidet.*

unterschied wurde noch größer, als sie Kinder hatten. Er wurde befördert, sie nicht. Bei anderen Paaren in ähnlichen Situationen könnte sich der Verdienstunterschied sogar schon vergrößern, bevor sie Kinder bekommen, weil Paare, die eine Familie gründen wollen, oft den Wohnort wechseln, um die Arbeitsmöglichkeiten zu optimieren, vor allem die des Mannes. Auch aus diesem Grund ist der Gender-Pay-Gap immer noch erheblich.

Bei gleichgeschlechtlichen Paaren gibt es keine Einkommensunterschiede zwischen den Geschlechtern, aber wahrscheinlich werden auch diese Paare die Couple Equity aus denselben Gründen aufgeben, die auch zu Isabels und Lucas' Entscheidung geführt haben. In einer Welt der gierigen Jobs ist Couple Equity eine teure Angelegenheit.

Wenn Frauen nicht für familiäre Angelegenheiten auf Abruf bereitstünden, könnten sie Jobs mit hoher Bezahlung annehmen, die lange Arbeitszeiten, schlecht planbare Arbeitszeiten, Abrufbereitschaft auch abends und gelegentlich Wochenendarbeit verlangen – und tatsächlich haben viele Frauen solche Jobs. Für Frauen direkt nach dem Collegeabschluss und mit weniger Haushaltspflichten sind lange und anstrengende Arbeitszeiten durchaus eine Möglichkeit. Aber sobald das erste Kind da ist, verschieben sich die Prioritäten. Sich um kleine Kinder zu kümmern kostet Zeit, und plötzlich müssen Frauen für häusliche Probleme auf Abruf bereitstehen. Um verfügbarer für ihre Familien zu sein, müssen sie weniger verfügbar für Arbeitgeber und Kunden sein. Meist kürzen sie dafür ihre Arbeitszeiten oder nehmen Jobs in Bereichen an, die mehr Flexibilität bieten – und weniger Einkommen. Wenn die Kinder älter und unabhängiger werden, nehmen die Verpflichtungen ab, und in diesen Zeiten steigen die Einkommen der Frauen entsprechend dem der Männer. Aber später im Leben kommen andere Aufgaben in der Familie hinzu, welche die nun geringeren Ansprüche der Kinder ersetzen.

Die Geschichte von Isabel und Lucas ist nicht ungewöhnlich. Wenn Collegeabsolventinnen Lebenspartner finden und eine Familie gründen wollen, müssen sie sich de facto zwischen einer Ehe von Gleichgestellten und einer Ehe mit mehr Geld entscheiden.

Eine Ehe von Gleichgestellten

Vor einiger Zeit fragte ich die Studierenden in einem Proseminar, was sie von einer Ehe erwarteten. Eine Studentin antwortete spontan: »Ich will einen Mann, der will, was ich will.« Ihre Antwort verstand ich als deutlichen Ausdruck des Wunsches nach Gleichstellung. Seither haben viele Studierende, Freunde und Freundinnen ähnlich geantwortet, aber es nie so deutlich auf den Punkt gebracht. Allerdings besteht weiterhin das Dilemma, dass man bei einer solchen Verbindung, so sie denn zustande kommt, entweder einen hohen Preis bei der Gleichstellung in der Familie bezahlt, wenn beide anspruchsvolle Karrieren verfolgen, oder beim Einkommen der Familie Einbußen hat, wenn beide weniger anstrengende Karrieren haben. Um das Familieneinkommen zu maximieren, steckt ein Partner seine oder ihre ganze Energie in den zeitaufwendigen Job im Büro, während der oder die andere bei der Karriere zurücksteckt, um den zeitaufwendigen Job zu Hause zu erledigen. Unabhängig vom Geschlecht wird der oder die Letztere weniger verdienen.

Das Geschlecht ist ein nicht zu ignorierender Faktor, weil die Person, die die Karriere opfert und zu Hause bleibt – in der Vergangenheit und auch heute noch –, meist eine Frau ist. Frauen sind nicht faul oder weniger talentiert, und sie beginnen ihre Karriere auf Augenhöhe mit den Männern. Doch aufgrund tief verwurzelter Geschlechternormen, mit denen wir uns noch näher beschäftigen werden, haben auch ehrgeizige, talentierte Frauen das Gefühl, sie müssten ihre Karriere zum Wohl der Familie zurückstellen. *Männer können eine Familie haben und Karriere machen, weil Frauen zurückstecken, um mehr Zeit für die Familie zu haben.* Beide verlieren dabei: Männer verzichten auf Zeit mit der Familie, Frauen auf ihre Karriere.

Für heutige Leser ist die Vorstellung, dass Frauen eine Karriere haben, die sie zurückstellen oder vorantreiben können, so normal, dass man es eigentlich nicht erwähnen müsste. Frauen gehen zur Schule wie Männer, besuchen Hochschulen und ergreifen profitable Berufe wie Männer. Aber das ist noch nicht sehr lange so. Im Jahr 1900 gab es unter den Erwerbstätigen nur wenige Collegeabsolventinnen mit kleinen Kindern, und so etwas wie eine Karriere hatten sie schon gar nicht. Die erwerbstätigen Frauen hatten in aller Regel keine Kinder und heirateten häufig auch nicht. Mehr als 100 Jahre später arbeiten Frauen nicht nur, sie haben bedeutende Karrieren, und viele schaffen es auch, oder planen zumindest, sie in einer gleichberechtigten Ehe mit einer Familie zu verbinden. Das gab es in der gesamten Menschheitsgeschichte noch nie.

Wenn sich die wirtschaftliche Rolle von mehr als der Hälfte der Bevölkerung verändert, dann markiert das eine historische Verschiebung – mit immensen Auswirkungen. Die Leben von Collegeabsolventinnen haben eine besonders starke Entwicklung erlebt, aber die Effekte dieser grundsätzlichen Veränderungen waren in der gesamten US-amerikanischen Gesellschaft spürbar, betrafen die gesamte soziale Organisation von Arbeit, Schule und Familien. Als die Frauen vom Heim an den Arbeitsplatz wechselten, tauschten sie nicht nur unbezahlte gegen bezahlte Arbeit ein. Anders als bei den bisherigen häuslichen Aufgaben verlangte die neue Arbeit eine umfangreiche Ausbildung, die die Identität der Frauen prägte und oft ein Leben lang andauerte.

Jede Frauengeneration im 20. Jahrhundert unternahm einen weiteren Schritt auf dieser Reise, während zahlreiche Fortschritte zu Hause, in Firmen und Schulen sowie bei der Empfängnisverhütung den Weg dafür ebneten. Jede Generation hat ihre Horizonte erweitert, aus den Erfolgen und Fehlschlägen der vorherigen Generation gelernt und Lektionen für die nächste Welle der Frauen hinterlassen. Jede Generation hat den Staffelstab an die nachfolgende weitergegeben. Diese Reise hat uns vom Zwang, sich zwischen Familie *oder* Beruf entscheiden zu müssen, zur Möglichkeit geführt, eine Karriere *und* eine Familie zu haben. Sie hat uns auch zu gerechterer Bezahlung und mehr Gleichberechtigung in der Paarbeziehung geführt. Diese komplizierte und facettenreiche Entwicklung ist immer noch in vollem Gange.

Diese Veränderung im Lauf der Jahrzehnte war überwiegend positiv, aber warum gibt es dann immer noch riesige Unterschiede bei Einkommen, Beschäftigung und Positionen zwischen Männern und Frauen? Und warum sind die familiären Verpflichtungen immer noch so extrem ungleich verteilt?

Moderne junge Frauen machen sich Sorgen, vor allem in der aktuellen Corona-Krise – und das zu Recht. Trotz des langen Weges, den ihre Urgroßmütter, Großmütter und Mütter zurückgelegt haben (von denen die meisten sich ebenfalls Sorgen machten), können sie immer noch in das Dilemma geraten, sich zwischen Karriere und Familie entscheiden zu müssen. Durch technologische Fortschritte, bessere Ausbildungsmöglichkeiten und berufliche Chancen wurden viele Beschränkungen und Diskriminierungen auf dem Weg zum Erfolg für Frauen ausgeräumt. In den vergangenen 100 Jahren wurden die Unterschiede zwischen den Geschlechtern schichtweise abgetragen, Hürden, die verhinderten, dass Frauen beschäftigt wurden, sind gefallen, und viele Zeitprobleme wurden beseitigt. Die dunklen Wolken sind aufgebrochen. Und bei zunehmendem Licht wurden die Gründe für die letzten Unterschiede deutlich.

Wir haben den Punkt erreicht, an dem wir überlegen können, wie sich das System so verändern lässt, dass eine größere Gleichberechtigung und mehr Couple Equity erreicht werden. Wie können wir das Diagramm mit Lucas' gierigem Job und Isabels flexiblem Job so abändern, dass sich beides verwirklichen lässt? Die Antwort: Wir müssen die Struktur der Arbeit verändern.

Wir müssen flexible Positionen verfügbarer und produktiver machen. Ob und wie das möglich ist, wird sich auf dieser Reise zeigen. Sie wird offenbaren, dass mehr Unterstützung gebraucht wird, damit Eltern und andere Menschen mit Care-Aufgaben produktivere Mitglieder der Wirtschaft werden können. Sie wird die Beziehung zwischen wirtschaftlicher Produktivität und der Betreuung von Klein- und Schulkindern aufzeigen – das Thema, das uns so plötzlich vor Augen geführt und überraschend relevant für uns wurde.

In dem Moment, als wir klar erkennen konnten, warum es so schwierig für Frauen ist, Familie und Karriere zu verwirklichen – und dadurch eine Lösung ins Auge fassen konnten –, wurden wir von einer Pandemie globalen Ausmaßes überrollt, einem Tsunami. Wir erlebten eine Zeitenwende von »vor Corona« zu »während Corona«; wir wechselten von einer »alten Normalität« in Lebensumstände, die Familien auf den Kopf stellte, Millionen Menschen erkranken ließ, Hunderttausende in den USA tötete und mehrere Jahre Wirtschaftswachstum in den Ländern der Welt auslöschte. Wahrscheinlich hat die Pandemie auch viele junge Mütter von der wackeligen Karriereleiter geschubst, während sie versuchten, kurze Schriftsätze, akademische Aufsätze und Consultingberichte zu verfassen, sich um Kunden und Patienten zu kümmern und gleichzeitig ihren Kindern Addition und Subtraktion beizubringen.

Wir steuern jetzt, während ich dies schreibe, auf eine Zwischenzeit zu – eine Welt, die sich zum Teil schon »nach Corona« befindet, weil viele Schulen und Geschäfte wieder geöffnet haben, in der aber immer noch Einschränkungen und Reste der Coronazeit überdauert haben. Dieser erneute Ärawechsel hat eine weitere Schwäche der US-amerikanischen Gesellschaft und Wirtschaft aufgedeckt: Care-Arbeit, die so entscheidend für die Karriereziele von Frauen und die Couple Equity ist, hat auch großen Einfluss auf die Wirtschaft insgesamt. Frauen können nicht an zwei Orten gleichzeitig unverzichtbare Arbeit leisten. Eines von beiden muss dabei zu kurz kommen.

Wir werden uns – viele Seiten weiter unten – noch einmal mit der Welt während und nach Corona beschäftigen, aber um vollständig zu begreifen, wie wir an diesen Punkt gelangt sind und wie wir diese Gelegenheit am besten nutzen können, um die gierige Arbeit zu korrigieren, müssen wir an den Anfang zurückkehren. Der Wunsch von Collegeabsolventinnen nach Karriere und Familie entwickelte sich langsam. Dieses hohe Ziel gärte, veränderte sich, trat hervor und verwandelte sich in verschiedenen wichtigen Phasen unserer Geschichte.

Am Beginn unserer Reise gab es riesige Unterschiede bei der Bildung von Frauen und Männern, und das Führen eines Haushalts war sehr viel zeit- und arbeitsaufwendiger als heute. Damals hätte sich niemand vorstellen können, was die letzten Hindernisse vor der Chancengleichheit sein würden: die Struktur der Arbeit und unserer Pflege- und Betreuungseinrichtungen.

Heute leben wir in einer Zeit noch nie da gewesener wirtschaftlicher Gleichstellung von Männern und Frauen, befinden uns aber in mancherlei Hinsicht noch immer im finsteren Mittelalter. Unsere Arbeits- und Care-Strukturen sind Relikte einer Vergangenheit, in der nur Männer Familie und Karriere hatten. Unsere gesamte Wirtschaft steckt in alten Funktionsweisen fest und wird durch eine vorsintflutliche Aufteilung der Aufgaben behindert.

Heute streben mehr Frauen als je zuvor Karriere, Familie und Couple Equity an, und mehr Paare als je zuvor jonglieren mit Zeitkonflikten. Da ist es unumgänglich, dass wir verstehen, was der wirtschaftliche Gender-Gap in Wirklichkeit über unsere Wirtschaft und Gesellschaft enthüllt – damit wir Lösungen erarbeiten können, um diese Lücke zu schließen und ein gleichberechtigtes Arbeiten und Leben für alle zu ermöglichen. Die Daten in den folgenden Kapiteln werden zeigen, welche Fortschritte in jeder Generation erzielt wurden, wie sich Gendernormen und Arbeitsplatzstrukturen über die Jahrzehnte hinweg entwickelt haben und wohin die Reise von hier aus gehen muss.

Dieses Buch erzählt die Geschichte, wie die Hoffnung auf Karriere, Familie und Gleichstellung im letzten Jahrhundert aufkeimte und wie wir sie heute verwirklichen können. Eine einfache Lösung gibt es nicht, aber wenn wir das Problem endlich erkennen und es beim Namen nennen, können wir einer besseren Marschrichtung den Weg bereiten.

2 Der Staffelstab wird weitergegeben

Jeannette Pickering Rankin wurde im Jahr 1880 im Hellgate Township, Montana Territory, geboren und machte im Jahr 1902 ihren Abschluss an der University of Montana.[1] Ursprünglich hatte sie in die Sozialarbeit gehen wollen, verschrieb sich dann jedoch der Frauenwahlrechtsbewegung an beiden US-Küsten und wurde nach ihrer Rückkehr nach Montana Vorsitzende der landesweiten Bewegung. Im Jahr 1916 wurde sie als erste Frau in ein Bundesamt gewählt und zog als Abgeordnete ins US-Repräsentantenhaus ein. Sie war die einzige Frau, die über das Gesetz abstimmen konnte, für das sie unermüdlich gearbeitet hatte, und den 19. Verfassungszusatz – das Wahlrecht für Frauen – zur Ratifizierung in die einzelnen Staaten schicken konnte.

Als überzeugte Pazifistin stimmte Rankin als eine von 50 Kongressabgeordneten im Jahr 1917 gegen die Kriegserklärung an Deutschland. Sie stellte sich nicht zur Wiederwahl ins Repräsentantenhaus, sondern bewarb sich für einen Sitz im Senat, ohne Erfolg. Viele Jahre später, im Jahr 1940, gewann sie ihren Sitz im Repräsentantenhaus zurück, gerade rechtzeitig, um als einzige Gegenstimme am 8. Dezember 1941 gegen die Kriegserklärung an Japan verzeichnet zu werden. Sie weigerte sich trotz des großen Drucks, die Kriegserklärung einstimmig zu machen, mit der Begründung: »Als Frau kann ich nicht in den Krieg ziehen, und ich weigere mich, irgendjemand anderen zu schicken.«[2]

Sie erreichte zwar einen einzigartigen Status in der Politik, dennoch war sie typisch für eine Karrierefrau mit Collegeabschluss zu ihrer Zeit. Sie hatte keine Kinder, heiratete nie. Von den 23 Frauen ihrer Generation, die ins US-Repräsentantenhaus gewählt wurden, hatten mehr als 30 Prozent keine Kinder.[3] Diese Zahl mag hoch erscheinen, ist aber immer noch niedriger als der Anteil aller Collegeabsolventinnen jener Zeit, die nie Kinder hatten (oder adoptierten).

Tammy Duckworth wurde 1968 geboren und machte ihren Abschluss an der Universität Hawaii 1989. Im Jahr 2012 wurde sie ins US-Repräsentantenhaus gewählt und 2016 zur Senatorin für Illinois. Mit 46 Jahren, im Jahr 2014, brachte sie ihr erstes Kind zur Welt, das zweite wurde 2018 geboren.[4] Ihre Tochter Maile war das erste Baby in der US-Geschichte, das während einer Sitzungswoche in die heiligen Hallen des US-Kongresses eingelassen wurde. Senatorin Duckworth war in vielerlei Hinsicht eine Pionierin: Sie war eine hochdekorierte Veteranin, die erste behinderte Frau, die in den Kongress gewählt wurde, und die erste US-Amerikanerin asiatischer Herkunft, die aus Illinois gewählt wurde. Bemerkenswert ist außerdem, dass sie erfolgreich eine lohnende Karriere mit einer Familie vereinbart hat.

Damit ist sie im US-Kongress nicht die Einzige. Die aktuelle New Yorker Senatorin Kirsten Gillibrand, geboren 1966, hat zwei Kinder.[5] Ihr zweites kam 2008 zur Welt, als sie noch im Repräsentantenhaus saß. Die Abgeordnete Jaime Herrera Beutler aus Washington, geboren 1978, hat seit 2013 drei Kinder bekommen. Zehn weibliche Kongressabgeordnete aus beiden Parteien haben während ihrer Amtszeit Kinder zur Welt gebracht. Außer Yvonne Brathwaite Burke, die 1973 als erste Kongressabgeordnete während ihrer Amtszeit ein Kind bekam, haben die anderen neun Kongressabgeordneten, die während ihrer Amtszeit mindestens ein Kind zur Welt gebracht haben, dies alle seit 1995 im Alter zwischen 34 und 46 Jahren getan.[6] Diese Frauen haben Familie und Karriere miteinander vereinbart, wie es ihre männlichen Kollegen im Kongress schon immer tun konnten.

Rankin und Duckworth gehören zur ersten beziehungsweise letzten von fünf Altersgruppen von Collegeabsolventinnen, die seit Ende des 19. Jahrhunderts geboren wurden. Rankin gehört zu Gruppe Eins, Duckworth zu Gruppe Fünf. Die Frauen in jeder der fünf Gruppen ähneln einander mehr als Frauen in anderen Gruppen.

Die Gruppen haben ein Anfangsdatum, aber – bisher – kein Enddatum. Für dieses Buch enden die Geburtsjahrgänge für Gruppe Fünf um 1980, damit wir die Lebensläufe von Frauen betrachten können, die heute Anfang 40 sind, und uns ein umfassendes Bild von ihrer

Karriere und Familiengeschichte machen können. Das hat zur Folge, dass Frauen wie die Abgeordnete Alexandria Ocasio-Cortez, geboren 1989, nicht in die Daten einfließen, mit denen wir uns beschäftigen werden.

Um einen ersten Eindruck zu bekommen, welchen Weg diese Frauen zurückgelegt haben, wird hier jede Frauengruppe, von Eins bis Fünf, kurz vorgestellt.

Bei den Unterschieden zwischen den Gruppen geht es vor allem um die Ziele der Frauen, um die Entscheidungen in Bezug auf Arbeit und Familie, die sie trafen, zu denen sie ermutigt wurden und die sie treffen konnten. Jeannette Rankins Collegeabsolventinnen-Gruppe musste sich fast immer zwischen Arbeit – manchmal eine Karriere, meistens eher ein Job – und Familie entscheiden. Ein Jahrhundert später wünschen und erwarten Duckworths Altersgenossinnen beides.

In diesem ganzen Jahrhundert standen Frauen immer wieder vor Hürden in beiden Bereichen, Arbeit und Familie. Es gab Arbeitsbeschränkungen, etwa das Verbot, verheiratete Frauen als Lehrerinnen zu beschäftigen, oder Einschränkungen bei manchen Bürojobs. Frauen durften oft auch keine Abschlüsse von Hochschulen erwerben. Einige der besten Jura-, Wirtschafts- und Medizinhochschulen ließen keine Frauen zu. Firmen boten bestimmte Stellen ausschließlich Männern an, andere nur Frauen. Viele wurden nur an Weiße vergeben, sodass die Hürden für farbige Frauen noch höher waren. Die gesellschaftlichen Normen von Gemeinden und Familien gaben weniger offiziell, aber genauso wirksam vor, dass Mütter nicht arbeiten sollten, solange ihre Kinder klein waren – oder überhaupt jemals.

Diese gesetzlichen und prozeduralen Barrieren, die die Möglichkeiten von Frauen früher einschränkten, sind heute zum größten Teil gefallen. Gesellschaftliche Normen haben sich weitgehend geändert. Aber Sexismus, Männer-Seilschaften und sexuelle Belästigung gibt es noch immer. Der Weg zu Karriere und Familie war anstrengend – ein langer, gewundener Weg mit Hochs und Tiefs, Blockaden und Wegzöllen. Frauen hegten schon lange zuvor den Wunsch nach Karriere und Familie, dennoch beginnt unser Abenteuer vor etwas mehr als

100 Jahren, als erstmals verlässliche Daten aufgezeichnet wurden, insbesondere bei der US-Volkszählung.[7]

Keine Definition von Familie oder Karriere wird für jeden perfekt sein, und keine wird umfassend sein. Aber um besser zu verstehen, wie sich die Entscheidungen, Ziele und Chancen von Frauen im letzten Jahrhundert verändert haben, ist es notwendig, erkennbare Grenzen zu ziehen und verlässliche Definitionen zu entwickeln.

Für unsere Reise durch das Jahrhundert der Frauen wird »Familie« als die Geburt – oder Adoption – eines Kindes definiert. Ein Ehepartner ist nicht zwingend notwendig. Eine Familie ist etwas sehr Persönliches. Ich habe einen Ehemann und einen Hund, und sie sind meine Familie. Doch gemäß der Definition, die ich auf den folgenden Seiten verwende, würden sie nicht als Familie zählen.

»Karriere« ist ebenso schwer zu definieren, auch wenn sie weniger persönlich ist. Das Wort »Karriere« leitet sich von dem lateinischen Wort für »Wettrennen« her. Eine Karriere ist ein Entwicklungsweg im Leben. Sie muss eine gewisse Zeit andauern. Der Begriff »Karriere« bedeutet nicht einfach, dass man eine Arbeit hat. In der Regel gehört beruflicher Aufstieg und Beständigkeit dazu. Man lernt, wächst, investiert und wird dafür belohnt. Bei den Frauen, mit denen wir uns beschäftigen werden, ist Karriere als dauerhafte, angestrebte Arbeit – etwa als Journalistin, Lehrerin, Ärztin, Buchhalterin – definiert, die häufig die Identität prägt. Eine Karriere muss nicht unmittelbar nach dem höchsten Bildungsabschluss beginnen, sondern kann sich später im Leben entwickeln.

Im Gegensatz dazu werden Jobs in aller Regel nicht Teil der Identität oder des Lebenssinns. Sie werden oft angenommen, um Einkommen zu generieren, und bieten für gewöhnlich keine deutlichen Entwicklungsziele. Eine Vertreterin von Gruppe Zwei sagte in einem Interview in den 1970ern: »Eine Karriere erfordert die volle Aufmerksamkeit – beim Aufbau und bei der Weiterentwicklung. Ansonsten ist es keine Karriere, sondern ein Job.«[8]

In der Praxis ist eine Karriere die Vorstellung eines Menschen von Arbeit, bei der die Bezahlung womöglich nicht das Wichtigste ist. Ehrenamtliche Helfer und Gemeindeleiter haben die Leben von vielen

Menschen positiv verändert, dabei aber wenig oder gar nichts verdient. Doch trotz der wichtigen Rolle, die Heilige und Erlöser spielen, gewinnt man die wichtigsten Erkenntnisse über den Fortschritt der Frauen, wenn die Definition von Karriere auf der Arbeit und dem Einkommen von Einzelnen in einem bestimmten Zeitraum basiert. Der Quellenanhang (Kapitel 7) »Career and Family Success« beschreibt die Definition von Karriere, die ich verwende.

Sandra Day O'Connor arbeitete an der *Law Review* ihres Jurajahrgangs 1952 der Stanford-Universität mit – bekam aber danach in keiner Anwaltskanzlei einen Job. Shirley Chisholm wurde als erste schwarze Frau in den US-Kongress gewählt und bewarb sich als erste Frau – und erste Person of Color – für die Nominierung zur Präsidentschaftskandidatin der Demokratischen Partei. Sie war zweimal verheiratet und hatte keine Kinder. Die Ärztin und Geburtshilfe-Anästhesistin Virginia Apgar, die das nach ihr benannte Beurteilungssystem für Neugeborene entwickelte, wurde im Jahr 1909 geboren. Sie gab ihr Ziel, Chirurgin zu werden, auf, nachdem ihr Doktorvater ihr von einer Bewerbung als Assistenzärztin in der Chirurgie abgeraten hatte, weil, wie er sagte, zu viele Frauen dabei versagt hätten. Er ermutigte Apgar stattdessen, sich auf den neuen Fachbereich der Anästhesie zu spezialisieren, die bisher eine Zusatzausbildung für Pflegekräfte gewesen war. Apgar heiratete nie und begründete das mit: »Ich habe einfach nie einen Mann gefunden, der kochen kann.«[9]

O'Connor, Chisholm und Apgar wurden auf verschiedene Arten ausgebremst und entmutigt, aber sie gaben nicht auf. Sie waren außergewöhnlich. Nur wenige Menschen studieren Jura und erleben, dass ihnen nach dem erfolgreichen Abschluss eine Anstellung verweigert wird. Niemand will gesagt bekommen, dass seine oder ihre Träume wegen des Geschlechts nicht Realität werden können. Die meisten Frauen streben keine anspruchsvolle Karriere an, wenn sie dafür auf Kinder, Ehe oder eine ernsthafte Beziehung verzichten müssen. Wie viel weibliches Talent dadurch ungenutzt blieb und immer noch bleibt, ist nicht bekannt und lässt sich auch nicht messen.

Nachdem Frauen beim Erreichen ihrer Ziele weniger behindert wurden, strebten Collegeabsolventinnen gleichermaßen Karriere und Familie an. Diese Angleichung der Lebensziele von Collegeabsolventen und -absolventinnen ist wichtig, weil fast alle davon profitiert haben – nicht nur die Frauen, die zunehmend befriedigende und bedeutungsvolle Leben führen. Diese Angleichung ist nicht nur für Einzelne ein Gewinn. Sie hat weitreichendere Folgen als eine größere Selbstwirksamkeit.

Wenn die Hürden abgebaut werden, die Ausbildungskosten sinken, die Akzeptanz zunimmt und Diskriminierung beseitigt wird, verbessert sich die Talentverteilung in der gesamten Wirtschaft. Laut einer aktuellen Schätzung sind 20 bis 25 Prozent des Wirtschaftswachstums seit 1960 darauf zurückzuführen, dass Beschränkungen bei Arbeitsplätzen, Aus- und Schulbildung für Frauen und Minderheiten in den Vereinigten Staaten abgebaut wurden.[10] Die Frau, die in früheren Zeiten Rechtsanwaltsgehilfin geworden wäre, hat heute die Möglichkeit, selbst Anwältin zu werden. Die Frau, die früher Naturwissenschaften in der Grundschule unterrichtet hätte, kann heute selbst Physikerin werden. Einzelne Frauen haben einen persönlichen Gewinn. Aber dieser persönliche Gewinn nutzt allen Mitgliedern der Gesellschaft, weil Ressourcen besser verteilt werden und das Wirtschaftswachstum steigt.

Karriere und Familie erfolgreich zu verbinden wurde für Collegeabsolventinnen ermöglicht, als die größten Hürden, die verheiratete Frauen von der Erwerbstätigkeit ausschlossen, abgebaut wurden. Die bedeutenden Fortschritte bei Haushaltstechnologie und -geräten sowie bei der Empfängnisverhütung halfen ebenfalls. Späteren Generationen wurde nach und nach bewusst, dass man beide Ziele parallel anstreben musste, wenn man Karriere und Familie haben wollte. Und schließlich entdeckten immer mehr Paare in den vergangenen Jahrzehnten, wie wertvoll gleichberechtigte Partnerschaften sein können. Diese Entwicklungen lassen sich am besten verstehen, wenn man die fünf Gruppen der Collegeabsolventinnen betrachtet, deren Werdegang von der jeweils älteren beeinflusst wurde. Zusammengefasst zeichnen die Lebensläufe dieser Frauen eine der einflussreichsten Entwicklungen in der Gesellschafts- und Wirtschaftsgeschichte nach.

Erstaunlicherweise lassen sich die Collegeabsolventinnen der letzten (mehr oder weniger) 100 Jahre gut in fünf Gruppen einteilen (siehe Abbildung 2.1). In jeder Gruppe standen die Frauen etwa denselben Beschränkungen gegenüber und hatten dieselben Lebensziele, die oft diesen Beschränkungen entgegenstanden. Auch das Heiratsalter und das Alter bei der ersten Geburt eines Kindes sind innerhalb dieser Gruppen ähnlich, während sie sich über die Gruppen hinweg stark unterscheiden.

Zwischen den Gruppen gibt es außerdem Unterschiede, was die Kombinationen von Karriere, Job, Ehe und Familie betrifft. Man könnte annehmen, dass diese Verteilungen darauf zurückzuführen sind, dass im Lauf der Zeit deutlich mehr Frauen das College besuchten und ihren Abschluss machten oder dass zunehmend andere Frauen an die Colleges gingen. Zum größten Teil sind das aber nicht die Ursachen. Wie wir im ganzen Buch noch sehen werden, sind die veränderten Prioritäten und Erfolge symptomatisch für grundlegende Entwicklungen in Gesellschaft und Wirtschaft. Die Brüche zwischen der einen Gruppe und der nachfolgenden sind auf Kräfte zurückzuführen, die sich der Kontrolle Einzelner entzogen und nicht nur für Frauen galten, schon gar nicht nur für Collegeabsolventinnen.

Die Gruppen sind unterschiedlich und lassen sich gut einteilen, doch hat jede einen bedeutsamen Staffelstab an die jeweils nachfolgende übergeben. Dieser Staffelstab ist geprägt von Mentorinnen, Vorbildern und Ratgebern, die bedeutende Zugewinne und Fortschritte erzielten. Die Frauen aus Gruppe Fünf zum Beispiel haben sehr von den Pionierinnen aus Gruppe Vier profitiert, die in großer Zahl in verschiedene Berufszweige einstiegen wie Rechtsprechung, Management, Universitäten und Medizin. Aber der Staffelstab diente auch als Warnung vor verschiedenen Fehltritten und zeigte alternative Wege für die nächste Gruppe auf. Die Frauen aus Gruppe Fünf lernten aus den Erfahrungen der Frauen aus Gruppe Vier, dass es einen Preis hat, wenn man das Kinderkriegen zu lange aufschiebt. Die Frauen aus Gruppe Vier lernten aus den Erfahrungen von Gruppe Drei, dass sich der Wiedereinstieg in den Arbeitsmarkt oft schwierig gestaltet.

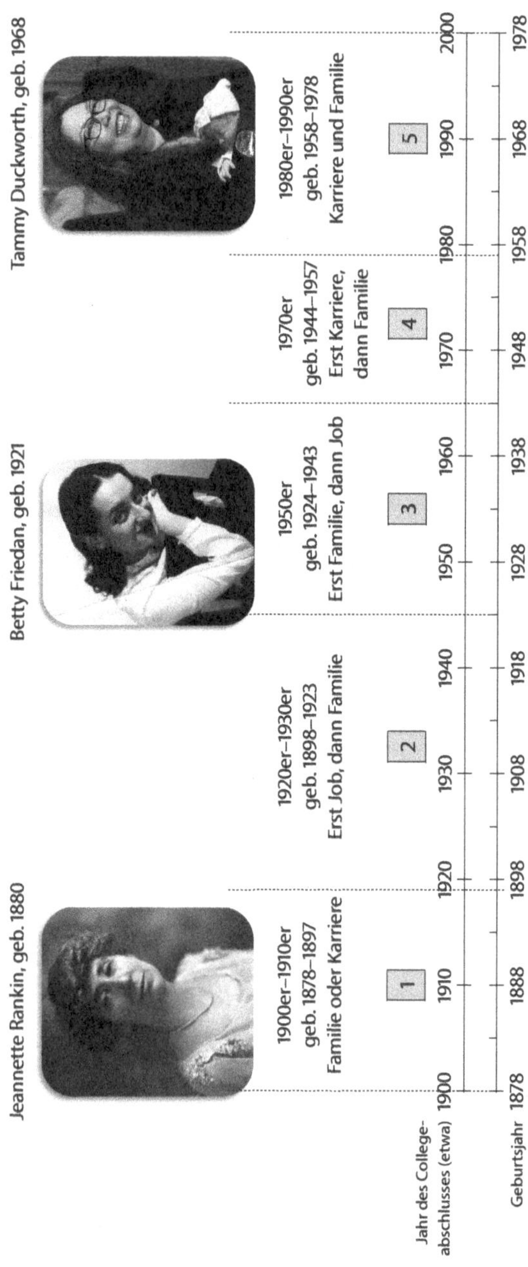

Abb. 2.1: 100 Jahre mit fünf Gruppen von Collegeabsolventinnen

Quellen: Bild von Betty Friedan ©Schlesinger Library, Radcliffe Institute, Harvard University; Bild von Tammy Duckworth ©Chip Comodevilla/Getty Images News.

Die Gruppen sind nach Geburtsjahrgängen zusammengestellt. Die Zeiträume sind dabei unterschiedlich lang. Die erste Gruppe umfasst 20 Jahrgänge, die zweite 26, die dritte wieder 20, die vierte nur 14 und die fünfte 21 Jahrgänge, bei denen Frauen bis mindestens Anfang 40 betrachtet werden, weitere kommen hinzu. Auf den Seiten dieses Buches wird aufgeklärt, warum sich diese Frauen in diesen fünf aussagefähigen Gruppen vereinigten, wie sich die Grenzen jeder Gruppe definieren und was die gerade entstehende Gruppe von Frauen besser machen kann, basierend auf den Entscheidungen und Lebensumständen der Frauen, die diesen Weg vor ihnen beschritten haben. Nun aber ein kurzer Überblick über die Gruppen.

Gruppe Eins: Familie oder Karriere

Die Frauen aus Gruppe Eins wurden zwischen 1878 und 1897 geboren und schlossen das College zwischen 1900 und 1920 ab. Sie waren die am wenigsten einheitliche Gruppe, was die Verwirklichung ihrer Lebensziele betrifft. Die eine Hälfte bekam (oder adoptierte) nie ein Kind, die andere Hälfte tat es.[11] Von den kinderlosen Frauen arbeitete die große Mehrheit, oder wahrscheinlich fast alle, irgendwann im Leben. Von den Müttern unter den Frauen waren nur wenige jemals in Lohnarbeit. Fast ein Drittel der Gruppe heiratete nie. Bei den 70 Prozent, die eine Ehe eingingen, kam die Hochzeit oft spät im Leben.

Grob gesagt, verwirklichte diese Vorreitergruppe entweder eine *Familie oder eine Karriere*, auch wenn viele Frauen Jobs hatten (keine Karrieren). Nur ein paar wenige Auserwählte hatten bezahlte Arbeit und eine Familie. Sie waren selbstverständlich Ausnahmen. Und ein winziger Anteil von ihnen hatte eine Familie und eine Karriere.

Viele Collegeabsolventinnen dieser Zeit hatten erfolgreiche Karrieren, aber sie heirateten nie und hatten keine Kinder. Auf der Liste der Erfolgreichen aus *Notable American Women* stehen so bekannte Namen wie Edith Abbott, Grace Coyle, Helen Keller, Alice Paul und Jeannette Rankin. Neben Edith Abbott finden sich noch weitere große Wirtschaftswissenschaftlerinnen darauf wie Mary van Kleeck, Hazel Kyrk und Margaret Reid, die an der University of Chicago zu Wirtschaftsthemen forschte (und die einzige führende Frau unter den Wirtschaftswissenschaftlern war, von denen ich in meinem Studium gehört habe).

In Gruppe Eins sind auch Frauen, die zwar geheiratet haben, aber nie Kinder bekamen, wie Katharine Dexter McCormick, die mit dem Vermögen, das ihr verstorbener Ehemann mit landwirtschaftlichen Maschinen verdient hatte, die Forschung unterstützte, die zur Antibabypille führte. Katharine war aber mehr als eine wohlhabende Erbin, die ihr Erbe gut einzusetzen wusste. Sie war auch die erste Frau in der Geschichte des Massachusetts Institute of Technology, die dort einen Abschluss als Undergraduate in Biologie erwarb.

Ein winziger Teil dieser Gruppe hatte eine Karriere, heiratete und hatte Kinder. Diese Liste, ebenfalls aus *Notable American Women*, ist kurz. Auf ihr stehen Mary Ritter Beard, die mit ihrem Mann Charles *The Rise of American Civilization* schrieb; Jesse Daniel Ames, die als Gründerin der Anti-Lynch-Bewegung in den US-Südstaaten gilt; Pearl Sydenstricker Buck, die in ihrer Literatur chinesische Bauern lebendig werden ließ; und die Feuilleton-Redakteurin des *New Yorker* Katharine Sergeant Angell White (Ehefrau von E. B. White, der die Welt mit *Wilbur und Charlotte* verzauberte).

Ebenfalls auf dieser Liste befindet sich Sadie Mossell Alexander, die erste schwarze Frau mit einem Doktortitel in Wirtschaftslehre. Sie steht nicht auf der Liste der bekannten Wirtschaftswissenschaftlerinnen, die ich gerade erwähnt habe, weil sie den Fachbereich verließ, nachdem sie keine Stelle an einer Universität bekam. Sie heiratete, erwarb einen Doktortitel in Jura, hatte zwei Kinder und arbeitete einen Großteil ihres Lebens in der Anwaltskanzlei ihres Mannes, bis sie eine eigene Kanzlei eröffnete und als erste schwarze Richterin an den Philadelphia Court of Common Pleas berufen wurde.

Von den 237 Collegeabsolventinnen aus Gruppe Eins, die in *Notable American Women* aufgeführt werden, hatten weniger als 30 Prozent Kinder, und nur etwas mehr als die Hälfte heiratete.[12] Die Frauen, die es in *Notable* geschafft haben, hatten außergewöhnlich erfolgreiche Karrieren. Der Prozentanteil der Frauen, die Kinder hatten, und von jenen, die verheiratet waren, ist bei allen Collegeabsolventinnen etwas höher. Aber auch dort sind die Zahlen immer noch sehr niedrig.

Die Liste der namhaften Frauen wäre um einiges länger, wenn die Frauen aus Gruppe Eins die Möglichkeit gehabt hätten, zu heiraten und eine Familie zu gründen und gleichzeitig intensiv zu arbeiten. Sie hätten weniger Hürden zu überwinden gehabt. Sie hätten nicht die schwierigen, lebensverändernden Entscheidungen treffen müssen, die ihnen so oft aufgezwungen wurden. Weitergedacht, und vielleicht noch wichtiger, hätte die Liste, wenn sie länger gewesen wäre, weitere Frauen dazu ermutigt, in zusätzliche Ausbildung zu investieren und Karrieren anzustreben, was wiederum zu mehr Talenten in zukünftigen Generationen geführt hätte.

In diesem Fall wären Frauen, die später kamen, etwa in Gruppe Drei, weniger ans Haus gefesselt gewesen, hätten mehr Vorbilder für erfüllende Karrieren gehabt. Sie hätten mehr in ihre Ausbildung investiert und im College Hauptfächer gewählt, die zu einer beruflichen Tätigkeit geführt hätten. Die Talente wären in der Gesellschaft besser genutzt worden. Die Produktivität wäre höher gewesen. Die Anzahl der möglichen Konsequenzen ist endlos.

Viele Frauen, die lesbisch waren, offen oder nicht, hätten in der Vergangenheit gar nicht legal heiraten können. Manche Lesben versteckten ihre Beziehungen nicht, auch im frühen 20. Jahrhundert schon, so wie die Wirtschaftswissenschaftlerin von der Universität Amherst Dorothy Wolff Douglas. Dorothy war mit Paul Douglas, Ökonom von der University of Chicago und US-Senator aus Illinois, verheiratet gewesen, aber nach der Trennung lebte sie mit der Soziologin und Autorin Katharine DuPre Lumpkin zusammen. Viele andere hinderten soziale oder persönliche Normen daran, sie selbst zu sein, auch privat. Von Rachel Carson, deren Buch *Der stumme Frühling* die Vereinigten Staaten auf die Gefahren von DDT aufmerksam machte, glauben Biografen, sie sei lesbisch gewesen.

Collegeabsolventinnen aus wohlhabenden Familien konnten es sich leisten, nicht zu heiraten, ob sie nun lesbisch waren oder nicht. Wer aus finanziell weniger gut gestellten Familien kam, musste oft früh heiraten, um das Auskommen zu sichern.

Für Gruppe Eins galten Einschränkungen, die eine Verbindung von Arbeit und Familie nahezu unmöglich machten. Wenn sie später im Leben gefragt wurden, warum sie nicht geheiratet hätten, antworteten viele dieser Frauen, sie hätten es nicht gemusst. Auch Frauen aus weniger begüterten Familien konnten mit dem höheren Lohn, den sie als ausgebildete Erwerbstätige erhielten, ihren Lebensunterhalt bestreiten. Viele blieben nicht wegen einer höheren Berufung unverheiratet, sondern um den patriarchalen Normen ihrer Zeit zu entkommen.

Gruppe Zwei: Erst Job, dann Familie

Gruppe Zwei, die zwischen 1898 und 1923 geboren wurde und zwischen 1920 und 1945 das College abschloss, ist eine Übergangsgruppe. Die Lebensumstände dieser Frauen entsprechen anfangs jenen aus Gruppe Eins, mit einem geringen Anteil verheirateter Frauen – aber am Ende ähneln sie Gruppe Drei, in der die Frauen oft eine Ehe eingingen, bei der ersten Hochzeit sehr jung waren und viele Kinder bekamen.

Weil die Frauen aus Gruppe Zwei relativ spät heirateten (wie Gruppe Eins), wird diese Gruppe grob so beschrieben, dass sie erst einen Job hatten und dann eine Familie gründeten. Die meisten Frauen, die irgendwann heirateten, bekamen auch Kinder, und die meisten gingen nach der Hochzeit keiner bezahlten Arbeit mehr nach, auch wenn die Mehrheit vor der Ehe einige Zeit gearbeitet hatte.

Viele von ihnen hatten höher gesteckte Ziele, die durch äußere Kräfte unmöglich wurden, wie etwa den Beginn der Weltwirtschaftskrise. Der enorme Wirtschaftsabschwung führte zu restriktiveren Gesetzen, unter anderem zu einem Beschäftigungsverbot für verheiratete Frauen als Büroangestellte und ähnlichen Verboten im öffentlichen Dienst, wo Frauen nicht mehr als Lehrerinnen arbeiten durften.

Zu den ersten Frauen aus Gruppe Zwei gehörten, zum Beispiel, Barbara McClintock, die für ihre Forschungen zur Genetik einen Nobelpreis erhielt, und Alice Kober, die half, die historische Linear-B-Schrift zu entziffern. Keine der beiden heiratete je. Ebenfalls zu den frühen Vertreterinnen von Gruppe Zwei zählen Zora Neale Hurston, die Volkskundlerin und Autorin, die über das Leben der Schwarzen in den USA schrieb, und die Informatik-Pionierin und Konteradmiralin der US Navy Grace Hopper. Beide heirateten, aber die Ehe blieb kinderlos. Ada Comstock, ebenfalls in Gruppe Zwei, heiratete im Alter von 67 Jahren nach einer langen und bedeutenden Karriere als erste Präsidentin des Radcliffe Colleges. Das sind keine durchschnittlichen Frauen, aber sie stehen symbolisch für die Leben der ersten Frauen aus Gruppe Zwei.

Die temperamentvolle Kongressabgeordnete Bella Savitzky Abzug, die Autorin von *Der Weiblichkeitswahn* Betty Friedan und die Sängerin und TV-Berühmtheit Dinah Shore gehören ebenfalls zu Gruppe Zwei. Sie alle heirateten und hatten Kinder. Sie stehen für die Übergangsphase des Kollektivs zu Gruppe Drei. Weniger berühmte Vertreterinnen von Gruppe Zwei sind zwei mutige Lehrerinnen aus St. Louis, Missouri: Anita Landy und Mildred Basden, die gegen die Gesetze klagten, die nach der Hochzeit zu ihrer Entlassung führten. Wie wir später noch sehen werden, setzte ihre Klage den meisten Beschäftigungsverboten für Lehrerinnen in den Vereinigten Staaten ein Ende.

Gruppe Drei: Erst Familie, dann Job

Die Frauen aus Gruppe Drei, die zwischen 1924 und 1943 geboren wurden, sind einander ähnlicher als die Frauen in jeder anderen Gruppe. Sie haben ähnliche Hoffnungen und Erfolge, heiraten jung, haben häufig Kinder sowie ähnliche Collegeabschlüsse und erste Jobs. Während Gruppe Eins zweigeteilt war in jene, die eine Familie hatten, und jene mit einem Job oder einer Karriere, marschieren die Frauen in Gruppe Drei im Gleichschritt.

Die Einheitlichkeit von Gruppe Drei kam teilweise dadurch zustande, dass einige Beschäftigungshürden beseitigt worden waren. Aber es lag auch daran, dass Gruppe Drei das College zwischen 1946 und

1965 abschloss, als demografische Veränderungen alle US-Amerikaner dazu trieben, früh zu heiraten und größere Familien zu haben. Mehr als 90 Prozent der Collegeabsolventinnen in Gruppe Drei heirateten, die meisten von ihnen jung. Und fast alle Verheirateten hatten Kinder. Die Frauen aus Gruppe Drei arbeiteten meist unmittelbar nach dem Collegeabschluss und auch noch nach der Hochzeit. Doch sie verließen ihre Jobs scharenweise, als die Kinder kamen, um sie großzuziehen.

Viele nahmen die Arbeit wieder auf, als die Kinder älter waren, und manche nutzten diese Zeit, um eine Karriere aufzubauen. Doch wegen der Arbeitsunterbrechung und weil ihre Familie Priorität hatte, fiel der Wiedereinstieg in den Arbeitsmarkt, der sich in der Zwischenzeit radikal verändert hatte, vielen schwer. Viele verfügten nicht über die notwendigen Qualifikationen. Die durchschnittliche Frau in Gruppe Drei hatte *erst eine Familie und dann einen Job.*

Das Familienleben hatte für Frauen aus dieser Gruppe oft Priorität, auch was die Zeiteinteilung betraf, dennoch zerbrachen die Familien oft. Die Scheidungsraten schossen für Ehen, die in den 1960ern geschlossen wurden, nach oben. Von den Collegeabsolventinnen, die in den 1950ern geheiratet hatten, waren zwölf Prozent nach 20 Jahren Ehe geschieden, von jenen, die in den 1960ern geheiratet hatten, waren es fast 30 Prozent.[13] Manche aus Gruppe Drei wurden womöglich kalt erwischt, als Staaten die »einseitige« Scheidung einführten, sodass beide Ehepartner ohne Zustimmung des anderen die Ehe auflösen konnten. Frauen, die sich auf Hausarbeit spezialisiert und kaum Erfahrung mit bezahlter Arbeit hatten, waren dadurch in einer schlechten Verhandlungsposition zu Hause.

Die meisten Frauen aus Gruppe Drei, die die Erwerbstätigkeit aufgaben, als sie Kinder bekamen, kehrten später in verschiedene Positionen zurück, vor allem als Lehrerinnen und Büroangestellte. Die meisten machten sich keinen Namen, aber ein paar wenige, die ihr Metier fanden, kennt man. Zu ihnen gehören Erma Bombeck, Jeane Kirkpatrick, Grace Napolitano und ironischerweise Phyllis Schlafly, die ihre Karriere auf dem Versuch aufbaute, die beruflichen Möglichkeiten anderer Frauen zu beschränken.

Andere blieben immer erwerbstätig, weil sie es entweder mussten oder wollten. Manche mussten nach einer Scheidung weiter Geld verdienen, vor allem dann, wenn sie Kinder hatten. Die Literaturnobelpreisträgerin Toni Morrison arbeitete offenbar ohne eine Unterbrechung. Nach ihrer Scheidung wurde sie Lektorin bei Random House, zog zwei Söhne groß und schrieb ihre brillanten, ergreifenden Romane in den frühen Morgenstunden, bevor sie für ihre Kinder Frühstück machte.

Welche Hoffnungen die Frauen aus Gruppe Drei hatten, zeigt sich an ihren persönlichen Vorstellungen, wie ihre Zukunft aussehen würde, die in mehreren großen Umfragen festgehalten wurden. Diese Collegefrauen heirateten früh und bekamen mehr Kinder als die Generationen vor oder nach ihnen. Aber viele gaben an, sie wollten nach der Hochzeit weiterarbeiten, auch solange die Kinder noch klein waren. Die Zukunftsziele von Gruppe Drei wurden für viele in Betty Friedans Bestseller definiert. Aber Realität und Wahrheit sahen völlig anders aus. Neue Jobchancen mussten geschaffen werden. Nach den 1940ern, nachdem die Beschäftigungsverbote im Erwerbsleben abgeschafft wurden, standen verheirateten Frauen mehr Arbeitsmöglichkeiten zur Verfügung. Die Ziele der Frauen hatten sich verändert.

Gruppe Vier: Erst Karriere, dann Familie

Gruppe Vier, geboren zwischen 1944 und 1957, schloss das College zwischen Mitte der 1960er- und Ende der 1970er-Jahre ab. Diese Frauen hatten offensichtlich aus den Erfahrungen ihrer Vorgängerinnen gelernt. Die Kehrtwenden zwischen Gruppe Drei und Vier, was Ehe, Kinder, Beruf und Beschäftigungszeiten betrifft, sind die auffälligsten in dieser Geschichte aufeinanderfolgender Gruppen.

Die Frauen aus Gruppe Vier wurden erwachsen, als sich die Frauenbewegung gerade entwickelte. Sie wussten von den Frustrationen und Beschränkungen, über die Betty Friedan in *Der Weiblichkeitswahn* geschrieben hatte. Aber ihre Bildungs- und Karriereentscheidungen waren weniger von der »lauten« Revolution der 1960er- und 1970er-Jahre geprägt und mehr von einer stilleren. Die laute Bewegung war durchaus ein Katalysator. Aber für Gruppe Vier hatte die neue Anrede »Ms.« (die englische neutrale Anrede für Frauen, bei der nicht zwischen Frau (Mrs.) und Fräulein (Miss) unterschieden wird) wahrscheinlich größeren Einfluss als die Gründerin der Zeitschrift mit diesem Namen (und Hauptvertreterin der Bewegung) Ms. Gloria Steinem.

Als junge Frauen hatten sie miterlebt, wie ihre Mütter, Tanten und älteren Schwestern wieder ins Arbeitsleben zurückkehrten, nachdem die Kinder das Nest verlassen hatten. Manche dieser Frauen machten sich wenig Gedanken über ihre Karriere. Andere hatten sorgfältig geplant, zunächst ein Leben als Mutter zu führen und danach einer bezahlten Arbeit nachzugehen. Doch häufig suchten die Frauen aus Gruppe Drei keine Jobs – und bekamen auch keine angeboten –, die zu einer lebenslangen Karriere führten, wie sie Gruppe Vier vorschwebte. Die Mütter sahen für ihre Töchter oft einen anderen Weg vor. »Ich rate meiner Tochter, Familie und Karriere anzustreben. Das wird heute erwartet«, sagte eine hochgebildete Vertreterin von Gruppe Drei, die keiner bezahlten Arbeit nachging, über ihre Gruppe-Vier-Tochter.[14]

Die Frauen aus Gruppe Vier bemerkten auch, dass viele aus Gruppe Drei unerwartet geschieden wurden und dann mit angestaubten Arbeitsqualifikationen dastanden. Die Frauen aus Gruppe Vier lernten früh, dass marktgängige Qualifikationen nicht nur für ihre eigene Karriere wichtig waren, sondern auch für ihren Lebensunterhalt und den ihrer Kinder. Ehen hielten nun nicht mehr ewig, wenn sie das je getan hatten. Ihre Mütter aus Gruppe Zwei oder Drei wussten das auch: »Es ist schlimm, wenn man im mittleren Alter verlassen, Witwe oder geschieden wird, ohne eigene Identität oder eigene leidenschaftliche Interessen.«[15]

Die Scheidungsrate war bei Gruppe Vier sogar noch höher als im späten Teil von Gruppe Drei. Von den Ehen, die in den 1970ern geschlossen wurden, schafften es 37 Prozent nicht bis zum 20. Hochzeitstag. Bei den Ehen aus den 1960ern (überwiegend Frauen aus Gruppe Drei) waren es 29 Prozent.[16]

Bei Gruppe Vier war aber die Überraschung nicht so groß wie bei Gruppe Drei, wenn eine Ehe nicht hielt. Gruppe Vier erkannte die Vorzeichen. Sie hatten es selbst im jungen Alter mit angesehen. Der Staffelstab, den Gruppe Drei an Gruppe Vier weiterreichte, enthielt eine Warnung zur Dauerhaftigkeit der Ehe. Er warnte vor den Gefahren, wenn man in die Karriere des Ehemannes investierte, aber nicht in die eigene. Die Scheidungsraten sanken danach langsam wieder. Bei den Ehen, die in den 1980ern geschlossen wurden, waren sie etwa wieder genauso hoch wie in den 1960ern. Frauen heirateten zunehmend später, und diese Ehen waren stabiler, trotz liberalerer Scheidungsgesetze.

Die Frauen aus Gruppe Vier dachten, sie könnten es besser machen als die aus Gruppe Drei. Sie erkannten, dass Gruppe Drei insgesamt ihrer schulischen und beruflichen Ausbildung oder langfristigen Karriere keine Priorität eingeräumt hatte. Aufgrund dieses Wissens bereiteten sich die Frauen aus Gruppe Vier schon während der Highschool auf den Collegebesuch vor. Bei der Auswahl ihrer Hauptfächer und späteren Abschlüsse hatten sie dauerhafte Karriereziele im Blick.

Das Neuartige an Gruppe Vier war, dass die Frauen zuerst Karriere machen und danach eine Familie haben wollten. Viele vermuteten, dass die Geburt von Kindern sie nicht aus der Bahn werfen würden, wenn sie sich vorher erst einmal beruflich etabliert hatten. Die Familie zu gründen war der leichte Teil – zumindest ließ die hohe Geburtenrate bei Gruppe Drei dies vermuten. Den Frauen aus Gruppe Vier stand außerdem etwas zur Verfügung, das die Frauen aus früheren Generationen in jungen Jahren nicht gehabt hatten: die Antibabypille.

Dank der besseren Geburtenkontrolle konnten Frauen die Heirat und das Kinderkriegen mit wenigen unmittelbaren Konsequenzen verschieben. Effektive, praktische und weiblich kontrollierte Verhütung ermöglichte den Frauen von Gruppe Vier eine bessere Ausbildung, und sie konnten auf der gewählten Karriereleiter aufsteigen, ohne auf ein aktives Sozial- und Privatleben zu verzichten. Doch viele warteten zu lange, und etwa 27 Prozent aller Collegeabsolventinnen aus Gruppe Vier hatten nie Kinder. Die Gruppe strebte *erst eine Karriere und da-*

nach eine Familie an, aber Planungen lassen sich nicht immer unbedingt umsetzen.

Zu den bekannteren Vertreterinnen von Gruppe Vier gehören Hillary Clinton und Carol Moseley Braun, die erste schwarze Frau, die in den US-Senat gewählt wurde. Beide heirateten, was bei der einen bestens bekannt ist, und beide hatten Kinder. Weitere Vertreterinnen sind Condoleezza Rice und Sonia Sotomayor, die beide keine Kinder bekamen.

Die Frauen aus Gruppe Vier waren die ersten, die in großer Zahl Spitzenjobs anstrebten, etwa als Anwältin, Ärztin, Unternehmensleiterin. Sie wollten genau das, was ihre männlichen Kollegen schon immer gewollt hatten: sich finanziell verbessern, den Respekt der Kollegen und die höchstmögliche Sprosse auf der Karriereleiter in ihrem Berufsfeld erringen. Auch die Männer in dieser Gruppe steckten sich höhere Ziele.[17] Die Familie war für diese Gruppe wichtig, aber sie kam meist an zweiter Stelle, hinter der beruflichen und universitären Weiterbildung und der Karriere.

Gruppe Fünf: Karriere und Familie

Gruppe Fünf umfasst Frauen, die seit 1958 geboren wurden und das College ab 1980 abschlossen. Um den Vertreterinnen genügend Zeit zum Kinderkriegen zu geben und um ihre Entscheidungen danach beobachten zu können, begrenze ich die Geburtsjahre von Gruppe Fünf auf zwischen 1958 und 1978, auch wenn die Gruppe noch nicht abgeschlossen ist. Die Frauen in dieser Gruppe beobachteten die Fehlkalkulationen der Gruppe-Vier-Frauen. Jene, die das Kinderkriegen aufschoben, schafften es am Ende oft nie. Gruppe Fünf schwor sich, dass die Karriere ihre Möglichkeiten, eine Familie zu haben, nicht mehr einschränken würde.

Auch sie schoben Ehe und Kinder auf, sogar noch weiter als die Frauen vor ihnen, dennoch stieg die Geburtenrate deutlich an. Wie Gruppe Vier wurden auch sie unterstützt von verschiedenen reproduktionsmedizinischen Verfahren, einschließlich In-vitro-Fertilisation. In diesem Fall bekamen sie Hilfe bei der Empfängnis, nicht bei der Verhütung. Diese letzte Gruppe strebte überwiegend *Karriere und Familie* an.

Wichtige Grenzen

Kehren wir nun zu der Frage zurück, wie sich diese Frauen so passend in fünf Gruppen einteilen lassen. Die Antwort liefert ein Blick in die demografischen und ökonomischen Daten zu Ehen, Geburten und Erwerbstätigkeit.

Das Heiratsalter ist ein wichtiger Indikator, der die verschiedenen Gruppen unterscheidet (siehe Abbildung 2.2). Ob eine Frau spät, früh oder gar nicht heiratet (oder einen Partner findet), hatte nachweislich Auswirkungen auf ihre Karriere- und Familienplanung. Zunächst fällt in der Abbildung die grundsätzliche U-Form bei den Collegeabsolventinnen, geordnet nach Alter, auf, die nie geheiratet haben, zwischen Gruppe Eins und Fünf. Den niedrigsten Anteil hatte Gruppe Drei, bei der nur etwa acht Prozent nie geheiratet haben und nur 20 Prozent mit Mitte 20 noch nicht verheiratet waren. Bei Gruppe Fünf war etwa die Hälfte mit Ende 20 noch nicht verheiratet.

Die Ehe als sozialen Indikator zu verwenden mag heute überholt wirken. Heutzutage haben viele Menschen Lebenspartner und verzichten vollständig auf die Institution Ehe. Manche Paare leben viele Jahre lang zusammen, bevor sie heiraten, und das genaue Heiratsjahr hat weniger Bedeutung. Aber auch in den jüngeren Gruppen von Collegeabsolventinnen waren, oder sind aktuell noch, mehr als 90 Prozent verheiratet, wenn sie den 50. Geburtstag hinter sich haben.

Bei der US-Volkszählung von 1940 wurden zum ersten Mal in den USA auch Daten zu Bildungsabschlüssen und Ehestand erfasst, die bei den frühen Gruppen nicht für alle Altersstufen verfügbar sind. Zusätzlich erhalten wir erst langsam Daten über gleichgeschlechtliche Partnerschaften und Ehen, obwohl es solche Partnerschaften in

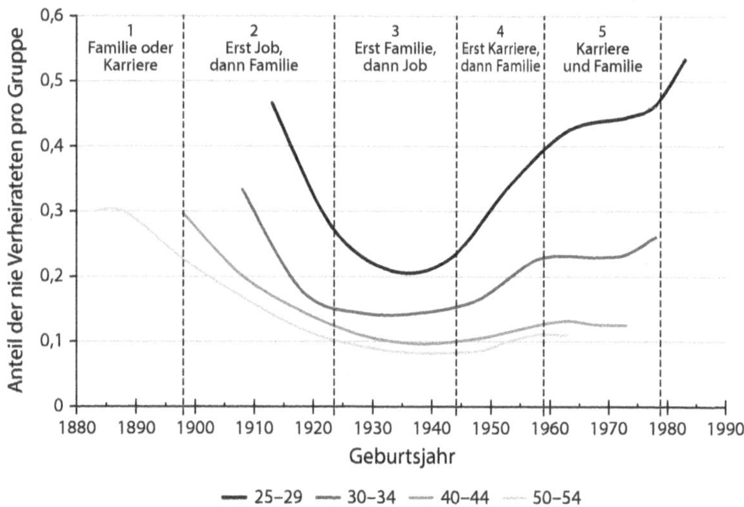

Abb. 2.2: Anteil der unverheirateten Collegeabsolventinnen nach Alter und Gruppe (siehe Abbildungs- und Tabellenanhang)

der Geschichte schon lange gab.[18] Weil es zwischen den Ethnien große Unterschiede gibt und weil ich eine geschlossene Population für die Analyse brauche, beschränke ich die Heiratsdaten hier außerdem auf in den USA geborene weiße Frauen, aber auf die ethnischen Unterschiede gehe ich später noch ein. Alle anderen Daten schließen alle ethnischen Gruppen mit ein.

Gruppe Eins der Collegeabsolventinnen hatte eine niedrige Eheschließungsrate. Noch mit über 50 Jahren waren nur 70 Prozent je verheiratet. Gruppe Zwei ähnelt zunächst Gruppe Eins, aber in den letzten Jahrgängen hatten nur zehn Prozent der Frauen aus Gruppe Zwei nie geheiratet, wenn sie das 50. Lebensjahr erreichten. Das jüngste Heiratsalter und den höchsten Anteil an Verheirateten findet man in Gruppe Drei. Dort waren mit 25 bis 29 Jahren bereits 80 Prozent der Frauen verheiratet. Fast alle Frauen, die überhaupt heirateten, taten es vor dem 30. Geburtstag.

Gruppe Vier schob die Heirat auf, und dieser Trend hat sich in Gruppe Fünf fortgesetzt. Doch trotz des späteren Heiratsalters in den

Gruppen Vier und Fünf ist der Anteil derjenigen, die irgendwann im Leben heirateten, immer noch sehr hoch. Die Eheschließungsraten mit Ende 20 oder Anfang 30 mögen jenen der Frauen aus Gruppe Eins ähneln, die Ende des 19. Jahrhunderts geboren wurden. Aber da enden die Ähnlichkeiten auch schon. Collegeabsolventinnen, die seit den frühen 1940ern geboren wurden, schoben die Heirat auf, aber nur wenige blieben für immer Single.

Eine weitere Möglichkeit, das Heiratsalter zu messen, besteht darin, das Alter anzugeben, mit dem die Hälfte der Gruppe verheiratet war: das mediane Heiratsalter.[19] Bei den Collegeabsolventinnen in Gruppe Drei, die zwischen Mitte der 1920er- und Anfang der 1940er-Jahre geboren wurden, war die Hälfte um den 23. Geburtstag verheiratet. In Gruppe Vier stieg jedoch innerhalb von nur fünf Jahren, bei jenen, die zwischen 1950 und 1955 geboren wurden, das mediane Alter bei der ersten Heirat auf 25 Jahre an und erhöhte sich danach immer weiter. Bei Collegeabsolventinnen, die im Jahr 1980 geboren wurden, also knapp über der Grenze von Gruppe Fünf, liegt das mediane Heiratsalter bei über 27 Jahren.

Ein Anstieg beim Heiratsalter von 23 auf 27 Jahre hatte große Auswirkungen. Er ermöglichte Frauen höhere Bildungsabschlüsse und erste Berufserfahrung, ohne sich um die Familie kümmern oder den Wohnort wechseln zu müssen, um dem Ehemann eine bessere Ausbildung oder Position zu ermöglichen.

Die Eheschließungsrate von Frauen, die nie das College besuchten, unterscheidet sich von jener der Collegeabsolventinnen.[20] Der Anteil der Frauen, die das College besuchten und abschlossen, steigt über die Gruppen hinweg erheblich, und dieser wichtige Unterschied wird später noch thematisiert. Die Frauen ohne Collegeabschluss heirateten jung und – bei den frühesten Gruppen – auch zum größeren Teil. Bei der Nicht-College-Gruppe gab es nicht die hohe Quote an Unverheirateten aus Gruppe Eins. Aber in den jüngeren Jahrgängen scheuten deutlich mehr Frauen, die nie ein College besuchten, eine Heirat. Unter all diesen Unterschieden gibt es eine wichtige Ausnahme: Zwischen Ende der 1940er-Jahre und Anfang der 1960er heirateten alle Frauen früh im Leben.

Die Gruppengrenzen sind an den Heiratsdaten klar zu erkennen. Gruppe Eins hatte eine niedrige Eheschließungsrate, auch noch im höheren Alter. Gruppe Drei heiratete früh. Die Gruppen Vier und Fünf schoben die Heirat auf, am Ende war aber fast derselbe Anteil der Frauen verheiratet wie in Gruppe Drei. Der Unterschied zwischen den Gruppen Vier und Fünf zeigt sich, wie wir noch sehen werden, nach der Hochzeit: an den Kindern (oder dem Mangel daran).

Schwarze Collegeabsolventinnen weisen die gleichen Heiratsmuster auf wie die weißen Frauen aus Abbildung 2.2. In den ersten Gruppen heiratete nur ein kleiner Teil, Gruppe Drei hatte die höchste Eheschließungsrate, und bei den Gruppen Vier und Fünf gab es erhebliche Verzögerungen. Bei den beiden jüngsten Gruppen ist es jedoch so, dass schwarze Frauen ihre Hochzeit nicht nur hinausschoben, wie die weißen Collegeabsolventinnen, sondern viele auch im höheren Alter unverheiratet blieben.[21]

Wenn Frauen kurz nach dem College schwanger werden, setzen sie ihre Ausbildung seltener fort. Karrieren werden ausgesetzt. Wenn eine Schwangerschaft aufgeschoben werden kann, ist das Gegenteil der Fall. Die enge Verbindung, die traditionell zwischen Heirat und Geburt besteht, hat sich in den letzten Jahrzehnten verändert, aber der Anteil der unverheirateten Mütter ohne Partner unter den Collegeabsolventinnen ist nach wie vor niedrig.[22]

Der Anteil der Collegeabsolventinnen, die nie ein Kind zur Welt brachten, ist in Abbildung 2.3 zu sehen. Die welligen Linien in der Grafik ähneln jenen, die den Anteil der unverheirateten Frauen aufzeigen. Die Linien für die Gruppen Vier und Fünf bilden häufigere Datenerhebungen ab und sind folglich unregelmäßiger. Wenn man Adoptionen dazuzählt, erhöht sich der Anteil der Mütter um etwa 1,6 Prozentpunkte.[23] (Der vertikale Unterschied zwischen den Linien zeigt an, um wie viel die Geburten aufgeschoben wurden.)

Zwischen den Heirats- und Geburtsdaten gibt es Ähnlichkeiten, aber der offensichtliche Unterschied besteht darin, dass eine Ehe nicht immer zu einer Geburt führt. Das ist die entscheidende Differenz zwischen den Gruppen Vier und Fünf. Diese beiden Gruppen heirateten

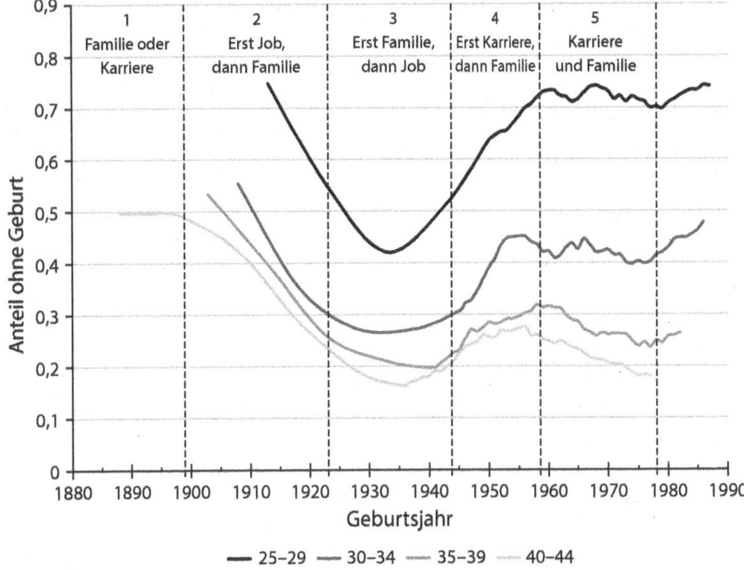

Abb. 2.3: Anteil der kinderlosen Collegeabsolventinnen nach Alter und Gruppe (siehe Abbildungs- und Tabellenanhang)

im ähnlichen Alter und ähnlich zahlreich, aber ein größerer Anteil von Gruppe Fünf hatte letztendlich Kinder, auch wenn die Mutter das erste Kind erst im höheren Alter bekam.

Mehr als die Hälfte der Frauen aus Gruppe Eins hatte nie Kinder.[24] Gruppe Zwei, mit ähnlichen Eheschließungsraten, bildet eine Brücke zwischen der niedrigen Fruchtbarkeit von Gruppe Eins zur überschießenden Fruchtbarkeit von Gruppe Drei, die ein völlig anderes Bild bietet: Dort hatten mehr als 90 Prozent der Verheirateten Kinder – der höchste Anteil bei allen hier betrachteten Gruppen.[25] Am Ende ihrer fruchtbaren Jahre hatten nur 17 Prozent der Frauen nie ein Kind zur Welt gebracht. Bei den Müttern lag der Durchschnitt zur Zeit der größten Fruchtbarkeit bei 3,14 Geburten pro Frau.[26]

Die Frauen aus Gruppe Vier schoben das Kinderkriegen auf, und der Anteil derer, die irgendwann Mutter wurden, sank dramatisch. Am Ende von Gruppe Vier hatten 45 Prozent im Alter von 35 Jahren Kinder.

Eine Verzögerung dieser Größenordnung hatte zur Folge, dass der Anteil der Frauen, die nie ein Kind bekamen, den Höchstwert von etwa 28 Prozent erreichte. Diese Zahlen gelten für alle Collegeabsolventinnen, nicht nur für jene, die danach weiter studierten oder einen Abschluss an einer Hochschule erwarben.

Gruppe Fünf zögerte die Familienplanung noch weiter hinaus, aber dank medizinischer Eingriffe, etwa die In-vitro-Fertilisation, konnten sie nachholen, was sie sonst womöglich verpasst hätten. Die durchschnittliche Geburtenzahl liegt bei 1,8 und bei den Müttern bei 2,2.[27]

Die Geburtenrate ist bei schwarzen Frauen, die das College besuchten oder abschlossen, sehr ähnlich zu jenen, die für alle Ethnien errechnet wurden. Die Ähnlichkeiten bei den Geburten blieben, während sich die Daten bezüglich der Eheschließungen bei den beiden jüngsten Gruppen stark unterschieden.

Die Erwerbsquote bei Collegeabsolventinnen, die irgendwann verheiratet waren, unterscheidet die Gruppen ebenfalls voneinander.[28] (Die demografischen und ökonomischen Daten für die fünf Gruppen sind in Tabelle 2.1 zusammengefasst.) Allerdings unterscheidet sich die Erwerbsquote nicht so stark zwischen den Gruppen wie die Ehe- und Geburtenzahlen. Die Erwerbsquote steigt und fällt nicht so stark wie die Geburtenzahlen, zum Beispiel, weil die Erwerbsquote für Frauen insgesamt im Lauf der Zeit fast konstant angestiegen ist.[29] Die einzigen Ausnahmen sind die schwarzen Collegeabsolventinnen, die ab dem frühesten Datum, an dem die Berufstätigkeit von Frauen beobachtet wurde, außergewöhnlich oft erwerbstätig waren.

Betrachten wir nun die Erwerbsquote für die drei Altersgruppen in Abbildung 2.4 (Seite 53) zwischen 25 bis 49 Jahren.[30] Die Daten beginnen mit Gruppe Zwei, weil die US-Volkszählung (Census) von 1940 erstmals Daten zu Ausbildungsniveau und Beschäftigung lieferte. Die erste Grenze ist die zwischen den Gruppen Zwei und Drei. Bei Gruppe Zwei war die Erwerbsquote bei den jungen (und verheirateten) Frauen niedrig, stieg dann aber mit höherem Lebensalter. Wegen des hohen Prozentsatzes an Müttern hatte Gruppe Drei eine etwa gleich hohe Erwerbsquote wie Gruppe Zwei in jungen Jahren, doch die Frauen aus Gruppe Drei engagierten sich sehr viel stärker als Erwerbstätige, als ihre Kinder zur Schule gingen. So war es auch bei einigen bekannteren Frauen in dieser Gruppe, von Erma Bombeck zu Jeane Kirkpatrick und sogar Phyllis Schlafly.

Mit Ende 40 waren die Frauen aus Gruppe Drei zu 75 bis 85 Prozent erwerbstätig (bei den schwarzen Frauen in dieser Gruppe waren es 88 bis 93 Prozent). Gruppe Drei hatte also, trotz großer Familien und wenig bezahlter Arbeit in jungen Jahren, eine ziemlich hohe Erwerbsquote im höheren Alter. Tatsächlich war ihre Erwerbsquote fast so hoch wie bei den Gruppen Vier und Fünf, bei denen Frauen sehr viel früher den Karriereweg einschlugen.

Hier noch ein paar wichtige Fakten zur Größe unserer Gruppen von Collegeabsolventinnen im Verhältnis zur Population und zum Zahlenverhältnis zwischen männlichen und weiblichen Collegeabsolventen. Für unsere Zwecke bezeichnet College fast immer eine vierjährige Ausbildung, die meist zu einem Bachelorabschluss führt. Gelegentlich werden Frauen, die ein zweijähriges Lehrer-College abgeschlossen haben, miteinbezogen, vor allem in der Zeit, als das der Hauptweg zum Lehrerinnenberuf war.

Für Männer wie für Frauen war im Jahr 1900 ein Collegeabschluss die große Ausnahme. Weniger als jeder 30. junge Mensch, oder drei Prozent, schlossen das College zu Beginn des 20. Jahrhunderts ab. Bei Schwarzen waren es noch sehr viel weniger. Im Vergleich dazu steuerte von jenen, die um 1990 geboren wurden, fast jede zweite Frau einen Collegeabschluss an (siehe Abbildung 2.5 und Abbildung 4A (Kapitel 2) im Online-Anhang).[31] Die Zahlen für die schwarzen Frauen hinken denen der weißen etwa zwei Jahrzehnte hinterher.[32]

In diesem Zeitraum gingen die Zahlen in verschiedenem Ausmaß nach oben und manchmal sogar leicht nach unten. Zwei Unregelmäßigkeiten sind so extrem, dass sie einer Erklärung bedürfen. Von Mitte bis Ende der 1960er-Jahre stiegen die Absolventenzahlen bei den Männern stark an, bevor sie dann steil abfielen. Sowohl der Anstieg als auch der Rückgang waren auf den Vietnamkrieg zurückzuführen.

Tabelle 2.1: Ehe, Kinder und Erwerbstätigkeit bei fünf Gruppen von Collegeabsolventinnen (siehe Abbildungs- und Tabellenanhang)

	(A)	(B)	(C)	(D)	(E)
Collegejahre [Geburtsjahre] Ziel/Leistung	Nie verheiratet (mit 30 J.)	Nie verheiratet (mit 50 J.)	Kein Kind (mit 44 J.)	Erwerbstätig, je verheiratet, 25–29 J.	Erwerbstätig, je verheiratet, 45–49 J.
Gruppe 1: 1900–1919 [1878–1897] Familie oder Karriere	53 %	32 %	50 %	~20 %	30 %
Gruppe 2: 1920–1945 [1898–1923] Erst Job, dann Familie	38 %	19 %	36 %	28 %	58 %
Gruppe 3: 1946–1965 [1924–1943] Erst Familie, dann Job	16 %	9 %	18 %	35 %	73 %
Gruppe 4: 1966–1979 [1944–1957] Erst Karriere, dann Familie	21 %	9 %	27 %	76 %	85 %
Gruppe 5: 1980–2000 [1958–1978] Karriere und Familie	27 %	12 %	21 %	83 %	84 %

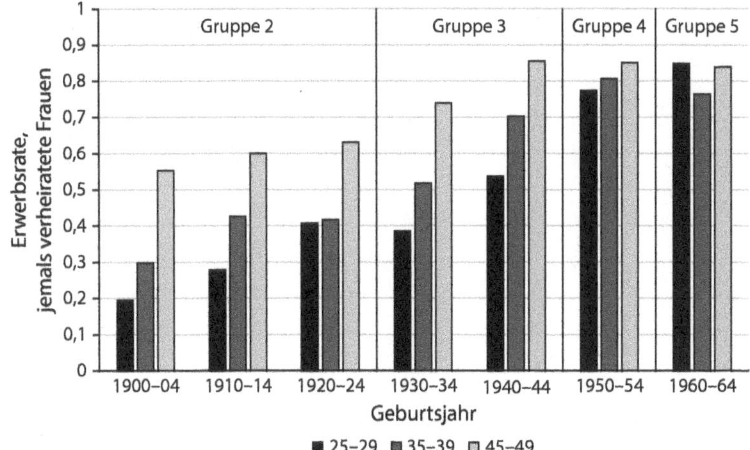

Abb. 2.4: Erwerbsrate nach Alter und Gruppe: Collegeabsolventinnen, die irgendwann verheiratet waren (siehe Abbildungs- und Tabellenanhang)

Die Zahlen gingen hoch, weil Männer, die als Studenten eingeschrieben waren, nicht zum Kriegsdienst eingezogen werden konnten (bis sie einen Abschluss hatten). Der außergewöhnliche Rückgang war darauf zurückzuführen, dass weniger Männer einberufen wurden und das US-Militär den Einsatz in Vietnam beendete.[33]

Ebenfalls erwähnenswert ist der Punkt, ab dem mehr Frauen als Männer das College abschlossen.[34] Von den 1950er- bis in die 1960er-Jahre gab es sehr viel mehr männliche als weibliche Collegeabsolventen. Doch die Frauen zogen gleich und überholten die Männer um das Jahr 1980 herum. Schwarze Frauen überholten schwarze Männer etwa zehn Jahre früher. Seither haben die Frauen ihren Vorsprung kontinuierlich ausgebaut.

Collegeabsolventen und -absolventinnen lassen sich auf zweierlei Art in Jahrgänge einteilen. Man kann zunächst einmal (wie bereits besprochen) alle zusammenfassen, die um dasselbe Jahr herum geboren wurden.[35] Aber Collegestudierende können unterschiedlichen Alters sein, und es ist nicht ungewöhnlich, dass ein 30-Jähriger neben einer 20-Jährigen in einer Collegeklasse sitzt. Diese Vermischung hat es

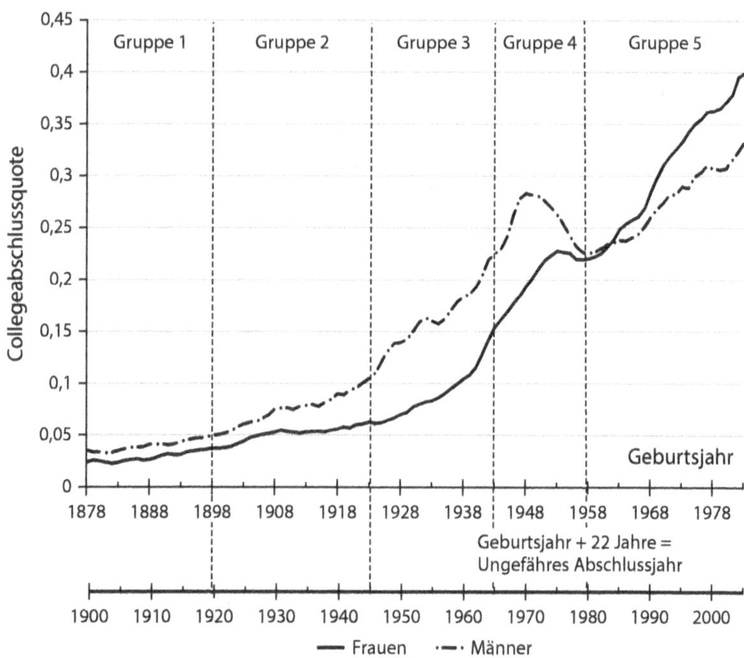

Abb. 2.5: Collegeabsolventenquote für Männer und Frauen im Alter von 30 Jahren (siehe Abbildungs- und Tabellenanhang)

schon immer gegeben – vor allem Mitte des 20. Jahrhunderts, als viele Soldaten (fast nur Männer) aus dem Krieg zurückkehrten.

Bei der anderen Einteilung nach Jahrgängen werden die Studenten gezählt, die sich in einem Schuljahr tatsächlich im College befinden. So kann man die sozialen Interaktionen auf dem Campus und in den Klassenzimmern besser verstehen. Diese Einteilung erlaubt Einblicke in die Geschlechterverhältnisse an jedem Treffpunkt im College – in den Klassen, in der Bibliothek, den Wohnheimen, dem Informationszentrum für Studenten und bei den Partys.

Das Verhältnis von Männern und Frauen (oder Geschlechterverhältnis) aus dieser Jahrgangsreihe zeigt, dass von Mitte der 1940er- bis Mitte der 1960er-Jahre sehr viel mehr Männer als Frauen das College besuchten.[36] Ende der 1940er-Jahre lag das Verhältnis bei verblüffenden

2,3 Männern für jede Studentin im College, auch wenn das Verhältnis nach Geburtsjahr nur bei 1,5 lag. Die meisten überschüssigen Männer waren Soldaten, die aus dem Krieg zurückkehrten und von denen manche bereits verheiratet waren.[37] Die meisten waren aber ledig, und ihre Anwesenheit erhöhte die Chancen der Collegestudentinnen, den richtigen Partner zu finden, erheblich.

Wichtig ist außerdem, dass im Lauf der Geschichte gemischtgeschlechtliche Schulen immer verbreiteter wurden. Die Bedeutung des Colleges hat sich für Männer und Frauen in jeder Ära verändert, was teilweise davon abhing, ob sie auch auf einem gemeinsamen Campus lernten. Im späten 19. Jahrhundert und dem ersten Jahrzehnt des 20. Jahrhunderts wurde – vor allem in gewissen Teilen der Vereinigten Staaten – ein erheblicher Teil der Collegestudierenden an eingeschlechtlichen Schulen unterrichtet. Bei der Collegeabschlussklasse von 1900 besuchten 40 Prozent der jungen Frauen ein reines Frauencollege und 46 Prozent der jungen Männer ein reines Männercollege.[38] Doch der Anteil der Studierenden an gemischten Schulen erhöhte sich rasch und war schon in den 1930er-Jahren beträchtlich: Der Anteil an Studenten und Studentinnen an eingeschlechtlichen Schulen war auf unter 30 Prozent gesunken. Im Jahr 1966, kurz bevor die meisten Elite-Colleges für beide Geschlechter geöffnet wurden, besuchten nur noch acht Prozent der weiblichen und fünf Prozent der männlichen Studierenden eine nach Geschlecht getrennte Hochschule.

Das College war jedoch im ganzen Jahrhundert häufig der Ort, wo sich zukünftige Paare kennenlernten. Eingeschlechtliche Schulen waren oft institutionell miteinander verbunden und hatten geregelte Busverbindungen am Wochenende. Auch gemischte Schulen, vor allem solche mit einem Mangel an Collegestudentinnen, pflegten inoffizielle Beziehungen mit nahe gelegenen eingeschlechtlichen Colleges. Der Bus, der das MIT (Massachusetts Institute of Technology) mit dem Frauen-College Wellesley verband, hatte den Spitznamen »Kuschel-Shuttle«.

Zu Beginn des 20. Jahrhunderts stieg der Anteil der Collegestudenten an der Gesamtbevölkerung stark an, und man hätte erwarten können, dass diese Studierenden aus anderen Bevölkerungsschichten, die nun ans College gingen und dort ihren Abschluss machten, den größten Einfluss auf Veränderungen in den hier untersuchten Gruppen haben würden. Schließlich besuchten um 1900 überproportional mehr Frauen aus wohlhabenden Familien ein College als später im Jahrhundert. Sie konnten es sich leisten, *nicht* zu heiraten. Jene, die in den 1950ern ans College gingen, könnten aus Gruppen stammen, die sich mehr Kinder wünschten. Und jene, die in jüngster Zeit das College abschlossen, könnten sich von den anderen darin unterscheiden, dass sie sich für Karrieren entschieden. Aber die Veränderungen, die sich beim Anteil der Mütter und Ehefrauen beobachten ließen, sind nicht primär auf die Art von Frau zurückzuführen, die ans College ging, und auch nicht auf die Art der Familien, die ihre Töchter ans College schickten. Diese Veränderungen waren grundsätzlicherer Natur.

Das lässt sich beweisen, indem man die Daten von Frauen untersucht, die aus derselben Gesellschaftsschicht stammten und im Lauf des Jahrhunderts dasselbe College besuchten. Sogar bei Frauen, die den gleichen familiären Hintergrund und die gleichen Talente hatten, sind erhebliche Veränderungen zwischen den fünf Gruppen zu beobachten, die die Gruppengrenzen widerspiegeln. Die Veränderungen bei den Prioritäten und Entscheidungen bezüglich Ehe, Familie und Arbeit gelten also für die ganze Gruppe, auch wenn man den familiären Hintergrund der Familien konstant hält.

Nehmen wir Absolventinnen von Radcliffe/Harvard als Beispiel.[39] Zu diesen Frauen gibt es außergewöhnlich detaillierte Daten. Sie wurden stets aus den klügsten, fähigsten und ehrgeizigsten jungen Frauen in den Vereinigten Staaten ausgewählt.

Im Großteil des betrachteten Zeitraums stammten sie auch überproportional häufig aus den wohlhabenderen Familien des Landes. Das ist bedeutsam, weil man zwischen 1880 und 1940 sehr viel bessere Chancen hatte, an einem privaten Elite-College angenommen zu werden, wenn man vorher eine private Vorbereitungsschule, eine sogenannte Preparatory School, besucht hatte. Standardisierte Tests, die in den 1940ern eingeführt wurden und sich in den 1950ern rasch verbreiteten, verringerten die Notwendigkeit einer besonderen Vorbereitung an einer privaten weiterführenden Schule.[40] Dennoch lag der Anteil der Radcliffe-Studentinnen, die eine private weiterführende Schule besucht hatten, bei den Collegeabsolventinnen von Anfang der 1900er-Jahre bis Ende der 1970er quasi konstant bei 45 Prozent.[41]

Obwohl diese Frauen aus derselben Gesellschaftsschicht stammten, entspricht die Neigung der Radcliffe-Frauen, zu heiraten und Kinder zu bekommen, von etwa 1900 an dem allgemeinen Trend in der Gruppenpopulation.[42] Der Anteil der Frauen, die nie heirateten, entsprach etwa dem Anteil im Rest der Altersgruppe, und die Wendepunkte sind fast identisch. Die Ähnlichkeiten bei den Heiratsdaten sind bei Gruppe Drei am auffallendsten. Zwischen den späten 1940ern und den frühen 1960ern heirateten Radcliffe-Frauen früh und zahlreich. In dieser Hinsicht unterschieden sie sich nicht von Frauen, die an weniger selektiven Colleges studierten. Ähnliche Veränderungen sind bei den Geburtsdaten zu beobachten.[43]

Die Pionierin der Kinderkardiologie Helen Taussig, Tochter des Harvard-Ökonomen Frank Taussig, studierte etwa in der Zeit des Zweiten Weltkriegs in Radcliffe. Helen heiratete nie und war eher eine typische Vertreterin von jenen in Gruppe Eins, die Karriere machten. Die bekannte Dichterin Adrienne Rich heiratete 1953, etwa ein Jahr nach ihrem Abschluss am Radcliffe, und bekam kurz hintereinander drei Söhne. Nach dem Tod ihres Mannes begann sie eine lebenslange Beziehung mit einer Frau. Rich war eine typische (und doch atypische) Vertreterin von Gruppe Drei. Die Pulitzer-Preisträgerin und Journalistin Linda Greenhouse war eine Vorreiterin der Gruppe Vier. Sie heiratete mit 34 Jahren, gut zehn Jahre nach ihrem Radcliffe-Abschluss, und bekam ihr erstes Kind mit 38.

Die Radcliffe-Frauen glichen also nahezu allen anderen Frauen, was Ehe und Kinder betrifft. Aber der Grund für diese Ähnlichkeit ist nicht, dass ein großer Anteil aller Collegeabsolventinnen Elite-Colleges für Frauen besucht hätte. Von den ersten Jahren abgesehen, machten Absolventinnen von reinen Frauencolleges nur einen kleinen Teil aus.[44] Veränderungen bei der Selektivität der Collegeabsolventinnen hatten offenbar keinen großen Einfluss auf die außergewöhnlichen Veränderungen, die in der Abfolge der Gruppen auftraten.

Warum gab es diese enormen Veränderungen bezüglich Karriere und Familie zwischen Gruppe Eins und Fünf? Sie waren Teil einer Generationsfolge, die sich über ein Jahrhundert erstreckte und von entscheidenden Veränderungen in Wirtschaft und Gesellschaft gekennzeichnet war.[45] Jede Gruppe nahm den Staffelstab und rannte damit eine gewisse Strecke, übersprang Hürden und wich Hindernissen aus. Und jede Generation war mit sich ständig verändernden Einschränkungen konfrontiert – und profitierte von einigen technologischen Fortschritten im Haushalt und bezüglich der Fortpflanzung, die ihnen den weiteren Weg ebneten.

Vor allem in den späten 1960ern und frühen 1970ern machte sich Unzufriedenheit mit Arbeit, Aufstiegschancen, Verdienst und Familienleben breit und explodierte auf revolutionäre Weise. Landesweite Aktionen sickerten zu lokalen Verbänden durch und führten sogar zu sogenannten Sensibilisierungskampagnen in den Häusern und Wohnungen der Frauen. Jede Generation nahm sich vor, eine noch bessere Möglichkeit zu finden, ihre Ziele zu erreichen und ein eigenes Vermächtnis zu hinterlassen.

Auf der langen Reise durch die Gruppen veränderten sich aber nicht nur die Ziele der Frauen. Auch die Vorstellungen der Männer, wie ihre ideale Partnerin sein und welche Karriereziele sie haben sollte, veränderten sich. In Gruppe Eins lag die Wahrscheinlichkeit, dass eine Collegeabsolventin bis zum Alter von 50 Jahren geheiratet hatte, um 20 Prozentpunkte niedriger als bei Frauen ohne Collegeabschluss. Bei Gruppe Drei lag der Unterschied noch bei fünf Prozentpunkten. Für Gruppe Fünf hatte sich das Blatt gewendet: Hier lag die Wahrscheinlichkeit, dass eine Collegeabsolventin heiratete, um fünf Prozentpunkte *höher* im Vergleich zu anderen Frauen.[46] Das lag zum Teil daran, dass Collegeabsolventen eher Collegeabsolventinnen heirateten.

Dass mehr Paare mit ähnlichem Bildungsgrad und ähnlichen Berufszielen zusammenfanden, förderte die Karriere von beiden, auch bei gleichgeschlechtlichen Paaren. Eine Karriere aufzubauen, bei der man auf Abruf für das Büro bereitstehen und die Bedürfnisse einer Familie rund um die Uhr befriedigen muss, ist für eine einzelne Person immer anstrengend. Gemeinsame Entscheidungen in der Ehe tragen in jeder Gruppe entscheidend zum Verständnis bei, wie die aktuelle Generation es noch besser machen kann als die vorhergehenden. Heute besteht die größte Herausforderung, und das höchste Ziel, darin, Karriere und Familie in einer gleichberechtigten Partnerschaft miteinander zu vereinen. Wenn das einmal erreicht ist, lautet die nächste Frage: Wohin geht der Staffelstab dann? Zunächst aber zu den einzelnen Gruppen.

3 Weggabelung

Während meines Studiums an der Universität von Chicago im Jahr 1971 sah ich oft eine grauhaarige Frau mit einer großen, rechteckigen Schachtel zum Rechenzentrum gehen. In der Schachtel waren Hunderte Lochkarten, die manchmal nur eine einzige Zeile Code enthielten. All diese Codezeilen waren, in einer genauen Reihenfolge, notwendig, um eine einzige statistische Analyse mit dem Computer durchzuführen. Im Winter kämpfte sich die alte Frau in einem langen, grauen Wollmantel und kurzen, schwarzen Gummigaloschen durch den Schnee. Mir fiel auf, dass sie sich unter diesen Wetterbedingungen bedächtiger bewegte, sehr vorsichtig war – denn wenn die Schachtel herunterfiel, konnte der ganze Code durcheinandergeraten.

Die Frau war Margaret Gilpin Reid. Sie war damals 75 Jahre alt und seit zehn Jahren emeritierte Professorin für Ökonomie. Für mich und meine Kommilitonen war sie »eine von den Altvorderen«.[1]

An kalten Wintertagen kämpfte auch ich mich mit einer ähnlich großen, rechteckigen Schachtel voller Computerkarten zum Rechenzentrum. Ich trug hohe Stiefel von Frye aus altem Leder. Mein Mantel war modisch kurz und überragte meinen Minirock nur wenig. Ich fror vielleicht, aber ich war modisch gekleidet. Margaret und mich trennte mehr als nur das Alter, mehr als unser Modegeschmack. Ich konnte nicht ahnen, dass ihre Arbeit so viele Ideen beeinflusste, die später mein Denken und meine Arbeit beschäftigen sollten. Vor allem aber hatte ich keine Ahnung, dass ihr Leben mir helfen würde, die Entwicklung der ökonomischen Rolle der Frauen zu verstehen.

Dennoch beeindruckte mich Margaret Reid. Sie war entschlossen und führte immer noch wichtige Forschungen durch. Aber ich habe nie ein Wort mit ihr gewechselt. Stattdessen betrachtete ich sie als Erscheinung aus einer vergangenen Zeit.[2]

Als eine der Altvorderen bildete sie einen Teil der Brücke, die Collegeabsolventinnen der Vergangenheit mit jenen verbindet, die ich heute unterrichte. Sie ging den schmalen Pfad der Frauen, die eine Karriere aufbauen konnten, aber nicht heirateten, oder wenn sie es taten, keine Kinder bekamen. Ein größerer Teil ihrer Gruppe Eins machte keine Karriere. Die meisten heirateten, die meisten hatten Kinder. Die Wege auf dieser metaphorischen Brücke aus der Vergangenheit haben sich mit der Zeit verändert. Manche haben sich verbreitert, andere sind schmaler geworden. In jüngerer Zeit haben mehr von den Frauen, die Karriere machen, auch geheiratet, und mehr von ihnen haben Kinder – man könnte sagen, dass die Wege miteinander verschmolzen sind.

Ich wünschte, ich hätte die Voraussicht gehabt, ein Gespräch mit Margaret zu beginnen, als ich Studentin war. Wie naiv war ich doch, dass ich ihre Bedeutung für die Wirtschaftswissenschaften nicht erkannte; wie schade, dass ich ihren Beitrag zu der langen Reise nicht wertschätzen konnte.

Im Jahr 1992 erhielt Gary Becker den Nobelpreis für seine Arbeit zur Anwendung der Wirtschaftswissenschaften auf Aspekte von Haushalt und Familie, wie Hochzeit, Scheidung, Fruchtbarkeit und Zeiteinteilung. Mehr als ein halbes Jahrhundert vorher, im Jahr 1934, hatte Margaret Reid ihre Dissertation *Economics of Household Production* (wörtlich: Ökonomie der Produktion im Haushalt) veröffentlicht, die am Iowa State College als Lehrtext verwendet wurde. Sie wurde bei einem großen Verlag veröffentlicht, mit Übungsfragen, wie sie für ein Lehrbuch typisch sind, und so zugänglich gemacht für Lehrende und Studierende an anderen Institutionen.

Reid beurteilte als eine der ersten Forscherinnen den Wert von unbezahlter Arbeit im Haushalt und analysierte, wie verheiratete Frauen sich zwischen der Arbeit zu Hause und bezahlter Arbeit draußen entschieden. Als Margaret ihre Untersuchungen begann, nahmen gerade die ersten verheirateten Frauen eine Beschäftigung außerhalb ihres Zuhauses an, überwiegend in Bürojobs, was ihrer Arbeit zu jener Zeit eine enorme Bedeutung verlieh.

Margaret wollte die unbezahlte Arbeit der Frauen in die Berechnungen des Nationaleinkommens einfließen lassen. Sie zeigte die wirtschaftliche Bedeutung der Frauenarbeit in der Sprache der volkswirtschaftlichen Gesamtrechnung auf, zu einer Zeit, als sich dieser obskure Fachbereich gerade erst entwickelte. Wir sind so sehr an Titelseiten mit Ökonomen-Sprech gewöhnt – BSP, BIP, Nationaleinkommen, Arbeitslosenquote –, dass wir gar nicht mehr daran denken, wie neu all diese Begriffe sind. Eine übergroße Rolle bei ihrer Prägung spielte der Immigrant Simon Kuznets.

Im Jahr 1922 verließ Simon Kuznets Russland und erhielt 1926 einen Doktortitel von der Columbia University. Ein Jahr später bekam er eine Anstellung als Forscher am National Bureau of Economic Research (NBER), das 1920 in New York gegründet worden war, um den Vereinigten Staaten eine statistische Grundlage dafür zu geben, was die US-Regierung in den 1930ern dann auch in Angriff nahm.[3] Kuznets, der 1971 den Nobelpreis erhielt, war der Doktorvater meines Doktorvaters, des Nobelpreisträgers Robert W. Fogel, daher betrachte ich ihn stolz als meinen intellektuellen Großvater.

In den frühen 1930er-Jahren stürzte die US-Wirtschaft in die schlimmste Depression ihrer Geschichte, und der Kongress fragte beim NBER an, ob Kuznets berechnen könne, um wie viel genau das Bruttosozialprodukt eingebrochen war.[4] Die Kongressabgeordneten hofften, herausfinden zu können, was gegen die Katastrophe zu unternehmen war, wenn sie den Umfang des Schadens durch den Wirtschaftsabschwung kannten. Außerdem brauchte das Handelsministerium ein Bilanzierungssystem, mit dem sich die Produktionsleistung des Landes messen ließ, etwa das Bruttosozialprodukt, aber nicht nur für die aktuelle Ausnahmesituation, sondern immer. Kuznets war für beide Aufgaben der richtige Mann.

Im selben Moment, als Reid dafür eintrat, die unbezahlte Arbeit der Frauen in die Berechnungen des Volkseinkommens einzubeziehen, entwarf Kuznets seine eigene Version dieses abseitigen und doch so bedeutenden Konzepts. Als er seinen Bericht an den Kongress verfasst hatte, beendete auch Margaret Reid ihre Dissertation und veröffentlichte ein Lehrbuch mit Argumenten, warum Haushaltsdienstleistungen berücksichtigt werden sollten, wenn berechnet wurde, was das Land produzierte.

Frauen und andere Familienmitglieder leisteten in ihrem eigenen Haushalt Arbeit, bei der sie Waren und Dienstleistungen produzierten, die einen erheblichen Anteil am Konsum fast jedes Bürgers ausmachten. Wie der Bericht an den Kongress und seine späteren Schriften zeigen, kämpfte Kuznets lange mit der Überlegung, ob unbezahlte Haushaltstätigkeiten und Care-Arbeit in die offiziellen Statistiken einfließen sollten. Am Ende entschied er sich dagegen.

In seinem Bericht an den Kongress schrieb er: »Wir hielten es für das Beste, diese große Gruppe an Dienstleistungen aus dem Volkseinkommen herauszuhalten, vor allem deswegen, weil keine verlässliche Basis für die Berechnung ihres Werts verfügbar ist.«[5] Reid bestand darauf, diese Arbeiten sollten berücksichtigt werden, und in den folgenden fast 90 Jahren haben viele ihre Argumentation aufgegriffen.

Ein zentrales Argument lautet, unbezahlte Care-Arbeit aller Art werde abgewertet, weil sie nicht vergütet wird und nicht in die volkswirtschaftliche Gesamtrechnung mit einfließt.[6] Interessengruppen und andere, die sich für eine bessere Behandlung von Care-Arbeitern und insbesondere Frauen einsetzen, haben mehrfach den Wert der unbezahlten Care-Arbeit in der Gesamtwirtschaft veranschlagt. Die letzte Berechnung – ganze 20 Prozent des BSP – ist erschütternd. Margaret entwickelte mehrere Berechnungsmethoden für diesen Zweck. Trotzdem werden heute immer noch überwiegend Kuznets' Schätzungsmethoden verwendet. Und sie ignorieren immer noch alle unbezahlte Arbeit, die zu Hause und anderswo verrichtet wird.

Margarets und Simons intellektuelle Wege kreuzten sich in den 1930er-Jahren. Mitte der 1940er arbeiteten sie gemeinsam an einem wichtigen, umstrittenen Projekt im Zusammenhang mit dem Index der Lebenshaltungskosten, der heute als Verbraucherpreisindex (VPI) bekannt ist. Margaret Reid hatte Kontakte in die höchsten akademischen und politischen Kreise. Zu ihrer Zeit war sie eine wichtige Person. Für mich als Studentin war sie eine Anomalie, eine Frau, die sich schon lange aus einer Fakultät zurückgezogen hatte, die, als ich zur Uni ging, nur aus Männern bestand. Sie war auch die einzige Frau unter den Ökonomen, die ich als Studentin kannte. Mir war damals nicht klar, wie weit ihr Denken zur Frauenarbeit und den Beitrag, den Frauen durch Care- und Hausarbeit zu einer ganzen Volkswirtschaft leisteten, ihrer Zeit voraus war.

Margaret Reid hatte zweifellos eine erfolgreiche Karriere. Sie erwarb ihren Doktortitel an der University of Chicago im Jahr 1931 und wurde im Jahr 1934 als Professorin an das Iowa State College (später Iowa State University) berufen. Im Zweiten Weltkrieg und bis 1948 arbeitete sie für die US-Bundesregierung,[7] wurde dann Professorin an der University of Illinois, Urbana-Champaign, und erhielt 1951 einen Lehrstuhl an der University of Chicago in der Fakultät für Ökonomie und Haushaltswirtschaft. Im Verlauf ihrer akademischen Karriere veröffentlichte sie vier Bücher und zahlreiche Artikel in den angesehensten Wirtschaftszeitschriften.

War Margaret Reid die Madame Curie der Haushaltswirtschaft? Vielleicht. Aber auch verschiedene andere können Ansprüche auf diesen Titel erheben. Eine von ihnen war Hazel Kyrk, Margarets Doktormutter in Chicago.

Hazel Kyrk erwarb ihren Doktortitel an der Universität von Chicago im Jahr 1920, genau wie Margaret, nur elf Jahre früher. Beide lehrten an der Iowa State und arbeiteten für die Regierung. Im Jahr 1925 bekam Kyrk eine Lehrstelle an der University of Chicago und 1941 schließlich einen Lehrstuhl, fast ein halbes Jahrhundert bevor ich als erste Frau eine lebenslange Anstellung an der Wirtschaftsfakultät von Harvard bekam. Die Karrieren von Reid und Kyrk weisen auffallende Ähnlichkeiten auf. Ebenso ihr Privatleben. Für mich mag Margaret eine Kuriosität gewesen sein, aber für ihre Altersgruppe war sie, wenn auch hochgebildet, keineswegs eine Anomalie.

Weder Reid noch Kyrk waren je verheiratet, keine der beiden Frauen hatte Kinder (auch wenn Kyrk die Teenagertochter einer Cousine großzog).[8] Es gibt keinerlei Hinweise, dass sie je den Wunsch hegten zu heiraten, je einen Antrag bekamen oder womöglich Partnerinnen hatten, und ich weiß von keinen Äußerungen aus ihren jüngeren Jahren, in denen sie einen Kinderwunsch zum Ausdruck gebracht hätten.[9]

Sowohl Reid als auch Kyrk machten erst recht spät Karriere. Das war auch bei vielen anderen aus ihrer Gruppe so. Sie waren beide etwa 35 Jahre alt, als sie ihren Doktortitel bekamen, und wurden erst mit Mitte 50 auf einen Lehrstuhl berufen. Ein solcher Erfolg in einer späten Karriere machte es umso schwieriger, wenn nicht gar unmöglich, zu heiraten, geschweige denn Kinder zu bekommen.

Ein Hauptgrund, warum beide erst spät erfolgreich wurden, war, dass sie beide während des Colleges selbst ihren Lebensunterhalt bestritten und nicht aus wohlhabenden Familien stammten.[10] Vielfach wird behauptet, Frauen, die im frühen 20. Jahrhundert das College besuchten, seien aus Elite-Familien gekommen. Im Nordosten mag das teilweise richtig gewesen sein, nicht aber im Mittleren Westen oder Westen der USA. Reid stammte aus dem kanadischen Manitoba, Kyrk aus Ohio.

Reid und Kyrk lebten ihr Leben wie nur wenige andere Frauen, die vor dem Ersten Weltkrieg das College abschlossen und vor dem 20. Jahrhundert geboren wurden. Sie machten Karriere – sie waren nicht notwendigerweise hoch angesehen oder berühmt, aber sie wurden von Studierenden und Kollegen geschätzt und leisteten ihren Beitrag zu Wissenschaft und Politik.

Hindernisse und Einschränkungen

Von allen Frauen, die das College um 1910 abschlossen, heirateten 30 Prozent nie, und 50 Prozent hatten nie Kinder.[11] Auch von den Verheirateten blieben 29 Prozent kinderlos. Diese Zahlen sind historisch betrachtet erstaunlich hoch. Bei den Collegeabsolventinnen, die später geboren wurden, zwischen 1925 und 1975, lag der Anteil derer, die mit über 50 Jahren noch unverheiratet waren, bei unter zwölf Prozent.[12] Zwischen Gruppe Eins und den folgenden Gruppen besteht also ein himmelweiter Unterschied.

Die Statistiken bezüglich Ehe und Kindern bei Gruppe Eins gelten für alle Frauen, die das College zwischen 1900 und 1919 abschlossen – nicht nur für jene aus wohlhabenden Familien oder jene, die die Elite-Colleges für Frauen im Nordosten besuchten. Sie gelten nicht nur für Frauen, die wichtige Durchbrüche in Wissenschaft, Kunst oder Literatur geschafft haben. So hoch diese Zahlen für Ehe- und Kinderlosigkeit auch waren, bei den Frauen, die in ihrem Leben »namhafte« Beiträge geleistet haben (wie Margaret Reid und Hazel Kyrk), lagen sie sogar noch höher.

Diese Unterschiede sind nicht das Ergebnis einer Auswahl – also der Vorstellung, dass die Collegeabsolventinnen aus Gruppe Eins weniger geneigt waren zu heiraten als die Frauen aus den folgenden Gruppen.[13] Die Collegeabsolventinnen von 1910 unterschieden sich nicht grundsätzlich von jenen von 1930 oder 1950. Sie führten unterschiedliche Leben wegen der unterschiedlichen Hürden und Einschränkungen, mit denen sie konfrontiert waren. Sie hatten andere Optionen, nicht andere Präferenzen.

Gesellschaftliche Normen und Einstellungspraktiken verhinderten oft, dass verheiratete Frauen einen Job bekamen, von einer Karriere ganz zu schweigen. Vor allem zwei Arten von Vorschriften waren in der ersten Hälfte des 20. Jahrhunderts für Frauen besonders hinderlich: Erstens die Vorschriften von Firmen und Regierungen, die verboten, dass verheiratete Frauen eingestellt und in gewissen Funktionen beschäftigt wurden, etwa als Lehrerin. Das war die sogenannte Eheschranke, auf die wir im folgenden Kapitel noch näher eingehen werden. Beschäftigungsverbote erklären zum Teil, warum der Anteil an Lehrerinnen und Akademikerinnen in Gruppe Eins zwar hoch, bei den Verheirateten, mit Ausnahme der schwarzen Frauen, aber sehr viel niedriger war.

Die anderen Vorschriften richteten sich gegen Vetternwirtschaft und verhinderten, dass Ehefrauen in derselben Institution, Abteilung, Firma oder staatlichen Behörde eine Stelle bekamen, in der ihr Mann arbeitete. Die Vorschriften gab es an US-Universitäten bis in die 1950er-Jahre hinein (und manchmal noch sehr viel länger), und sie sind der Grund, warum es in den ersten Altersgruppen vergleichsweise wenig verheiratete namhafte Frauen aus dem akademischen Bereich gab. Vorschriften gegen Vetternwirtschaft machten es vielen Frauen unmöglich, ihre Fähigkeiten einzusetzen und in einem Bereich zu arbeiten, der sie begeisterte. Sie mussten auf eine eigene Karriere verzichten, um verheiratet bleiben zu können.

Dem Anschein nach beendete diese Vorschrift die Ehe zwischen der Ökonomin Dorothy Wolff Douglas und ihrem Ehemann, Paul Douglas, einem bekannten Wirtschaftsprofessor und späteren US-Senator für Illinois. Nachdem Paul eine Stelle an der University of Chicago angenommen hatte, konnte Dorothy dort nicht arbeiten. Daraufhin wechselte sie (mit den vier gemeinsamen Kindern) ans Smith College, Paul ging nach Amherst. Dorothy gab sich nicht damit zufrieden, nur die Frau eines berühmten Ökonomen zu sein, denn auch sie war Wirtschaftswissenschaftlerin. Doch Amherst war kein guter Ort für Paul, und die Ehe war schnell am Ende.[14]

Auch ohne die offiziellen und inoffiziellen Barrieren war es schwer, Karriere und Familie zu vereinbaren, angesichts der enormen Arbeit, die ein Haushalt erforderte.[15] Zwar gab es in den meisten städtischen Haushalten ab 1920 Strom, aber moderne Kühlschränke, Waschmaschinen, Staubsauger, Trockner und natürlich Mikrowellen existierten noch nicht. Wer genug verdiente, konnte Dienstboten beschäftigen, aber ein Haushalt war immer noch viel Arbeit.

Neben den üblichen Aufgaben und Problemen im Haus waren in den ersten beiden Jahrzehnten des 20. Jahrhunderts auch noch Fragen von Leben und Tod entscheidend. Verhütung war nahezu unbekannt, sodass die Familien meist größer waren als gewollt. Hinzu kam die hohe Säuglings- und Kindersterblichkeit.[16] Im Jahr 1900, als die städtischen Abwassersysteme des Landes gerade erst fertiggestellt wurden, erreichte jeder achte Säugling nicht den ersten Geburtstag. Im Jahr 1915 war es noch jeder zehnte. In der Zeit, bevor es Antibiotika gab, starben Mütter und Kinder alarmierend oft an Infektionen. Wohlstand, Bildung und gesellschaftliche Stellung änderten daran nur wenig.

Von den Frauen aus Gruppe Eins, die namhafte Beiträge zu Wirtschaft, Literatur und Kunst leisteten, erlebten neun Prozent derer, die ein Kind zur Welt brachten, wie mindestens ein Säugling oder Kind starb.[17] In den USA insgesamt war die Säuglingssterblichkeit auf dem Land niedriger als bei Stadtbewohnern, einschließlich Professoren.[18] Eine Mutter mit einem Job, von einer Karriere ganz zu schweigen, gab sich häufig selbst die Schuld, wenn ein Baby krank wurde, und auf jeden Fall, wenn es starb.

Die Namhaften

Jede Definition von »Karriere« für die fünf Gruppen kann nur subjektiv sein. Statt der Einkünfte, des Berufs, der Patente oder der Ehrungen einer Person habe ich die Aufstellungen zahlreicher Fachleute verwendet, die sich durch Tausende mögliche Einträge geackert haben, um festzustellen, welche Frauen besonders brillante Beiträge leisteten. Diese Experten haben fünf Bände mit diesen *Notable American Women* (Namhafte Amerikanerinnen) zusammengestellt und dort Biografien von Amerikanerinnen gesammelt, die außergewöhnliche Leistungen erbrachten. Jeder Band enthält Informationen zu Frauen, die in einem bestimmten Zeitraum gestorben sind.[19]

Jeder Eintrag ist eine Kurzbiografie, die ein Spezialist oder eine Spezialistin auf dem entsprechenden Fachgebiet verfasst hat. Verschiedene Aspekte dieser Frauenleben – Geburtsdatum, Abschlussjahr am College, Hochzeitsjahr (falls sie je verheiratet war), geborene oder adoptierte Kinder und Karrierehöhepunkte – wurden aus diesen Kurztexten übernommen. Der letzte Band wurde im Jahr 1999 zusammengestellt, daher gibt es nur zu den Gruppen Eins und Zwei – also Frauen, die zwischen 1878 und 1897 sowie zwischen 1898 und 1923 geboren wurden – ausreichend Einträge für eine Untersuchung, da keine der namhaften Frauen, wie bereits gesagt, noch am Leben war, als die Biografie verfasst wurde.[20]

Collegefrauen aus Gruppe Eins waren anders als die Durchschnittsfrauen, und die Namhaften wichen noch mehr vom Durchschnitt ab. Zum Beispiel in puncto Ehe. In der Vergangenheit heirateten US-amerikanische Männer und Frauen in den allermeisten Fällen außergewöhnlich jung, vor allem im Vergleich zu ihren Zeit- und Altersgenossen in England, Frankreich und Deutschland. US-amerikanische Familien verfügten über beträchtliche Einkommen im Vergleich zu anderen Ländern. Die Einkommensunterschiede waren in den USA (so unglaublich das klingen mag) niedriger als anderswo. Auf dem Überfluss an Land in den Vereinigten Staaten konnte jeder einfach heiraten und einen Haushalt gründen. Von allen Frauen im Großteil der US-Geschichte und auch bei den Zeitgenossinnen von Gruppe Eins, die kein College besuchten, heirateten nur weniger als jede Zehnte nicht. Bei Frauen, die ein College besucht hatten, waren die Eheschließungsraten jedoch wesentlich niedriger, und von den Namhaften heirateten sogar noch weniger.

Die Quote der Unverheirateten bei den Collegeabsolventinnen von Gruppe Eins lag bei 30 Prozent. Bei den namhaften Collegeabsolventinnen war der Anteil 44 Prozent, fast das Anderthalbfache der Collegeabsolventinnen insgesamt.

So groß die Unterschiede bei der Eheschließungsrate waren, bei der Geburtenrate waren sie noch größer. Von allen Frauen in jenen Jahren hatten, unabhängig vom Bildungsstand, nur 20 Prozent in ihrem Leben keine biologischen oder adoptierten Kinder.[21] Von den Collegeabsolventinnen hatten 50 Prozent keine Kinder, unabhängig von persönlichen Erfolgen und Anerkennung. Aber der Anteil der Kinderlosen unter den Namhaften aus Gruppe Eins lag bei fast 70 Prozent – nur drei von zehn namhaften Frauen hatten ein Kind. Die Collegeabsolventinnen aus Gruppe Eins waren offensichtlich ein eigener Schlag. Sie unterschieden sich von ihren Altersgenossinnen ohne Collegeabschluss und auch von anderen Gruppen von Collegeabsolventinnen in der US-Geschichte.

Zum Großteil lag der Grund für die Kinderlosigkeit vieler Collegeabsolventinnen und namhaften Frauen darin, dass sie nicht verheiratet waren. Alleinstehende Frauen konnten im frühen 20. Jahrhundert, vor allem, wenn sie wohlhabend waren, Babys und Kinder adoptieren, und manche taten es auch. Im Gegensatz zu heute, wo nur wenige Babys für eine Inlandsadoption verfügbar sind, aber viele adoptieren wollen, waren zu Beginn des 20. Jahrhunderts zahlreiche kleine Kinder zur Adoption freigegeben. Die Geburtenrate war, vor allem bei Migrantinnen, hoch, und Frauen, die ein uneheliches Kind bekamen, hatten kaum andere Möglichkeiten, als die Kinder wegzugeben.

Beispiele für verheiratete namhafte Collegeabsolventinnen, die ein Kind adoptierten, gibt es viele. Bei den unverheirateten Namhaften waren es schon weniger – aber es gab sie. Als Hazel Kyrk in den 1920er-Jahren in Oberlin unterrichtete, lebte sie mit Mary Emily Sinclair zusammen, der ersten Frau mit einem Doktortitel in Mathematik von der University of Chicago. Sinclair war Dozentin in Oberlin und adoptierte mit Mitte 30 zwei kleine Kinder, einen Jungen und ein Mädchen. Solange die beiden noch ganz klein waren, konnte sie zum Glück ein Sabbatjahr einlegen.[22] Aber nicht viele unverheiratete Karrierefrauen konnten ein Kind adoptieren und beruflich aktiv bleiben.

Collegeabsolventinnen aus Gruppe Eins konnten offenbar nur eine Art von Erbe hinterlassen: Kinder oder Karriere. Von 100 Collegeabsolventinnen aus der Liste der Namhaften von Gruppe Eins heirateten nur 56, und nur 31 hatten Kinder. Familie und Karriere zu kombinieren war für sie fast unmöglich. Das ist heute zum Glück sehr viel einfacher.

Aber wieder einmal waren die Namhaften ein Sonderfall. Das Komitee, das sie auswählte, hatte Tausende weitere Frauen in Betracht gezogen, die fast genauso großes Ansehen genossen. Alle Collegeabsolventinnen zu finden, die in irgendeiner Form Karriere gemacht hatten, aber von dem Komitee nicht für ausreichend »namhaft« befunden wurden, wäre fast unmöglich.

Wenn der Anteil der Karrierefrauen in Gruppe Eins bekannt wäre, könnte man den Anteil der Frauen an der Gesamtgruppe berechnen, die das hatten, was viele Frauen heute anstreben – Karriere und Familie. Man könnte außerdem feststellen, welcher Prozentsatz eine Familie, aber keine Karriere hatte, sowie den Anteil von anderen Permutationen von »Karriere und Familie«. Am Anfang der Rechnung stehen zwei Prozentzahlen, die wir bereits bestimmt haben. Von allen Collegeabsolventinnen aus Gruppe Eins heirateten 30 Prozent nie, und kolossale 50 Prozent hatten keine Kinder. Diese Daten gelten für alle Collegeabsolventinnen, nicht nur für jene mit einer Karriere. Wenn man die Daten der Namhaften einbezieht (die alle Karriere machten), war etwas mehr als die Hälfte zu irgendeinem Zeitpunkt im Leben verheiratet, und etwas weniger als ein Drittel hatte Kinder.

Da die Anzahl der Collegeabsolventinnen aus Gruppe Eins, die eine Karriere aufbauen konnten, bekannt ist, können wir die Errungenschaften von Gruppe Eins realistisch einschätzen. Man kann wohl davon ausgehen, dass höchstens 30 Prozent der Collegeabsolventinnen aus Gruppe Eins mit 40 oder 50 Jahren eine Karriere hatten. Auf Grundlage dieser Annahme haben nur etwa neun Prozent der Frauen aus Gruppe Eins Karriere gemacht und Kinder zur Welt gebracht, als sie 50 waren, und 17 Prozent hatten in diesem Alter eine Karriere und waren verheiratet oder zumindest verheiratet gewesen.[23] (Die Berechnungen für Karriere und Familie nach Alter sind für die Gruppen Drei bis Fünf einfacher und in Abbildung 7.1. dargestellt.)

Margaret Reid und Hazel Kyrk unterschieden sich also gar nicht so sehr von ihren Zeitgenossinnen, die ebenfalls eine Karriere aufbauen konnten. Tatsächlich hätten sie bei einem Klassentreffen nach 25 Jahren – um 1935 bei Kyrk und um 1945 bei Reid – einige Frauen mit ähnlichen Lebensgeschichten getroffen. Circa 21 Prozent der Frauen ihres Collegejahrgangs hätten Karriere gemacht, aber keine Kinder bekommen, und 13 Prozent hätten Karriere gemacht, aber nie geheiratet. Nur etwa die Hälfte ihrer Mitschülerinnen hätten Bilder von Kindern oder Enkeln herumgezeigt, und 30 Prozent hätten keinen Ehemann gehabt, den sie zu der Veranstaltung hätten mitschleifen können.[24]

Es gibt Hinweise, dass Frauen ohne Kinder bei Jahrgangstreffen vor Ende 1940 überproportional stark vertreten waren.[25] Sie hätten bei diesen Treffen nach Kameradschaft gesucht. Das sollte sich jedoch bald ändern, und bei den Abschlussjahrgängen der 1950er- und 1960er-Jahre war das Gegenteil der Fall. Hier kamen mehr Mütter zu den Treffen als Kinderlose. Der Wunsch, mit Kindern und Enkeln anzugeben, löste Freundschaft als Hauptgrund für eine Teilnahme ab.

Die große Mehrheit der Collegeabsolventinnen aus Gruppe Eins machte nie Karriere, auch die Kinderlosen nicht. Das heißt aber nicht, dass sie arbeitslos waren. Fast alle der Unverheirateten waren nach

Ende ihrer Ausbildung die meiste Zeit über erwerbstätig.[26] Gerade diese Fähigkeit der Collegeabsolventinnen, ihren eigenen Lebensunterhalt zu bestreiten, erlaubte es ihnen, ihre Unabhängigkeit zu erhalten und nicht heiraten zu müssen.

Mehr als zwei Drittel der Namhaften aus Gruppe Eins waren Akademikerinnen, Journalistinnen, Autorinnen, arbeiteten für die Gemeinde oder als Lehrerinnen. Ehestand und familiäre Umstände beeinflussten allerdings, welchen Berufen sie nachgingen. Verheiratete Namhafte waren seltener Akademikerinnen oder Lehrerinnen und eher Autorinnen, Journalistinnen, Rechtsanwältinnen oder Künstlerinnen. Die Mütter waren am ehesten Autorinnen oder Journalistinnen. Die Gründe dafür liegen auf der Hand. Berufe im akademischen Bereich oder in der Lehre waren oft nur für unverheiratete Frauen zugänglich. Beim Schreiben und in der Kunst gab es keine Beschränkungen, und diese Tätigkeiten waren leichter mit dem Familienleben vereinbar.

Journalistinnen mit Hang zur Romantik tauchen aus gutem Grund in fast allen US-Filmen von der Mitte des 20. Jahrhunderts auf. *Die Frau, von der man spricht* (1942) mit Katharine Hepburn und Spencer Tracy in den Hauptrollen gehört zu den besten und basiert angeblich auf dem Leben von Dorothy Thompson.

Die US-amerikanische Radiojournalistin Dorothy Thompson, die auch über Nazideutschland berichtete, stach sogar aus den verheirateten Journalistinnen und Autorinnen ihrer Zeit, die als Namhafte anerkannt wurden, noch heraus. Zu den anderen zählen die Nobelpreisträgerin Pearl Sydenstricker Buck, Autorin von *Die gute Erde*, die Herausgeberin der Zeitschrift *The Nation* Freda Kirchwey, die Präsidentin der *New York Herald Tribune* Helen Rogers Reid und Katharine Sergeant Angell White, die Feuilleton-Redakteurin des *New Yorker*. Diese Namhaften erreichten das höchste aller Ziele: Sie hatten außergewöhnliche Karrieren, aber auch eine Ehe und Kinder.

Tess Harding und Sam Craig, die Protagonisten in *Die Frau, von der man spricht*, hatten, wie viele verheiratete Namhafte, mit Eheproblemen zu kämpfen. Die Hollywood-Version des Paars versöhnte sich am Ende, aber die Wirklichkeit sah anders aus. Die Scheidungsrate war bei den Namhaften von Gruppe Eins relativ hoch. Die Stichprobe ist zwar klein, aber hier endeten mehr als ein Viertel der ersten Ehen in einer Scheidung. Die Eheauflösungen fanden überwiegend vor 1940 statt, also vor dem spektakulären Anstieg der Scheidungszahlen in den Vereinigten Staaten. 25 Prozent Scheidungsrate war für diese Zeit also außergewöhnlich hoch.[27]

Diese Namhaften wurden in einer Zeit erwachsen, als die Frauen um das Wahlrecht kämpften und es schließlich auch errangen. Sie beschäftigten sich mit und reagierten überwiegend auf die großen sozialen und wirtschaftlichen Probleme ihrer Zeit: Armut, Ungleichheit, Rassismus und Immigration. Ein Jahrhundert später gehören diese Themen immer noch zu den Herausforderungen. Manche Frauen kamen aus politisch aktiven Familien und hatten Väter und Großväter im Staatsdienst. Andere wurden von Abolitionisten erzogen und von Müttern, die für die Frauenrechte kämpften. Einige waren selbst Suffragetten.

Der Großteil der frühen akademischen Frauengeneration in den Vereinigten Staaten arbeitete an einer großen Universität und veröffentlichte in den angesehensten Fachzeitschriften. Doch saßen sie nicht im Elfenbeinturm. Sie waren Aktivistinnen, die sozialreformerische Settlement-Häuser gründeten und auch dort arbeiteten. Sie lebten in der akademischen und der politischen Welt. Sie waren Empirikerinnen, die durch Gespräche mit Fabrikarbeiterinnen, Gefängnisinsassen und Immigrantinnen ihre eigenen Daten sammelten.

Viele waren mit der großen Jane Addams bekannt, die das Hull House in Chicago gründete und im Jahr 1931 den Friedensnobelpreis erhielt. Einige dieser Frauen lebten und arbeiteten in Hull House, unter ihnen die einflussreiche Politökonomin Edith Abbott und ihre jüngere Schwester Grace, die unermüdlich gegen Kinderarbeit kämpfte und 13 Jahre lang Leiterin des US Children's Bureau war.[28]

Ein paar wenige Institutionen spielten eine übergroße Rolle im Leben der Namhaften jener Zeit, darunter die University of Chicago, das Iowa State College, Columbia, Harvard-Radcliffe und Wellesley. Am Home Economics and Household Administration Department (etwa: Hauswirtschafts-Institut) der University of Chicago (das 1956 geschlossen wurde) sowie an ähnlichen Instituten anderer Universitäten machten sehr viele dieser Frauen ihren Abschluss.[29]

Die Namhaften aus Gruppe Eins waren eine erstaunliche Ansammlung von Aktivistinnen. Am bekanntesten von ihnen ist wohl Frances Perkins, eine weitere Sozialreformerin, die von Jane Addams beeinflusst war. Perkins heiratete 1913 und brachte kurz danach eine Tochter zur Welt. Aber ihr Ehemann entwickelte eine schwere psychische Erkrankung und verfiel rasch. Seine Krankheit zwang Frances zu arbeiten, ermöglichte es ihr aber auch gleichzeitig. Perkins stieg in den politischen Kreisen des Staats New York schnell auf und wurde unter dem Gouverneur Franklin D. Roosevelt Kommissarin für Industrie.[30]

Nach Roosevelts Wahl zum US-Präsidenten im Jahr 1932 ernannte er Perkins zur Arbeitsministerin, und das blieb sie bis 1945 (die längste Amtszeit in dieser Position aller Zeiten). Perkins war an der wichtigsten und umfassendsten Sozialgesetzgebung des 20. Jahrhunderts beteiligt. Sie entwickelte das Sozialversicherungssystem und die Gesetze zur Arbeitslosenversicherung der Nation mit.

Dennoch konnte Frances Perkins als verheiratete Frau mit Kind nur Arbeitsministerin werden, weil ihr Mann nicht in der Lage war, für ihren Lebensunterhalt zu sorgen (und zuvor einen Großteil ihres Besitzes verloren hatte). Schon als ihr Mann noch arbeiten konnte, behielt Frances ihren Mädchennamen (und setzte das vor Gericht durch), um sich von seiner Arbeit im Büro des Bürgermeisters von New York City zu distanzieren. Ein Großteil der Ressourcen des Landes wurde verschwendet, als Frauen diese schwierigen Kompromisse eingehen mussten, um arbeiten zu können.

Zu den Zielen und Hoffnungen der jungen Frauen jener Zeit gibt es deutlich weniger Daten als für die Gruppen nach den 1960ern. Doch kann man aus Artikeln und Umfragen zwischen den 1890ern und den 1920ern etwas über ihre Träume und Motive erfahren. Viele dieser Schriftstücke entstanden aus Sorge um die Gesundheit von Collegefrauen ab dem Ende des 19. Jahrhunderts. Manche behaupteten, das College schwäche Frauen körperlich, mache sie untauglich für Ehe und

Mutterschaft.[31] Für heutige Ohren klingt das albern, und auch damals machten sich viele darüber lustig. Aber die Eheschließungsraten waren bei Collegefrauen so viel niedriger als bei Frauen, die nicht das College besuchten, dass viele überlegten, was die Ursachen dafür seien.

Die Psychologin Milicent Shinn schrieb, es liege nicht daran, dass die Frauen wilde und aufregende Leben führten. Die Mehrheit seien Lehrerinnen.[32] Der eigentliche Grund war, dass Collegefrauen sich nicht mit dem ersten Mann zufriedengeben mussten, der sie umwarb. Sie hatten die Wahl.

Im Gegensatz zu den Frauen ohne Collegeabschluss mussten sie nicht heiraten, um sich finanziell über Wasser zu halten – sie konnten selbst für ihren Lebensunterhalt aufkommen. »Die Collegefrau hatte höhere Ansprüche an eine Ehe und stand weniger unter Druck, akzeptieren zu müssen, was diesen Ansprüchen nicht entsprach, als die Durchschnittsfrau, weil sie besser für sich selbst sorgen und sich beschäftigen konnte.« Shinn behauptete, allerdings wohl mit dünner Evidenzlage, »unglückliche Ehen gab es bei Collegefrauen praktisch nicht«.[33] Sie schrieb aber auch, dass die niedrigen Eheschließungsquoten auch an einer geringen Nachfrage gelegen haben konnten. »Männer mögen keine intellektuellen Frauen«, sinnierte sie.[34] Trotzdem konnten Collegefrauen wählerischer sein als andere. Angesichts der Arbeitseinschränkungen für verheiratete Frauen war das Singledasein eine bevorzugte Option, sobald sie realisierbar war.

Amelia Earhart machte das ihrem zukünftigen Ehemann, dem Verleger George Putnam, gegenüber deutlich, als sie ihm an ihrem Hochzeitstag schrieb: »Ich muss dir noch einmal sagen, wie widerstrebend ich heirate, weil ich das Gefühl habe, mir dadurch Chancen bei der Arbeit zu verbauen, die mir so viel bedeutet.«[35] Er verbaute ihr keine Chancen zu arbeiten und hinderte sie auch nicht an dem Flug, bei dem sie sechs Jahre später so tragisch und rätselhaft über dem Atlantik verschwand.

Die Ergebnisse einer Studie von Katharine Bement Davis, die 1928 im *Harper's Magazine* veröffentlicht wurde, stützen die Theorie, dass Collegefrauen nicht heirateten, weil sie selbst ihren Lebensunterhalt bestreiten konnten. Die Daten wurden durch eine Umfrage unter 1200 Collegeabsolventinnen gesammelt, die mindestens fünf Jahre vorher einen Bachelorabschluss gemacht hatten und nie verheiratet waren. Die meisten Befragten waren über 30 Jahre alt. Eine deutliche Mehrheit sorgte selbst für den Lebensunterhalt.[36] Auf die Frage, warum sie nicht geheiratet hatten, gaben sie unterschiedliche Antworten, aber am häufigsten sagten sie, sie hätten »nie den richtigen Mann getroffen«, eine Umschreibung dafür, dass sie wählerisch sein konnten und sich nicht aus rein finanziellen Gründen an irgendjemanden binden mussten.

Selten sagten die Frauen, sie seien Single geblieben, um einer Berufung zu folgen. Es war eher so, dass sie nicht heiraten wollten, weil sie dann ihre Unabhängigkeit hätten aufgeben müssen. Vielleicht bedeutete Arbeit nicht Karriere für sie in dem Sinn, wie es heute gesehen wird. Aber sie hatten ein Leben jenseits ihres Zuhauses, und nur wenigen wäre das möglich gewesen, wenn sie geheiratet hätten.[37]

Die Autorin der Studie, Katharine Bement Davis, war ein ganz eigener und rätselhafter Mensch. Über ihr Privatleben ist nur wenig bekannt, aber man weiß, dass sie, wie die *New York Times* (1930) schrieb, »eine bekannte Soziologin« war.[38] Sie interessierte sich für Kriminologie, insbesondere beschäftigte sie sich mit Prostitution.[39] John D. Rockefeller engagierte sie, um die Ursachen der Prostitution für das Bureau of Social Hygiene der Rockefeller Foundation zu erforschen, dem sie von 1917 bis 1928 als Generalsekretärin diente.

Im Rahmen dieser Forschungen beschäftigte sie sich auch mit menschlicher Sexualität. Irgendwann in den 1920er-Jahren finanzierte die Rockefeller Foundation Davis' umfangreiche Forschungen, ein Vorläufer der klinischen Studien von William Masters und Virginia Johnson ab den späten 1950ern. Tatsächlich stammten die Daten, die sie für ihren Artikel über Collegefrauen verwendete, aus ihrer eigenen Studie zur Sexualität.[40]

Ihr Interesse an den niedrigen Eheschließungs- und Geburtenraten bei Collegefrauen hatte aber auch eine Schattenseite. Davis war auch führend auf dem Gebiet der Eugenik, war besorgt wegen der niedrigen Eheschließungs- und Geburtenrate bei Collegefrauen und mutmaßte, ob diese Frauen eine Art »Rassenselbstmord« begingen, durch den die Vereinigten Staaten ihre besten Gene verloren.

Bei einer anderen Studie, die etwa zur selben Zeit entstand wie jene von Davis, aber weit weniger zwielichtig war, wurden alle lebenden ehemaligen Studentinnen des Radcliffe College befragt, die an der Feier zum 50-jährigen Jubiläum des Colleges im Jahr 1928 teilnahmen. Diese Umfrage sagt viel über den Wunsch von Collegeabsolventinnen nach Karriere und Familie aus.[41] Die Abschlussjahrgänge aus den 1910ern machten sich keine großen Hoffnungen, einen Job mit einer Ehe verbinden zu können. Die Frauen, die nur zehn Jahre später das College abschlossen, waren schon sehr viel optimistischer.

Auf die Frage, ob Frauen »erfolgreich Karriere und Ehe miteinander vereinbaren« könnten, antworteten 20 Prozent der Frauen, die in den 1910ern ihren Abschluss gemacht hatten und verheiratet waren, uneingeschränkt mit »Ja«. Zehn Jahre später sagten das 35 Prozent. Verheiratete Frauen wurden immer hoffnungsvoller, heiraten und Karriere machen zu können. Neben jenen, die angaben, das sei absolut möglich, gab es noch eine andere Gruppe, die »hoffnungsvoll« war, dass es möglich sei. Diese Gruppe mit eingerechnet, waren 50 Prozent der Absolventinnen aus den 1910ern der Meinung oder hofften, dass Frauen beides schaffen konnten. (In den 1920ern waren es schon 70 Prozent.)

Was die Vereinbarung von Karriere und Mutterschaft betraf, waren die Collegeabsolventinnen allerdings weniger optimistisch. Nur zehn Prozent dachten, es sei »uneingeschränkt« möglich, eine Karriere und eine Familie zu haben. Wenn man jene, die es »hofften«, dazurechnet, steigt der Anteil auf ein Drittel. Dieses Optimismusniveau schließt auch die Frauen ein, die bereits Mutter waren.

Die Situation verbesserte sich also für die Collegefrauen, die »mehr« wollten. Aber für die meisten Collegeabsolventinnen sollte es noch viele weitere Jahrzehnte dauern, bis ihre Hoffnung auf Karriere und Familie sich verwirklichte.

Gruppe Eins machte sich auf die Jahrhundertsuche nach Karriere und Familie. In vielerlei Hinsicht lebten und arbeiteten diese Frauen in einer magischen Zeit. Collegeabsolventinnen betrieben Settlement-Häuser und führten die Zivilgesellschaft an, waren Ärztinnen, Gefängnisdirektorinnen und vieles mehr. Sie kämpften für das Frauenwahlrecht, für die Abschaffung von Ausbeuterbetrieben und Kinderarbeit, für Mindestlohn und eine Begrenzung der Arbeitszeiten und für die Geburtenkontrolle. Die meisten konnten jedoch nur Erfolg haben, weil sie sich, oft in jungem Alter, dafür entschieden, ihrer Leidenschaft zu folgen. Sie bildeten Gruppen und gaben sich gegenseitig Auftrieb. Sie unterrichteten andere Frauen, die einen ähnlichen Weg einschlugen, an den Universitäten oder boten ihnen eine Unterkunft. Ihre Geschichten sind so vielfältig, dass es schwerfällt, eine als Beispiel herauszupicken.

Jede Generation erringt ihre eigenen Erfolge und reicht den Staffelstab dann an die nächste weiter. Nachfolgende Generationen lernen von den vorangegangenen. Einzelne Frauen lernen aus den Entscheidungen der älteren, und in vielen Fällen waren die getroffenen Entscheidungen nicht falsch. Sie waren angemessen angesichts der Beschränkungen ihrer Zeit und der Möglichkeiten, die Zukunft korrekt vorauszusehen.

Jüngere Generationen koexistieren mit älteren, wie ich mit Margaret Reid. Ich beobachtete sie in ihren späten Jahren. Aber die Hürden, vor denen sie als junge Frau stand, und die Entscheidungen, die sie folglich treffen musste, konnte ich nicht sehen. Die meisten Frauen ihrer Generation hatten nicht die Hindernisse überwunden, die sie hinter sich gelassen hatte.

Einige dieser Hindernisse gibt es heute nicht mehr. Frauen müssen nicht mehr so viel Zeit für den Haushalt aufwenden. Das Sozialleben wird nicht mehr durch rudimentäre Empfängnisverhütung eingeschränkt. Die Ausbildung muss vielleicht nicht mehr aufgeschoben werden, wie bei Hazel Kyrk, weil das Geld fehlt. Viele technologische Veränderungen im Haushalt und Privatleben der Menschen befreiten Frauen von Plackerei und Verletzlichkeit. Paradoxerweise enthüllten Reids Forschungen ebendiese Mechanismen. Viele Hindernisse hielten sich aber lange, zum Teil bis heute. Sadie Mossell Alexander, der ersten schwarzen Frau mit einem Doktortitel in Wirtschaftswissenschaften, wurde eine akademische Anstellung aufgrund von rassistischer Diskriminierung verweigert, und sie wurde stattdessen Rechtsanwältin.[42]

Die historische Entwicklung zwischen Gruppe Eins und heute zeigt, wie wichtig umfassendere Kräfte sind, die wir nicht kontrollieren können. Sie sind wie die Bewegungen der gigantischen tektonischen Platten, die die Möglichkeiten jener verändern, die auf ihnen stehen. Sie sind die Kräfte, die das allgemeine Wirtschaftswachstum antreiben, die Einkommensverteilung verändern, die Nachfrage nach Arbeitskräften in bestimmten Bereichen erhöhen und in anderen schwächen. In unserer Zeit sind das die Zunahmen bei Robotik und Mechanisierung, stark erhöhte Handelsvolumen mit Ländern wie China und der daraus resultierende sinkende Bedarf an ungelernten Arbeitskräften und die höhere Nachfrage nach Fachkräften.

Der Umstand, dass ich Margaret Gilpin Reid zum Rechenzentrum stapfen sah, bedeutet, dass wir zum selben Zeitpunkt gelebt haben. Ich bewunderte ihr Durchhaltevermögen und ihr Engagement, war jedoch überzeugt, dass mein Leben anders verlaufen würde (von dem Stapfen durch den Schnee einmal abgesehen). Ich lernte an ihrem Beispiel, dass Frauen sich ebenso der Forschung verschreiben konnten wie meine männlichen Professoren. Margaret schenkte mir weit mehr als nur ein Vorbild aus der Ferne. Sie gab mir eine Vision des Möglichen und den Wunsch, das zu erschaffen, was noch fehlte. Sie war eine bedeutsame Erscheinung: eine Erinnerung an die Vergangenheit und eine Hoffnung für die Zukunft.

4 Die Brückengruppe

Ich habe Mary McCarthys teils autobiografischen Roman *Die Clique* zum ersten Mal in dem Sommer gelesen, als ich 17 wurde. Darin wird die Geschichte von acht jungen Frauen erzählt, die im verhängnisvollen Jahr 1933 ihren Abschluss am Vassar College machen. Nach seiner Veröffentlichung im Jahr 1963 sprang der Titel sofort auf Platz eins der *New-York-Times*-Bestsellerliste und verblieb dort für volle zwei Jahre. Ebenso schnell wurde das Buch in mehreren Staaten für seine, dem *Guardian* zufolge, »expliziten Darstellungen von Sex, Empfängnisverhütung und Stillen«[1] aus den Läden verbannt.

Auch wenn es verglichen mit anderen zu der Zeit verbotenen Büchern reichlich zahm daherkam, las ich *Die Clique* in der U-Bahn zwischen der Wohnung meiner Eltern im Osten der Bronx und meinem Sommerjob in Lower Manhattan stets verstohlen in einen Umschlag aus braunem Einkaufstütenpapier gehüllt. Ich arbeitete als Stenotypistin und Mädchen für alles in der Vertriebsabteilung von MacMillan Publishers direkt neben der Fifth Avenue nahe Greenwich Village und damit unweit von der Episkopalkirche St. George, Schauplatz der Hochzeit, die den Auftakt der Romanhandlung bildet. Mein Wochenlohn von 65 Dollar brachte mir genug Geld ein, um es für Vergnügungen auszugeben und mir Outfits für mein anstehendes Erstsemester als Freshman an der Cornell University zu kaufen. Und genau wie die im Roman porträtierten Mitglieder der Clique erkundete ich mit großen, unschuldigen Augen die »malerische MacDougal Avenue und Patchin Place und Washington Mews«.[2] (Wenn auch nur in meiner Mittagspause.)

Die Clique ist kein gewöhnlicher Roman. Er avancierte nicht nur zum Bestseller, sondern brachte einen neuen literarischen Stil hervor und lieferte unter anderem Inspiration für Candace Bushnells *Sex and the City*. Mehr als ein halbes Jahrhundert später thematisiert er nach wie vor für viele Generationen den Wunsch studierter Frauen nach Sinn und Identität, nach Karriere und Familie.

Alle acht im Roman porträtierten Frauen verlassen das College in dem Ansinnen, einer sinnvollen Arbeit nachzugehen, vielleicht sogar Karriere zu machen. Eine zieht es in die Verlagsbranche, eine weitere möchte Tierärztin werden, und eine dritte bleibt an der Uni, um später als Professorin für Kunstgeschichte zu lehren. Andere haben Kurzzeitjobs in der Werbebranche, als Sozialarbeiterin, als Lehrerin an einer öffentlichen Schule oder in der Verwaltung der neuen, aufregenden New-Deal-Ära. Sie alle wollen etwas tun und leistungsfähige Individuen und respektable Bürgerinnen werden.

Jede einzelne von ihnen erklärt, dass sie nach ihrem Abschluss zumindest eine Zeit lang arbeiten möchte, damit sie nicht das Schicksal ihrer Mütter ereilt, die allesamt ein Leben als »müde Knospen« führen. Fast alle der acht jungen Frauen stammen aus wohlhabenden Familien und wurden um 1910 geboren – genau wie Mary McCarthy. Sie gehören Gruppe Zwei an. Ihre Mütter, geboren in den 1880er-Jahren, waren Mitglieder der Gruppe Eins und standen vor der schweren Entscheidung, entweder eine Familie zu gründen oder eine Anstellung zu haben, vielleicht sogar eine Karriere anzustreben. All ihre Mütter haben den »Familienweg« eingeschlagen. Keine von ihnen hatte einen nennenswerten Beruf, und nur zwei von acht haben überhaupt je gearbeitet. Die Töchter lehnen diesen Lebensweg ab und sind sich einig, dass »das schlimmste Schicksal wäre … wie Mutter und Vater zu werden«. Diese acht Absolventinnen »wären lieber schrecklich arm und lebten von Dosenthunfisch auf Cräckern, als einen dieser faden, blassen jungen Männer aus ihren Kreisen zu heiraten«. Entschlossen, mehr als das Leben einer Ehefrau zu führen, geloben sie sich, auch Bekanntschaften außerhalb ihrer engen, sozialen Oberschicht zu schließen.

Die alte Ordnung ist beiseitegetreten und hat einer neuen Platz gemacht. Im Weißen Haus sitzt nun ein Demokrat, und alle jubeln »Happy Days Are Here Again«. Obwohl ihre Eltern Republikaner sind, wird der Wandel allseits begrüßt. Mit neu erwachter Zuversicht, dass ihre Töchter erreichen können, was ihnen verwehrt blieb, nähren und unterstützen selbst die Mütter die beruflichen Ambitionen ihrer Töchter.

Man kommt nicht umhin, sich zu wundern, wie ihnen das auf dem Höhepunkt der Weltwirtschaftskrise gelang, doch alle jungen Frauen finden nach dem Studium eine Anstellung und behalten sie auch für eine Weile, selbst als sie verheiratet sind. Neben der hohen Arbeitslosigkeit erschweren zahlreiche Stolpersteine, die verheirateten Frauen zu jener Zeit hinsichtlich ihrer beruflichen Möglichkeiten in den Weg gelegt wurden, das Leben der jungen Absolventinnen. Diese Einschränkungen, einschließlich des Beschäftigungsverbots für verheiratete Frauen und des Verbots der Vetternwirtschaft, das eine gleichzeitige Anstellung beider Ehepartner ausschloss, hatte es bereits vor der Wirtschaftskrise gegeben, doch sie wurden mit dem zunehmenden wirtschaftlichen Druck verschärft.

Die Frauen der *Clique* steckten genau in der Mitte einer sich im Wandel befindenden Generation von Frauen mit Collegeabschluss. Sie verbanden Gruppe Eins mit ihrer niedrigen Eheschließungsrate und noch geringeren Geburtenrate und Gruppe Drei, deren Collegeabsolventinnen überwiegend heirateten und eine Familie gründeten. Inmitten dieser beiden miteinander kontrastierenden Gruppen kam es zu einer wirtschaftlichen Katastrophe: der Großen Depression, die auf den Börsencrash von 1929 folgte. Die im Roman dargestellten Collegeabsolventinnen haben hohe Ansprüche an ihr Leben, finden sich jedoch irgendwann mit einer eintönigeren Version ihrer Träume ab.

Zu Beginn des 20. Jahrhunderts hatte sich unter den gebildeten Frauen eine ganze Reihe neuer, beruflicher Ansprüche entwickelt. Collegestudentinnen strebten nach sinnvollen Tätigkeiten, gar Karrieren, wollten jedoch zugleich auch heiraten und Kinder haben. Die Generation ihrer Mütter hatte sich nur eine dieser beiden Säulen vorstellen können, und viele von ihnen hatten hohe Opfer gebracht und schwere Zugeständnisse gemacht. Um Karriere zu machen oder auch nur einen sinnvollen Beruf auszuüben, hätten sie auf eine Familie verzichten müssen. Ihre Töchter griffen nach beidem, wie Collegeabsolventinnen es bis heute tun. Gruppe Zwei drehte den Kompass in Richtung Vereinbarkeit von Karriere und Familie und weg von der harten Entscheidung, vor der ihre Mütter gestanden hatten.

Doch zu jener Zeit war die Welt noch nicht bereit für studierte und arbeitende Mütter mit Kindern im Vorschulalter. Eine nach der anderen heiraten beinahe alle Protagonistinnen der *Clique* und bekommen Kinder. Die meisten schieben dafür ihre beruflichen Ziele beiseite, zumindest für die kurze Zeit, in der wir sie begleiten. Doch immerhin haben sie die Chance, auch nach der Heirat weiterhin arbeiten zu können, was überwiegend dem großen Anstieg an Büroarbeitsplätzen vor dem Börsencrash zu verdanken war.

Die Frauen in Gruppe Zwei waren sehr verschieden. Diejenigen, die zu Beginn dieses Abschnitts geboren wurden, führten ein Leben, das eher dem der Frauen in Gruppe Eins ähnelte: Nur wenige Collegeabsolventinnen waren verheiratet, und noch weniger hatten Kinder. Diejenigen hingegen, die am Ende des Zeitraums geboren wurden, ähnelten eher den Frauen von Gruppe Drei, mit einer hohen Eheschließungs- und Geburtenrate. Geboren im Jahr 1912, befand sich Mary McCarthy genau in der Mitte. Wie so viele andere Frauen ihrer Generation hatte sie, im Gegensatz zur vorherigen, ein Kind (und vier Ehemänner, was damals umso ungewöhnlicher war).

Angesichts der starken Unterschiede innerhalb von Gruppe Zwei ist es sinnvoll, die Frauen in zwei Untergruppen einzuteilen: Die erste betrifft die Geburtsjahre von 1898 bis 1914 und die zweite die Geburtsjahre von 1915 bis 1923.[3] Dadurch werden die großen Veränderungen sichtbar, die in diesen beiden Zeiträumen bei Frauen mit Collegeabschluss hinsichtlich Ehe und Mutterschaft eingetreten sind. Die zugrunde liegenden Daten für Frauen mit Collegeabschluss allgemein und für die *Notables*, die Namhaften (die außergewöhnlichen Frauen, die wir im vorigen Kapitel besprochen haben), werden in Abbildung 4.1 sowohl für Gruppe Eins als auch für Gruppe Zwei grafisch dargestellt.

Die namhaften Frauen zeichneten sich unter anderem dadurch aus,

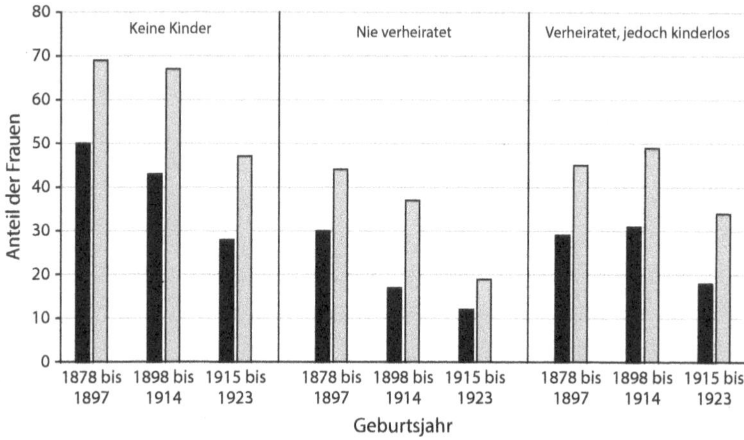

Abb. 4.1: Eheschließungen und Kinder bei den Frauen mit Collegeabschluss allgemein und den namhaften (siehe Abbildungs- und Tabellenanhang)

dass sie allesamt außergewöhnliche Karrierewege einschlugen. Aufgrund der spärlichen Datenlage ist es bei diesen frühen Gruppen schwer, Karrierefrauen zu identifizieren, doch die namhaften Frauen machten nicht einfach nur beruflich Karriere. Es handelt sich um Frauen, die herausragende gesellschaftliche Beiträge leisteten. Daher sollte es nicht weiter überraschen, dass sie in Gruppe Eins und Zwei weitaus seltener Kinder hatten als Frauen mit Collegeabschluss allgemein. Außerdem ist der Anteil der unverheirateten unter ihnen höher. Spannend ist jedoch, dass es im Lauf der Zeit sowohl bei den namhaften als auch den Collegeabsolventinnen allgemein hinsichtlich Ehe und Mutterschaft zu überraschend ähnlichen Entwicklungen kommt.

Bei Gruppe Eins waren 44 Prozent der namhaften Frauen nie verheiratet, während es bei Collegeabsolventinnen allgemein 30 Prozent waren. Zum Vergleich: In der zweiten Zeitspanne von 1898 bis 1914 blieben nur noch 19 Prozent der namhaften und zwölf Prozent der Collegeabsolventinnen allgemein unverheiratet. Somit ist zu beobachten, dass sich die Eheschließungsrate der namhaften Frauen trotz ihres außergewöhnlichen Lebens an die anderer Frauen mit Collegeabschluss anglich, die wiederum kaum noch Unterschiede zu Frauen allgemein, unabhängig von ihrem Bildungsstand, aufwies.[4] Frauen mit Collegeabschluss wurden nicht mehr als gesellschaftliche Außenseiterinnen betrachtet und selbst die namhaften nicht mehr durchweg für verrückt erklärt.

Im Zuge dessen stieg bei beiden übergeordneten Gruppen auch die Geburtenrate. Während in Gruppe Eins lediglich die Hälfte der Collegeabsolventinnen allgemein und bei den namhaften noch weniger Kinder bekamen, stechen die Collegeabsolventinnen der späteren Geburtenspanne von Gruppe Zwei bereits weitaus weniger aus der Allgemeinbevölkerung hervor. Unter denen, die heirateten, hatten lediglich 18 Prozent keine Kinder, und bei den namhaften war es lediglich ein Drittel. Hinsichtlich Mutterschaft hatten sich Collegeabsolventinnen allgemein und die namhaften nicht so sehr an den Mainstream angepasst wie in Bezug auf die Ehe, doch ihr persönliches und privates Leben war dem anderer Frauen ähnlicher geworden.

In der späteren Geburtenspanne von Gruppe Zwei heirateten Frauen, die herausragende Beiträge leisteten, mit einer viel höheren Wahrscheinlichkeit, und von den verheirateten wurden mehr Mütter als noch in den Geburtsjahren zuvor. Es musste ein Wandel stattgefunden haben, der es erfolgreichen Frauen eher ermöglichte, zu heiraten und Kinder zu bekommen. Tatsächlich errangen viele dieser Frauen ihre beruflichen Erfolge erst, nachdem sie eine Familie gegründet hatten. Genau wie die Frauen der *Clique* verließen sie das College mit höheren Erwartungen und beruflichen Ambitionen als ihre Vorgängergenerationen. Sie strebten schon früh nach einer Identität abseits von Haushalt und Familie, wollten jedoch zugleich auf Letztere nicht verzichten.

Gruppe Zwei markiert den Übergang von Frauen mit niedriger Eheschließungs- und Geburtenrate hin zu einer Generation mit hohen Raten in beiden Aspekten. Ein Übergang von den mutigen Vorreiterinnen, die Frauen das Wahlrecht erkämpften, zu den Müttern des Babybooms. Derart dramatische Wandlungsprozesse verlangen nach einer Erklärung. Was hatte sich in der Gesellschaft verändert, dass Frauen nun eine Identität außerhalb der heimischen Sphäre suchen und zugleich eine Familie gründen konnten?

Eine ganze Menge. Doch so gut wie keine dieser Veränderungen hatte direkt mit Frauen und ihrem etwaigen emanzipatorischen Streben nach sozialem und wirtschaftlichem Wandel zu tun. Vielmehr tauchten sowohl im Privaten als auch in fast allen Arbeitsbereichen eine Reihe technischer Errungenschaften auf. In den 1920er-Jahren waren die meisten urbanen Räume inzwischen an das öffentliche Stromnetz angeschlossen worden, was die massenhafte Verbreitung von modernen Geräten wie Kühlschränken, Staubsaugern und Waschmaschinen bis in die Privathaushalte ermöglichte. Die meisten Unternehmen waren bereits vor den Haushalten elektrifiziert und zur Reinigung des Bodens und der Büros großzügig mit modernen Geräten ausgestattet worden.

Unternehmen, private Konsumenten und Verwaltungsbehörden kauften die neuen Güter und übernahmen die neuen Technologien. Das wirkte sich nachhaltig auf die Wirtschaft aus, die sich tief greifend veränderte und einen konjunkturellen Aufschwung zu verzeichnen hatte. Vonseiten der Regierung wurde allerdings wenig unternommen, um den neu entstandenen Arbeitsmarkt für Frauen zugänglicher zu machen und den unzähligen sozialen Normen, die sie einschränkten, entgegenzuwirken. Wenn überhaupt, dann weiteten staatliche Institutionen die Restriktionen noch aus, beispielsweise durch die Einführung des Beschäftigungsverbots für verheiratete Frauen in den 1930er-Jahren.

Unter den vielen technologischen Neuerungen, die nachhaltige Auswirkungen auf die gesellschaftliche Rolle der Frau hatten, befanden sich allerlei Haushaltsgeräte, die massiv Arbeitszeit einsparten. Da ihr Kaufpreis stetig sank, konnten sich bald auch gewöhnliche Familien und Haushalte die neumodische Ausstattung leisten, die an die Stelle traditioneller Arbeitskräfte trat. Während es vor 1925 überhaupt keine elektrischen Kühlschränke gab, standen sie in den 1940er-Jahren bereits in 70 Prozent der Haushalte. Zudem besaßen 50 Prozent einen Staubsauger und rund 60 Prozent eine elektrische Waschmaschine. Im frühen 20. Jahrhundert kamen außerdem die Zentralheizungen auf. Inzwischen konnten Familien Wasser aus ihrem eigenen Wasserhahn trinken und die Toilettenspülung im eigenen Haushalt betätigen, da sie unterdessen an das städtische Abwassersystem angeschlossen waren und Toiletten mit Spülung erschwinglich wurden. Auch wenn sie weitaus weniger Aufmerksamkeit erhielten als die Armee an elektrischen Haushaltsgeräten, brachten diese alltäglichen und wenig aufregenden Entwicklungen eine enorme Zeitersparnis mit sich.[5]

All diese Innovationen revolutionierten die städtischen Haushalte, reduzierten den Wert der Frau als häusliche Arbeitskraft und schenkten ihr dadurch mehr Zeit, außerhalb des heimischen Bereichs einer produktiveren Arbeit nachzugehen.

Doch ohne eine Reihe davon unabhängiger Veränderungen auf dem Arbeitsmarkt hätten die um sich greifenden technologischen Neuerungen viel geringere Auswirkungen gehabt. Durch den allgemeinen technologischen Wandel kam es im frühen 20. Jahrhundert zu einer ungleich höheren Nachfrage nach Büroarbeitskräften und damit auch einer veränderten Perspektive auf erwerbstätige Frauen bei ihnen selbst, ihren Ehemännern und ihrem sozialen Umfeld. Die Veränderungen sind ebenfalls auf eine Reihe technologischer Errungenschaften zurückzuführen, die sich allerdings von den Innovationen im heimischen Bereich stark unterschieden.

Dass Frauen Bürojobs nachgehen, ist in der US-amerikanischen Geschichte keine Neuheit. Doch im frühen 20. Jahrhundert explodierte die Nachfrage nach Arbeitskräften mit Grips statt Muskeln und Talent statt körperlichem Einsatz. In der Ära vor der Jahrhundertwende hatten Frauen als Lehrerinnen, Bibliothekarinnen, Journalistinnen, Schriftstellerinnen und geschulte Krankenschwestern gearbeitet. Einige mit höheren Bildungsabschlüssen wurden Regierungsbeamtinnen, Ärztinnen, Akademikerinnen und Rechtsanwältinnen. Bürokräfte hingegen, darunter Verwaltungsangestellte, Stenotypistinnen und Buchhalterinnen, gab es wenige – bis zum frühen 20. Jahrhundert.[6] Nach 1900 veränderte sich der Arbeitsmarkt geradezu rasant. Während die Zahl der Frauen im Dienstleistungssektor von 1900 bis 1930 um das 3,5-Fache stieg, waren im Verwaltungsbereich acht Mal so viele tätig wie noch zur Jahrhundertwende.[7]

Im Jahr 1900 arbeiteten lediglich 19 Prozent aller erwerbstätigen Frauen im Dienstleistungssektor, und ein Großteil von ihnen – 35 Prozent – als Lehrerinnen. Zu jener Zeit waren die meisten Lehrerinnen unverheiratet (denken Sie an Laura in *Unsere kleine Farm*), und das galt auch für die meisten anderen weiblichen Angestellten.[8] Erwerbstätige Frauen waren zu Beginn des 20. Jahrhunderts überwiegend jung und unverheiratet, und das galt vor allem für den Dienstleistungssektor. Doch mit dem Wandel ihrer Tätigkeiten veränderten sich auch die Eigenschaften der weiblichen Angestellten.

Im Jahr 1930 waren bereits 45 Prozent aller erwerbstätigen Frauen in Wirtschaftsbereichen wie Büros, Agenturen und Warenhäusern oder auch als höhere Fachkräfte angestellt (in diese Gruppe fallen auch die Lehrerinnen). Tatsächlich stieg mit vermehrter weiblicher Erwerbstätigkeit auch die Zahl der Lehrerinnen, doch aufgrund der explosionsartigen Ausbreitung anderer Schreibtischtätigkeiten fiel der Prozentsatz der Lehrerinnen unter den arbeitstätigen Frauen von 35 auf 18 Prozent. Mit anderen Worten, ihr Anteil halbierte sich.

Auch wenn die Ausweitung der höheren Schulbildung in Amerika auch zu einem höheren Bedarf nach Lehrkräften führte, hatten sich die Beschäftigungszahlen in allen anderen Berufsfeldern im Dienstleistungsbereich ungleich mehr vervielfältigt. Beinahe jeder Industriezweig, darunter Fabriken, Versicherungen, die Versorgungsbranche (vor allem Telefongesellschaften), der Finanzsektor, der Einzel- und Versandhandel (denken Sie an Sears und Montgomery Ward), verlangte nach mehr gewöhnlichen Büroangestellten.

Eine industrielle Revolution am Schreibtisch hatte die Nachfrage nach Arbeitskräften in die Höhe getrieben, und Bürojobs erlebten ihre Blütezeit. Es gab nicht mehr lediglich eine »Sekretärin« oder einen »Sekretär«, die die Firmengeheimnisse hüteten. Die neu aufkommende massive Arbeitsteilung in den 1910er- und 1920er-Jahren ließ Unternehmen wachsen und fächerte die Rolle der Sekretärin in eine Vielzahl unterschiedlicher Aufgaben auf. Stenotypistinnen, Stenografen, Buchhalterinnen und Maschinisten, die alle möglichen neuen Gerätschaften wie Comptometer, Lithografiemaschinen und Diktiergeräte bedienten, eroberten die Büros. Sekretäre und Sekretärinnen gab es nach wie vor, doch sie wurden plötzlich von einer ganzen Armee an Fußsoldatinnen und Fußsoldaten flankiert. Von Mitte bis Ende des 19. Jahrhunderts wurde das Handwerksgewerbe in den USA durch die Mechanisierung und die damit verbundene Arbeitsteilung tief greifend verändert. Die industrielle Revolution hatte die Massenproduktion erfunden. Im frühen 20. Jahrhundert kam es zu einer ganz ähnlichen technologischen Wende, diesmal jedoch im Büro, im Einzelhandel und vielen weiteren Bereichen, in denen sie ebenso revolutionäre Auswirkungen hatte.

Das führte nicht nur zu einer Veränderung der beruflichen Tätigkeitsfelder, sondern auch zu einem größeren Frauenanteil auf dem Arbeitsmarkt. Die gestiegene Nachfrage nach Büro- und Vertriebsangestellten schuf Arbeitsplätze mit höherem Gehalt. Und da ihr Wert auf dem Arbeitsmarkt ihren Wert im Haushalt und in anderen Lebensbereichen mit der Zeit überstieg, zog es immer mehr Frauen aller Altersgruppen in die Erwerbstätigkeit. Die Umgestaltung der Büros war wahrlich eine wirtschaftliche Revolution, insbesondere für Frauen.

Natürlich waren auch Männer am Wandel der Büros beteiligt, doch die Auswirkungen auf ihr Leben waren weitaus weniger eindrücklich.[9] Auch wenn der Anteil der in Büros arbeitenden Männer von 17 Prozent im Jahr 1900 – ein ganz ähnliches Bild wie bei den Frauen – auf 25 Prozent im Jahr 1930 stieg, war der Wandel im Vergleich zur Umwälzung des Frauenarbeitsmarkts trivial. Bei den Männern steigerte sich der Anteil der Büroangestellten um acht Prozent, bei den Frauen waren es ganze 28 Prozent. Die Kräfte, die die Nachfrage nach Büroangestellten in die Höhe schnellen ließen, hatten viel weitreichendere Folgen für Frauen als für Männer.

Die wirtschaftliche Revolution, die die Nachfrage nach Büro- und Vertriebsangestellten so sehr steigerte, maß auch Lese- und Schreibfähigkeiten sowie Rechenkenntnissen neuen Wert bei. Der wirtschaftliche Nutzen einer guten Schulbildung stieg in dieser Ära auf ganz ähnliche Weise wie der immer größere Nutzen einer Collegeausbildung in jüngerer Zeit, sagen wir, seit den 1980er-Jahren. Bürojobs erforderten Angestellte, die aus diktiertem Gestammel eine sinnvolle und verständliche Korrespondenz zauberten. Man brauchte Menschen, die Rechtschreibfehler ohne automatische Korrekturprogramme bereinigten und Tabellen ohne Zugang zu Excel erstellten. Das verlangte nach schlauen Köpfen.

Die gestiegene Nachfrage nach Büroangestellten führte unweigerlich zu einer ganz neuen Bedeutung der Schulbildung, die über das in den Common Schools des ländlichen Amerikas gelehrte einfache Grundwissen und die acht Jahre Schulbildung der im 19. Jahrhundert üblichen städtischen Grammar Schools hinausging. Amerikas Antwort auf die Bedürfnisse des neuen Arbeitsmarkts war die sogenannte Highschool-Bewegung, ein Begriff, der auf die Ausweitung der Sekundarschulen in der ganzen Nation ab 1910 angewandt wird. Auch wenn die Bewegung ihren Ausgang im frühen 20. Jahrhundert nahm, hatte sie mit der »Academy-School-Bewegung«, deren Gebühren die Eltern selbst zahlten, zumindest in Teilen der Nation einen Vorläufer. Die Tatsache, dass Eltern gewillt waren, für die zweite Schulbildung ihrer Kinder privat aufzukommen, zeigt, dass es sich bei der Highschool-Bewegung wahrlich um einen Graswurzelkreuzzug handelte.

Von 1910 bis 1940 sprossen die Highschools in den USA wie Pilze aus dem Boden, und die Sekundarschulbildung ging durch die Decke.[10] Während im Jahr 1910 lediglich zehn Prozent der Achtzehnjährigen einen Highschool-Abschluss machten, stellten sie im Jahr 1940 bereits den Durchschnitt. Außerhalb der Südstaaten, die dem Rest der Nation in Sachen Schulbildung stets hinterherhinkten, war der Anteil junger Highschool-Absolventinnen und -Absolventen am höchsten. Der überwältigende Teil von ihnen stammte aus weißen Familien, da die afroamerikanische Bevölkerung überwiegend zu schlecht ausgestatteten, segregierten Schulen gehen musste und in Schulbezirken lebte, in denen es keine weiterführenden Highschools gab. Zudem waren der Besuch einer Highschool und höhere Schulabschlüsse abseits der Industrieregionen verbreiteter, da junge Menschen, allen voran junge Männer, in diesen Gebieten schon früh aus der Schule in die Fabriken abgeworben wurden.

Die Jugend strömte also in Scharen in die neuen Highschools. In den

1920er-Jahren war der Anteil der Mädchen, die eine höhere Schule besuchten und dort ihren Abschluss machten, in jedem einzelnen Bundesstaat höher als der der Jungen. Genau wie heutzutage mehr Frauen und Mädchen ein College besuchen und bessere Abschlussraten vorweisen, zeigten sie damals mehr Begabung für die höhere Schulbildung und machten in größerer Zahl ihren Abschluss als junge Männer. Wenn man ihnen die Chance gibt, dann schlagen sich Mädchen allem Anschein nach besser in der Schule.

Die Explosion »guter« Bürojobs bot einigermaßen gebildeten Frauen die Möglichkeit, Arbeit zu finden, die körperlich weniger belastend und in vielerlei Hinsicht sicherer war als die Jobs in der verarbeitenden Industrie oder Anstellungen als häusliche Bedienstete, die zuvor den zentralen Arbeitsmarkt für Frauen ausgemacht hatten. Bürojobs waren sauberer und boten eine wesentlich angenehmere Arbeitsumgebung als die industrielle Fertigung. Alles an ihnen war weniger rau, gefährlich und abscheulich. Und noch dazu waren sie meist besser bezahlt.

Auf einem Arbeitsmarkt, der für Frauen hauptsächlich Jobs in Fabriken oder als Hausangestellte bietet, kommen oft soziale Stigmatisierungen rund um ihr Angestelltenverhältnis auf, insbesondere gegenüber verheirateten Frauen. Wenn die meisten Jobs, die verheirateten Frauen zugänglich sind, unsicher und schmutzig sind, dann symbolisiert eine verheiratete, arbeitende Frau ihrem Umfeld (sagen wir, der Nachbarschaft oder der Kirche), dass ihr körperlich unversehrter Mann faul und gleichgültig ist. Schließlich hat er ihr erlaubt, in einem Job zu arbeiten, der sie nicht nur von ihren Kindern und der Sorge um ihren eigenen Haushalt fernhält, sondern auch noch ihrer Gesundheit schaden kann.

Daraus hatte sich eine soziale Norm herausgebildet, die Männer dazu anspornte, auf dem Arbeitsmarkt tätig zu sein, um ihre Frauen und Kinder zu versorgen.[11] Sie entstand, als die meisten Jobs für Männer ziemlich grässlich waren, und sollte Ehemänner und Väter tadeln, die Trost im Pub nebenan oder anderen verschwenderischen Aktivitäten fanden. Die Arbeit der meisten war hart und zehrend, weshalb sich soziale Standards herausbildeten, um die verwundbarsten Mitglieder der Gesellschaft zu schützen und ihre Last auf andere Bürger zu mindern.

Doch mit der Zeit verbesserten sich die Arbeitsbedingungen der meisten. Bürojobs hatten kürzere Arbeitszeiten und boten eine weniger raue Arbeitsumgebung. Je angenehmer die Arbeit wurde und je mehr Frauen eine höhere Bildung erlangten, desto mehr verflüchtigte sich das Stigma rund um verheiratete Frauen und verschwand an einigen Orten vollständig.[12]

Das Wachstum des Dienstleistungssektors veränderte die Arbeitsstrukturen für alle Frauen – selbst für diejenigen mit Collegeabschluss. Der Wandel erlaubte selbst hochgebildeten Frauen, auch nach der Hochzeit weiterhin berufstätig zu sein, statt nur als unverheiratete Frau und später im Leben. Bis in die frühen 1940er-Jahre blieb das durchschnittliche Heiratsalter von Frauen mit Collegeabschluss relativ hoch. Als es in der Nachkriegszeit schließlich stark absank, bedeutete das für Frauen, sie konnten auch in ihren ersten Ehejahren weiterhin berufstätig sein, bevor möglicherweise Kinder kamen. Eine Frau mit Collegeabschluss konnte einen Job haben, neue Kompetenzen erlangen und dann Kinder bekommen. Und wenn diese älter waren, konnte sie an eine Arbeitsstelle zurückkehren, die möglicherweise ebenso gut war wie die, die sie vor der Geburt ihrer Kinder verlassen hatte.

Frauen, die zu Beginn des 20. Jahrhunderts ihren Collegeabschluss machten, betrachteten die Ehe vollkommen zu Recht als Verlust ihrer Unabhängigkeit. Diejenigen jedoch, die ein oder zwei Jahrzehnte später dran waren, also in und nach den 1920er-Jahren, sahen sie in einem anderen Licht. Sie gaben mit der Ehe nicht ihre Anstellung auf, zumindest nicht sofort. Das Aufkommen der gewöhnlichen Angestelltenbranche kam für die meisten Frauen, auch die hochgebildeten unter ihnen, einer Revolution gleich.[13]

Mary McCarthys Roman begleitet die Protagonistinnen bis 1940. Da sind sieben Jahre seit ihrem Collegeabschluss vergangen. Wie es diesen acht Freundinnen während und nach dem Zweiten Weltkrieg ergeht, wissen wir nicht. Doch was die realen am College geschulten Frauen ihrer Generation angeht, so strömten die meisten unmittelbar nach dem Krieg wieder auf den Arbeitsmarkt. Da waren sie in ihren späten Dreißigern. Zu jener Zeit waren doppelt so viele Frauen im Alter von 47 Jahren berufstätig als im Alter von 27 Jahren.

Während weniger als 30 Prozent der je verheirateten Collegeabsolventinnen, die um 1910 geboren wurden, in ihren späten Zwanzigern einer Arbeit nachgingen, taten es über 40 Prozent von ihnen mit Ende 30 und rund 60 Prozent mit Ende 40 (siehe Abbildung 2.4 und vgl. Tabelle 2.1).

Die Verdoppelung ihrer Beschäftigungszahl innerhalb eines Zeitraums von nur 20 Jahren ist auf zwei Faktoren zurückzuführen. Erstens waren viele im Alter von 27 noch Mütter von Kleinkindern, die 20 Jahre später aus dem Haus waren. Doch es gibt noch weitere wichtige Einflüsse außerhalb ihres Privatlebens, wie zum Beispiel die gestiegene Nachfrage nach ihren Fähigkeiten. Sorgfältige Analysen haben ergeben, dass der Wandel im Beschäftigungsverhältnis von Frauen etwa zu gleichen Teilen auf jeweils einen der beiden Faktoren zurückzuführen ist.[14] Mit anderen Worten, der Beschäftigungsanstieg wurde zur Hälfte durch lebensbedingte Veränderungen im Privaten herbeigeführt, da die Haushaltspflichten vor allem rund um die Kinder schrumpften. Doch die andere Hälfte wurde durch einen allgemeinen Wirtschaftswandel verursacht.

Damals durchlief die Wirtschaft eine ganze Reihe von Veränderungsprozessen, die die Nachfrage in bestimmten Sektoren, darunter Dienstleistungen (zum Beispiel im Einzelhandel), steigerte und in anderen verringerte (zum Beispiel in der Landwirtschaft). Der im 20. Jahrhundert eingeläutete »Sektorenwechsel« hat zu einer Blüte der Büroanstellungen geführt und die beruflichen Aussichten von Frauen radikaler verändert als die der Männer. Die Folgen waren selbst für Frauen mit Collegeabschluss spürbar.

Im Jahr 1929, als die acht in *Die Clique* vorgestellten Frauen ihr erstes Jahr am Vassar College antraten, konnten sie sich darauf freuen, nach ihrem Abschluss eine Anstellung zu bekommen, ein paar Jahre später zu heiraten und ihren Job zu behalten, bis die Kinder kamen. Dann würden sie eine Weile zu Hause bleiben und später ihren Beruf wieder aufnehmen, vielleicht sogar spät Karriere machen. Ihre Zukunft würde vollkommen anders aussehen als das Leben ihrer Mütter und anderer Frauen aus Gruppe Eins.

Doch in den 1930er-Jahren hing eine dunkle Wolke über den USA, die für fast alle Amerikaner zu einem angespannten Arbeitsmarkt führte. Besonders dürftig waren die Arbeitsmöglichkeiten für verheiratete Frauen, selbst für die mit den besten Voraussetzungen. Die Arbeitslosenzahlen schossen in den zweistelligen Bereich, und es gab sogar Zeiten, in denen die erste der beiden Zahlen eine Zwei war. Nie zuvor hatten die USA eine derart hohe Arbeitslosigkeit erlebt und Gott sei Dank seither auch nie wieder. Zu Zeiten der Corona-Pandemie im April 2020 stieg sie auf beinahe 15 Prozent, fiel jedoch bereits im Winter 2021 wieder auf sechs Prozent.

Doch der Mangel an Jobs war nicht der einzige erschwerende Faktor für das Leben von Frauen in den 1930er-Jahren. Die Große Depression drehte die Zeit hinsichtlich der Beschäftigungsverhältnisse verheirateter Frauen zurück. Gerade als verheiratete Frauen, allen voran die gebildeten unter ihnen, endlich Fortschritte erlebten, wurden weithin Regelwerke und Restriktionen für sie eingeführt, die sogenannten *marriage bars* (zu dt. »Beschäftigungsverbote für verheiratete Frauen«).

Beschäftigungsverbot für verheiratete Frauen

Bereits vor der Weltwirtschaftskrise gab es in vielen Berufen, allen voran in Lehrtätigkeiten, Beschränkungen für verheiratete Frauen. Doch mit dem massiven Anstieg der Arbeitslosenzahlen Anfang der 1930er-Jahre, langen Schlangen vor öffentlichen Suppenküchen und zunehmender wirtschaftlicher Verzweiflung wurden sie deutlich verschärft. Die ein Jahrzehnt andauernde Große Depression führte zu einer Ausweitung und härteren Durchsetzung bestehender Richtlinien, um verheirateten Frauen den Zugang zu den besten Jobs zu verwehren.

Konkret versteht man unter *marriage bars* die Anstellungs- und Entlassungspolitiken privater Firmen und öffentlicher Institutionen, allen voran der Schulbehörden, gegenüber verheirateten Frauen.[15] Es gab zwei Typen: Die *hiring bars* (Einstellungsverbote) verwehrten verheirateten Frauen eine Anstellung, und die *retention bars* (Personalerhaltungsverbote) gaben Unternehmen die Möglichkeit, Frauen, die während ihrer Anstellung heirateten, zu kündigen.

Die meisten Schulbehörden in den USA hatten Einstellungsverbote statt Personalerhaltungsverbote. Letztere machten es den Bezirken unmöglich, frisch verheiratete Lehrerinnen zu behalten, selbst wenn sie sich in ihrem Job verdient gemacht hatten. Anders herum konnten die Personalerhaltungsverbote jedoch auch ein probates Mittel sein, diskret personelle Veränderungen vorzunehmen. Wenn der Oberschulrat eine Lehrerin feuern wollte, dann war ihr (neuer) Ehestatus ein guter Vorwand.

Die Weltwirtschaftskrise ließ die Zahl der Schulbezirke und Privatfirmen mit derartigen Beschränkungen in die Höhe schnellen, und die hohe Arbeitslosigkeit wurde als Vorwand genommen, um bestehende Unternehmenspolitiken zu verschärfen. Sowohl seitens der Schulbezirke als auch privater Firmen lautete die Rechtfertigung, eine verheiratete Frau mit einem körperlich unversehrten Ehemann könne ja von ihm ernährt werden. Andere hingegen – alleinstehende Frauen, Witwen und jeder Mann – bräuchten die Jobs viel dringender. Kurz vor dem Beginn der Weltwirtschaftskrise hatte sich in mehreren Bundesstaaten noch eine wachsende Bereitschaft feststellen lassen, bestehende Schranken aufzuheben und lokale Schulbehörden daran zu hindern, diese Richtlinien durchzusetzen. Die Große Depression ließ diesen zaghaften Richtungswechsel jedoch ins genaue Gegenteil umschwenken.[16]

Trotz ihrer einschneidenden Folgen für das Leben vieler Frauen lassen sich überraschenderweise kaum Informationen zur Ausweitung der Beschäftigungsverbote für verheiratete Frauen finden. Es gibt keinerlei systematische Datenerhebungen zu verschiedenen Firmen, und die mehr als 120 000 getrennt verwalteten Schulbezirke der 1920er-Jahre folgten, was die Anstellung und Entlassung ihrer Lehrerinnen anging, für gewöhnlich ihren ganz eigenen Regeln. Zum Glück hat die Gewerkschaft National Education Association zu verschiedenen Zeitpunkten Erhebungen durchgeführt. Aus ihnen lässt sich der Anteil der Lehrerinnen ableiten, die in vier kritischen Momenten von den Regularien betroffen waren.

Die erste Kontrollerhebung im Jahr 1928, also kurz vor dem Börsencrash, gilt lediglich als Referenz, da kein Schulbezirk vor der Weltwirtschaftskrise verschärfte Regularien eingeführt hätte. Der zweite Kontrollzeitraum betrifft die Jahre 1930/31, als es mit der Konjunktur immer rasanter bergab ging. Die dritte Kontrollerhebung erfolgte im Jahr 1942 kurz nach dem Eintritt der USA in den Zweiten Weltkrieg, und die letzte wurde zu Zeiten des Wirtschaftsaufschwungs der Nachkriegszeit in den Jahren 1950/51 durchgeführt.

Im Jahr 1928, als die Wirtschaft noch blühte, lebten 60 Prozent der Amerikaner in Schulbezirken, die Beschäftigungsverbote aufrechterhielten, und beinahe die Hälfte lebte in Bezirken, die die zweite Version der Regularien, die Entlassungspolitik frisch verheirateter Lehrerinnen, durchsetzten (siehe Abbildung 4.2). Die Schulbehörden weigerten sich, Frauen mit ausgezeichneten Zulassungsvoraussetzungen anzustellen, nur weil sie verheiratet waren. Und sie feuerten Teile ihres erfahrensten Personals, nur weil sie einen arbeitsfähigen Ehemann hatten.

Mit dem Anstieg der Arbeitslosigkeit im Zuge der Großen Depression griffen die Einstellungsverbote verheirateter Lehrerinnen noch mehr um sich und betrafen nun 73 Prozent der urbanen Bevölkerung in den USA. Im Jahr 1942, als der durch den Zweiten Weltkrieg gestiegene wirtschaftliche Bedarf an Arbeitskräften die Arbeitslosigkeit beinahe gen null gedrückt hatte, lebte sogar ein noch größerer Anteil der städtischen Bevölkerung (rund 80 Prozent) in Schulbezirken, die Einstellungsverbote für verheiratete Frauen in ihren Bestimmungen festgeschrieben hatten. Obwohl die Arbeitslosigkeit wieder unter Kontrolle war, erkannten die Schulbehörden zu langsam, dass ihre restriktiven Regularien nicht nur diskriminierend waren, sondern auch ihren eigenen Lehrzielen geschadet hatten.

Zu den Beschäftigungsverboten für Büroangestellte ist die Datenlage noch dürftiger, doch es gibt einige Daten zu Unternehmen in ver-

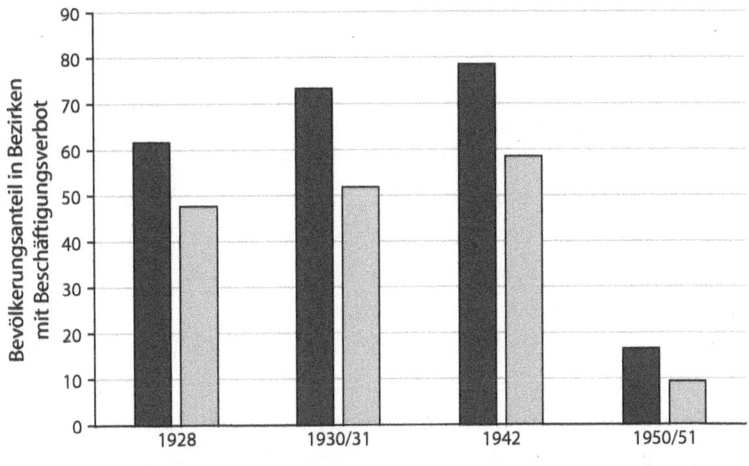

Abb. 4.2: Beschäftigungsverbote für verheiratete Lehrerinnen an öffentlichen Schulen: 1928 bis 1951 (siehe Abbildungs- und Tabellenanhang)

schiedenen größeren Städten zu Beginn und am Ende der Weltwirtschaftskrise. Daraus ist abzulesen, dass rund 40 Prozent der in Büros arbeitenden Frauen von einer Unternehmenspolitik betroffen waren, die eine Einstellung verheirateter Frauen ausschloss. 25 Prozent der weiblichen Angestellten waren von einer Unternehmenspolitik betroffen, die vorsah, dass alleinstehende Frauen gefeuert wurden, sobald sie heirateten.[17] Wären diskret durchgeführte Maßnahmen von Unternehmensmanagern ebenfalls mit abgebildet, dann wären die Zahlen sicher noch höher. Gebildete Ehefrauen standen vor enormen Schwierigkeiten, während der Weltwirtschaftskrise ihren Bürojob zu behalten. Doch wie sah es vorher aus?

Für die Zeit vor dem Wirtschaftsrückgang lassen sich kaum Daten zu diesbezügliche Firmenpolitiken finden. Die wenigen vorhandenen Datensätze zeigen, dass es vor der Wirtschaftskrise durchaus Beschränkungen in Form von Unternehmenspolitiken gab, die jedoch mit dem wirtschaftlichen Niedergang stark verschärft wurden. Beschäftigungsverbote waren also vor, in und nach den 1930er-Jahren gesetzlich oder in Unternehmenspolitiken festgehalten und schränkten die Arbeitsmöglichkeiten verheirateter, gebildeter Frauen drastisch ein.[18]

Unter schwarzen Frauen mit Collegeabschluss sahen die Eheschließungs- und Beschäftigungsraten von Gruppe Eins und Zwei vollkommen anders aus als bei weißen Frauen. Schwarze Collegeabsolventinnen arbeiteten, heirateten und hatten Kinder – und zwar alles zugleich. Im Gegensatz dazu arbeiteten weiße Frauen aus Gruppe Eins entweder oder sie heirateten. Nur wenige taten beides.

Während 30 Prozent der weißen Frauen in Gruppe Eins nie heirateten, waren es unter schwarzen Frauen weniger als zehn Prozent. Diese Zahl traf auch für die schwarzen Frauen der Gruppe Zwei zu, wohingegen die Zahl der unverheirateten weißen Frauen in Gruppe Zwei auf 15 Prozent fiel, also beinahe um die Hälfte. Dennoch war es unter schwarzen Frauen mit Collegeabschluss nach wie vor wesentlich üblicher zu heiraten.

Zudem war die Beschäftigungsrate unter schwarzen Frauen sehr viel höher. Im Jahr 1940 waren in Gruppe Zwei rund 65 Prozent der je verheirateten schwarzen Frauen, die einen Collegeabschluss hatten, berufstätig, wohingegen bei den weißen lediglich 30 Prozent auf dem Arbeitsmarkt waren.[19] Die Diskrepanzen gleichen sich bei diesen Frauen erst an, als sie in ihren Fünfzigern sind. Wie lassen sich diese Unterschiede hinsichtlich Ehe und Berufstätigkeit bei den Collegeabsolventinnen von Gruppe Zwei erklären?

Zu einem guten Teil sind sie sicher darauf zurückzuführen, dass schwarze Familien im Schnitt ein geringeres Einkommen hatten. Da schwarze Männer aus vielerlei Gründen weniger verdienten als weiße, packten ihre Ehefrauen mit an, um die Familie zu ernähren. Doch das erklärt nur, warum verheiratete schwarze Frauen mehr arbeiteten, und nicht, warum ein so großer Anteil der schwarzen Collegeabsolventinnen überhaupt heiratete.

Ein weiterer Grund für die Beschäftigungsunterschiede ist sicherlich sozialer Natur: Schwarze Frauen hatten immer gearbeitet, ob nun als Sklavinnen oder in Freiheit, und einer arbeitenden Frau hing daher innerhalb der schwarzen Community kein so großes Stigma an wie in der weißen.[20] Doch auch das reicht als Erklärung nicht aus. Gut möglich, dass in der Landwirtschaft oder als Hausangestellte arbeitende Frauen innerhalb der schwarzen Community nicht oder weniger stigmatisiert wurden, doch Collegeabsolventinnen boten sich vollkommen neue, ungewöhnliche Arbeitsmöglichkeiten.

Ein Großteil der Unterschiede zwischen schwarzen und weißen Collegeabsolventinnen hinsichtlich ihrer Eheschließungs- und Beschäftigungsrate ist darauf zurückzuführen, dass verheiratete Frauen in den Südstaaten, wo die strikteste Rassentrennung herrschte und in der Ära vor 1940 die meisten Schwarzen lebten, hinsichtlich ihrer Arbeitstätigkeit auf weniger Hindernisse stießen. Allgemein hatten die Schulbezirke in den Südstaaten offenbar weniger Beschäftigungsverbote für verheiratete Frauen aufgestellt, oder aber, was zum gleichen Ergebnis führt, die Regeln wurden weniger streng durchgesetzt.

Aus den erwähnten Erhebungen lassen sich keine Beschäftigungsverbote nach Region, geschweige denn nach Ethnie oder Hautfarbe ablesen. Sie versorgen Forschende jedoch mit den einzigen existierenden Gesamtstatistiken rund um die Einstellungs- und Beschäftigungspolitik, sozusagen wie die Schriftrollen vom Toten Meer für *marriage bars* an Schulen. Doch es gibt noch andere Daten, die einen Teil der Lücken schließen können. Es handelt sich um Erhebungen, die auflisten, wie viele Lehrerinnen, unterteilt nach Hautfarbe, verheiratet waren. Und je größer der Anteil der verheirateten Lehrerinnen, desto weniger strikt mussten die Beschäftigungspolitiken ihnen gegenüber gewesen sein.

Im Jahr 1920 waren 50 Prozent der schwarzen Lehrerinnen (35 Jahre und älter) verheiratet.[21] Das sind doppelt oder dreimal so viele wie weiße Lehrerinnen in den Südstaaten, doch verglichen mit den Nordstaaten sind es sechsmal so viele. Im Jahr 1940 hatte sich bei den schwarzen Lehrerinnen nicht viel verändert, wohingegen die Zahl der weißen verheirateten Lehrerinnen zwar stieg, jedoch nach wie vor wesentlich niedriger blieb. Schwarze Lehrerinnen waren also in viel größerer Zahl verheiratet, was darauf schließen lässt, dass das Beschäftigungsverbot für sie seltener ein Hindernis darstellte als für die weißen Collegeabsolventinnen von Gruppe Zwei.

Die Südstaaten mussten weniger Verbote bezüglich verheirateter schwarzer Frauen gehabt haben, und Schulen in schwarzen Communities wahrscheinlich noch weniger. Das liegt teilweise daran, dass dort ein größerer Lehrermangel herrschte als in anderen Regionen, vor allem an Schulen für Schwarze. Insbesondere dort brauchten die Südstaaten alle Lehrerinnen, die sie bekommen konnten. Der Lehrermangel führte jedoch bald auch im Rest der Nation dazu, dass die Verbote aufgehoben wurden.

Anita Landy und Mildred Basden waren Lehrerinnen an öffentlichen Schulen in St. Louis mit makellosen Arbeitszeugnissen. Beide fingen unmittelbar nach ihrer Zulassung an zu unterrichten. Landy lehrte ab 1929 Englisch und Mathematik an der Middle School und Basden unterrichtete ab 1935 Englisch in der neunten Klasse. Seit ihrem jeweiligen Berufseinstieg unterrichteten sie jedes Jahr – bis 1941.

Im Sommer 1941 heiratete Landy Arthur Weis, der vorher für die Chicago Cubs gespielt hatte. Auch Basden heiratete in jenem Sommer, und bestimmt feierten sie rauschende Hochzeitsfeste. Doch nur wenige Monate später erhielten beide Frauen einen Umschlag vom St. Louis Board of Education (die dortige Schulbehörde), der kein Glückwunschschreiben enthielt. Vielmehr handelte es sich um Entlassungsmitteilungen, die sich auf eine Verordnung bezogen, die 1897 erlassen worden war und seitdem auch durchgesetzt wurde. Sie besagte: »Die Heirat einer jeden Frau, die ein Anstellungsverhältnis beim Board innehat, wird als Kündigung betrachtet.«[22] Beide Frauen legten Berufung ein.

In der Vergangenheit hatte man derartigen Entlassungen nicht viel Beachtung geschenkt. Doch die Zeiten hatten sich geändert. Frauen arbeiteten in der Kriegsindustrie und in zivilen Berufen, in denen durch den Einzug von Wehrpflichtigen und Freiwilligen Lücken entstanden waren. Daher wurden in vielen Kreisen Rufe laut, die Beschränkungen für Ehefrauen aufzuheben, und sie erhielten viel Unterstützung. Doch es gab auch Widerstände. Im Jahr 1944 verloren beide Klägerinnen den Fall.

Daraufhin legten sie sofort Einspruch beim Supreme Court des Bundesstaats Missouri ein. Im Jahr 1947, als die Beschäftigungsverbote für verheiratete Frauen in vielen Schulbezirken der Nation aufgehoben wurden, entschied der Supreme Court von Missouri zu ihren Gunsten. In den sechs Jahren, die seit ihrer Entlassung vergangen waren, hatte Anita Weis eine Lehrstelle an einer Vorstadtschule angenommen, die keine Beschäftigungsverbote für verheiratete Frauen aufgestellt hatte. Unterdessen hatte Mildred das Unterrichten an den Nagel gehängt und von zu Hause aus ein kleines Unternehmen aufgebaut. Beide Frauen hatten zwei Kinder geboren. Mit ihrer Wiedereinstellung verließ Weis, temperamentvoll wie immer, ihre derzeitige Anstellung und lehrte wieder an ihrer alten Schule in St. Louis, »schon aus Prinzip«.

In den Jahren 1950/51 waren die Einstellungsverbote für verheiratete Frauen bereits so weit aufgehoben worden, dass sie nach Einwohnerzahlen nur noch 17 Prozent der Schulbezirke betrafen, und die Personalerhaltungsverbote für verheiratete Frauen fielen unter zehn Prozent. Schon bald würden sie ganz aus den Schulen verschwinden.

Neben den Schulbehörden gaben auch viele Unternehmen ihre diskriminierenden Bestimmungen auf, doch nur wenige Dokumente zu personellen Veränderungen sind erhalten geblieben, von IBM zum Beispiel. Am 10. Januar 1951 unterschrieb der Vizepräsident und Schatzmeister des Unternehmens ein in herrlichstem Unternehmensjargon erstelltes Rundschreiben: »Mit sofortiger Wirkung und bis auf Weiteres: 1) Eine weibliche Angestellte wird nach ihrer Eheschließung nicht aufgefordert, das Unternehmen zu verlassen. 2) Das Unternehmen wird eine verheiratete Frau als Angestellte in Betracht ziehen. Der oben genannte Punkt stellt eine vorübergehende Modifizierung der üblichen Unternehmenspolitik einer Nichtbeschäftigung verheirateter Frauen auf der regulären Gehaltsliste dar, es sei denn, sie ist Alleinversorgerin ihrer Familie.«[23] Die vorübergehende Änderung der Unternehmenspolitik diente offenbar dazu, IBM juristisch abzusichern, sollte das Unternehmen wieder verheiratete Frauen feuern.

Auch wenn die Beschäftigungsverbote in Schulen und Büros nach dem Zweiten Weltkrieg schwanden, blieben sie in anderen Beschäftigungsverhältnissen nach wie vor bestehen. Ein Beispiel waren Stewardessen. Nach dem Inkrafttreten des Civil Rights Act (des amerikanischen Bürgerrechtsgesetzes) im Jahr 1964 konnten Angestellte nicht mehr aufgrund ihres Geschlechts diskriminiert werden, aufgrund ihres Ehestands hingegen schon. Ein Beschäftigungsverbot für Verheiratete, das Männer und Frauen gleichermaßen betraf, war legitim. Nur eines, das lediglich Frauen betraf, konnte nun angefochten werden.

In dem Ansinnen, ihre Flüge interessanter zu gestalten, hatte United Airlines auf ihrer Honolulu-Route einen ganzen Kader indigener Stewards aus Hawaii eingestellt, um den Fluggästen »Lokalkolorit« zu bieten. Doch diese Männer waren nicht vom Beschäftigungsverbot betroffen. Im Jahr 1968 wurde die Fluggesellschaft für schuldig befunden, Title VII des Civil Rights Act von 1964 zu verletzen, und sah sich gezwungen, ihre Unternehmenspolitik eines Beschäftigungsverbots für verheiratete Frauen ganz aufzugeben. Die »*friendly skies*« (so der Slogan der Flugesellschaft) wurden noch etwas freundlicher.[24] Verschiedene andere Fluggesellschaften hingegen, die Männer unter gleichen Konditionen angestellt hatten, konnten ihre Unternehmenspolitik noch länger aufrechterhalten.

Warum gab es die Beschäftigungsverbote vor dem Wirtschaftseinbruch, und warum hielten sie sich auch nach dem Ende der Großen Depression so hartnäckig bis in die Nachkriegszeit? Im Fall von Lehrerinnen gewannen die Schulbehörden durch ihre rigorosen Richtlinien mehr, als sie verloren. Junge Lehrerinnen waren generell relativ leicht zu finden. Verheiratete Lehrerinnen hingegen waren älter und erfahrener, und so erhielten sie auch mehr Gehalt und kamen mit Gepäck daher – ihren Ehemännern. Die Schulbehörden bevorzugten sanftmütige, unterwürfige Angestellte gegenüber denen, die energische Unterstützer im Rücken hatten. Außerdem war es zu jener Zeit gang und gäbe, dass die meisten Lehrerinnen ihre Berufstätigkeit kurze Zeit nach ihrer Eheschließung ohnehin aufgrund einer Schwangerschaft aussetzten und sich einige Jahre um ihre Kinder kümmerten.

Es gab zahlreiche Gründe für die Beschränkungen in den 1930er-Jahren. Frauen waren, einem Unternehmen zufolge, »nach der Eheschließung weniger effizient«. In einigen Fällen folgte die Einstellungspolitik den konservativen Ansichten eines Personalabteilungsleiters. Der Manager einer Verlagsgesellschaft in Philadelphia fand, »Männer sind zu selbstsüchtig und sollten ihre Frauen versorgen«, und der Verlag – Presbyterian Board of Christian Education – war, wenig überraschend, der Ansicht, »verheiratete Frauen sollten, wenn möglich, zu Hause bleiben«.[25]

Doch in den folgenden Jahren veränderte sich die Frauenerwerbstätigkeit von Grund auf. Insgesamt wurde der Arbeitsmarkt angespannter, und der Bedarf nach Arbeitskräften überstieg bald das Angebot. Im Zuge dieser Entwicklungen verloren Schulbehörden und Unternehmen durch ihre diskriminierenden Regularien mehr, als sie gewannen. Daher wurden sie schnell abgeschafft, jedoch in vielen Fällen durch ein Beschäftigungsverbot für Schwangere ersetzt. Andere Hindernisse für erwerbstätige Frauen hingegen, wie die Regularien zum Verbot der Vetternwirtschaft, hielten sich hartnäckig in vielen Beschäftigungsverhältnissen, wie zum Beispiel im öffentlichen Dienst oder in Banken. Sie wurden als wichtiger Schutz für ein gutes Arbeitsklima betrachtet und sollten »einem möglichen Interessenkonflikt zwischen zwei Mitarbeitern der Bank« vorbeugen.[26] Ähnliche Bestimmungen gab es auch an den meisten Universitäten.

Die Bildungsökonomin Mary Jean Bowman und der Bildungssoziologe C. Arnold Anderson hatten sich an der Iowa State University kennengelernt, an der sie beide als Assistenzprofessoren arbeiteten, und später geheiratet. Gemeinsam mit dem Wirtschaftswissenschaftler Theodore Schultz (der einmal den Nobelpreis gewinnen sollte) und verschiedenen anderen Koryphäen, die an der Iowa State lehrten, kehrten sie der Universität im Zuge der sogenannten *oleomargarine controversy* (zu dt. »Ölmargarinen-Kontroverse«) um 1943 den Rücken.[27] Verschiedene Professoren waren von der Milchindustrie-Lobby aufgefordert worden, ihre Forschungsergebnisse, dass Ölmargarine ein guter Ersatz für Butter sei, zugunsten der Milchindustrie zu verändern. Der Krieg hatte die Milchproduktion drastisch reduziert, und die Amerikaner benötigten einen Ersatz für Butter. (Die Milchindustrie in Iowa schien in diesem Fall mehr Macht gehabt zu haben als die Lobby der Maisindustrie.) Der Universitätspräsident schlug sich auf die Seite der Milchindustrie, und der offensichtliche Bruch mit der wissenschaftlichen Forschungsfreiheit führte zu einem Exodus der Wirtschaftswissenschaftler von der Universität in Iowa. Viele der besten von ihnen gingen an die University of Chicago.

Doch Bowman und Anderson konnten ihren Kollegen nicht nach Chicago folgen, da die dortige Universität eine Regel zur Verhinderung der Vetternwirtschaft aufrechterhielt. Daher gingen sie zunächst nach Washington, um dort Kriegsdienst für die US-Regierung zu leisten, lehrten an der University of Kentucky und bekamen einen Sohn. Als die University of Chicago ihren Bann verheirateter Paare im Jahr 1958 endlich aufhob, wurden sie Teil der Fakultät und mit ihren ehemaligen Kolleginnen und Kollegen wiedervereint.

Unter den namhaften Frauen ist der Anteil der Akademikerinnen (einschließlich der wissenschaftlichen Mitarbeiterinnen) in Gruppe Zwei wesentlich höher als in Gruppe Eins und noch höher unter denjenigen, die am Ende von Gruppe Zwei geboren wurden. Eine mögliche Ursache ist, dass die Tore zu den Wissenschaften in den 1950er-Jahren, wie am Fall von Bowman und Anderson zu sehen ist, für verheiratete Paare weiter geöffnet wurden. Im Vergleich zu Gruppe Eins waren mehr Akademikerinnen aus Gruppe Zwei verheiratet. Sie konnten nicht nur Professorinnen oder wissenschaftliche Mitarbeiterinnen sein, sondern auch heiraten und dennoch ihren Beruf, ihre Identität und ihre Lebenszufriedenheit beibehalten.

Ein Leben in Serie

Namhafte Frauen aus Gruppe Zwei, die heirateten und Kinder bekamen, mussten auf ihren Karriereruhm oft lange warten. Die Ursachen dafür sind von Fall zu Fall verschieden, doch die meisten haben mit Kinderbetreuung und der Karriere ihrer Ehemänner zu tun. Die Demografin Irene Barnes Taeuber heiratete ihren Kollegen Conrad Taeuber und bekam zwei Kinder. Während ihre Kinder jung waren, arbeitete Irene in Teilzeit und folgte Conrad dann in den 1930er-Jahren nach Washington, D.C. Erst später hinterließ sie ihre Fußstapfen in der Demografie durch ein bahnbrechendes Buch über die demografische Geschichte Japans, das im Jahr 1958 veröffentlicht wurde. 1961 wurde sie im Alter von 55 Jahren Forschungsleiterin im Bereich Demografie.

Die Collegeabsolventinnen aus Gruppe Zwei hatten vielfältige serielle Lebensentwürfe, wohingegen ihre Mütter für gewöhnlich nur ein Leben hatten führen können: als Ehefrauen und Mütter. Diese beiden Generationen werden in Mary McCarthys *Die Clique* einander gegenübergestellt. Und wie wir bald feststellen werden, planten die Gruppe-Drei-Töchter der früheren Generationen ganz bewusst ein Leben in Serie: Job, Ehe, ein Leben zu Hause und die Rückkehr an den Arbeitsplatz in ihren mittleren Jahren.

Von den früheren Generationen der Collegeabsolventinnen gelang nur wenigen das Leben in Serie so gut wie Ada Comstock. Comstock machte ihren Abschluss am Smith College im Jahr 1897. Zunächst wurde sie Frauendekanin an der University of Minnesota, dann Dekanin und amtierende Präsidentin am Smith College, und schließlich 1923, im Alter von 47 Jahren, wurde sie die erste Vollzeitpräsidentin am Radcliffe College.

In seiner gesamten Geschichte hatte Radcliffe nie eine eigene Fakultät gehabt. Die Harvard-Professoren lehrten die männlichen Studenten am dortigen Campus und liefen dann hinüber zum Radcliffe Quad, um dieselben Seminare bei den Frauen abzuhalten. Im Jahr 1943, als sich viele Männer im Krieg und nicht auf dem Campus von Harvard befanden, wagte Ada einen mutigen Vorstoß und entwickelte gemeinsam mit der Universitätsverwaltung einen Zusammenschluss verschiedener Seminare von Harvard und Radcliffe. Statt die Professoren nach Radcliffe kommen zu lassen, liefen nun die Radcliffe-Studentinnen hinüber zum Harvard Yard und nahmen gemeinsam mit den Harvard-Studenten an geisteswissenschaftlichen Seminaren teil. Dieser Weg, den die Frauen tagtäglich zurücklegten, brachte sie Schritt für Schritt auf dieselbe Stufe wie die Männer. Aus diesem Grund markiert das Jahr 1943 den Beginn einer Wende hin zu wahrer Koedukation an beiden Institutionen. Und es markiert zwei wichtige Veränderungen im Leben von Ada Comstock.

Noch im selben Jahr zog sie sich aus dem Radcliffe College zurück, wohl wissend, dass sie wesentliche Veränderungen im Leben von Männern wie Frauen eingeläutet hatte, die in den kommenden Jahren Fuß fassen würden. Damit schloss sie dieses Kapitel in ihrem Leben und würde bald ein neues beginnen. Am 14. Juni, eine Woche nach ihren letzten offiziellen Verpflichtungen am College, heiratete sie Wallace Notestein in der Christ Church am Harvard Square. Wallace, der als Sterling-Professor in Englischer Geschichte in Yale lehrte, war ein alter Freund von Ada aus Minnesota. Keiner von ihnen war je verheiratet gewesen. Zu dem Zeitpunkt war sie 67 und er 65.

Anlässlich ihrer Hochzeit gab es am nächsten Tag einen kleinen Beitrag in der *New York Times*, neben jenen zu vielen anderen frisch verheirateten Paaren auf derselben Seite. Die Bräutigame waren überwiegend aktive Soldaten und die Bräute überwiegend frisch gebackene Collegeabsolventinnen. Eine von ihnen hatte ihren Abschluss im Jahr 1942 am Women's College der University of Carolina gemacht, eine weitere besuchte nach wie vor das Smith College, und wieder eine andere hatte ihren Abschluss im Jahr 1940 am Sweet Briar College gemacht. Nur wenige von ihnen hatten das College Ende der 1930er-Jahre absolviert. Ihnen gehörte die Zukunft. Die Bräutigame würden zum Glück nicht mehr lange im aktiven Militärdienst bleiben. Doch die Bräute waren beinahe über Nacht außergewöhnlich jung geworden.

Ada Comstock hatte das Leben einer Karrierefrau aus Gruppe Eins geführt. Doch dann wurde sie in das weite Meer demografischer und wirtschaftlicher Veränderungen der frühen 1940er-Jahre gespült, die genau das Studienende der Frauen aus Gruppe Zwei markierten. Just als ihre Collegeabsolventinnen so jung wie noch nie zuvor in der US-Geschichte heirateten und ihre ersten Kinder bekamen, heiratete auch sie. Ihr Leben in Serie war ein Vorbote einiger der Ziele von Gruppe Vier. Sie machte erst Karriere und heiratete danach.

Ada ruft uns in Erinnerung, dass das Leben lang sein und viele Wege nehmen kann. Sie und Wallace lebten in New Haven, Connecticut, und blieben noch weitere 27 Jahre verheiratet, bis er im Alter von 90 Jahren verstarb. Sie lebte noch bis ins hohe Alter von 97 Jahren.

5 Am Scheideweg mit Betty Friedan

Mitte der 1950er-Jahre wurde die beliebte Sitcom *The Honeymooners* live von einem Set ausgestrahlt, das eher an die Mietwohnungen der 1930er-Jahre erinnerte als die typischen Nachkriegsreihenhäuser. Die Sendung war zwar in den 1950er-Jahren angesiedelt, blickte jedoch in der Zeit zurück. Der Busfahrer Ralph Kramden und seine Frau Alice kommen nur mit Müh und Not über die Runden, genau wie Ralphs bester Freund Norton und seine Frau Trixie. Obwohl sie von Woche zu Woche das nötige Geld zusammenkratzen müssen, sind weder Alice noch Trixie je einer Lohnarbeit nachgegangen. Nicht etwa, weil sie nicht die Möglichkeit hatten: Zu jener Zeit gab es reichlich gut bezahlte Jobs für Frauen. Doch als Alice nach Ralphs Entlassung selbst auf Jobsuche geht, verkündet er: »In der Zeit, in der du meine Frau bist, wirst du niemals arbeiten. Schließlich habe ich meinen Stolz.«[1] Doch wie so oft gewann Alice den Streit und nahm einen Job als Sekretärin an – für eine Woche.

Auch in der 1950er-Jahre-Serie *I Love Lucy*, für die Lucille Ball ihr namensgebendes Double spielte, hat die Protagonistin keinen Job. Der Witz jeder Folge besteht darin, dass sie immer wieder versucht, mehr als die Hausfrau des Bandleaders Ricky Ricardo zu sein (gespielt von ihrem echten Ehemann Desi Arnaz). Doch jedes Mal, wenn Lucy ernsthafte Aussichten auf einen Job hat, erklärt Ricky: »Das kommt nicht infrage.«[2] Auch wenn *The Honeymooners* ein extremeres Bild des diktatorischen Ehemanns liefern, stand keine der beiden Sendungen in ihrer Darstellung von Frauenrollen allein da – und ebenso wenig in ihrer Darstellung einiger Ehepaare.

Andere beliebte TV-Sendungen der 1950er-Jahre stellten Kinder und zufriedene Ehepaare in den Mittelpunkt. In der Serie mit dem bezeichnenden Namen *Vater ist der Beste* dreht sich alles um die Alltagsprobleme der Kinder der Familie Anderson – bestehend aus Hausfrau Margaret, Verkäufer Jim und ihren drei Kindern, von denen zwei im Teenageralter waren, als die Sendung zum ersten Mal ausgestrahlt wurde. *Erwachsen müßte man sein* porträtiert eine perfekte Vorortfamilie bestehend aus Hausfrau June Cleaver, dem Nine-to-Five-Büroangestellten Ward Cleaver und ihren Söhnen Wally und dem »Beaver« genannten Theodore, aus dessen Sicht sich die Handlung abspielt.

Margaret Anderson und June Cleaver verkörpern sinnbildlich die perfekte Hausfrau der Mittfünfzigerjahre: Glücklich, auf ewig zu Hause zu sein, putzt June in Kleidchen und Perlenkette die Küche. Fröhlich, ruhig und einfühlsam hegen sie und Margaret offenbar keinerlei persönliche Ambitionen, außer die Probleme ihrer Kinder zu lösen.

Vor den 1940er-Jahren war es nicht üblich, dass verheiratete Frauen, selbst die kinderlosen, außerhalb ihres Haushalts arbeiteten. Die meisten wurden nach der Geburt ihrer Kinder Hausfrauen, und einige waren es bereits, bevor die Kinder kamen. Doch ab Ende der 1940er-Jahre sind die Frauenrollen einem Wandel unterworfen. *The Honeymooners* blicken aufgrund zunehmender gesellschaftlicher Spannungen in der Gegenwart humorvoll in die Vergangenheit, und *I Love Lucy* porträtiert heiter die damals üblichen Geschlechterrollen, jedoch vor einem Set, das den neuen Wohlstand der 1950er-Jahre widerspiegelt. *Vater ist der Beste* und *Erwachsen müßte man sein* handeln von der neuen, idealisierten Mittelstandsfamilie.

Margaret, June, Alice und Lucy sind allesamt fiktive Charaktere. Doch wie sahen die Lebensumstände echter Frauen aus?

In ihrem zu Recht gefeierten Buch *Der Weiblichkeitswahn* (veröffentlicht 1963, und 1966 in deutscher Übersetzung), das sich millionenfach verkaufte und dafür gerühmt wird, in den USA die »zweite Welle« des Feminismus ausgelöst zu haben, behandelt Betty Friedan diese TV-Mütter nicht wie fiktive Figuren, sondern reale Repräsentantinnen ihrer Generation. Friedan zufolge hatten sich amerikanische Frauen von jeglichen Karriereambitionen, wie sie noch die vorige Generation hegte, abgewandt. Collegeabsolventinnen der 1950er-Jahre wurde eingeschärft, »dass wirklich weibliche Frauen nicht nach einem Beruf, höherer Bildung oder politischen Rechten trachteten«.[3]

Ironischerweise blickte Friedan auf der Suche nach einer besseren Zeit für Frauen in die Vergangenheit. Sie betrachtete die 1950er-Jahre als Rückschritt, eine Abwendung von dem, was gebildete Frauen einmal getan hatten – namentlich aufs College zu gehen und ihren Abschluss zu machen. Doch in den 1950er-Jahren »brachen 60 Prozent der Studentinnen ihr Studium ab, um zu heiraten«, und »zwei von drei Mädchen, die aufs College gingen, verließen es noch vor ihrem Abschluss«. Diese Frauen hatten einst berufliche Ambitionen, genährt durch die bezahlten Jobs, die sie hätten haben sollen, als sie jünger waren. Doch plötzlich wuchs ihr zufolge »eine Generation von Mädchen [...] heran, die niemals einer Tätigkeit außer Haus nachgegangen waren«. Wo sie einst in Scharen eine berufliche Laufbahn eingeschlagen hatten, »[hatten] immer weniger Frauen [...] einen akademischen Beruf«.[4]

Keine dieser Behauptungen entsprach der Wahrheit – noch nicht einmal ansatzweise. Die Vergangenheit war für die meisten Amerikanerinnen keineswegs rosiger oder besser gewesen.[5] In Wahrheit machten in den Fünfzigern mehr Frauen ihren Collegeabschluss als in der Generation zuvor – viel mehr. Während von den Frauen, die um 1920 geboren wurden, lediglich 5,8 Prozent ein vierjähriges Collegestudium abschlossen, waren es unter den um 1940 geborenen Frauen zwölf Prozent.[6] Es machten nicht nur mehr Frauen ihren Collegeabschluss, sondern von den Collegeabsolventinnen schlug zudem ein größerer Anteil einen weiterführenden Bildungsweg ein.

Dementsprechend ist Friedans Behauptung, dass im Gegensatz zur vorigen Gruppe »immer weniger« der Frauen, die in den Fünfzigern das College beendeten, Fachabschlüsse oder akademische Abschlüsse machten, nicht wahr. Im Gegenteil, der Anteil mit einem akademischen Abschluss stieg von rund 30 Prozent bei den Collegestudiengängen Mitte der 1940er-Jahre auf 43 Prozent bei denjenigen, die Mitte der 1960er-Jahre ihr Studium beendeten.[7] Der Anteil aller Frauen, die einen akademischen Abschluss machten, verdreifachte sich.[8]

Die Frauen zu Friedans Zeiten waren hinsichtlich ihrer Rollenbilder und beruflichen Ambitionen also keineswegs rückschrittlich. Im Gegenteil, sie streckten die Fühler weiter aus als vorangehende Generationen. Und ihre Möglichkeiten und Fähigkeiten, mehr denn je zu erreichen, schritten rasant voran.

Friedan beschäftigte sich hauptsächlich mit Frauen, die ihren Abschluss an Elite-Colleges machten. Ihre Kernaussage lautete, dass Frauen, die über außergewöhnliche Fähigkeiten und Entschlossenheit verfügten, ihre Träume für einen »Weiblichkeitswahn« aufgaben. Indem sie lediglich eine ausgewählte Gruppe von Studentinnen vor ihrem ersten Hochschulabschluss betrachtete, konnte Friedan einen Vergleich anstellen, wie sich die Ambitionen der Crème de la Crème mit der Zeit veränderten. Auf den ersten Blick keine schlechte Methode. Doch sie lag schlicht falsch.

Unter den Absolventinnen am Radcliffe College in den 1920er- und 1930er-Jahren beispielsweise machten rund sieben Prozent einen weiterführenden Abschluss nach dem Master. Zum Vergleich: Unter denen, die Anfang der 1950er-Jahre ihr Studium abschlossen, waren es zwölf Prozent, und Ende der 1950er bereits 18 Prozent. In der Ära des »Weiblichkeitswahns« wurde also im Gegensatz zu ihren Vorgängerinnen ein stetig wachsender Anteil der Studentinnen an Elite-Colleges mit einem erstklassigen postgradualen Abschluss ausgezeichnet.[9]

Und was ist mit Friedans Feststellung, dass diese Collegeabsolventinnen ihren Bildungsweg über Bord warfen, kaum dass sie Mr. Right gefunden hatten? Es stimmt, bis in die Mittsiebzigerjahre haben Frauen tatsächlich in größerer Zahl ihr Studium abgebrochen als Männer. Doch die Zahl der Studienabbrecherinnen war nie annähernd so hoch, wie Friedan behauptete – nämlich »zwei von drei«. In Wahrheit war die Abbruchquote der Frauen dieser Generation sogar niedriger als die ihrer Vorgängerinnen.[10]

Friedan beklagte den großen Verlust weiblicher Talente, die sich in Elite-Colleges eingeschrieben hatten. Doch die Daten sprechen eine andere Sprache. Die Auswertung der Zahlen von Studienanfängerinnen und Absolventinnen am Radcliffe College lässt darauf schließen, dass die Abbruchquote von den 1920er-Jahren bis in die frühen 1960er-Jahre abnahm. Als relevante Abbruchquote gilt hier der Anteil der Studentinnen im dritten Studienjahr, die keinen Bachelorabschluss machten –

und als Maßstab derjenigen gelten können, die (angeblich) ihr Studium hinwarfen, nachdem sie Mr. Right getroffen hatten. Während sich die Abbruchquote in der Zwischenkriegszeit auf 15 Prozent einpendelte, waren es in den 1950er-Jahren rund sieben Prozent und ein Jahrzehnt später nur noch drei Prozent.[11] In den 1960er-Jahren gelang es also beinahe allen Radcliffe-Studentinnen, die bis ins dritte Studienjahr kamen, ihren ersten Studienabschluss zu machen.

Und wie ist es um ihre Ambitionen bestellt, nach dem Studienabschluss eine gute Anstellung zu finden? Rund drei Viertel der Frauen, die in den 1950er-Jahren ihren Collegeabschluss machten, gingen sechs Monate später einer Vollzeitbeschäftigung nach. Das galt selbst für diejenigen, die zu dem Zeitpunkt bereits verheiratet waren. Den Collegeabsolventinnen der 1950er-Jahre, selbst den jung verheirateten, mangelte es also keineswegs an Ehrgeiz.

Doch die Familie hatte Vorrang. In diesem Punkt trifft Friedan den Nagel tatsächlich auf den Kopf. Die Mehrheit dieser Frauen heiratete kurz nach ihrem Studienabschluss und bekam binnen kürzester Zeit Kinder. Die meisten hatten zwar direkt nach ihrem Abschluss eine Festanstellung gefunden, kehrten der Arbeitswelt jedoch in großer Mehrheit den Rücken, sobald sie Mütter wurden. Doch ihr Rückzug ins häusliche Leben und ihre Wiederaufnahme der Erwerbstätigkeit, kaum dass ihre Kinder zur Schule gingen, waren wohlgeplant. Die Frauen dieser Generation waren keineswegs auf unbestimmte Zeit an ein Hausfrauendasein gekettet, wie uns die endlosen Wiederholungen von *Vater ist der Beste* und *Erwachsen müßte man sein* glauben lassen.

Das Leben im frühen 20. Jahrhundert gestaltete sich für Frauen mit Collegeabschluss keineswegs rosiger als in den 1950er-Jahren. Grund dafür ist, dass viele Collegeabsolventinnen aus Gruppe Eins und Zwei keine eigene Familie hatten. Wir dürfen nicht vergessen, dass von denjenigen, die in den Jahren nach 1900 ihren Abschluss machten, fast ein Drittel nie heiratete und die Hälfte der gesamten Gruppe nie Kinder bekam. Dass sie in größerer Zahl heirateten und so viele von ihnen Kinder bekamen, zeugt davon, dass sich den Frauen von Gruppe Drei, die in den 1950er-Jahren ihren Abschluss machten, mehr und nicht weniger

Chancen boten als den vorigen Gruppen. Im Gegensatz zu ihnen konnten sie die Wahl treffen, zunächst eine Familie zu gründen und dann einen Beruf auszuüben (vielleicht sogar Karriere zu machen).

Das heißt jedoch noch lange nicht, dass die 1950er-Jahre toll für Frauen waren. Ganz im Gegenteil.

Alice, Trixie und Lucie hatten kein College besucht. Damals genossen Collegeabsolventinnen viel mehr Wahlfreiheit als ihre weniger gebildeten Pendants. Die Erwerbstätigkeit einer verheirateten Frau mochte ein Zeichen dafür gewesen sein, dass ihr Mann aus der Arbeiterklasse träge oder schlecht bezahlt war, doch im Fall des studierten Ehemannes einer Collegeabsolventin lag die Sache anders. Er verdiente für gewöhnlich gut, und sein Stolz wurde weniger dadurch geprägt, ob seine Frau arbeitete, um zum Familieneinkommen beizutragen.

Auch wenn sie hinsichtlich ihrer Berufstätigkeit auf weniger Widerstand stießen, als Ralph ihn Alice entgegenbrachte, und ihre Ehemänner größtenteils wenig gegen ihre Erwerbstätigkeit einzuwenden hatten,[12] hegten die Collegeabsolventinnen der 1950er- und 1960er-Jahre ganz eigene Zweifel, ob sie als Mütter junger Kinder arbeiten sollten. »Der Hauptgrund …, warum ich nicht arbeite, ist, dass ich das Gefühl habe, ich werde zu Hause bei meiner Familie gebraucht«, schrieb eine Frau mehrere Jahre nach ihrem Collegeabschluss im Jahr 1957. Eine andere, die vergeblich versucht hatte, wieder zu arbeiten, kommentierte resigniert: »Ich merke, dass es an meinen Kleinen nicht spurlos vorübergeht, von einer Babysitterin betreut zu werden. Deshalb habe ich das Gefühl, ich bleibe am besten zu Hause …, auch wenn ich die Schule vermissen werde.«[13] Lediglich rund 30 Prozent der Mütter, die 1957 oder 1961 ihren Abschluss machten, gingen in den Jahren zwischen der Geburt ihrer Kinder und deren Einschulung einer Lohnarbeit nach.[14]

Ihre Entscheidung, zu Hause zu bleiben, ist auch darauf zurückzuführen, dass die studierten Mütter keine qualitativ gute und dennoch bezahlbare Kinderbetreuung fanden. Damals – wie heute – blieb Frauen mit kleinen Kindern und einem geringen Gehalt nur wenig von ihrem Einkommen übrig, nachdem sie die Kinderbetreuung und die Einkommenssteuer gezahlt hatten. Eine von ihnen bemerkte: »Wäre es einfacher gewesen, einen passenden Babysitter zu einem vernünftigen Lohn zu finden, dann hätte ich nach meinem zweiten Kind wahrscheinlich wieder angefangen zu arbeiten. Aber wozu arbeiten, wenn mein ganzes Gehalt nur für den Babysitter draufgeht?«[15]

Als diese Frauengruppe jedoch die 40 überschritt, schoss der Anteil der Erwerbstätigen unter ihnen in die Höhe. Sieben von zehn gingen einer Lohnarbeit nach, und die meisten von ihnen in Vollzeit. Tatsächlich hatten fast alle Frauen, die auf den Arbeitsmarkt zurückkehrten, kaum dass ihr jüngstes Kind in die Grundschule trippelte, die Wiederaufnahme ihres Berufs von langer Hand geplant. Ihr Grundstudium und ihre beruflichen Fähigkeiten hatten sie in genau dieser Erwartung erworben.

Mit welchen Hürden Collegeabsolventinnen in den Jahren nach 1940 auch konfrontiert waren, im Gegensatz zu denen, die ihre Vorgängergenerationen hatten überwinden müssen, waren sie klein. Vor den frühen 1940er-Jahren waren die sozialen und rechtlichen Barrieren für erwerbstätige Collegefrauen riesig und in vielerlei Hinsicht größer als die ihrer weniger gebildeten Pendants.

Nehmen wir die öffentliche Schulbildung. Bis in die 1950er-Jahre hatten sich Schulen zum wichtigsten Arbeitgeber für Frauen mit Collegeabschluss entwickelt, insbesondere für Mütter, die selbst Kinder im Schulalter hatten. Wenn eine Lehrerin Feierabend machte, kamen ihre Kinder ebenfalls von der Schule nach Hause. Wenn ihre Kinder im Sommer zu Hause waren oder in den Urlaub fuhren, tat sie es auch. Wenn sie sich eine Auszeit von der Arbeit nahm, möglicherweise wegen der Geburt eines weiteren Kindes, dann konnte sie ohne große Rückschläge in ihre Lehrtätigkeit zurückkehren.

Wie im vorigen Kapitel erläutert, erhielten verheiratete Frauen in vielen Schulbezirken der USA jedoch erst Anfang der 1940er-Jahre Zugang zu Lehrpositionen. Dasselbe galt für Bürojobs. Beschäftigungsverbote aufgrund des Familienstandes waren im Dienstleistungssektor, darunter auch Lehrpositionen, allgegenwärtig. Tatsächlich wurden sie vielerorts sogar von den Schulbehörden eingeführt und erst später von privaten Unternehmen in anderen Branchen übernommen.

Sogar im Jahr 1928, als die amerikanische Wirtschaft noch blühte und niemand ahnte, dass man sich am Rande einer Weltwirtschaftskrise befand, wurden Frauen, kaum dass sie heirateten, in der Hälfte aller Schulbezirke gefeuert. Sechs von zehn stellten verheiratete Frauen gar nicht erst ein. Und nach dem massiven Einbruch der Wirtschaft in den 1930er-Jahren wurden die Aussichten für verheiratete Lehrerinnen noch düsterer.[16]

Immerhin waren Bürounternehmen verheirateten Frauen etwas freundlicher gesinnt als die Schulbehörden. Zumindest vor der Großen Depression. Als es jedoch nach dem Börsencrash mit der Konjunktur bergab ging, entließ ein Drittel von ihnen verheiratete Frauen, und die Hälfte schloss sie von vornherein vom Einstellungsverfahren aus. Mit der sich zuspitzenden wirtschaftlichen Krise verschärften sich somit auch die Ausgrenzungspolitiken privater Unternehmen.

Schwarze Collegeabsolventinnen waren in der Ära vor den 1940er-Jahren weniger von Beschäftigungsverboten an Schulen betroffen als weiße Frauen. Wie bereits im vorigen Kapitel erörtert, ist dieser Umstand möglicherweise darauf zurückzuführen, dass die Südstaaten in Bezug auf den Familienstand ihrer Lehrerinnen weniger strikte Beschäftigungsvorgaben hatten oder aber sie in der Arbeitsrealität seltener umsetzten.

Wie bereits erwähnt, wurde Dorothy Wolff Douglas, ihrerseits selbst Wirtschaftswissenschaftlerin und die Frau des Wirtschaftswissenschaftlers (und späteren US-Senators) Paul Douglas an der University of Chicago, eine Stelle am College aufgrund der dort herrschenden Regularien gegen die Vetternwirtschaft verweigert. Sie ging stattdessen ans Smith College, und Paul kehrte seiner Professur in Chicago den Rücken, um für kurze Zeit am Amherst College zu lehren.[17] An dieser Stelle sei angemerkt, dass Dorothy eine einflussreiche Figur in der Ausbildung von Bettye Goldstein (später Betty Friedan) war. Als Friedan am Smith College studierte, hielt Wolff Douglas dort Wirtschaftsseminare ab und führte Friedan in radikale Wirtschaftslehre und feministisches Denken ein.[18]

In den 1940er-Jahren verbesserten sich schließlich die beruflichen

Möglichkeiten für verheiratete Frauen. Als die Nachfrage nach Kriegsgütern in die Höhe schnellte und zugleich die Verfügbarkeit männlicher Arbeitskräfte durch ihre massenhafte Einziehung in den Wehrdienst abnahm, rückte die zweistellige Arbeitslosigkeit der 1930er-Jahre schnell in die Vergangenheit. Plötzlich wirkten die diskriminierenden Unternehmenspolitiken der Krisenjahre, die vielen damals und sogar davor schon sinnvoll erschienen waren, überholt.

In den 1950er-Jahren waren die Beschäftigungsverbote für verheiratete Frauen schließlich durch zahlreiche Gerichtsurteile weitestgehend aufgehoben worden.[19] Doch sie endeten hauptsächlich, weil die Zeiten sich geändert hatten. Auf dem Papier mochten manche Regularien noch Bestand haben, sie wurden von Schulbehörden und Privatunternehmen jedoch nicht mehr umgesetzt (die meisten Alltagsregeln waren in der Privatwirtschaft ohnehin nicht offiziell festgehalten worden). Ein großes Versicherungsunternehmen gab im Jahr 1956 an: »Früher waren verheiratete Frauen von der Personalabteilung nicht gern gesehen … doch [inzwischen] müssen Versicherungsunternehmen sie einstellen, um den Bedarf nach Arbeitskräften zu decken.«[20]

Der steigende Bedarf nach weiblichen Arbeitskräften während des Zweiten Weltkriegs und in der Nachkriegszeit hatte Auswirkungen auf alle Bildungsgruppen. Für junge Frauen, die nach der Highschool einen höheren Bildungsweg ins Auge fassten, wurde ein Studium vielversprechender. Inzwischen konnte eine Frau mit Collegeabschluss arbeiten, heiraten und sogar Kinder bekommen. Denjenigen, die heirateten, bedeutete ihr Collegeabschluss viel mehr als reine Wanddeko.

Selbst wenn die Studiengebühren wie im Fall von staatlichen Institutionen gering waren, war Bildung nach wie vor ein Luxusgut. Die weiterführende Ausbildung beanspruchte wertvolle Zeit und verlangte oft ein Leben fernab des Heimatorts mit teurer Unterkunft und Verpflegung. Erst als der Studienabschluss Frauen ein breiteres Jobangebot auch nach der Eheschließung versprach, wurde das Studium attraktiver. Demzufolge nahm die Zahl der Studentinnen in den 1940er- und 1950er-Jahren zu, und es setzte ein langsamer, über Jahrzehnte andauernder Prozess ein, die Lücke zwischen der Männer- und Frauenabschlussrate zu schließen. (Die weiblichen Collegeabsolventinnen überholten die Männer zahlenmäßig um 1980, doch das ist eine andere Geschichte.)[21]

In den 1950er-Jahren nahmen die Vorteile eines Collegeabschlusses für Frauen zahlreiche Formen an. Die meisten drehten sich um Berufstätigkeit zu irgendeinem Zeitpunkt. Manche traten als unmittelbare Jobangebote in Erscheinung, doch die meisten Gewinne fielen in der Zukunft an. Ein Collegeabschluss, oft samt Lehrzertifikat, diente als Sicherheit gegen das frühzeitige Ableben des Ehemannes oder den Niedergang der Ehe. Ein Job war zudem etwas, »auf das man zurückgreifen kann«, wie es früher so schön hieß. Schließlich konnte einem Ehemann alles Mögliche zustoßen. Überall drohten willkürliche Schicksalsschläge wie Scheidung, Berufsunfähigkeit und Todesfälle. »Bildung kann für eine Ehefrau als eine Art Versicherung betrachtet werden«, schrieb eine Absolventin der Abschlussklasse von 1957. Eine andere stellte fest, Bildung »ist Sicherheit«.[22]

Die meisten Frauen zu jener Zeit waren an irgendeinem Punkt ihres Lebens jedoch so oder so angestellt, unabhängig davon, ob ihr Partner Schicksalsschläge erlitten hatte oder nicht. Frauen arbeiteten vor und nach der Eheschließung, in den Jahren vor einer Schwangerschaft und kehrten als Mütter in ihren Beruf zurück, sobald ihre Kinder in die Grundschule gingen, manchmal etwas später.

Die Collegeabschlüsse von Frauen waren keine reine Verzierung mehr und ihre Bildung mehr als bloße Möglichkeitsfantasien. Ihr Studium diente auch nicht dem Zweck, sich einen Typen am College zu angeln (auch wenn Collegestudentinnen sich tatsächlich oft Collegetypen angelten). Viele Analysen wollen uns glauben lassen, dass Frauen, die ihren Partner am College trafen und daraufhin ihr Studium abbrachen, um zu heiraten, die wahren Gewinnerinnen waren. Doch weit gefehlt. Sie waren es weder im Sinne des möglichen Bildungsstandes ihres zukünftigen Ehemannes noch im Sinne ihrer eigenen Karriere.[23] Und auch nicht im Sinne ihres eigenen Wohlergehens.[24]

Obwohl die Collegeabsolventinnen der 1950er-Jahre ihre höhere Bildung sehr wohl irgendwann auf dem Arbeitsmarkt einsetzten, war das

College tatsächlich ein guter Weg, einen Mann kennenzulernen. Collegeabsolventinnen heiraten unverhältnismäßig oft Collegeabsolventen, und ein Mann mit Collegeabschluss ist finanziell besser abgesichert als einer, der weniger Jahre Schulbildung vorweisen kann. Zudem schnellte die Zahl der männlichen Studenten am College in der Nachkriegszeit und nach dem Koreakrieg durch die sogenannten GI Bills, eine Wiedereinstiegshilfe ins Berufsleben, die auch Universitätszugänge beinhaltete, in die Höhe. Während in den Jahren, bevor der Kriegsdienst im Zweiten Weltkrieg den Campus leerte, auf eine Frau 1,3 Männer kamen, waren es nach dem Krieg, als die GIs zurückkehrten und viele die GI Bills nutzten, 2,3 Männer auf eine Frau.[25] Collegeabsolventinnen hatten schon immer höhere Chancen, Männer mit Collegeabschluss zu heiraten, doch für diejenigen, die ihren Abschluss zwischen den 1950er- und den 1970er-Jahren machten, standen sie besonders hoch.

Im Vergleich zu einer Frau mit Highschool-Abschluss hatten Collegeabsolventinnen von Mitte der 1950er-Jahre bis in die frühen 1970er-Jahre 60 Prozentpunkte Vorsprung bezüglich der Heirat eines Mannes mit Collegeabschluss. Im Vergleich zu Highschool-Absolventinnen, die lediglich eine zehnprozentige Chance hatten, einen Mann mit Collegeabschluss zu heiraten, betrug die Chance bei Collegeabsolventinnen 70 Prozent.

Im Lauf der Zeit nahm der Anteil der verheirateten Frauen mit Collegeabschluss, die einen Ehemann mit Collegeabschluss hatten, stetig zu. Bei der Gruppe, die Ende der 1950er-Jahre ihren Abschluss machte, waren es 75 Prozent, wohingegen lediglich die Hälfte der Absolventinnen, die Anfang der 1930er-Jahre ihr Studium abgeschlossen hatten, einen studierten Mann heiratete. Diese Zahl blieb von den späten 1950er- bis in die frühen 1970er-Jahre unverändert hoch, um dann wieder auf 65 Prozent zu fallen (ihr Anteil am Ende des Zweiten Weltkriegs).

Die in *Der Weiblichkeitswahn* dargestellten Frauen hatten mehr Handlungsspielraum als die Collegeabsolventinnen früherer Gruppen und viel mehr, als Friedan ihnen zugesteht. Collegeabsolventinnen planten eigenständig ihr Leben. Die Barrieren, die man ihnen in den

Weg gelegt hatte, bröckelten allerorts. Endlich konnten verheiratete Frauen verschiedene Fähigkeiten in verschiedenen Berufen zum Ausdruck bringen. Doch viele Einschränkungen blieben bestehen. In der Gesellschaft galt es nach wie vor als Schande, wenn eine Frau mit kleinen Kindern berufstätig war.

Gezeiten des Wandels

Als Amerikaner aller Altersklassen sich langsam an die blühende Wirtschaftskonjunktur der Nachkriegszeit gewöhnten, kam es zu einer ganzen Reihe demografischer Entwicklungen, die das Angesicht der amerikanischen Gesellschaft für Jahrzehnte verändern sollten. Es war ein so grundlegender Wandel, dass die zugrunde liegenden Prozesse die Wirtschaft und Gesellschaft der USA bis heute prägen. Der Babyboom hatte große Auswirkungen auf das Leben von Frauen, auch das von denen mit Collegeabschluss. Obwohl viele Erklärungsversuche angestrengt wurden, wissen wir nach wie vor nicht genau, warum das Heiratsalter in diesen Jahren so drastisch sank, warum die Geburtenrate explodierte und diese Veränderungen so lange anhielten.

In der Nachkriegszeit kam es zu einem demografischen Wandel, wie ihn die USA noch nie erlebt hatten. Er führte zu einer veränderten Normalität hinsichtlich Heiratsalter und Familiengröße. Ein halbes Jahrhundert später romantisieren wir die Nachkriegsjahre als eine glanzvolle Zeit. Doch betrachtet man jedwede zeitliche Übersicht zu Geburten und Eheschließungen, dann wird offensichtlich, welch eine ungewöhnliche Phase die 1950er- und 1960-Jahre waren. Entgegen aller Behauptungen war der Lebensstandard in diesen beiden Jahrzehnten bedeutend niedriger als später in der US-Geschichte. Da diese Ära jedoch auf eine lange Wirtschaftskrise und einen Weltkrieg folgte, fühlte sie sich für diejenigen, die in ihr lebten, wie eine frische Brise an.

Die erste wichtige demografische Veränderung im Nachkriegsamerika war das Absinken des Heiratsalters. Zu Zeiten der Weltwirtschaftskrise, als eine hohe Arbeitslosigkeit von teilweise mehr als 20 Prozent herrschte, wurden Eheschließungen aufgeschoben. Konjunktureinbrüche führen generell zu einem höheren Heiratsalter und allgemein weniger Eheschließungen.[26] Obwohl der wirtschaftliche Abschwung der 1930er-Jahre beinahe ein ganzes Jahrzehnt anhielt, war der demografische Wandel während der Weltwirtschaftskrise nicht so verheerend, dass die Nachkriegszeit Amerika nicht zurück in ein »altes Normal« hätte holen können.

Das gesunkene Heiratsalter zu Beginn der 1940er-Jahre machte den Einschnitt in den 1930er-Jahren mehr als wett. In den USA war der demografische Wandel viel tiefgreifender als in anderen Nachkriegsnationen. Während nach dem Krieg auch die Bürger der meisten anderen Nationen heirateten, um verlorene Zeit wettzumachen, heirateten die Amerikaner jünger, und zwar nicht nur nach Kriegsende, sondern auch noch in den gesamten beiden Jahrzehnten, die folgten.[27]

Die Amerikaner wurden ehe- und familienverrückt. Selbst einige Frauen höheren Alters, die Anfang des Jahrhunderts ihren Collegeabschluss gemacht hatten, wurden vom allgemeinen Heiratstaumel, der beim Eintritt der USA in den Zweiten Weltkrieg einsetzte, mitgerissen. Ein gutes Beispiel ist Ada Comstock, die auf eine außerordentlich erfolgreiche Laufbahn in der Universitätsverwaltung zurückblickte und dann im Jahr 1943 zum ersten Mal heiratete – mit 67 Jahren. Mildred McAfee, die siebte Präsidentin des Wellesley Colleges und die erste Direktorin der WAVES, der Frauenreserve der US-Seestreitkräfte im Zweiten Weltkrieg, folgte dem Trend. McAfee integrierte die WAVES im Alleingang in die US-Marine und heiratete, als der Prozess abgeschlossen war, mit 45 Jahren den Dekan der Divinity School an der Universität Harvard.

Die zweite große Veränderung der Nachkriegszeit waren die plötzlich ungewöhnlich jungen Mütter. Amerikanische Paare bekamen nicht nur früher Kinder, sie bekamen auch mehr. Das Ergebnis war der allseits bekannte Babyboom, der direkt nach dem Zweiten Weltkrieg einsetzte. Grundsätzlich mag das nicht weiter überraschen: Kriege führen zu verzögerten Geburten, da die Männer im Kriegsdienst sind. Doch genau wie das gesunkene Heiratsalter nicht einfach nur das Ende der

Weltwirtschaftskrise markierte, war die gestiegene Geburtenrate mehr als lediglich eine Folge des Kriegsendes.

Die Ära des Babybooms begann in den USA im Jahr 1946 und hielt bis 1964 an. Ihr ging ein Miniboom im Jahr 1942 voraus, als die Bestimmungen zum Wehrdiensteinzug für kurze Zeit Vätern kleiner Kinder einen Aufschub gewährten. Was für unsere Analyse wichtiger ist: Der Babyboom betraf alle Gesellschaftsgruppen und sorgte dafür, dass sich die Eheschließungs- und Geburtenraten der Gebildeten den Menschen ohne Studienabschluss annäherten.

Die jungen Hochzeitspaare der 1950er-Jahre brachten junge Mütter hervor. Fast 60 Prozent aller Frauen mit Collegeabschluss bekamen ihr erstes Kind, bevor sie 30 wurden.[28] Aus einer Befragung, die das Women's Bureau im Jahr 1957 unter Collegeabsolventinnen durchführte, ergibt sich ein ähnliches Bild. Laut dieser Befragung brachten 64 Prozent der Frauen in den ersten sieben Jahren nach ihrem Abschluss ein Kind zur Welt. Lediglich 17 Prozent der Frauen, die in den 1950er-Jahren ihr Studium abschlossen, blieben kinderlos.

Collegeabsolventinnen hatten traditionellerweise später geheiratet als Frauen mit Highschool-Abschluss oder Studienabbrecherinnen, und ein geringerer Teil von ihnen heiratete überhaupt. Frauen, die beispielsweise Anfang des 20. Jahrhunderts das College abgeschlossen hatten, heirateten später als solche ohne Studienabschluss, und volle 30 Prozent von ihnen blieben ein Leben lang ledig.[29] Doch selbst jene, die heirateten, waren bei der Eheschließung älter und wurden später Mütter als die Frauen der Nachkriegszeit.

In der Collegeabsolventinnengruppe der 1950er-Jahre betrug der Anteil lediger Frauen gerade einmal acht Prozent. Diejenigen, die sich für die Ehe entschieden, taten das in jungen Jahren. Beinahe drei Viertel von ihnen waren bei ihrer Hochzeit jünger als 30 Jahre. Ihr Durchschnittsalter betrug 23 Jahre, was bedeutet, dass die Hälfte dieser Frauen bereits im Jahr nach ihrem Abschluss heiratete. Datenerhebungen aus Befragungen von Graduiertengängen im Jahr 1957 zeigen, dass beinahe 40 Prozent der Absolventinnen in den ersten sechs Monaten nach ihrem Abschluss ihr Ehegelübde ablegten.

Die Collegeabsolventinnen der 1950er-Jahre, die oft wenige Monate nachdem sie ihr Diplom in den Händen hielten, den Bund fürs Leben schlossen, müssen ihre zukünftigen Ehemänner in ihrer Collegezeit getroffen, gedatet und sich mit ihnen verlobt haben. Viele Beobachter, darunter auch Friedan, fragten kritisch, ob das College für diese Frauen, die so kurz nach ihrem Abschluss heirateten, überhaupt ein ernsthaftes Unterfangen gewesen sei. Dass die Abbruchquote in Friedans Buch stark übertrieben ist, haben wir bereits gesehen. Die Hingabe, mit der diese Frauen ihre berufliche Zukunft geplant hatten, wurde dementsprechend untertrieben.

Das am College erlernte akademische Wissen wird oft aus dem Studienfach der Studierenden abgeleitet. Der jeweilige Studiengang verrät für gewöhnlich, auf welchen Beruf oder welche berufliche Laufbahn sich die Studierenden vorbereiten.[30] In den 1950er-Jahren machten vier von zehn Collegeabsolventinnen ihren Abschluss in Bildungswissenschaften (darunter fallen auch Bildungsprogramme und Schulbildung). Weitere beliebte Studiengänge waren Krankenpflege, Kindesentwicklung, Ernährungswissenschaften, Bibliothekswesen und soziale Arbeit. Alles in allem machten rund die Hälfte aller Collegeabsolventinnen der 1950er-Jahre ihren Abschluss in einem Fach oder einem Bereich, der unmittelbar zu einer Erwerbstätigkeit führte.

Der tatsächliche Anteil der Frauen, die sich in ihrem Studium konkret auf eine spätere Beschäftigung vorbereiteten, war ungleich höher, da selbst diejenigen, die nicht Bildungswissenschaften studierten, oft Seminare darin belegten und ihr Studium ebenfalls mit einem Lehrzertifikat abschlossen. Der Befragung von 1957 zufolge verließen mehr als sechs von zehn Absolventinnen in diesem Jahr das College mit einem Lehrzertifikat, auch wenn lediglich 33 Prozent von ihnen Bildungswissenschaften als Bachelorstudiengang belegt hatten.[31]

Übersetzt bedeutet das, dass sich die Hälfte aller Studentinnen der 1950er-Jahre im College darauf vorbereitete, direkt nach dem Studium risikoarme Berufe aufzunehmen, für die eine hohe Nachfrage bestand und deren Arbeitsaufwand und -zeit mit der Arbeit im Haushalt und Kinderbetreuung vereinbar war. Unterrichten, Krankenpflege, soziale

Arbeit und andere Beschäftigungsfelder, die bis heute viele Studentinnen anziehen, münden nach wie vor in typisch weiblichen Berufen mit wenig Aufstiegsmöglichkeiten und, im Vergleich zu anderen Berufen, die einen Studienabschluss voraussetzen, geringem Gehalt. Dennoch hatten sie andere Qualitäten, die sie zu sehr begehrten Berufen machten.

Frauen entschieden sich für diese Art von Studiengängen mit der Absicht, später einmal einer bezahlten Tätigkeit nachzugehen. Zu vielen dieser Arbeitsplätze hätten verheiratete Frauen vor den 1940er-Jahren gar keinen Zugang gehabt. In der Nachkriegszeit konnten Lehrerinnen hingegen auch nach der Eheschließung ungehindert ihren Job ausüben. Die steigende Geburtenrate führte auch zu einer höheren Nachfrage nach Lehrerinnen. Und die steigenden Bevölkerungszahlen versprachen, diese auch irgendwann durch mehr Lehrerinnen zu decken, die allesamt eine Familie mit guten Beschäftigungsmöglichkeiten vereinbaren wollten.

Warum sollten mehr als die Hälfte aller Collegeabsolventinnen ihren Abschluss in Studiengängen machen, die direkt in ein Beschäftigungsverhältnis führten, wenn sie nicht vorhatten, an irgendeinem Punkt in ihrem Leben einer Lohnarbeit nachzugehen? Warum sollten sich mehr als 60 Prozent von ihnen um eine Lehrbefugnis bemühen, wenn sie nie die nicht ganz triviale Möglichkeit ins Auge fassten, einmal diesen Beruf aufzunehmen? Schließlich versprachen andere Studiengänge – etwa Literaturwissenschaften, Kunstgeschichte, fremde Sprachen und Musik – weitaus mehr Spaß. Und dennoch entschieden sich die meisten Studentinnen der 1950er-Jahre für Studiengänge, die in Tätigkeitsfelder mündeten, die sich gut mit einer Familie vereinbaren ließen. »Lehrerin ist ein idealer Beruf für eine Frau, die auch eine Familie gründen möchte. Ich konnte für 13 Jahre aus meinem Beruf aussteigen und ihn ohne Probleme wieder aufnehmen«, gab eine Frau aus Gruppe Drei mit einem weiterführenden Abschluss an.[32]

Die Collegeabsolventinnen der 1950er-Jahre jagten für gewöhnlich nicht kühnen Karriereträumen nach, doch sie bereiteten sich sehr wohl auf eine Arbeitstätigkeit in welcher Form auch immer vor. Und die meisten waren auch in irgendeinem Abschnitt ihres Lebens auf dem Arbeitsmarkt tätig. Die Collegeabsolventinnen der 1950er-Jahre sahen in ihrer Lebensplanung zunächst eine Familie und dann eine Berufstätigkeit vor. Und im Großen und Ganzen gelang es den meisten auch.

Ein Schlachtplan

Mit einer Sache hatte Friedan recht: Vom Ende des Zweiten Weltkriegs bis in die Mitte der 1960er-Jahre zelebrierte Amerika die häusliche Sphäre mit der Ehefrau im Zentrum. Wahr ist auch, dass mit einer ganzen Reihe an arbeitssparenden Geräten, die von den 1920er- bis in die 1950er-Jahre in die Haushalte eingeführt wurden, nur noch ein Bruchteil des einstigen Zeitaufwands nötig war, um das Zuhause blitzblank zu halten. Produktentwickler hatten durchaus Anreize geschaffen, um Hausfrauen von ihren Produkten zu überzeugen. Pledge, eine Möbelpolitur, forderte Frauen auf, den Esszimmertisch so zum Glänzen zu bringen, dass sie auf der Tischplatte ihr Spiegelbild sehen könnten. Die Hersteller von Küchen- und Badputzmitteln ermunterten sie, Oberflächen und sogar Klobrillen so reinlich zu säubern, als wären es Teller. Doch mit ihrer Schlussfolgerung, dass diese neue Zeit einen Rückschritt im einstigen Aufwärtstrend beruflicher Ambitionen von Collegeabsolventinnen markierte, lag Friedan falsch.

Der Weiblichkeitswahn wurde millionenfach gelesen. Es galt als Handbuch der Revolution. Doch warum sind so viele von Friedans Behauptungen fehlerhaft? Eine Ursache besteht darin, dass sie die beruflichen Leistungen von Frauen in den 1950er-Jahren mit denen einer Untergruppe älterer Frauen mit Collegeabschluss verglich, die nie geheiratet und keine Kinder bekommen hatten.

Indem sie durch diese Brille in die Vergangenheit zurückblickte, bezog sie nicht alle Collegeabsolventinnen der vorigen Generation in ihre Analyse mit ein, und der Blick auf ihre Errungenschaften blieb ihr verstellt. Die meisten Frauen der vorigen Generation, die einen Berufsweg eingeschlagen hatten, heirateten nicht und bekamen keine

Kinder, wohingegen diejenigen, die beides taten, nie einen Beruf ausüben konnten. Die Collegeabsolventinnen der 1950er-Jahre hatten hingegen erstmals die Chance, beides zu schaffen – wenn auch in serieller Abfolge im Laufe ihres Lebens.

Demzufolge hatten studierte Frauen der Nachkriegszeit wesentlich mehr Möglichkeiten als ihre Vorgängerinnen. Die Gruppe, die Anfang des 20. Jahrhunderts ihr Studium abschloss, wies die niedrigste Eheschließungs- und Geburtenrate überhaupt auf. Und das konnten sie auch nicht durch eindrucksvolle berufliche Leistungen wettmachen. Da sie oft vor der schweren Entscheidung zwischen einer beruflichen Laufbahn und einer Familie standen, gelang vielen von ihnen am Ende keiner der beiden Lebenswege. Durch ihren Blick in die Vergangenheit vermochte Friedan die beruflichen Ambitionen der Collegeabsolventinnen in der Nachkriegszeit nicht zu erkennen. Ihr Buch erschien zu früh, um ihre Errungenschaften aufzuzeichnen und die Früchte ihres Schlachtplans (erst Familie, dann Karriere) zu sehen.

Am Ende ihres Erwerbslebens hatten sie größere berufliche Erfolge vorzuweisen als die Frauen, die ihren Collegeabschluss zu Beginn des 20. Jahrhunderts machten, und es war ihnen zudem besser gelungen, einen Beruf mit einer Familie zu vereinbaren.[33] Ihr Leben teilte sich in mehrere Stadien. Friedan erfasste sie in ihrer Phase des zurückgezogenen häuslichen Lebens und brachte den Frust und die Klagen vieler zu Papier. Doch die Mitglieder dieser Gruppe blieben nicht in dieser Phase stecken. Im Gegenteil, die meisten hatten ihre Flucht lange geplant, bevor Friedans Buch erschien.[34]

Von ihren tatsächlichen Ambitionen und Errungenschaften wissen wir aus Befragungen, die in den 1950er- und 1960er-Jahren durchgeführt wurden. Es handelt sich um große und umfassende Erhebungen, die repräsentativ für alle Collegeabsolventinnen jener Zeit sind. Die Frauen (und in einigen von ihnen auch die Männer) wurden von den Forschenden ausgewählt, um einen landesweiten Querschnitt zu erstellen, und jeder Datensatz ist statistisch so aufgebaut, dass es ihnen auch gelingt. Dabei handelt es sich keineswegs um kleine Befragungen an einem oder ein paar wenigen Colleges. Vielmehr sollten sie die

Bandbreite aller Institutionen in den USA wiedergeben, die Bachelorabschlüsse anbieten. Dabei stechen zwei umfassende Befragungen besonders hervor. Eine deckt die Studentinnen des Abschlussjahrgangs im Jahr 1957 ab, die andere sowohl Männer als auch Frauen des Abschlussjahrgangs von 1961.

Der Abschlussjahrgang von 1957

Im Januar 1958 befragte das Women's Bureau des US-Arbeitsministeriums stichprobenartig Frauen, die im Juni 1957 ihren Bachelorabschluss gemacht hatten.[35] Sieben Jahre später wurde eine Folgebefragung durchgeführt, aus der Sorge heraus, dass einige Frauen mit Collegeabschluss, die sich aufgrund ihrer Mutterschaft aus dem Arbeitsmarkt zurückgezogen hatten, Schwierigkeiten haben könnten, wieder hineinzufinden, und womöglich zusätzliche Fortbildungen benötigten.

Aus der Eingangsbefragung des Abschlussjahrgangs von 1957, die sechs Monate nach der Graduierung durchgeführt wurde, wurden vollständige Antwortbögen von 6000 Absolventinnen gewonnen.[36] Vor dem Hintergrund, dass im Juni 1957 insgesamt 88 000 Frauen ihren Bachelorabschluss machten, deckten die Befragungen volle sieben Prozent des gesamten US-Abschlussjahrgangs ab. Es handelt sich um eine für die damalige Zeit gewaltige Studie und ein eindrucksvolles und wichtiges Unterfangen durch das Women's Bureau.

Jede der befragten Frauen hatte eine von 153 (gemischtgeschlechtlichen oder nach Geschlechtern getrennten) Universitäten oder Colleges besucht. Die Befragungsgruppe war über alle Bundesstaaten verteilt, und die Auswahl nach Art und Größe der Institutionen bildete einen guten Querschnitt. Daher können aus dieser Befragung allgemeine Erkenntnisse über alle Collegeabsolventinnen jener Zeit gewonnen werden. An der Folgestudie im Jahr 1964 nahmen rund 5000 Befragte teil.

Aus beiden Befragungen des 1957er-Jahrgangs geht klar hervor, dass die Studentinnen planten, ihre Ausbildung nach ihrem Abschluss weiterzuverfolgen. Sie waren auf Jobsuche, und einige träumten sogar von einer Karriere. Zweifellos hatte die Familie bei ihnen Vorrang. Doch das bedeutet noch lange nicht, dass sie für immer ans Haus gekettet waren.

Obwohl die Frauen in so jungen Jahren heirateten, waren viele von ihnen vor der Eheschließung angestellt gewesen und blieben es auch danach noch für einige Zeit. Sechs Monate nach ihrem Abschluss im Juni 1957 waren 40 Prozent von ihnen verheiratet, und eine von vier hatte bereits Kinder. Ganze 82 Prozent der Gruppe fanden jedoch direkt nach dem Studium eine Anstellung, und fast alle von ihnen arbeiteten in Vollzeit (einige von ihnen gingen zusätzlich noch zur Abendschule). Sechs von zehn der Angestellten arbeiteten als Lehrerinnen, und nur sieben Prozent der gesamten Gruppe, darunter überproportional viele mit kleinen Kindern, wollten nicht arbeiten.[37]

Wie in aller Welt kam Friedan vor diesem Hintergrund auf die Idee, dass die Collegeabsolventinnen der 1950er-Jahre die puritanische Arbeitsmoral eingebüßt hatten? Ein Teil ihrer Überlegungen wird möglicherweise in der Tatsache gespiegelt, dass, auch wenn die Absolventinnen von 1957 zum Großteil erwerbstätig waren, lediglich 18 Prozent von ihnen angaben, »Karriere machen zu wollen«. Die meisten erklärten, sie würden ihren Job aufgeben, wenn sie heirateten oder Kinder bekämen. Und genau das taten sie auch. Doch die Mehrheit von ihnen war zuversichtlich, dass sie irgendwann an ihren Arbeitsplatz zurückkehren würden[38] – und sie kehrten auch zurück. Diese Frauen hatten keineswegs vor, ein Leben wie Margaret Anderson und June Cleaver zu führen.

Aber wie sah es sieben Jahre später aus, als die meisten von ihnen verheiratet und viele von ihnen Mütter kleiner Kinder waren? Hatten sie an ihren Plänen festgehalten? Größtenteils ja. Sieben Jahre nach ihrem Abschluss waren 85 Prozent der Absolventinnen verheiratet, und 78 Prozent hatten Kinder, die noch nicht zur Schule gingen. Zu einer Zeit, in der Kinderbetreuung schwer zu bekommen war und alle sozialen Normen gegen erwerbstätige Mütter von kleinen Kindern sprachen, waren dennoch 26 Prozent von ihnen berufstätig.

Man kann es nicht genug betonen: Diesen Frauen mangelte es nicht an Ehrgeiz. Rund die Hälfte aller Collegeabsolventinnen hatte eine Anstellung, und fast ein Fünftel von ihnen machte zudem ein weiterfüh-

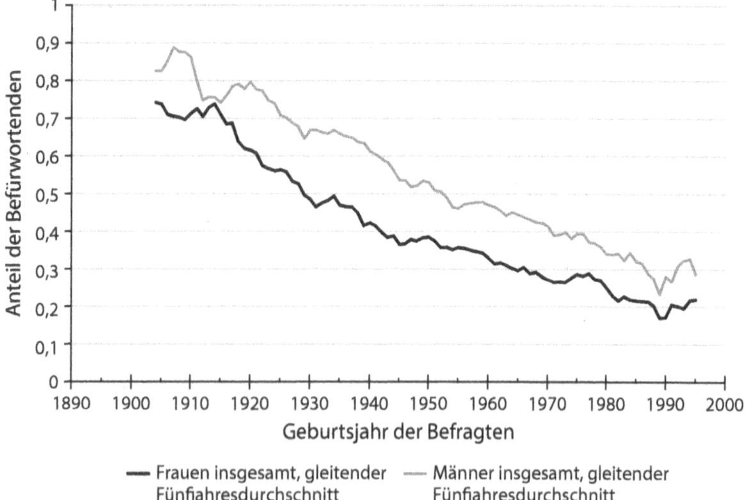

Abb. 5.1: Anteil an Männern und Frauen (aller Bildungsniveaus), die der Aussage zustimmen, »Ein Kind, das noch nicht zur Schule geht, leidet, wenn seine Mutter arbeitet«.

Quelle: General Social Survey (GSS) Mikrodaten von 1977 bis 2016 (siehe Abbildungs- und Tabellenanhang)

rendes Studium. Dennoch vermieden sie es, sich als Karrierefrauen zu bezeichnen. »Ich bin Hausfrau und Mutter, und nicht der Vollblutkarrieretyp. Aber Unterrichten macht mir Spaß.«[39]

Das bedeutet jedoch nicht, dass sie den ganzen Tag über zu Hause herumsitzen wollten. Auch wenn die meisten erklärten, dass sie arbeiteten, um zum Familieneinkommen beizusteuern, gaben 13 Prozent an, dass sie mit ihrer derzeitigen Arbeitsstelle »eine Karriere verfolgten«, und ein weiteres Viertel von ihnen erwähnte, dass sie zu einem späteren Zeitpunkt Karriere machen wollten. Auffällig ist, dass sich 1964 mehr als 80 Prozent zum Ziel gesetzt hatten, auf lange Sicht berufstätig zu sein (einschließlich derer, die zu dem Zeitpunkt eine Anstellung hatten).

Die größten Stolpersteine wurden Frauen durch die sozialen Normen ihrer Zeit in den Weg gelegt, die Müttern von kleinen Kindern vorschrieben, sie müssten zu Hause bleiben, da ihre Kinder »leiden« würden, wenn sie arbeiten gingen. Seit 1977 führte die General Social Survey bei einem Querschnitt der amerikanischen Bevölkerung Befragungen durch, ob sie glaubten, dass »ein Kind, das noch nicht zur Schule geht, leidet, wenn seine Mutter arbeitet«. Wie in Abbildung 5.1 zu sehen ist, nimmt mit späterem Geburtsjahr auch der Anteil der Frauen und Männer ab, die dieser Aussage zustimmen. Von den Geburtsjahrgängen zu Beginn des 20. Jahrhunderts stimmten rund 80 Prozent der Männer und 70 Prozent der Frauen zu. Bei denjenigen hingegen, die am Ende des Jahrhunderts geboren wurden, waren es nur noch 20 Prozent der Frauen und 30 Prozent der Männer.[40] Da diese Menschen wiederholt in verschiedenen Lebensphasen befragt wurden, verschmelzen in diesen Daten die sozialen Normen, mit denen sie aufgewachsen sind, mit denen, die sie im Alter angenommen haben. Auch wenn sich hier Veränderungen ablesen lassen, ist der mit Abstand wichtigste Faktor hinsichtlich des jeweiligen Standpunkts gegenüber der Aussage das individuelle Geburtsjahr.

Und was ist mit den Einschränkungen, die Frauen von ihren Ehemännern auferlegt wurden? Die diktatorischen, wenn auch humorvoll dargestellten Ehemänner von Alice und Lucy (Ralph und Ricky) lehnten es rigoros ab, dass ihre Frauen, obwohl kinderlos, einer Erwerbstätigkeit nachgingen. Doch Alice und Lucy hatten auch kein College besucht. Im Jahr 1964 erging es Frauen mit Collegeabschluss deutlich besser: 83 Prozent ihrer Ehemänner hatten weder etwas gegen ihre derzeitige Berufstätigkeit einzuwenden, noch stellten sie sich zukünftigen Karriereplänen in den Weg. Sogar bei Familien mit kleinen Kindern waren lediglich 21 Prozent der Ehemänner dagegen, dass ihre Frauen außer Haus arbeiten gingen.[41]

Die Männer mit ablehnender Haltung waren vor allem die, deren Frauen derzeit keine Anstellung hatten oder keine Arbeit suchten. Es könnte sein, dass der Widerstand ihrer Ehemänner in dem Fall nicht der entscheidende Faktor war, schließlich gesellen Gleich und Gleich sich gern. Vielleicht fanden bei diesen Paaren beide Partner, dass eine Frau ins Haus gehört. Doch, wie eine Frau bemerkte, »hält [mein

Mann] meine Rolle als Mutter und Ehefrau für einen Vollzeitjob, und damit Schluss«.[42]

Ungeachtet aller individuellen Vorlieben und gesellschaftlichen Sitten verfolgten die Collegeabsolventinnen von 1957 einen Schlachtplan. Ihre Entscheidung, zu Hause zu bleiben, bedeutete weder, dass ihr Hausfrauendasein erfüllend für sie war, noch, dass sie bei ihrer Rückkehr an den Arbeitsplatz gleiche Wettbewerbsbedingungen erwarteten. Sowohl in der Befragung des Women's Bureau von 1957 als auch in der Folgebefragung von 1964 wurden die Frauen gebeten, »beliebige Kommentare« hinzuzufügen. Auf diese Weise wurde ihnen die Möglichkeit gegeben, potenziellen Klagen Luft zu machen. Ihr Tonfall verändert sich mit der Zeit, und im Jahr 1964 brachten viele die vielfältigen Proteste zum Ausdruck, die Friedan aufgegriffen und befeuert hatte.

Sechs Monate nach ihrem Studienabschluss klangen die Collegeabsolventinnen von 1957 noch zufrieden und fröhlich. Im Großen und Ganzen verbuchten sie ihr Studium als positive Erfahrung. Sie standen ganz am Anfang ihres Lebenswegs, waren frisch verheiratet oder planten, es bald zu sein, und wünschten sich Kinder. »Ich werde im Juni heiraten«, schrieb eine von ihnen. »Und ich glaube, ich bin besser darauf vorbereitet als jemand ohne Collegeabschluss.« Eine andere gab an: »Ich strebe eine Karriere in sozialer Arbeit an. Sollte ich heiraten, dann möchte ich in meinen Beruf zurückkehren, wenn meine Kinder in der Grundschule sind.«[43]

Die Mehrheit der Absolventinnen arbeitete in ihrer ersten Anstellung, auf die sie sich mit ihrem Studium vorbereitet hatten. Viele priesen ihre geisteswissenschaftliche Ausbildung als einmalige Erfahrung in der Persönlichkeitsbildung. »Ein guter Job, der etwas mit deinem Hauptfach im Studium zu tun hat, ist wichtig, aber noch wichtiger ist die persönliche Zufriedenheit, die man durch einen geisteswissenschaftlichen Hintergrund erlangt.« Einige vertraten auch die Meinung, dass eine breite Bildungsgrundlage sie zu einer besseren Ehefrau und Mutter machte: »Das Macalester College … bereitet eine Frau auf einen Beruf vor, bietet jedoch auch politische, kulturelle und religiöse Seminare an, die sie zu einer rundum informierten und gesellschaftlich aktiven Ehefrau machen.« Andere wiederum hatten den genau gegenteiligen Eindruck: »Meine Ausbildung am College war von unschätzbarem Wert für mich, um das Leben mehr schätzen zu lernen, und nützlich, um eine Anstellung zu finden, aber so gut wie nutzlos für meine Pflichten als Hausfrau.«

Während die meisten in nostalgischen Erinnerungen über ihre Collegezeit schwelgten, kritisierten einige, dass ihr Studium sie nicht ausreichend auf das Berufsleben vorbereitet hätte und ihnen allgemein nicht genügend Kenntnisse der freien Wirtschaft und hinsichtlich einer zukünftigen Karriere vermittelt hätte. Eine überraschend große Zahl tadelte ihre Colleges dafür, dass man keinerlei Kurse belegen musste, die Fähigkeiten für einen Bürojob vermittelten. »In Theaterwissenschaften sollte es Voraussetzung sein, mit der Schreibmaschine schreiben zu können, und wir sollten dazu ermuntert werden, Stenografie zu lernen, um … am Theater tätig zu sein.« Diejenigen, die auf Lehramt studiert hatten, beklagten sich oft über den Mangel an »praktischer Erfahrung im Klassenraum, anstatt sich endlose Vorlesungen anzuhören«. (Übrigens eine sehr häufige Beschwerde quer durch alle Altersgruppen.)

Im Jahr 1964, sieben Jahre nach ihrem Abschluss, fallen ihre Antworten vielfältiger aus. Rund ein Drittel schrieben zusätzliche Kommentare in eine offene Sparte des Bogens. Die Befragten und ihre Kommentare lassen sich klar in zwei Gruppen einteilen. Die große Mehrheit von ihnen war zum Zeitpunkt der Befragung entweder gerade berufstätig oder plante die baldige Rückkehr in den Job. Die anderen waren die Junes und Margarets, die sich einem Leben als ewige Hausfrau verschrieben hatten.

Eine Repräsentantin der Mehrheitsgruppe erklärte: »Wie die meisten Frauen, die ich kenne, haben mir Studium und Arbeit viel Spaß gemacht, und ich bin derzeit nur zu Hause, weil meine Kinder mich brauchen. Aber wenn mein Jüngstes in der Schule ist, will ich wieder anfangen zu arbeiten … und die letzten 25 Jahre vor der Rente einem Beruf nachgehen, der mich zufriedenstellt (wahrscheinlich als Lehrerin).« Rund drei Viertel der Gruppe schienen zufrieden mit ihrem Leben. Das weniger zufriedene Viertel klagte über Diskriminierung bei der Arbeit, schlechte Bezahlung und am allermeisten über die Probleme, die sich ihnen hinsichtlich der Vereinbarkeit von Beruf und Familie in einer Welt teurer und oft nicht verfügbarer Kinderbetreuung stellten. Eine von ihnen kommentierte: »Meine Arbeitserfahrung mit geistig verwirrten Menschen gab mir viel innere Zufriedenheit … [Aber] es war so schwer, eine fähige Kinderbetreuung zu finden … dass mir irgendwann alles zu viel wurde.«

Die Junes und Margarets, die lediglich eine kleine Minderheit der Gruppe ausmachten, schrieben Kommentare wie diesen: »Für den Moment bin ich am glücklichsten als ›Angestellte‹ bei meinem liebenden Ehemann und den Kindern, und ich bin mit Backen, Nähen, Putzen, Waschen, Unterhalten, Lesen und Reisen mehr als genug beschäftigt.« Diese Gruppe brachte eine stärkere Zufriedenheit zum Ausdruck als die erste, deren Mitglieder entweder mit knapper Zeit kämpften oder sich darauf freuten, zur Arbeit zurückzukehren.

Der Abschlussjahrgang von 1961

Die Einsichten in den Abschlussjahrgang von 1957 sind nicht die einzigen Daten aus dieser Zeit.[44] Vier Jahre später wurde durch eine private Organisation eine noch größere und umfangreichere Befragung durchgeführt, die sich an Männer wie Frauen richtete.[45] Genau wie der Jahrgang von 1957 hatten die Absolventinnen von 1961 Zukunftspläne, auch wenn sie sich den vielen Zwängen und gesellschaftlichen Normen ihrer Zeit unterwarfen.

Die Ergebnisse der ursprünglichen Befragung und der ersten Folgebefragung wurden in mehreren Bänden zusammengefasst, von denen einer den angemessenen Titel *Great Aspirations* (zu dt. »Große Hoffnungen«) trägt.[46] Doch für die damaligen Computer war die Befragung zu umfangreich. Lediglich ein kleiner Teil der Daten wurde je analysiert, und das Material, das schriftlich bearbeitet wurde, betraf hauptsächlich die männlichen Befragten. Über die Frauen gab es kaum Angaben. Erst kürzlich stieß ich auf diese unschätzbare Fundgrube an Informationen.[47]

Mit dem Projekt *Great Aspirations* sollten Erkenntnisse darüber gewonnen werden, ob Collegeabsolventinnen und -absolventen planten, ihr Studium an Graduate Schools oder weiterführenden Schulen fortzusetzen. Außerdem wollte man dezidiert Einblicke in mögliche Schwierigkeiten erhalten, mit denen Frauen mit Collegeabschluss zu kämpfen haben. Im Fragebogen finden sich aufschlussreiche Fragen zu Ambitionen, Errungenschaften und der individuellen Wahrnehmung gesellschaftlicher Normen.

Genau wie die Informationen, die aus der Befragung des 1957er-Jahrgangs gewonnen wurden, zeigt die Befragung des Abschlussjahrgangs von 1961, dass diese Frauen sehr wohl Ambitionen hegten, die weit über das Leben einer Hausfrau hinausgingen. Fast alle hatten vor, nach ihrem Abschluss eine Anstellung zu finden.[48] Die meisten sollten kurz darauf heiraten und in schneller Abfolge Kinder bekommen,[49] doch die Mehrheit von ihnen hatte vor, an ihren Arbeitsplatz zurückzukehren. Sie investierten in ihre Bildung und ihre berufliche Ausbildung, um diese Rückkehr ins Arbeitsleben sicherzustellen.[50]

Im Jahr 1968, als das College für sie sieben Jahre zurücklag, betrachteten lediglich 17 Prozent der Frauen das Leben als Hausfrau als ihr Langzeitziel. Auch wenn das mehr sind als die zehn Prozent im Jahr ihres Abschlusses, ist der Anteil nach wie vor gering. Selbst wenn sie sich rund um die Uhr um ihre kleinen Kinder kümmerten, konnten sich ganze 83 Prozent nicht vorstellen, auf längere Zeit ein Leben als Hausfrau zu führen.

70 Prozent der Gruppe gaben an, dass Haushalt und Kinder im kommenden Jahrzehnt Vorrang hatten. Doch zugleich rechneten erstaunliche 50 Prozent damit, dass eine »Karriere« nach ihren ersten zehn Ehejahren wichtig werden würde.

Wie bereits im Abschlussjahrgang von 1957 heiraten auch viele Absolventinnen von 1961 direkt nach ihrer Graduierung: 42 Prozent innerhalb eines Jahres.[51] Sieben Jahre später waren 84 Prozent verheiratet, und wiederum 81 Prozent der verheirateten hatten Kinder bekommen.

Im Frühjahr 1961, als sie kurz vor ihrem Abschluss standen, blickten sie auf ihre Vorstellungen und Ziele zu Beginn ihres Studiums zurück.

Ein großer Teil der Männer und Frauen hatte in Erwägung gezogen, nach dem Bachelor ein weiterführendes Studium oder eine berufliche Weiterbildung zu machen. Und tatsächlich, ein Jahr nach ihrem Bachelor besuchten fast 20 Prozent der Frauen und 35 Prozent der Männer eine Graduate School oder eine weiterführende Schule. Bei der letzten Befragung sieben Jahre später befanden sich 30 Prozent der Frauen und 40 Prozent der Männer noch in weiterführenden Ausbildungen oder hatten sie bereits hinter sich. Eine Auswertung der Gesamtleistungen des Bachelorjahrgangs von 1961 ergab, dass 40 Prozent der Frauen und 50 Prozent der Männer einen Master oder einen noch höheren Abschluss machten.[52]

Heutzutage führen Frauen mit einem Bachelorabschluss in ähnlichen Zahlen wie Männer ihre Ausbildung fort. Sie erlangen beinahe genauso viele Staatsexamen in Jura und Medizin sowie Ph.D.s (obgleich etwas weniger Master of Business Administration, MBA). Auch wenn uns der Anteil der Frauen in den späten 1950er- und frühen 1960er-Jahren niedrig erscheinen mag, so ist er doch bedeutend höher, als man aus Beschreibungen dieser Ära durch Friedan und andere Autorinnen erwarten würde.

Warum also sehen wir in diesen studierten Frauen lediglich Margaret Andersons und June Cleavers? Weil für die Collegeabsolventinnen der 1950er-Jahre, wie bereits angeführt, die Familie an höchster Stelle stand und ihre Identität prägte. Im Jahr 1964 bezeichneten sich 37 Prozent der verheirateten Frauen aus dem 1961er-Jahrgang, obwohl sie in Vollzeit arbeiteten, nach wie vor als »Hausfrauen«.

Die weiblichen Befragten brachten ihre Perspektive auf vorherrschende Genderrollen, die sie in ihren Möglichkeiten begrenzten, zum Ausdruck. In der Befragung *Great Aspirations* wurden die Teilnehmenden mit Aussagen zu Gendernormen konfrontiert, einschließlich der bereits angeführten, die die GSS seit 1977 in ihren Fragebögen auflistete: »Ein Kind, das noch nicht zur Schule geht, leidet, wenn seine Mutter arbeitet.« Rund 60 Prozent der Frauen (und 66 Prozent der Männer) stimmten dieser Aussage mehr oder weniger überzeugt zu.[53] Andere Fragen, mit denen der jeweilige Standpunkt zu damals vorherrschenden gesellschaftlichen Normen erfasst werden sollte, betrafen die »Karrieren« der Frauen. Drei Viertel von ihnen stimmten folgender Aussage zu: »Es ist wichtiger für eine Ehefrau, die Karriere ihres Ehemannes zu unterstützen, als selbst eine zu verfolgen.« Und ein ähnlicher Prozentsatz von ihnen fand auch, dass »eine verheiratete Frau [...] hinsichtlich ihrer Karriere keine langfristigen Pläne machen [kann], da sie von den Karriereplänen ihres Mannes abhängen«.

Derlei Ansichten waren damals weitverbreitet. Der Glaube, dass ein Kind, das noch nicht im Schulalter ist, Schäden davonträgt, wenn seine Mutter nicht die ganze Zeit über zu Hause ist, hielt viele davon ab, in den ersten Jahren ihrer Mutterschaft einen Job anzunehmen. Hinzu kam die prekäre Situation der Kinderbetreuung zu jener Zeit, die durch die geringe Nachfrage auch nicht ausgebaut wurde. Ein Huhn-Ei-Problem. Um das gesellschaftliche Verständnis in Richtung einer gesunden Kindheit trotz arbeitstätiger Mutter zu rücken, brauchte man mehr Betreuungseinrichtungen.

Selbst meine Mutter, eine hoch angesehene Grundschulrektorin in New York City, wiederholte diese Ansicht in meiner Gegenwart, als ich jung war, und selbst dann noch, als ich in meine Vierziger kam und meine Nichten – ihre Enkelinnen – Mütter wurden. »Kinder, die noch nicht zur Schule gehen«, predigte sie, »brauchen ihre Mutter.« Sie selbst nahm ihre Karriere als Lehrerin erst auf, als ich die Schule besuchte. Ich war mir nie sicher, ob sie wirklich daran glaubte oder lediglich die veralteten Normen ihrer Zeit wiederholte. Kürzlich habe ich sie erneut gefragt. Im Alter von 100 Jahren bestand sie darauf, dass es Kindern, die noch nicht zur Schule gingen, und selbst Kleinkindern in einer hochqualitativen Kinderbetreuung gut gehe oder sie vielleicht sogar besser versorgt würden, während die Mutter arbeiten ging. Während sie sich früher schlicht nicht hatte vorstellen können, dass es eine Alternative zu einer Mutter gab, die als Hausfrau zu Hause blieb, konnte sie sich im hohen Alter nicht mehr vorstellen, dass sie jemals derlei Ansichten vertreten hatte.

Die beiden anderen Aussagen, denen zufolge die Karriere des Mannes im Mittelpunkt steht, spiegeln die vorherrschenden Einkommensverhältnisse verheirateter Paare wider. Da davon ausgegangen wurde, dass der Mann viel mehr verdiente als die Frau, und es für gewöhnlich auch der Realität entsprach, steigerte es das Familieneinkommen, sich den beruflichen Ambitionen des Mannes unterzuordnen.

Heutzutage mag man annehmen, dass diese antiquierten Vorstellungen lediglich von Frauen mit den geringsten beruflichen Ambitionen vertreten wurden, doch weit gefehlt. Selbst Frauen, die einen weiterführenden Abschluss machen wollten, dachten gar nicht erst an Berufstätigkeit, als ihre Kinder noch klein waren. Und bedenkt man die damalige Situation der Kinderbetreuung, so hätten sie vielleicht auch gar nicht die Möglichkeit gehabt. Die Familie stand für sie an höchster Stelle, aber ein Job und womöglich auch eine Karriere erschienen ebenfalls auf ihrem Radar. Die Collegeabsolventinnen der 1950er-Jahre waren genau wie June und Margaret in ihrer Entscheidungsfreiheit stark eingeschränkt, doch sie planten ihre Flucht. Und schließlich brachen sie ihren Kokon auf.

Die bekannteren Frauen dieser Gruppe wählten den Lebensweg »erst Familie und dann Karriere«, aber die meisten von ihnen gelangten erst auf Umwegen dorthin. Viele tauchten in mittleren Jahren aus dem häuslichen Leben auf, um ihre Talente und Leidenschaften unter Beweis zu stellen.

Die komödiantische Schriftstellerin Erma Bombeck wurde im Jahr 1927 geboren. Sie machte ihren Abschluss an der University of Dayton im Jahr 1949 und heiratete noch im gleichen Jahr Bill Bombeck, den sie am College kennengelernt hatte. Schon früh begann sie ihre Karriere als Schriftstellerin, legte jedoch für zehn Jahre den Stift beiseite, um sich um ihre drei Kinder zu kümmern. Dann tauchte sie als hoch erfolgreiche Journalistin aus der Versenkung auf, die urkomische Kolumnen über das Leben einer Vorstadtfamilie schrieb.

Jeane Kirkpatrick, die erste Botschafterin der Vereinten Nationen, wurde im Jahr 1926 geboren, bekam drei Kinder und promovierte zwei Jahrzehnte nachdem sie ihren Bachelor gemacht hatte in Politikwissenschaften. Politisch aktiv wurde sie erst in ihren Vierzigern und schließlich im Jahr 1981 zur Botschafterin ernannt.

Grace Napolitano, geboren 1936, zog mit ihrem Mann fünf Kinder groß, bevor sie im Alter von 45 Jahren bei Ford Motors eine Anstellung fand und über zwei Jahrzehnte ihre Karriere verfolgte. Mit 50 Jahren stellte sie sich schließlich als Stadträtin zur Wahl und zog im Alter von 67 Jahren als Abgeordnete in das US-Repräsentantenhaus ein.

Carrie Meek studierte im Jahr 1946 an der Florida A&M for Negroes, verließ jedoch den Bundesstaat, um ihr Studium an der University of Michigan fortzuführen, da Schwarzen damals in Florida viele Studiengänge verwehrt waren. Später arbeitete sie in Schulverwaltungen und war Aktivistin für kommunale Angelegenheiten in der Region um Miami. Im Alter von 54 Jahren wurde sie in das Repräsentantenhaus Floridas gewählt und zog im Jahr 1992 als erste schwarze Repräsentantin für Florida seit der Reconstruction in den amerikanischen Kongress. Als sie in Rente ging, wurde ihr Sohn Kendrick an ihre Position gewählt.

Die bekannte konservative, antikommunistische und antifeministische Politikerin Phyllis Schlafly, die vehement gegen Betty Friedans Positionen in den Ring trat, stellt eine Ausnahme dar, die die Regel bestätigt. Geboren im Jahr 1924, schrieb Schlafly ein äußerst populäres Buch zur Präsidentschaft (Anm. d. Ü.: von Donald Trump), war leidenschaftlich für die konservative Sache aktiv und Mutter von sechs Kindern. Um ihre antifeministische Agenda voranzubringen, machte sie im Alter von 55 Jahren ihren Abschluss in Rechtswissenschaften (übrigens nicht mit der uneingeschränkten Zustimmung ihres Ehemannes) und verfolgte spät eine steile Karriere, die sie paradoxerweise der Verbreitung ihrer Ansichten widmete, dass Frauen ausschließlich als Hausfrauen und Mütter zu Hause bleiben sollten.

Insgesamt gelang es nicht vielen Frauen, wie Bombeck, Kirkpatrick, Meek, Napolitano und Schlafly, in ihrer zweiten Lebenshälfte eine Karriere hinzulegen. Doch von jenen, die ihr Zuhause verließen, als ihre Kinder älter waren, um einem *Job* nachzugehen, gab es viele. Zu ihnen gesellte sich außerdem eine noch größere Anzahl von Frauen aus Gruppe Vier, die das College Ende der 1960er- und Anfang der 1970er-Jahre abschlossen. Letztere gingen ihren beruflichen Ambitionen jedoch von Anfang an nach und brachten sie nicht erst später im Leben zum Ausdruck.

Die Nachkriegsstudentinnen hatten die Wiederaufnahme ihres Berufs in den mittleren Jahren von langer Hand geplant. Zufälligerweise fiel ihre Rückkehr auf den Arbeitsmarkt jedoch mit großen gesellschaftlichen Veränderungen zusammen, die die Ära von Karriere und Familie einläuteten.

Mit den Collegeabsolventinnen der 1950er-Jahre befinden wir uns auf halbem Wege unserer Reise. Sie hatten weitaus mehr berufliche Möglichkeiten als ihre Vorgängerinnen, doch ihre Nachfolgerinnen genossen noch mehr Wahlfreiheit.

Anfang der 1950er-Jahre konnten verheiratete Frauen mit Collegeabschluss endlich Lehrerinnen werden und in Teilzeit arbeiten. Anfang der 1960er-Jahre durchgeführte Umfragen zeigen, dass die meisten Ehemänner mit Collegeabschluss der Erwerbstätigkeit ihrer Frau nicht im Weg standen – im Gegenteil, einige freuten sich sogar darüber. Endlich hatten studierte Frauen die Möglichkeit, eine Familie zu haben und zugleich einen Beruf auszuüben, einige ausgewählte gar, Karriere zu machen.

Diese Gruppe erreichte mehr, als den Frauen der vorangehenden Gruppen je hatte gelingen können. Der Anteil studierter Frauen, die Fachkräfte wurden, stieg ebenso wie der Anteil derer, die Karriere machten und zugleich eine Familie gründeten. Bei ihnen war die Abbruchquote nicht höher als bei den vorigen Gruppen, und es mangelte ihnen ganz sicher nicht an Ehrgeiz.

Doch wie Erma Bombeck trocken anmerkte: »Wenn meine Welt voll Kirschen ist, was tu ich mit den Kernen?« Die Kommentare aus der Folgebefragung des 1957er-Abschlussjahrgangs im Jahr 1964 offenbarten eine dunkle Seite des Fortschritts, den Frauen mit Collegeabschluss erlebt hatten. Einige mit einer Ausbildung in typisch männlichen Berufsfeldern gaben an: »Während ich nach einem Job [mit einem Bachelor in Chemieingenieurwesen] suchte, las ich immer wieder … wie wir Frauen ermuntern sollten, einen technischen Studiengang zu belegen

... und ich lachte unter Tränen.« Eine weitere klagte: »Ich habe erlebt, wie Arbeitnehmer Frauen, die in traditionell männlichen Berufen arbeiten, mit Vorurteilen begegnen ... Selbst im ›sogenannten‹ Bonitätssystem des öffentlichen Dienstes.«[54]

Die größten Einschränkungen erfuhr diese Gruppe vielleicht durch die weitverbreitete Ansicht, dass kleine Kinder Schäden davontragen, wenn ihre Mütter »selbstsüchtige Karrierefrauen« sind. »Sollte eine intelligente Ehefrau, die gern arbeiten würde, einen Job annehmen, auch wenn ihre Kinder unter ihrer Abwesenheit leiden, oder sollte sie ihre eigenen Bedürfnisse denen ihrer Kinder hintanstellen?« So oder ähnlich drückten viele das Dilemma aus, in dem sie sich befanden. Eine Befragte kommentierte: »Der Kostenaufwand für die Kinderbetreuung, die nötig ist, damit ich wieder in der Schule unterrichten kann ... lässt so wenig übrig, dass sich [meine Arbeit] aus finanziellen Aspekten kaum lohnt.« Das Abweichen vom Hausfrauenstandard wurde durch den Mangel an verfügbarer und bezahlbarer Kinderbetreuung zusätzlich erschwert.

Die Leere und der Frust, die sich in dieser Generation breitmachten, kamen auch in Betty Friedans gefeiertem Bestseller durch folgende Frage zur Sprache: »Ist das alles?« Doch das Hausfrauendasein der Mütter des Babybooms hatte ein Ablaufdatum. Denn sie hatten ihr Leben als eine serielle Abfolge von *erst Familie und dann Job* geplant (mit einer kleinen Untergruppe, die irgendwann *erst Familie und dann Karriere* erreichte).

Friedan hatte recht, was die Rolle der Bildung für das Leben dieser Frauen betraf, doch hinsichtlich der persönlichen Zielsetzungen dieser Gruppe lag sie falsch. Ihr Buch ist historisch mitten auf einem vielschichtigen Weg zu mehr Gleichberechtigung generell und einer besseren Gleichstellung in Paarbeziehungen verortet. Auf der Suche nach einer weniger düsteren Zeit für Frauen mit Collegeabschluss blickte sie in die Vergangenheit. Doch dieser Blick trog. Die Vergangenheit war keineswegs heller. In der Gegenwart hingegen war der Wandel bereits eingeläutet, und selbst jene Frauen des von ihr postulierten *Weiblichkeitswahns* würden teilweise davon profitieren. Friedans Verdienste bestanden darin, dass sie in diesen Frauen den Wunsch nach mehr Unabhängigkeit entzündete und ihnen Zuversicht gab, dass sie den Status quo verändern konnten. Ihr Buch diente den Collegeabsolventinnen der 1960er- und 1970er-Jahre als Brennstoff für eine stille Revolution, die das Angesicht amerikanischen Lebens von Grund auf ändern sollte.

6 Die stille Revolution

Mary Richards, die Protagonistin in der Sitcom *Mary Tyler Moore*, war eine Vorreiterin der stillen Revolution. Kurz nachdem sie die Beziehung mit ihrem Freund beendet hatte, zog Mary nach Minneapolis und bekam ihren Traumjob als Produktionsassistentin der Abendnachrichten des lokalen Fernsehsenders. Damals war sie 30 Jahre alt, unverheiratet, hatte einen Collegeabschluss in der Tasche und war glücklich als Single-Frau. Sie wollte ihre Karriere verfolgen und zugleich ein aufregendes und erfüllendes Liebesleben haben. In beiden Bereichen blühte sie auf, ausgerüstet mit unglaublichem Talent, Mumm, Charme und einer Geheimwaffe: die Pille.

In den sieben Staffeln der Sitcom hatte Mary mehr als ein Dutzend Liebhaber und ging zwei Verlobungen ein. Dennoch blieb sie für alle das Mädchen aus dem Mittleren Westen, das von ganz Amerika geliebt wurde. Damals hatte es noch keine Fernsehsendung gewagt, sich mit dem Thema Verhütung zu befassen. Wie brachten die Drehbuchautoren dann das Thema Pille auf den Tisch? Auf sehr diskrete und humorvolle Weise in Staffel zwei.

Marys Eltern besuchen sie in ihrer Wohnung, und bevor die Mutter hinausgeht, ruft sie Marys Vater über die Schulter zu: »Denk dran, deine Pille zu nehmen!«

Mary und ihr Vater antworten im Chor: »Mach ich.«

Als die verlegene Mary versucht, ihre Antwort schnell zu überspielen, schaut ihr Vater missbilligend drein. Damals schrieb man das Jahr 1972 – das erste Mal, dass die Pille in einer Sitcom zur Sprache kam.

Die Pille wurde im Jahr 1960 von der FDA als Verhütungsmittel genehmigt und im darauffolgenden Jahr als rezeptpflichtiges Arzneimittel für den Verkauf freigegeben. Millionen verheirateter Frauen fingen beinahe unmittelbar darauf an, sie zu nehmen. Doch die Gesetze vieler

Bundesstaaten verboten die Verschreibung von Verhütungsmitteln an unverheiratete, minderjährige Frauen ohne die Erlaubnis ihrer Eltern. Und minderjährig waren sie in den meisten Bundesstaaten bis zum Alter von 21 Jahren. Im Jahr 1969 lag die Altersgrenze zur Mündigkeit in lediglich sieben Bundesstaaten unter 20 Jahren. Die jeweiligen Gesetze, die Empfängnisverhütung für junge Frauen in die Illegalität rückten, waren, ob man es glaubt oder nicht, bereits seit 100 Jahren in Kraft (und wurden oft durchgesetzt) und waren ursprünglich infolge eines US-Bundesgesetzes aus viktorianischer Zeit verabschiedet worden.[1]

Doch Ende der 1960er- und im Lauf der 1970er-Jahre senkten viele Bundesstaaten die gesetzliche Volljährigkeit auf unter 20 Jahre, und durch verschiedene Gerichtsurteile wurden in einigen sogar die Rechte von Minderjährigen erweitert. Die Gesetzesänderungen hatten jedoch wenig mit Sex oder Verhütung zu tun, ganz zu schweigen von der Pille. Die wichtigste Änderung war die 26. Abänderung der US-amerikanischen Verfassung, mit der allen 18-Jährigen das Wahlrecht zugesprochen und 36 Staaten veranlasst wurden, ihre Gesetze zur Volljährigkeit zu ändern.

Im Jahr 1972 hatten zumindest zwölf Staaten den Einsatz der Pille (und anderen Verhütungsmethoden) dahingehend gelockert, dass sie nun unverheirateten Mädchen im Alter von 16 Jahren und jünger ohne die Erlaubnis ihrer Eltern verschrieben werden durfte. Binnen zwei Jahren erweiterte sich die Zahl der Bundesstaaten auf 27, und die Altersgrenze zur Mündigkeit war inzwischen so weit gesenkt, dass Erstsemesterstudentinnen am College in 43 Bundesstaaten die Pille bekommen konnten.[2]

Die Pille hatte zwei Mütter und (mindestens) vier Väter. Dennoch galt sie lange Zeit als Waisenkind, ein Medikament, das keinen Hersteller fand. Als es jedoch endlich so weit war, wollten alle sie nehmen, und kaum hatte sie breiten Anklang in der Bevölkerung gefunden, witterte die Pharmaindustrie das große Geschäft.

Die Vorstellung, dass man eines Tages mit einer Pille die Empfängnis kontrollieren könnte, war der große Traum der Verhütungspionierin und umstrittenen Visionärin Margaret Sanger. Im Jahr 1916 eröffnete

Sanger eine Beratungsstelle für Familienplanung, die »Birth Control Clinic«, in Brooklyn und verstieß damit gegen das herrschende Gesetz, das die Verbreitung von Verhütungsmitteln verbot. Sie wurde flugs verhaftet, ließ sich davon allerdings nicht abschrecken und half in ihrem langen Leben unermüdlich Frauen aller Hautfarben und Ethnien, eine Schwangerschaft zu verhindern. Dabei hegte sie jedoch nicht nur edle Absichten.[3]

Sangers Traum war es, eine Pille zu erfinden, die jede Frau einfach morgens mit ihrem Orangensaft einnehmen konnte. Nur ein Schluck und, voila, das Risiko einer Schwangerschaft beim Sex verschwindet ebenso wie die Abhängigkeit von einem Mann, der Sicherheit bietet. Doch erst als Sanger älter war, nahm ihr Traum Form an. Zunächst einmal erlangte man erst im Jahr 1937 ein umfassenderes Verständnis über die biochemischen Prozesse des Eisprungs. Und die Wissenschaft rund um synthetische Hormone feierte erst Ende der 1940er-Jahre erste Erfolge. Für ein Forschungsprojekt, das bei Katholiken und anderen religiösen Konservativen im nach wie vor puritanischen Amerika nicht gerade auf Gegenliebe stieß, gab es kaum Gelder. Selbst die Pharmaindustrie schreckte lange Zeit vor diesem Unterfangen zurück.

Im Jahr 1949 überredete Sanger schließlich Katharine Dexter McCormick, die Forschung rund um ihre visionäre Pille zu fördern. McCormick, die als zweite Mutter der Pille gelten kann, machte im Jahr 1904 ihren Bachelor in Biologie am Massachusetts Institute of Technology und heiratete den Spross des McCormick'schen Imperiums für landwirtschaftliche Maschinen.[4] Als ihr Mann im Jahr 1947 starb und ihr ein riesiges Vermögen hinterließ, setzte sie es teilweise ein, um Gregory Pincus' Forschung an der Pille zur Empfängnisverhütung zu unterstützen. In der Zwischenzeit entwickelte Carl Djerassi für das Unternehmen Syntex eine synthetische Version des Sexualhormons Progesteron, und Frank Colton synthetisierte für G. D. Searle im Jahr 1953 ein weiteres verwandtes Hormon. Bald darauf führten die Forscher Pincus und John Rock Experimente mit synthetischen Hormonen durch, um den Eisprung zu verhindern. Damit war die Pille so gut wie geboren. Rock, ein praktizierender Katholik, trat später mit der typischen

21-Tage-Einnahme und der siebentägigen Absetzung auf den Plan, um einen natürlichen weiblichen Zyklus nachzubilden. (Entgegen aller Gerüchte, dass Rock hoffte, durch diese chemisch induzierte Rhythmusmethode würde die Pille selbst beim Papst durchgehen, bestand seine wahre Motivation darin, Frauen die Gewissheit zu geben, dass sie nicht schwanger sind.)

Mary Richard war zwar unverheiratet, aber volljährig. Dennoch dauerte es eine Weile, bis die Amerikaner die Darstellung von vorehelichem Sex im Fernsehen akzeptierten. Schließlich war es zuvor üblich gewesen, dass selbst in den Schlafzimmern von Ehepaaren wie Lucy und Desi zwei Einzelbetten standen. Doch im Jahr 1972 sorgte Marys Lebensstil beim Großteil des amerikanischen Publikums nicht mehr für einen Skandal. Die Zuschauer waren bereit für eine Folge, in der die Pille Erwähnung fand, und außerdem für eine Sitcom, in der die Protagonistin eine karriereorientierte Frau war, die für ihre Rechte eintrat und Gehaltsansprüche hatte.

Dabei war Mary lediglich eine ahnungslose Fußsoldatin in einer Bewegung, die bald die gesamte Nation mit sich reißen würde: die stille Revolution. Diese Bewegung veränderte die amerikanische Gesellschaft, Bildung, Ehe und Familie von Grund auf, und das in ungewöhnlich kurzer Zeit. Im Gegensatz zu den lautstarken Bewegungen Ende der 1960er- und Anfang der 1970er-Jahre mit den Frauenbefreiungsmärschen und Demonstrationen, die von Gruppen wie der National Organization for Women und einigen radikaleren Ablegern und Splittergruppen angeführt wurden,[5] waren sich die Heldinnen der stillen Revolution ihrer historischen Bedeutung überhaupt nicht bewusst. Erst rückblickend können wir ihre Rolle in einem großen Wandel nachvollziehen.

Die stille Revolution veränderte radikal unser Rezept für ein glückliches Leben. Die Pille lieferte einen Teil der Freiheit, die die Frauen der lauten Revolution auf den Straßen eingefordert hatten. Sie ermöglichte den Frauen von Gruppe Vier, Karrierewege einzuschlagen, die große zeitliche und finanzielle Investitionen im Vorfeld erforderten, wie zum Beispiel im Rechtswesen, in der Medizin, Wissenschaft, Finanzbranche oder Unternehmensverwaltung. Für derartige berufliche Laufbahnen mussten sie frei sein und Zeit haben. Doch genau wie im Fall von Mary Richards bedeutete das nicht, dass diese Frauen sich mit niemandem trafen oder intime Beziehungen mit dem anderen Geschlecht aufgaben.

Die jungen Frauen von Gruppe Vier folgten auf die Mütter des Babybooms von Gruppe Drei, die mehrheitlich bald nach ihrem Collegeabschluss geheiratet und eine Schar Kinder geboren hatten. Wie wir bereits gesehen haben, hatten viele von ihnen vor, auf den Arbeitsmarkt zurückzukehren, und die meisten taten es auch, als ihre Kinder älter waren. Sie hatten sich mit ihrem Abschluss für Berufe entschieden, die man problemlos für die Mutterschaft aussetzen und einige Jahre später relativ nahtlos wieder aufnehmen konnte, zum Beispiel als Lehrerin.

Meine Mutter riet mir – immer wieder – eingehend, mich doch um ein Lehrzertifikat zu bemühen, genau wie meine ältere Schwester es getan hatte. Es war eine Absicherung, »auf die du immer zurückgreifen kannst«, pflegte sie zu sagen. Das war ihr Codewort für einen gesicherten Job, den man wieder aufnehmen konnte, sobald die Kinder in der Schule waren oder falls der Ehemann einen verlassen hatte (durch die Tür oder beim Bestatter). Doch ich war ein Überflieger aus Gruppe Vier. Ich wollte keinen gesicherten, soliden Job in einem klassisch weiblichen Beschäftigungszweig. Ich wollte den aufregenden, oft unsicheren Weg einer Promotion in einem hoch kompetitiven, dynamischen Forschungsfeld.

Frauen, die Anfang der 1970er-Jahre ihren Collegeabschluss machten, hätten nicht unterschiedlicher von ihren Vorgängerinnen nur ein Jahrzehnt zuvor, oder sogar weniger, sein können. Beide Gruppen waren jedoch eng miteinander verwoben. Viele der älteren Gruppe, deren Kinder in den 1970er-Jahren ins Schulalter kamen, kehrten gerade in die Erwerbstätigkeit zurück, als die jüngere Gruppe ihren Collegeabschluss machte. Die Jüngeren sahen, was die Älteren gemacht hatten: Erst einen Collegeabschluss, dann einen Abstecher auf den Arbeitsmarkt und der Rückzug in die häusliche Sphäre, sobald sich das erste Kind ankündigte. Viele Jahre später kehrten sie an ihren Arbeitsplatz in überwiegend von Frauen dominierten Berufsfeldern mit geringem Gehalt zurück.

Wir, die Gruppe-Vier-Frauen, dachten uns, wir machen es besser. Wir hatten eine neue Zukunftsvision. Indem wir erst Karriere machten und dann eine Familie gründeten, konnten wir unsere Chancen steigern, einen erfüllenden und einträglichen Berufsweg einzuschlagen, der uns ein Leben lang begleiten sollte. Viele von uns wählten Berufsfelder mit hohem sozialem Status und hohem Gehalt, die traditionellerweise von Männern besetzt waren. Das bedeutete, dass wir schon früh in unsere weiterführende Ausbildung nach dem Bachelor investieren mussten. Für viele von uns hieß es, dass wir die Ehe aufschoben, und es bedeutete auch, dass sich eine mögliche Familiengründung verzögerte. Aber das war kein Problem für uns. Immerhin besaßen wir etwas, was Gruppe Drei nicht zur Verfügung gestanden hatte: die Pille. Und wir konnten sie uns besorgen, solange wir jung waren und in unsere Berufsausbildung und unser weiterführendes Studium investieren konnten.

Die Collegeabsolventinnen aus Gruppe Vier eroberten in nie da gewesener Zahl die karriereorientierten Berufe und Erwerbsbereiche. Als wir am Anfang unseres Pfads zu einem aufregenden, neuen Leben standen, stellten wir uns eine erfüllende Karriere als den Gipfel vor, den wir bezwingen mussten. Wir würden den Berg erklimmen. Was Gruppe Drei erreicht hatte, war dagegen ein Kinderspiel – dachten wir zumindest in unserer Naivität.

Anfang der 1970er-Jahre hatten 90 Prozent der verheirateten Collegeabsolventinnen von Gruppe Drei bereits Kinder.[6] Uns Frauen in Gruppe Vier erschien die Familienplanung als der einfachste Teil unserer vielfältigen Lebensziele. Immerhin hatten sich unsere Vorgängerinnen allem Anschein nach mühelos fortgepflanzt. Es gab keinen Grund für die Gruppe-Vier-Frauen, anzuzweifeln, dass sie es ihnen irgendwann gleichtun konnten. Doch zunächst benötigten sie Zeit, um ihre Karrieren aufzupolieren. Erst dann konnten sie ein erfülltes Familienleben hinzufügen.

Um zu verstehen, wie sehr die Antibabypille unser Rezept fürs Glück veränderte, müssen wir uns vor Augen führen, warum Ehen vor ihrer Markteinführung so früh geschlossen wurden. Wer die Ehe in den 1950er- und 1960er-Jahren aufschob, musste in der Theorie auf ein aktives Sexleben mit dem anderen Geschlecht verzichten. In der Realität war das natürlich vollkommen abwegig. Diese Art von Abstinenz war die absolute Ausnahme. Es hatte schon immer Sex vor der Ehe gegeben. Und zwar ungeschützten Sex, der für Frauen einem russischen Roulette gleichkam. Vor der Pille (und der Spirale) war selbst geschützter Sex (durch physische Barrieren) mit einigem Risiko verbunden. Wo es keine von Frauen selbst kontrollierten, erschwinglichen und hoch verlässlichen Verhütungsmethoden gibt, kann es immer zu einer Schwangerschaft kommen. Frühe Eheschließungen waren oft eine Folge des Schwangerschaftsrisikos, und eine Schwangerschaft führte fast immer zur Ehe. Ohne zuverlässige Empfängnisverhütung heirateten Frauen oft, kurz nachdem sie sexuell aktiv geworden waren.

Wie häufig es in der fernen Vergangenheit zu Sex vor der Ehe kam, kann nur als unterer Grenzwert geschätzt werden, indem wir die Berechnungen schlauer Historiker nutzen, die Heirats- und Geburtenregister miteinander verglichen haben. Daraus wird ersichtlich, dass im Zeitraum von 1700 bis 1950 – sage und schreibe 250 Jahre! – rund 20 Prozent der Bräute an ihrem Hochzeitstag schwanger waren.[7] Diese 20 Prozent fallen in eine Zeit, als Empfängnis vor der Ehe noch weitgehend als Schande betrachtet wurde, die verschleiert werden musste.

Dabei bilden die Schwangerschaften lediglich die Spitze des Eisbergs. Wenn 20 Prozent der Frauen am Tag ihrer Hochzeit schwanger waren, dann waren noch viel mehr vor der Ehe sexuell aktiv und sind einer Schwangerschaft mit viel Glück oder Geschick entgangen – oder hatten sie beenden müssen. Doch zu einer Zeit, als Schwangerschaftsabbrüche illegal waren und ein hohes Gesundheitsrisiko darstellten, führte eine Schwangerschaft beinahe unweigerlich zur Blitzhochzeit.

In der Nachkriegszeit, als die Empfängnisverhütung noch sehr unzuverlässig war, zeigen konkrete Informationen zum sexuellen Eintrittsalter von Frauen, dass es genug vorehelichen Sex gab, um das Heiratsalter niedrig zu halten. Im Jahr 1960 betrug das Medianalter, in dem junge, unverheiratete Frauen zum ersten Mal Sex hatten, um die 20 bzw. wenn die Frauen als Junior am College studierten (5./6. Semester). (Wie gesagt, das ist das Medianalter. 50 Prozent der ersten Male passierten also früher.)

Im Jahr 1970 sank es auf 18,5 Jahre. Frauen hatten somit in den ersten beiden Jahren am College als Sophomore oder Freshman zum ersten Mal Geschlechtsverkehr. Im Jahr 1980 betrug es nur noch 17,5 Jahre, und 1990 war es auf 16,5 Jahre gesunken.[8] Dass Frauen immer früher Sex hatten, ist auf bessere, von Frauen selbst kontrollierte Verhütungsmethoden zurückzuführen.

Um sich vor einer Schwangerschaft zu schützen, als es noch keine zuverlässigen, von Frauen selbst kontrollierte Verhütungsmethoden gab, wurde eine ganze Reihe an Verpflichtungsmechanismen eingeführt, darunter »fest mit jemandem gehen«, der Austausch von Ringen, eine Nadel, die man sich gegenseitig ansteckte (so ein amerikanisches Verbindungsding), ein Anhänger an einer Halskette (noch so ein amerikanisches Verbindungsding) und schließlich der höchste Status vor der Ehe: sich mit einem Glitzerklunker verloben. Jede einzelne dieser symbolischen Zeremonien erklärte in aller Öffentlichkeit, dass die Frau, sollte sie schwanger werden, ein Sicherheitsnetz hatte. Alle würden wissen, wer der Vater war. Dann blieb ihm kein anderer Weg als der Gang zum Altar (eventuell mit einer Schrotflinte an der Schläfe).

Doch die Verpflichtungsmechanismen führten zu früheren Eheschließungen, selbst wenn die Paare mit dem Bund fürs Leben lieber noch gewartet hätten. Indem sie der Welt, allen voran ihren Eltern, erzählten, dass sie mit jemandem ausgingen, weckten sie Erwartungen und machten das Mögliche unausweichlich. Ein Versprechen, probeweise mit jemandem zusammen zu sein, verwandelte sich allzu leicht in ein Versprechen, für immer zusammenzubleiben.

Verhütungsmethoden wie die Pille machten spätere Eheschließungen möglich, genauso wie legale und sicherere Abtreibungen. Mit diesen Errungenschaften wurden junge Paare nicht mehr in eine überhastete Ehe gezwungen, um eine Schwangerschaft abzusichern. Frühe Eheschließungen, vor allem die unfreiwilligen, waren oft problematisch.

Viele hielten nicht lange, vor allem, nachdem die neuen, bundesstaatlichen Gesetzesänderungen die Scheidung ermöglichten. Die starke Zunahme an geschiedenen Ehen in den 1970er-Jahren konzentrierte sich vor allem auf die Paare, die sehr jung geheiratet hatten. Eine der vielen positiven Auswirkungen der Pille war die Senkung der Scheidungsrate, da sie das Heiratsalter steigen ließ.[9] Die nun erst mögliche Aufschiebung von Ehe und Familienplanung führte auch dazu, dass Frauen vor Ehe und Mutterschaft mehr Zeit blieb, höhere Abschlüsse zu erlangen und ihre Karrieren zu festigen.

Die neu gefundene Zeit, um sich ganz ihrem Beruf widmen zu können, führte zu emanzipierteren Frauen. Doch niemand warnte die Frauen von Gruppe Vier vor der tickenden biologischen Uhr. Das war vor der Zeit, als medizinische Einrichtungen vom steilen Abfall der Empfängnischancen bei Frauen ab 35 redeten. Die Zunahme möglicher Geburtsschäden bei steigendem Alter der Mutter war noch nicht auf dem allgemeinen Radar angekommen. Für Gruppe Vier bestand das einzige Problem, das sie lösen mussten, darin, eine Schwangerschaft zu *verhindern*, und nicht darin, schwanger zu werden. Sie glaubten, dass Mutterschaft ohne große Folgen einfach nach hinten verschoben werden konnte.

Auch wenn den Frauen von Gruppe Vier das Bewusstsein für den Preis ihrer späten Mutterschaft fehlte, so wussten sie doch ein wenig über den Preis, den sie für ihren Aufschub der Ehe zahlten. Denjenigen, die nicht jung heirateten, blieb oft eine magere Ausbeute. Wenn eine Frau ihre Ehe aufschob, während die meisten anderen ihrer Generation es nicht taten, stieg die Wahrscheinlichkeit, dass sie nie einen passenden Partner traf und am Ende gar nicht heiratete. Doch mit den Gesetzesänderungen, die die Verbreitung der Pille unter jungen Single-Frauen ermöglichten, stieg das Heiratsalter der Gesamtbevölkerung.

Mit dieser frischen Zutat lautete das neue Erfolgsrezept folgendermaßen: »Stelle die Ehe erst mal hintan. Füge gute Jobs mit hohen Bildungsanforderungen hinzu. Mische sie mit einer Karriere, lass sie für ein Jahrzehnt gehen und genieß dein Leben in vollen Zügen. Hebe die Familie später unter.« Kaum war diese Glücksformel von vielen Frauen angenommen worden, stieg das Heiratsalter bei der ersten Ehe sogar für Frauen mit Collegeabschluss, die nicht die Pille einnahmen. Damit verringerten sich für alle Frauen die möglichen Spätfolgekosten einer aufgeschobenen Ehe.

Für Mary Richards und andere Collegeabsolventinnen Anfang der 1970er-Jahre kam zuerst die Karriere, dann die Ehe und dann vielleicht eine Familie. Nach 168 Episoden wurde Mary endlich zur Produzentin der Abendnachrichten bei WJM-TV befördert, dem fiktiven Nachrichtensender in Minneapolis, bei dem sie arbeitete. Im Alter von 37 Jahren hatte sie sich eine erfolgreiche Karriere aufgebaut. Damit endete die Serie. Wir erfahren nie, ob sie im späteren Leben geheiratet oder Kinder bekommen hat. Doch wenn Mary den anderen Frauen ihrer Gruppe ähnelte, dann hatte sie vergleichsweise hohe Chancen, einmal zu heiraten – rund 30 Prozent. Die Wahrscheinlichkeit, dass sie ein Kind zur Welt brachte, war hingegen wesentlich geringer – sie lag bei nur zehn Prozent.[10]

Von den 1950er-Jahren bis 1972 hatte eine Braut mit Collegeabschluss ein Medianalter von 23 Jahren. Auf meine Studentinnen von heute wirkt das schockierend, wenn nicht gar beängstigend. Frauen (und Männer), die in dem zarten Alter heirateten, mussten ihre Partner fürs Leben bereits während ihres Bachelorstudiums gefunden haben. Dieses Heiratsrennen lastete auf vielen Collegestudentinnen besonders schwer in ihrem Abschlussjahr, da sie befürchteten, sie hätten bis zum Abschluss nicht ihren begehrten *»ring by spring«*: den »Ring bis zum Frühjahr«. Will heißen, man fing im Herbstsemester an, jemanden zu daten, und war bis zum Frühjahr verlobt oder verheiratet.

Mindestens die Hälfte von Gruppe Drei heiratete so jung, dass ihnen wenig Zeit blieb, sich ihrer Karriere zu widmen oder eine weiterführende Ausbildung zu machen, bevor sie in den Hafen der Ehe einliefen. Kaum hatten sie ihren Bachelorabschluss in der Tasche, verschickte die Hälfte von ihnen Hochzeitseinladungen statt Bewerbungen an Graduate Schools oder Professional Schools. Eine Ehe so kurz nach der Abschlussfeier bedeutete auch, dass das College von vielen vielleicht nicht so ernst genommen wurde, wodurch etwaige Karrierepläne in noch weitere Ferne rückten. Immerhin musste auf dem Weg zum Abschluss nebenbei auch ein Mann gefunden werden.

Eine Ehe schränkt die Entscheidungsfreiheit in vielerlei Hinsicht beträchtlich ein. Zunächst stehen viele Paare oft vor einem Standortproblem, und viel zu häufig wird es gelöst, indem man dort hinzieht, wo der Mann die besten Job- und Ausbildungschancen hat. Zudem folgten für viele Frauen aus Gruppe Drei auf die Hochzeit schnell Kinder. Im neuen Erfolgsrezept von Gruppe Vier stand hingegen nichts von einer frühen Heirat oder jungen Mutterschaft.

Um 1972 begann das Heiratsalter für Collegeabsolventinnen zu steigen. Binnen fünf Jahren war eine Braut zwei Jahre älter: Die Hälfte der Frauen aus dem Abschlussjahrgang von 1977 heiratete mit über 25 Jahren. In diesen zusätzlichen Jahren als Single hatten die Frauen Zeit, ein Staatsexamen als Juristin oder einen weiterführenden Master in Unternehmensmanagement zu machen. Und das Heiratsalter stieg weiter, mit dem Ergebnis, dass im Jahr 1982 so gut wie keine der Absolventinnen bis zum Frühjahr ihren Ring trug, was ein Jahrzehnt zuvor noch gang und gäbe gewesen war.

Mein Geburtsjahr – 1946 – liegt genau zu Beginn von Gruppe Vier, als Collegeabsolventinnen bei ihrer Eheschließung ein Medianalter von weniger als 23 Jahre aufwiesen. Doch trifft das auch auf die Studienkolleginnen zu, die mit mir ihren Abschluss gemacht haben? Ich beschloss, für ein Jahrgangstreffen an meine alte Uni, die Cornell University, zurückzukehren, um zu sehen, ob mein Abschlussjahrgang vom Durchschnitt abwich. Dazu hielt ich einen Vortrag mit dem Titel »Eine Schlüsselgeneration«. Während ich mich darauf vorbereitete, blätterte ich durch mein Buch zum 25. Ehemaligentreffen und rief mir all die hochintelligenten und talentierten Frauen von damals in Erinnerung. Hatten sie wirklich nur ein paar Jahre nach unserem Abschluss geheiratet? Oder waren diejenigen, die ihren Abschluss Ende der 1960er-Jahre an Bildungseinrichtungen machten, die Frauen auf bedeutsame Karrieren vorbereiteten, später in den Hafen der Ehe eingelaufen?

Ich entschlüsselte die Informationen, die ich meinem Buch entnehmen konnte, und stellte fest, dass ein Drittel meines Jahrgangs noch im Jahr nach unserem Abschluss und rund die Hälfte innerhalb der nächsten drei Jahre geheiratet hatte, also ungefähr im Alter von 24 Jahren. Die Antwort lautete also Nein, sie hatten nicht wesentlich später als das landesweite Medianalter geheiratet. Eine meiner Zimmergenossinnen in meinem Seniorjahr heiratete kurz vor ihrem Abschluss und eine andere genau ein Jahr später. Das war mir vollkommen entfallen. In meiner Vorstellung war ich stets eine Durchschnittsfrau von Gruppe Vier gewesen und keine Vorreiterin. Doch mein Abschlussjahrgang stand mit einem Fuß in der Vergangenheit und mit dem anderen in der Zukunft. Die Hälfte von ihnen heiratete jung, die andere, als sie älter waren. Und selbst diejenigen, die jung heirateten, wurden vom damaligen Trend in Richtung größere Karriereziele mitgerissen. Eine meiner Zimmergenossinnen wurde Professorin für frühkindliche Entwicklung, und eine andere ging ans Schiedsgericht für Arbeitsrecht und ans Gemeindegericht im Bundesstaat New York.

Von den Collegeabsolventinnen, die zehn Jahre später geboren wurden – im Jahr 1956 –, heiratete die mediane Frau mit 25,5 Jahren und damit volle 2,5 Jahre später als mein Abschlussjahrgang. Gruppe Vier vollzog einen klaren Bruch mit der Vergangenheit. Das Heiratsalter in Abbildung 6.1 macht direkt zu Beginn der Gruppe eine scharfe Kurve nach oben. Doch das gestiegene Heiratsalter stellte nicht nur einen Bruch mit der Vergangenheit dar, sondern läutete einen Trend ein. Es stieg noch lange danach. Bei den Collegeabsolventinnen in jüngerer Zeit beträgt es rund 28 Jahre.[11] Gruppe Fünf hat fortgeführt, was Gruppe Vier begonnen hat.

Nachdem die Bundesstaaten ihre Gesetze dahingehend geändert hatten, dass Scheidungen keinem Verschuldensprinzip mehr unterlagen, sondern lediglich »gegenseitiges Einvernehmen« erforderten, stieg in den 1960er-Jahren zudem die Zahl der Scheidungen. Einige Staaten gingen sogar noch weiter und schufen die nötigen Gesetzesgrundlagen für eine einseitige Scheidung. (Einseitige Scheidung bedeutet, dass lediglich ein Partner die Beziehung beenden kann.) Über die Vermögenstrennung wird separat anhand der einzelnen Gesetze der Bundesstaaten und oft auch mit Umweg über die Gerichte entschieden.

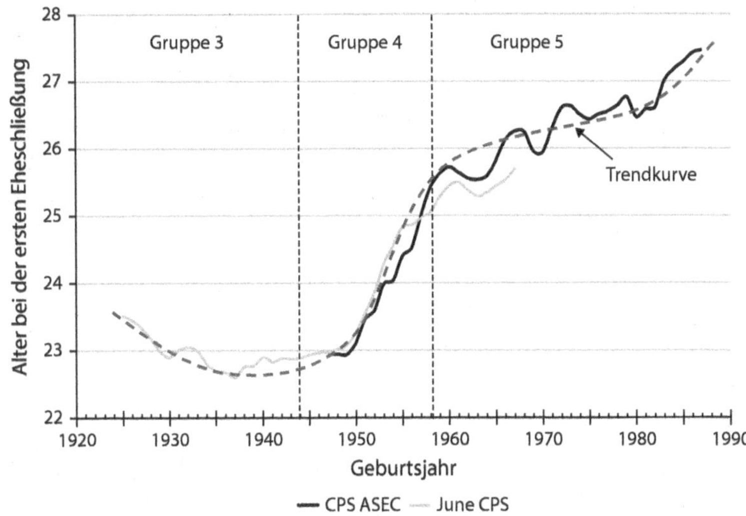

Abb. 6.1: Medianalter bei der ersten Eheschließung von Collegeabsolventinnen nach Geburtsjahr: 1925 bis 1988 (siehe Abbildungs- und Tabellenanhang)

Die Kombination aus gestiegenen Scheidungen, vor allem der früh geschlossenen Ehen, und aus immer späteren Eheschließungen sorgte dafür, dass sich die Lebenszeit einer Frau, die sie verheiratet verbrachte, verkürzte. Während Frauen aus Gruppe Drei zwischen dem Alter 25 und 50 noch mehr als 80 Prozent ihres Lebens als Ehefrauen verbrachten, waren die Frauen am Ende von Gruppe Vier nur noch 65 Prozent dieser 25 Jahre verheiratet.[12] Das hatte auch Auswirkungen auf die Identitätsbildung von Frauen, die sich von Familie und Haushalt weg in Richtung Arbeitswelt orientierte.

In den 1970er-Jahren reagierten die Paare auf die neuen Gesetze zur einseitigen Scheidung, indem sie weniger in ihre Beziehung und den Haushalt investierten.[13] Frauen waren weniger gewillt, sich allein auf den Haushalt zu konzentrieren, und wollten übertragbareres Humankapital in Form von Bildung und Berufsausbildung anhäufen. Sie hatten weniger Kinder, ein zeitintensiveres Berufsleben und trugen weniger dazu bei, dass ihre Ehemänner ihre Ausbildung an Professional

Schools oder Graduate Schools fortführten.[14] Die eigene wirtschaftliche Unabhängigkeit war wertvoller geworden.

Ende der 1970er-Jahre kam es dann zu einem weiteren öffentlichkeitswirksamen Wandel, der zeigte, dass die Frauen aus Gruppe Vier endgültig ihre eigene Identität verkündet hatten. Sie schoben nicht nur die Ehe zugunsten einer Karriere auf, sondern sie behielten auch ihren sogenannten Mädchennamen (oder versuchten es zumindest). Im Lauf der Geschichte hatten Frauen bei der Eheschließung stets die Namen ihrer Ehemänner angenommen (außer in Kulturen, in denen der Familienname wichtiger war). Die einzige Ausnahme bildeten Filmstars und Schriftsteller. Ich weiß noch, wie ich das als Kind aufregend und exotisch fand. So wollte ich es eines Tages auch halten. Aber wie konnte ich das erreichen? Und was würden die Kraftfahrzeugbehörde (US Department of Motor Vehicles, DMV), die Sozialversicherungsbehörde (Social Security Administration, SSA) und meine Schwiegereltern dazu sagen?

Die zunehmende Annahme und Verbreitung der Anrede »Ms.« Anfang der 1970er-Jahre ermöglichte es Frauen, ihren Geburtsnamen zu behalten. Auch wenn die Anrede »Ms.« (dem *Oxford English Dictionary* zufolge) auf das Jahr 1952 zurückdatiert, fand sie erst seit dem Auftauchen von Gloria Steinems Magazin *Ms.* im Jahr 1972 breitere Verwendung.[15]

Im Jahr 1990 behielten bereits 20 Prozent der frisch verheirateten Collegeabsolventinnen quer über die USA verteilt ihren Nachnamen.[16] Mit steigendem Heiratsalter und einer stärkeren Konzentration auf die eigene berufliche Laufbahn vor der Ehe stieg auch das Bedürfnis, den eigenen Familiennamen zu behalten. Frauen konnten sich beruflich »einen Namen machen«, bevor sie sich entscheiden mussten, wie ihr voller Name aussehen sollte.

Die stille Revolution veränderte das Leben von Frauen überraschend schnell. Doch der Wandel kam nicht urplötzlich aus dem Nichts. Im Gegenteil, die beteiligten Kräfte hatten sich seit ihrer Kindheit darauf vorbereitet. Sie hatten mehrere aufeinanderfolgende Generationen beobachtet und vorausgesehen, was in ihrem Leben anders laufen würde.

Sie stellten viel konkretere Erwartungen an ihr zukünftiges Arbeitsleben und hatten dementsprechende Ambitionen.

Die Erkenntnis von Gruppe Vier nahm ihren Ausgang in den 1960er-Jahren, als sie als junge Frauen ihre Erwartungen an ein zukünftiges Erwerbsleben hinterfragten. Da bereits frühere Generationen einen größeren Teil ihres Lebens gearbeitet hatten, nahm Gruppe Vier an, dass sie es ihnen gleichtun würden. Auf sie warteten langfristige Karrieren statt Kurzzeitjobs. Daher begannen sie schon früh, sich darauf vorzubereiten. Sie belegten mehr Naturwissenschafts- und Mathematikkurse in der Schule und verbesserten ihre Ergebnisse in standardisierten Tests.[17]

Ihr Weg stellte eine logische Entwicklung dar. In den späten 1960er- und den gesamten 1970er-Jahren wandelten sich die Ansprüche an das zukünftige Berufsleben, die sozialen Normen hinsichtlich Familie und Karriere einer Frau und die entscheidenden Faktoren für ihre Lebenszufriedenheit. Genau wie ein Regenbogen das Ende eines Sturms verkündet, waren diese Faktoren die Vorzeichen eines Wandels. Gruppe Vier, die treibende Kraft der stillen Revolution, formulierte für sich selbst im langen Marsch der Geschichte neue Ziele. Und um diese Ziele zu erreichen, mussten Ehe und Mutterschaft warten. Doch ohne die nötigen Mittel, die ihnen erlaubten, beides aufzuschieben, ohne auf Dating, Sex und unveränderte Heiratsaussichten zum rechten Zeitpunkt zu verzichten, wäre die stille Revolution nicht denkbar gewesen.

Die Macht der Pille

1960 ließ die US-Behörde für Lebens- und Arzneimittel FDA ein Produkt namens *Enovid* zu. Diesen vom Hersteller gewählten Namen verwendete allerdings kaum einer, die meisten nannten das Produkt und seine Nachfolger »die Pille« – und 1965 nahmen über 40 Prozent der verheirateten Frauen unter 30 sie. Für ledige Frauen war der Zugang zur Pille aufgrund von rechtlichen und sozialen Faktoren schwierig. In der Serie *The Marvelous Mrs. Maisel* sagt die Protagonistin: »Es gibt etwas

Neues, es heißt ›Antibabypille‹ […] Eine kleine Tablette, Frauen, die sie nehmen, können so viel Sex haben, wie sie wollen, ohne schwanger zu werden. Allerdings dürfen sie nur verheiratete Frauen nehmen. Also nur die, die sowieso keinen Sex wollen. Wer sagt, die Arzneimittelbehörde hätte keinen Sinn für Humor?« Dabei waren ein paar Bundesgesetze schuld an der Misere, nicht die FDA.

Vor dem Ende der 1960er-Jahre war es Ärzten in den USA nicht erlaubt, unverheirateten, minderjährigen Frauen ohne Zustimmung ihrer Eltern die Pille als Verhütungsmittel zu verschreiben. Doch 1972, mit Einführung des 26. Zusatzartikels zur US-Verfassung (1971), wurde in den meisten Staaten die Volljährigkeit auf 18 Jahre gesenkt,[18] und »reife Minderjährige« erhielten in vielen Bundesstaaten durch Gerichtsentscheidungen und Bestimmungen Zugang zu Verhütung. Das Ganze nahm noch dadurch weiter an Fahrt auf, dass sich Minderjährige jetzt auch an Beratungsstellen für Familienplanung wenden konnten und lokale Leitlinien verändert wurden. Nun hatten junge, alleinstehende Frauen nicht nur einen gesetzlichen Anspruch auf Verhütungsmittel, es gab jetzt auch Stellen, wo sie diese sowie Beratung zur Familienplanung und Gesundheitsdienstleistungen, inklusive Tests auf Geschlechtskrankheiten, in Anspruch nehmen konnten.

Gesetze auf Bundesstaatenebene, die den Verkauf von Verhütungsmitteln in den 1960er-Jahren regulierten, waren ein weiteres Hindernis. Zu dieser Zeit war in 30 Staaten Werbung für Verhütungsmittel verboten, und in 22 Bundesstaaten war der Verkauf auf irgendeine Weise untersagt. Für Universitäten und Colleges, die auf keinen Fall gegen Bundesgesetze verstoßen wollten, war die rechtlich uneindeutige Lage ein willkommener Grund, *keine* expliziten Beratungsangebote zur Familienplanung zur Verfügung zu stellen. Und selbst wenn es sie gab, wurden sie kaum beworben. Erst wenn das Volljährigkeitsalter in einem Bundesstaat gesenkt wurde, richteten die Unis Anlaufstellen für Studentinnen ein.

Nachdem es auf rechtlicher Ebene einige Änderungen gegeben hatte, verbreitete sich die Pille schnell unter jungen, ledigen Frauen. 1976 nahmen 73 Prozent aller 18- und 19-jährigen Single-Frauen, die bereits einmal in ihrem Leben verhütet hatten, die Pille. Lange Zeit blieb die Pille das Verhütungsmittel der Wahl, selbst als immer mehr gesundheitliche Bedenken auftraten.

Das Aufkommen der Pille beeinflusste die Fertilitätsrate der jungen Frauen aus Gruppe Vier Ende der 1960er- und Anfang der 1970er-Jahre nicht sonderlich.[19] Aber wenngleich die Pille nicht groß die Anzahl der Geburten in dieser Gruppe beeinflusste, wirkte sie sich doch nachhaltig auf den Zeitpunkt von Heirat und Familienplanung aus. Da somit auch eine größere Gruppe an Menschen ledig war, konnten es sich andere auch leisten zu warten, der damit einhergehende Multiplikatoreffekt erhöhte das Alter bei einer ersten Ehe nochmals.[20] Mit steigendem Alter für eine erste Ehe konnten sich Frauen mehr aufs College konzentrieren, eine unabhängige Zukunft planen und *vor* der Heirat und Familienplanung eine Identität entwickeln.

Normalerweise werden Revolutionen von großen Ereignissen angestoßen, nicht durch eine kleine Pille. Die empirische Auseinandersetzung mit dem Einfluss der Pille auf die stille Revolution zieht das zeitliche Zusammenspiel mehrerer Veränderungen und ökonometrische Analysen zum Alter bei der ersten Heirat und Berufswechseln heran. Änderungen in der Gesetzeslage einiger Staaten zugunsten von Minderjährigen Ende der 1960er- und Anfang der 1970er-Jahre sorgten dafür, dass sich die Pille bei jungen, ledigen Frauen etablierte.

Dass die Gesetze diesen Wandel tatsächlich *ausgelöst* haben, lässt sich daher so gut belegen, weil die Gesetzeslage sich in den Bundesstaaten zu unterschiedlichen Zeitpunkten wandelte. Hinzu kommt, dass die Staaten, die ihre Gesetze und Politik als Erste änderten, weder sonderlich liberal noch konservativ waren. Ihre Politik, Religiosität und soziale Traditionen waren unterschiedlich, weshalb davon auszugehen ist, dass diese Faktoren keine Rolle spielten.

Aufgrund der rechtlichen Änderungen konnten junge, unverheiratete Frauen die Pille über verschiedene Wege beziehen. Es gab Familienplanungsstellen auf dem Campus von Colleges, die medizinische Versorgung, Beratung und Verhütungsmittel anboten. Die Organisation *Planned Parenthood*, Gynäkologen und Geburtshelfer konnten die Pille verschreiben, ohne Sanktionen fürchten zu müssen. Und als immer mehr Frauen die Pille nahmen und das Heiratsalter anstieg, mussten auch diejenigen, die nicht mit der Pille verhüteten, sich nicht sorgen, dass irgendwann alle geeigneten Männer weg wären. Das steigende Heiratsalter führte auch dazu, dass mehr Frauen höhere Bildungsabschlüsse machten, ohne dafür einen so hohen persönlichen Preis zu zahlen (wenngleich die Studiengebühren natürlich gleich blieben). Und mehr von ihnen entschieden sich für eine Laufbahn, die viel Einarbeitungszeit und Entwicklung forderte.

Wie beeinflusste aber die laute Revolution Ende der 1960er und Anfang der 1970er ihre stille Schwester? Tatsächlich dürfte sie sie gepusht haben, wenn nicht durch die Gesetzgebung, dann durch das Empowerment und die Gemeinschaft. »Der Feminismus führte dazu, dass wir arbeiten wollten, aber wirkungsvolle Verhütungsmittel führten dazu, dass wir auch arbeiten *konnten*«, so die Erdölgeologin Betty Clark aus der Gruppe Vier, die sich erst spät für das Thema Wirtschaft erwärmte. Laut dem Wirtschaftsprofessor Brad DeLong von der Universität in Berkeley sei Betty an dem Tag »aus Versehen in [seine] Einführungsvorlesung Wirtschaft gestolpert«, als er über meine Arbeit zum wirtschaftlichen und sozialen Einfluss der Pille referierte. Diese Erörterung hatte Betty dazu angeregt, eine E-Mail an DeLong zu schicken, in der sie ihre persönlichen Erfahrungen schilderte.[21]

Oftmals werden Revolutionen losgetreten, wenn sich die Bedingungen so verändern, dass bei einigen Einzelpersonen ein Funke entzündet wird und sie glauben, dass das Leben anders und besser sein könnte. Revolutionen sind verworrene Angelegenheiten, die sich oft schwer in ihre Einzelteile zerlegen lassen. Doch in diesem Fall ist einigermaßen klar, worauf sie gründete. Sie hatte sich lange angekündigt und war alles andere als ein Staatsstreich.[22] Es gab mehrere Umstände, von denen ein einzelner jeweils nicht gereicht hätte, eine Revolution zu entfachen oder am Laufen zu halten. Die Pille allein hätte wohl nicht den Ausschlag gegeben, sie war aber notwendig für die Zugkraft und das Fortbestehen der stillen Revolution.

Die Frauen aus Gruppe Vier erlebten überall Veränderung. Anfang der 1960er-Jahre waren sie Kinder und bekamen die Mentalität des Kalten Krieges mit. Sie beugten sich der Autorität ihrer Eltern und der Regierung. Aber Ende der 1960er, als sie langsam zu jungen Frauen heranwuchsen, nahmen viele von ihnen an Antikriegsdemonstrationen teil und gingen für Befreiungsbewegungen auf die Straßen.

Auch in anderen Jahrzehnten hat es große soziale Veränderungen gegeben, ohne dass dabei eine stille Revolution entstanden wäre. Als wichtiger Baustein dürfte, neben einigen anderen Faktoren wie einem allgemein höheren Lohnniveau, die steigende Anzahl an erwerbstätigen Frauen sowie ihre Arbeitsbereitschaft gelten.

Nehmen wir als Beispiel ein 16-jähriges Mädchen in den 1970ern. Sie hat vielleicht eine 35 Jahre alte Tante, die aufs College gegangen ist und zwei Kinder im Alter von neun und zwölf hat. Diese Tante hat gerade wieder angefangen, als Lehrerin zu arbeiten. Viele ihrer Freundinnen arbeiten auch wieder – als Lehrerinnen, Sozialarbeiterinnen, Ernährungsberaterinnen, Pflegekräfte, Redakteurinnen und so weiter –, nachdem sie für die Kindererziehung ausgesetzt hatten. Aus historischen Daten lässt sich entnehmen, dass ungefähr die Hälfte dieser Freundinnen erwerbstätig gewesen sein müssten, die meisten in Vollzeit.

In den 1980ern lag das Beschäftigungsniveau für die Generation der Tante, Frauen um 45 also, bei 80 Prozent. Sie waren ungefähr zehn Jahre lang keiner Lohnarbeit nachgegangen, aber mit Mitte 40 seit einem Jahrzehnt durchgängig erwerbstätig. Viele von ihnen arbeiteten bis zum Ruhestand in ihren Sechzigern durch oder sogar noch länger. Doch wenngleich sie viele Jahre lang arbeiteten, konnten die meisten von ihnen nicht groß in ihren Berufen, Firmen oder Institutionen aufsteigen, da sie nicht darauf vorbereitet waren. Sie waren darauf eingestellt, einen guten Job zu haben, in dem sie arbeiten und dann pausieren konnten, bevor sie wieder einsteigen würden. Ihre Gehälter waren dadurch eingeschränkt, welche Position sie in jüngeren Jahren gewählt hatten.

Die verbreitete Erwerbstätigkeit der vorherigen Generation (die Tante) war eine wichtige Voraussetzung für diejenige der stillen Revolution (die Nichte). Die jungen Frauen aus Gruppe Vier sahen, dass die älteren Frauen mit Collegeabschluss aus Gruppe Drei berufstätig waren, einige von ihnen aber nicht damit gerechnet hatten, später so lange erwerbstätig zu sein. Viele hatten sich nicht entsprechend um ihre weiterführende Bildung gekümmert, weil sie nicht die Möglichkeit gehabt hatten, später zu heiraten und Kinder zu kriegen. Andere konnten nicht wieder an Ausbildungsinstitutionen zurückkehren, wenn sie einmal mit der Familiengründung begonnen hatten, und wieder andere mussten feststellen, dass Lernen, wenn man älter war, sich schwieriger gestaltete.

Schon als jungen Frauen war der Gruppe Vier bewusst, dass sie womöglich einen Großteil ihres Lebens erwerbstätig sein würden. Daher bereiteten sie sich auf ein längeres Arbeitsleben mit weniger Unterbrechungen vor.

Tatsächlich aber war die höhere Erwerbsquote kein zentrales Ergebnis der stillen Revolution.[23] Der wahre Wandel geschah auf der Ebene der Berufswahl und Karriereplanung. Es gab nicht einmal einen großen Richtungswechsel bei den Beschäftigungstrends. Mit einer Ausnahme: Die Erwerbstätigkeit bei Frauen mit Kleinkindern stieg zwischen den frühen 1970ern und den 1990ern stark an.[24] Frauen mit kleinen Kindern arbeiteten, selbst wenn sie viele hatten, denn sie hatten gut bezahlte Jobs, die Beständigkeit belohnten. Genau darum ging es bei der stillen Revolution.

Erweiterter Horizont

Um 1970 fingen die Frauen aus Gruppe Vier damit an, sich näher damit auseinanderzusetzen, dass ihr zukünftiges Arbeitsleben sich stark von dem der vorherigen Generation unterscheiden würde. Von daher konnten sie erfüllende, dynamische berufliche Laufbahnen anvisieren, die eine Entwicklung versprachen, anstatt Jobs anzunehmen, wo es wenig Luft nach oben gab.

Verschiedene Befragungen geben Aufschluss darüber, welche Erwartungen sie als frischgebackene Teenies und im späteren Teenageralter an ihr zukünftiges Berufsleben hatten. Zwei der größten und bekanntesten Studien sind hier die *National Longitudinal Survey of Young Women*, in der man 1968 begann, eine große Gruppe an 14- bis 24-Jährigen zu untersuchen, sowie die *National Longitudinal Survey of Youth*, die mit denselben Altersgruppen arbeitete, allerdings erst ab 1979 (ich werde mich auf beide als NLS beziehen). In beiden Studien wurden Fragen gestellt wie »Was werden Sie machen, wenn Sie 35 sind? Zu Hause mit der Familie oder bei der Arbeit sein?«.

Als die Studie 1968 anlief, glaubten die jungen Frauen im Großen und Ganzen eher nicht, dass sie mit 35 einer Lohnarbeit nachgehen würden, nur 33 Prozent gaben dies an.[25] Die Beschäftigungsrate der Mütter dieser jungen Frauen lag damals bei circa 30 Prozent.

Die weiblichen Teenager Ende der 1960er orientierten sich bei ihren Beschäftigungserwartungen am Arbeitsleben ihrer Mütter und deren Generation. Ein Mädchen, das Ende der 1960er 14 Jahre alt war, schätzte anhand ihrer Mutter und deren Freundinnen ein, wie ihr eigenes Arbeitsleben einmal aussehen würde (und das galt auch 1968 für eine 18-Jährige), wie aus Abbildung 6.2 hervorgeht.

Es ist verständlich, dass sie die Vorstellungen über ihr Arbeitsleben aus dem Leben ihrer Mütter ableiteten. Eine Weile schauten sie zurück. Aber dann richteten die jungen Frauen ihren Blick nach vorne und begannen, auf die Veränderungen um sie herum zu reagieren. In den 1970er-Jahren hatten sich ihre Erwartungen sehr verändert. 1975 hatte sich der Anteil der Frauen, die davon ausgingen, mit 35 einer Lohnarbeit nachzugehen, im Vergleich zu 1968 verdoppelt; 1980 gaben 80 Prozent die Vorstellung an, mit 35 einer Lohnarbeit nachzugehen. Dieser Anstieg von 33 auf 80 Prozent hatte sich in nur zwölf Jahren vollzogen.

Viele empfanden nun ihre Mütter, die der Gruppe Drei angehörten, als unglücklich, unzufrieden und verletzlich. In den 1970ern wussten junge Frauen wie jene Studienanfängerinnen von 1979, dass es auch anders ging. »Ich wäre nicht gern so unglücklich, wie es meine Mutter war. Sie hatte so viele Kinder und war daher von meinem Vater abhängig. […] Er wollte nicht, dass sie arbeitete.« »Meine Mutter hat nie

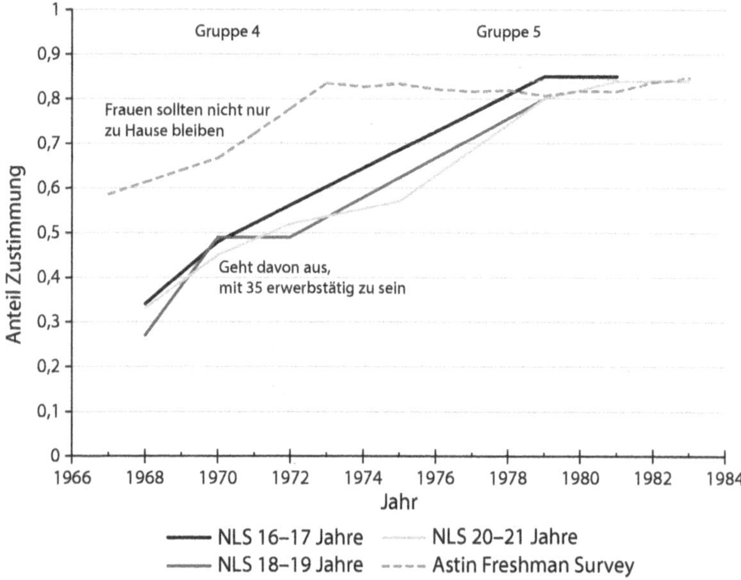

Abb. 6.2: Beschäftigungserwartungen und Haltung von weiblichen Jugendlichen nach Alter und Jahr.

Hinweis: In der NLS wurde gefragt, ob eine Befragte erwartete, mit 35 erwerbstätig zu sein. Die hier abgebildeten Antworten stammen von weißen Frauen. Die NLS-Daten verknüpfen die Durchschnittswerte für jede Altersgruppe über den Zeitverlauf. Eine 14- bis 15-Jährige aus der Studie von 1968 wird also als 16- bis 17-Jährige in der Studie von 1970 erfasst und wird in der NLS 1979 mit der Kurve der 16- bis 17-Jährigen verbunden. Bei der Astin Freshman Survey wurde gefragt, ob die Teilnehmerinnen folgender Aussage widersprachen: »Verheiratete Frauen sollten sich am besten nur auf das Zuhause und die Familie beschränken.« Die Astin-Daten stammen von Studienanfängerinnen, die größtenteils 18 Jahre alt waren (siehe Abbildungs- und Tabellenanhang)

gearbeitet, und ich glaube, dass sie viel besser dran gewesen wäre, wenn sie es getan hätte.« »Als ich im Teenageralter war, war meine Mutter ganztags zu Hause. Ich glaube nicht, dass das gesund ist. Es ist nicht gut, wenn die Mutter unglücklich ist und ihr Leben für dich opfert.« »Ich habe mir oft gewünscht, dass meine Mutter arbeitet. […] Als ich älter wurde, ging es meinen Brüdern und Schwestern genauso, sie sagten: ›Such dir doch einen Job.‹«[26]

Unabhängig von ihrem Alter korrigierten alle Teilnehmerinnen an der NLS ihre Erwartungen in allen Folgejahren nach oben. Diese höheren Erwartungen, einer Lohnarbeit nachzugehen, zeigen, dass sich in den 1970er-Jahren die Perspektive für Jugendliche aller Altersklassen änderte. Es lag an den damaligen Entwicklungen, dass sie ihre Aussichten jetzt anders einschätzten, nicht nur daran, dass die Teenager erwachsen wurden und unabhängig sein wollten.

Als die Teilnehmerinnen Anfang der 1980er 35 Jahre alt waren, lag ihre Beschäftigungsrate bei circa 75 Prozent.[27] Bei denjenigen mit Collegeabschluss waren es über 80,[28] sie hatten also mit ihrer Einschätzung genau richtiggelegen. Dafür hatten sie 1968 mit ihrer ursprünglichen Schätzung von 33 Prozent total danebengelegen.

Die jungen Frauen hatten ihren Horizont erweitert und bald schon gemerkt, dass sich ihr Leben stark von dem der vorherigen Generationen unterscheiden würde. Diese Jugendlichen Anfang der 1970er konnten vielleicht deshalb zutreffendere Einschätzungen abgeben, weil der wiederauflebende Feminismus damals Althergebrachtes und überholte Normen infrage stellte. Die Erwartungen an die zukünftige Arbeitszeit nach oben zu korrigieren könnte junge Frauen Anfang der 1970er auch dazu inspiriert haben, ihre Collegelaufbahn weiterzuverfolgen und einen Abschluss zu machen (es gibt durchaus Hinweise, die dafür sprechen).[29]

Dass junge Frauen ihre Erwartungen an das eigene Arbeitsleben mit 35 anpassten, lag auch daran, dass ihre eigene Akzeptanz dafür, dass Frauen auch außerhalb des eigenen Zuhauses arbeiteten, generell stieg. 1967 *widersprachen* 41 Prozent der Studienanfängerinnen der Aussage: »Verheiratete Frauen sollten sich am besten nur auf das Zuhause und die Familie beschränken.« Nur sieben Jahre später, 1974, waren es bereits 83 Prozent, die *nicht damit übereinstimmten*. (Anders formuliert, so wie in Abbildung 6.2 dargestellt, *stimmten 1974 83 Prozent zu*, dass Frauen *nicht* nur auf das Zuhause beschränkt sein sollten; 1967 waren es nur 59 Prozent gewesen.) Überall tat sich etwas, *»the* *times they are a-changin«*, um es mal mit den Worten Bob Dylans zu sagen.

Die jungen Frauen der Gruppe Vier ließen auf ihre Worte auch Taten folgen. Da sie stärker davon ausgingen, dass sie zukünftig durchgängig erwerbstätig sein würden und eine richtige Karriere haben könnten, konzentrierten sie sich stärker auf ihre Bildung. Viele von ihnen konnten aufs College gehen und einen Abschluss machen, weil sie sich als Teenager besser darauf vorbereitet hatten.

1955 lagen die Mädchen bei den Vorbereitungskursen fürs College weit hinter den Jungen zurück. Sie belegten im Vergleich zu den Jungs nur 70 Prozent der Highschool-Mathe-Kurse. 1970 belegten sie schon 80 Prozent, und um 1990 lagen sie gleichauf. Außerdem machten die Mädchen in den naturwissenschaftlichen Fächern Boden gut.

Doch die Mädchen belegten nicht nur mehr Kurse; auch ihre Mathe- und Leseergebnisse stiegen im Verhältnis zu den Jungen. Um 1990 war kaum noch ein Unterschied bei den Mathematikkenntnissen von Mädchen und Jungen in ihrem letzten Jahr der Highschool zu messen, und beim Lesen lagen die Schülerinnen weit vorne.[30] Die ernst zu nehmenden Fortschritte in Mathematik, mehr naturwissenschaftliche Fächer und bessere Lesekenntnisse führten dazu, dass im Verhältnis zu den Jungen weitaus mehr weibliche Teenager aufs College gehen und einen Abschluss erwerben konnten. Das traf auf diejenigen zu, die Ende der 1940er geboren wurden, den Anfang von Gruppe Vier. Es handelte sich dabei um einen so enormen Anstieg, dass sich das Verhältnis von zuvor mehr männlichen Collegestudenten und -absolventen Anfang der 1980er schnell umkehrte.

Da es sich um so einschneidende und wichtige Veränderungen handelt, lohnt es sich, die Collegeabschlussrate im Verlauf zu betrachten (siehe Abbildung 2.5). Bei den Frauen, die zwischen 1877 und den 1910ern geboren wurden – Gruppe Eins und Zwei –, gab es kaum geschlechterspezifische Unterschiede bei den Collegeschülern (was teilweise daran lag, dass Frauen oft zwei Jahre dauernde Schulen für die Lehrerinnenausbildung besuchten). Die männlichen Schüler absolvierten öfter, jedoch nicht viel öfter, eine vierjährige Collegelaufbahn.

Bei den Ende der 1910er- oder 1920er-Jahre Geborenen traten jedoch große Unterschiede hinsichtlich des Collegebesuchs und der Abschlüsse auf. Dass nun mehr Männer aufs College gingen, lag teilweise an den Anreizen durch mehrere US-Bundesgesetze zur Wiedereingliederung der Soldaten um den Zweiten Weltkrieg und den Koreakrieg. Die Männer holten nun im Vergleich zu den Frauen auf, und Ende der 1940er und 1950er (Gruppe Drei) gab es fast doppelt so viele männliche wie weibliche Absolventen pro Geburtsjahr. In den 1960er-Jahren, als diese »GI Bills« genannten Gesetzte bereits länger in Kraft waren, gab es anderthalbmal so viele männliche wie weibliche Absolventen.

Doch das war auch der Moment, an dem es zu einem unglaublichen Wendepunkt kam. Immer mehr Frauen gingen aufs College. In der ersten Phase der Gruppe Vier waren es nur noch 1,3-mal so viele männliche Absolventen wie Frauen. Und Anfang der 1980er machten mehr Frauen als Männer einen Collegeabschluss. Als die Gruppe Fünf nach und nach aufs College ging, gab es eine bemerkenswerte Umkehrung bei den geschlechtsspezifischen Unterschieden in der Hochschulbildung.

1970 waren die Hauptfächer, die Männer und Frauen belegten, vollkommen unterschiedlich. Um Gleichheit zu erreichen, hätte die Hälfte aller Frauen oder Männer ein anderes Fach wählen müssen.[31] 1985 sah das anders aus, da hätten sich nur noch 30 Prozent umentscheiden müssen (egal ob Männer oder Frauen), um ein gleiches Verhältnis herzustellen. Das ist natürlich keine Gleichstellung, aber ein großer Schritt in die richtige Richtung. Ähnlich sieht es mit den Berufswünschen aus, die die Erstsemester 1970 angaben[32] und die sich bei Männern und Frauen vehement unterschieden. 1985 waren die Unterschiede schon weitaus geringer. Die Wünsche, die sie als Studienanfänger äußerten, spiegelten sich schließlich in den Hauptfächern, die sie zum Ende des Colleges belegten, wider.

Es war vollkommen neu, dass die Collegestudentinnen der Gruppe Vier sich nun karriereorientiertere Kurse und Fächer aussuchten. Als die ersten der Gruppe Vier 1970 ihren Abschluss machten, hatten fast

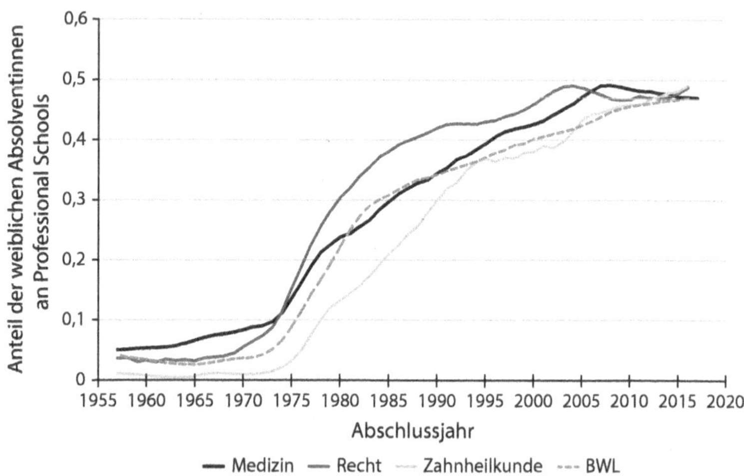

Abb. 6.3: Anteil der Absolventinnen an Professional Schools im Bereich Medizin, Recht, Zahnheilkunde und BWL (siehe Abbildungs- und Tabellenanhang)

zwei Drittel der weiblichen Absolventinnen eine Kombination aus Pädagogik und Geisteswissenschaften als Hauptfächer (je 40 Prozent und 22).[33] Die Männer kamen bei beiden dieser Fächer zusammengenommen nur auf 24 Prozent. 1982 verlagerten sich sowohl Männer als auch Frauen von der Pädagogik und den Geisteswissenschaften Richtung BWL.[34] 1967 hatten fünf Prozent der Absolventinnen ein wirtschaftliches Hauptfach. 1982 waren es 21.[35] Zwar fand die Veränderung nicht über Nacht statt, war aber dennoch schnell.

Die Frauen wählten nun weniger Fächer, die »konsum«- und joborientiert waren, sondern eher solche aus dem Bereich Investment und Karriere. Die Frauen der Gruppe Vier wussten, was sie für ihre Zukunft brauchten. Shakespeare würden sie immer lesen können, nicht aber Buchhaltung lernen. Lehrerin würden sie immer noch werden können, nicht aber Forscherin oder Wirtschaftsprüferin.

Um 1970 begannen die Frauen, verstärkt auf die weiterführenden Bildungsinstitutionen zu setzen (siehe Abbildung 6.3). Ende der 1960er-Jahre war nur eine von 20 Jurastudierenden eine Frau. Anfang der 2000er hatten fast gleich viele Frauen wie Männer ein Juris-Doctor-

Programm absolviert (und abgeschlossen). Bei den Medizinstudierenden sah es fast genauso aus. Zwischen 1970 und 1979 verdreifachte sich der Anteil der Frauen mit Bachelorabschluss, die Ärztinnen wurden, nahezu. Und das sind nur zwei der vielen höheren Studiengänge, in die die Frauen aus Gruppe Vier strömten. Es gab auch einen wachsenden Frauenanteil im Bereich Zahnmedizin, BWL, Tiermedizin, Medizin, Optometrie, Pharmazie und so weiter und so fort.

Bei all diesen weiterführenden Studiengängen zeichnete sich für Frauen zur gleichen Zeit, Anfang der 1970er, ein Wendepunkt ab. Der Anstieg war zudem deutlich. Die Frauen der Gruppe Vier waren aus den Schatten getreten.[36]

Der Zeitpunkt, zu dem diese Veränderungen vonstatten gingen, legt die Vermutung nahe, dass sie hauptsächlich durch Antidiskriminierungsgesetze und staatliche Maßnahmen ausgelöst wurden. Stichhaltige Belege für deren positiven Einfluss sind schwer zu erbringen.[37] Doch da der Wandel einsetzte, noch bevor die Gesetzesänderung zur Gleichstellung namens *Title IX* rechtskräftig wurde, und lange bevor man danach handelte, sind Gesetze und Anordnungen wohl nicht der Auslöser gewesen. Was nicht heißen soll, dass *Title IX* nicht die Gleichstellung von Frauen in der Bildung vorangetrieben hätte. Es war aber eben nicht der einzige oder der Hauptgrund dafür, dass mehr Frauen einen höheren Bildungsabschluss erwarben.

Bei den Berufen zeichnete sich ebenfalls ein schneller Wandel ab. Früher waren Collegeabsolventinnen oft als Lehrerinnen, Krankenschwestern, Bibliothekarinnen, Sekretärinnen und Sozialarbeiterinnen tätig. 1970 übten 68 Prozent der 30- bis 34-jährigen Absolventinnen einen Beruf in diesem Bereich aus. Lediglich 20 Jahre später waren es nur noch 30 Prozent. Dass Frauen aus so vielen traditionellen Berufsfeldern abwanderten, ist der Grund für den sichtbaren Steilhang in der Kurve zur Gruppe Vier (Abbildung 6.4). Der Rückgang bei den Lehrerinnen ist jedoch relativ zur Gesamtzahl der Hochschulabsolventinnen zu sehen und nicht absolut. Mittlerweile machten so viel mehr Frauen einen Collegeabschluss, dass sich trotz des Rückgangs bei den als Lehrerinnen arbeitenden Absolventinnen am Ende die Anzahl der Lehrerinnen kaum veränderte. In den meisten anderen Bereichen in dieser Abbildung gab es jedoch einen absoluten Rückgang.

Die Frauen verabschiedeten sich von den traditionelleren Berufen und probierten sich in den verschiedensten Gebieten aus: als Anwältin, Managerin, Ärztin, Dozentin und Wissenschaftlerin. 1990 waren fast 30 Prozent aller Collegeabsolventinnen zwischen 30 und 34 in den neuen Feldern tätig, in denen 1970 nur 13 Prozent gearbeitet hatten. Der Anteil der Frauen in den beiden Berufsfeldern veränderte sich zwar zwischen 1970 und 1990 stark, seit 1990 bis heute hat sich jedoch kaum etwas getan.

Die meisten Frauen der Gruppe Vier erkannten, dass ihre Arbeit sie längerfristig begleiten würde. Also machten sie ihren Beruf oder ihre Beschäftigung zu einem wichtigen Faktor, der darüber entschied, wie zufrieden sie im Leben waren, sie sahen ihre Arbeitsstelle als unabdingbar für ihr soziales Umfeld an. Ihre Berufstätigkeit hing nicht mehr ausschließlich davon ab, wie viel zusätzliches Einkommen sie zum Haushaltsbudget beisteuern konnten.

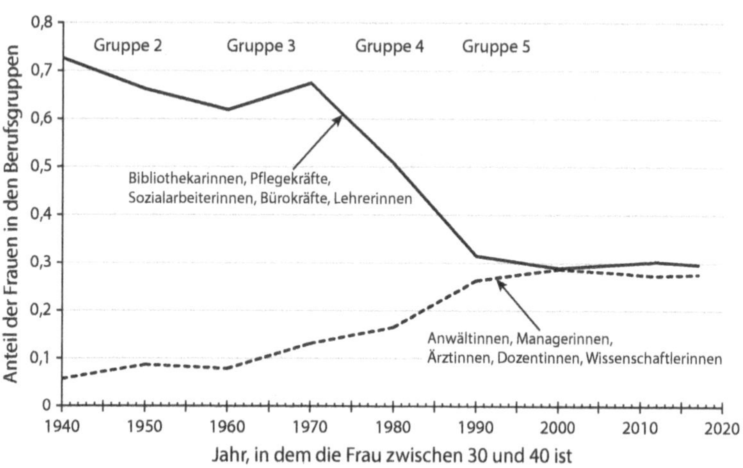

Abb. 6.4: Berufe von Collegeabsolventinnen im Alter zwischen 30 und 34: 1940 bis 2017 (siehe Abbildungs- und Tabellenanhang)

Sie trugen jetzt nicht mehr nur einfach etwas zum Einkommen ihres Ehemanns bei. Vielmehr dachten sie nun bei der Frage, ob sie arbeiten sollten oder nicht, über ihre eigenen Wünsche und sich selbst nach.

Die Erwerbstätigkeit wurde demnach für Frauen immer wichtiger. Den Arbeitsplatz zu verlassen ging mit einem Identitätsverlust einher, genauso wie arbeitslos oder in Rente zu sein für die meisten Männer Prestigeverlust und fehlendes Zugehörigkeitsgefühl bedeutete. Als die Frauen der Gruppe Vier in den 2010ern langsam die 60 überschritten und um die 70 Jahre alt waren, blieben sie viel länger im Beruf[38] als jegliche Gruppe an Frauen zuvor. Sie arbeiteten weiter, auch wenn ihre finanzielle Situation eine Berentung zuließ und selbst wenn ihre Männer oder Partner bereits in Rente waren. Umfassende Studien zu den Frauen in Gruppe Vier haben gezeigt, dass deren Beschäftigungsraten sich im Vergleich zu vorherigen Gruppen in ihren Sechzigern und älter nahezu verdoppelt haben. Dazu waren sie nicht auf Teilzeitjobs umgestiegen, sondern hatten länger in ihren Berufen gearbeitet.

Eine ähnlich verstärkte Identifikation mit dem Beruf lässt sich bei Frauen mit geringerem Einkommen feststellen. »Es gilt für alle Frauen, die ich interviewt habe, dass sie arbeiten, weil sie müssen«, so die bekannte Ethnografin Lillian Rubin 1994. »Fast genauso oft ziehen sie eine gewisse Erfüllung oder Befriedigung aus der Arbeit, die sie so ungern aufgeben wollen.« Rubin fügte hinzu, dass die Tatsache, dass diese Frauen sich stärker mit der Arbeit identifizierten, dazu führte, dass sie eine Gleichbehandlung mit den Männern forderten. »Jetzt befürworten alle Frauen, selbst jene, die der Idee vor zwei Jahrzehnten eher skeptisch gegenüberstanden, unmissverständlich das Prinzip der Lohngleichheit.«[39]

Indem sie ihren Horizont erweitert und einen Identitätswandel erlebt hatten, waren die jungen Frauen der Gruppe Vier besser auf den Arbeitsmarkt und ihre Laufbahn vorbereitet. Dass sie sich eher für berufsorientierte Hauptfächer am College und für eine weiterführende Bildung entschieden, spiegelt sich auch in ihren Gehältern wider, die, im Verhältnis zu denen der Männer, um 1980 langsam zu steigen begannen, während sich in den 1950er-Jahren hier kaum etwas getan hatte. Dieser Anstieg ist zu einem großen Teil dadurch bedingt, dass die Frauen über mehr Arbeitserfahrung[40] und markttauglichere Fähigkeiten verfügten. Für jedes Jahr Berufserfahrung erhielten sie eine höhere Entlohnung. Ihre Berufserfahrung war mehr wert, da sie in Feldern tätig waren, wo man befördert werden und am Arbeitsplatz mehr lernen konnte.

Allerdings hatten diese Errungenschaften auch ihren Preis. Eine spätere Heirat bedeutete auch, später Kinder zu bekommen, was für viele weniger Kinder bedeutete. Für manche hieß es auch, gar keine Kinder zu kriegen. Zwischen Gruppe Drei und Vier gab es einen sehr harten Übergang. Unter den Frauen mit Collegeabschluss, die 1943 geboren wurden – die letzten der Gruppe Drei –, bekamen 19 Prozent bis Anfang 40 kein Kind. Bei den Frauen, die 1947 geboren wurden, also nur vier Jahre später, waren es 25 Prozent. Und bei den 1955 geborenen waren es 28 Prozent, der Höchstwert der Kinderlosen in dieser Gruppe. Es ist wenig überraschend, dass unter den Frauen mit höheren Bildungsabschlüssen der Anteil der Kinderlosen noch höher war – um die 33 Prozent.[41]

Für viele, die das Kinderkriegen aufschoben, war es schließlich zu spät. Das spätere Heiratsalter und der Fokus auf die Karriere bedeuteten, dass die Familiengründung nicht die erste Priorität hatte. Viele Frauen dieser Gruppe dachten, sie würden einfach später Kinder bekommen, ohne zu wissen, dass andere Träume zu verfolgen am Ende bedeuten würde, keine Familie gründen zu können. Sie stellten es erst nachträglich fest, genau wie jene, die nach ihnen kommen sollten. »Ich kann nicht glauben, dass ich vergessen habe, Kinder zu kriegen!«, klagt eine Frau auf einem berühmten Bild von Roy Lichtenstein. Der Pop-Art-Druck, der um 1964 entstand, wurde das ikonische Poster für viele Frauen der Gruppe Vier. Sie hatten verkündet, es besser machen zu wollen als Gruppe Drei. Und das traf auch in vielerlei Hinsicht zu. Aber viele »vergaßen« eben, Kinder zu bekommen.

7 Revolution mit Unterstützung

Die Schauspielerin, Komikerin und großartige Autorin Tina Fey gehört zur Gruppe Fünf. Wie viele erfolgreiche Collegeabsolventinnen dieser Gruppe bekam sie spät Kinder – das erste mit 35, beim zweiten war sie 41. Das Thema Mutterschaft taucht immer wieder in ihrer Sitcom *30 Rock* auf und ist sehr präsent in den Rollen, die sie in den Filmen *Baby Mama* (2008) und *Zugelassen – Gib der Liebe eine Chance* (2013) spielt.

Als Kate Holbrook, die Protagonistin von *Baby Mama*, fasst sie die Ängste ihrer Generation zusammen: »Ich habe alles getan, was zu tun war […], um die jüngste Vizepräsidentin meiner Firma zu werden. Ich habe eine Entscheidung getroffen. Manche Frauen werden schwanger, andere befördert.« Sie fügt dann ihrem Monolog auf einem ersten Date hinzu: »Ich will jetzt ein Kind. Ich bin 37.« Kein gutes Gesprächsthema, wie sie bald merken wird, als ihr Date in einem Taxi verduftet. Nachdem sie es mit künstlicher Befruchtung und Leihmutterschaft versucht hat, wird sie schließlich auf die altmodische Weise schwanger, verfolgt weiter ihre Karriere und heiratet den einen alternativen Lebensstil pflegenden Besitzer einer örtlichen Saft-Bar, der früher einmal als Anwalt gearbeitet hat. Keine Figur von Tina Fey geht den gewöhnlichen Weg.

Auch in ihrer Rolle als Liz Lemon in der gefeierten Comedy-Sendung *30 Rock* verleiht sie den Sorgen ihrer Gruppe eine Stimme. In den letzten Folgen, in denen sie 42 Jahre alt ist, heiratet sie ihren Freund, adoptiert achtjährige Zwillinge und kündigt ihren Job als Chefautorin einer Fernsehsendung. Doch das Hausfrauenleben macht sie nicht glücklich, und ihr Mann Criss ist genauso unglücklich als berufstätiger Vater. »Es ist okay, arbeiten gehen zu wollen«, bestärkt Criss Liz. »Einer von uns beiden muss es ja tun. Bei uns ist es eben nur andersrum: Du bist der Vater.«[1]

Nicht jeder kann sich so glücklich schätzen wie Liz Lemon und Criss

Chros oder ein anderes fiktionales oder reales Paar, das erst später im Leben eine Familie gegründet hat, nachdem die herkömmlichen Methoden nicht funktioniert haben. Doch natürlich ging der späte Kinderwunsch für viele Collegeabsolventinnen auch in Erfüllung, oftmals durch puren Willen und Glück, gelegentlich auch mithilfe kostspieliger und emotional zermürbender Prozeduren. Auf dem Höhepunkt der Kinderlosigkeit von Gruppe Vier hatten 28 Prozent aller Collegeabsolventinnen bis zum Alter von 45 kein Kind.[2] Bei Gruppe Fünf fiel dieser Wert auf 20 Prozent. Der Kurswechsel war nicht nur auffällig, sondern ging auch sehr offen vonstatten – was Bände über die Errungenschaften von Frauen spricht.

Zu meiner Zeit als Assistenzprofessorin in den 1970ern sprach keine der (sehr spärlich gesäten) jungen Frauen an der Universität darüber, Kinder zu haben, nicht einmal privat. Selbst in den 1980ern, als es sehr viel mehr junge weibliche Fakultätsmitglieder gab, kann ich mich nicht erinnern, viele Frauen gekannt zu haben, die schwanger waren – wenngleich ich viele Fakultätsangehörige (allesamt Männer) kannte, die Kinder hatten. Welche Politik die Universitäten beim Mutterschutz fuhren, war selten transparent, und kaum jemand fragte danach, bis man sie tatsächlich in Anspruch nehmen musste.

1980 aß ich einmal mit der Lehrstuhlleitung und einer beeindruckenden Anwärterin auf eine Assistenzprofessorinnenstelle zu Abend. Damals hatte ich keinen unbefristeten Vertrag an der Universität. Mein Kollege, der in sozialen Situationen gerne mal danebengriff, fragte die Kandidatin, ob sie irgendwelche Fragen zu der Stelle habe (nicht gerade ein Thema für ein entspanntes Gespräch beim Abendessen). Doch zu meiner Überraschung erkundigte sich die Bewerberin (eine brillante, mutige Frau, die später Kommissarin im Statistikbereich des US-Arbeitsministerium werden sollte) nach der Mutterschutzpolitik der Universität. Die Lehrstuhlleitung konnte kein einziges Detail dazu nennen.

Heute ist es keine Seltenheit mehr, dass Assistenzprofessorinnen schwanger werden – genau wie angestellte Anwältinnen, Frauen im mittleren Management, Buchhalterinnen, aufstrebende Consultants und viele weitere karriereorientierte Erwerbstätige. Die Richtlinien für die Elternzeit sind weitaus transparenter (und immer wohlwollender) geworden.[3]

Die Frauen in Gruppe Fünf, die Mitte der 1980er bis Anfang der 1990er ihren Collegeabschluss gemacht haben, waren die Ersten, die offen darüber sprachen, dass sie sowohl Karriere als auch Kinder wollten.[4] Dieses neue Ideal – und dass die Frauen so offen danach streben konnten – war möglich, da Gruppe Vier bereits den Weg fürs Berufsleben geebnet hatte. In keiner der vorhergehenden Gruppen hatte es so viele gegeben, die *sowohl* Karriere *als auch* Familie unter einen Hut brachten. Gruppe Vier hatte sich zuerst auf einen der beiden Aspekte, nämlich die Arbeit, konzentriert, was keiner der vorausgehenden Gruppen in diesem Umfang gelungen war. Sie verwandten einen Großteil ihrer Energie auf die zur Erreichung dieses Ziels notwendigen Schritte.

Sie erarbeiteten sich den Zugang zu den weiterführenden Bildungsinstitutionen. Waren Ende der 1960er nur fünf Prozent der Juristen Frauen gewesen, so waren es Ende der 1980er bereits 35 Prozent. Erst erreichten die Frauen Gleichstand mit den Männern im College, dann überholten sie sie zahlenmäßig. Für den Aufstieg in ihrer jeweiligen Laufbahn mussten sie alles geben.

Bei Gruppe Fünf gab es dann auf diesem Weg schon sehr viel weniger Hindernisse. Aber sie hatten auch von ihren Vorgängerinnen aus Gruppe Vier gelernt, dass die Karriere Raum für Familie lassen muss, da ein Aufschieben am Ende dazu führen könnte, dass man gar keine Kinder bekam.

Was den Frauen aus Gruppe Fünf außerdem noch ermöglichte, ihre Ziele unverblümter zu kommunizieren, waren die Fortschritte in der Wissenschaft und Medizin. Früher wusste niemand, wie die Fruchtbarkeit bei Frauen und Männern sich im Alter veränderte. Auch über Chromosomenschäden und welche Embryonen gesund sein würden, wusste man nicht Bescheid. Um herauszufinden, wie sich die Fruchtbarkeit von Frauen mit dem Alter veränderte und wie sich dies darauf auswirkte, schwanger werden zu können, müsste man sehr viele Faktoren konstant halten, beispielsweise die Häufigkeit und den Zeitpunkt des Geschlechtsverkehrs und die Verwendung von Verhütungsmitteln.

1982 erschien eine aufschlussreiche Studie in der renommierten Fachzeitschrift *New England Journal of Medicine*, die sich auf ein natürliches Experiment stützte. Über 2000 Französinnen, die mit sterilen Männern verheiratet waren, hatten jeweils Samenspenden angefragt und diese in verschiedenen Intervallen erhalten. Die Frauen waren unterschiedlich alt, erhielten aber allesamt dieselbe Behandlung, sodass die Forschenden untersuchen konnten, wie ihr Alter ihre Fähigkeit beeinflusste, schwanger zu werden – mit erstaunlichen Ergebnissen.

Die Fertilität dieser Frauen nahm im Alter zwischen 31 und 35 ab, viel früher, als man geglaubt hatte. Man war allgemein davon ausgegangen, dass die Fruchtbarkeit erst nach 35 zurückging, nicht viel früher. Erfolgreiche Schwangerschaften in dieser Kinderwunschklinik sanken von 74 Prozent im Alter von 31 Jahren auf 61 Prozent mit 35. Wenngleich die Studie und die Vorschläge der Autoren kritisiert wurden,[5] bleibt sie doch die bisher wissenschaftlichste Untersuchung der menschlichen Fruchtbarkeit – vor allem, weil so viele empfängnisbeeinflussende Faktoren kontrolliert werden konnten.

Die meisten Frauen der Gruppe Vier dürften nicht geahnt haben, welche Konsequenzen ein Aufschieben der Kinderplanung nach sich zog. Die Gruppe Fünf verfügte nicht nur über bessere Informationen, sondern auch über bessere Methoden, die »biologische Uhr auszutricksen«. Sie erhielten fundierte medizinische Informationen, weshalb ein Verschieben der Kinderplanung ihre Chancen, schwanger zu werden, beeinträchtigen konnte, und verfügten bald über Maßnahmen dagegen. Viele Frauen mit Collegeabschluss kamen zu der Erkenntnis, dass sie die Kinderplanung auch gut allein in die Hand nehmen konnten und dazu keinen Mann oder Partner benötigten.[6]

Künstliche Befruchtung gibt es schon sehr lange, erstmals angewandt in der Viehzucht. Anfang der 1960er-Jahre kamen groben Schätzungen zufolge in den USA wenig Kinder durch diese Methode zur Welt.[7] Mitte der 1970er wurde diskutiert, ob unverheiratete Frauen künstliche Befruchtung legal in Anspruch nehmen dürfen sollten. Sogar noch 1979 gab es Ärzte, die ungern derlei Maßnahmen für unverheiratete Frauen einsetzten, da sie sich über die rechtliche Grauzone[8] sorgten, in die das Kind geboren wurde. Doch mit dem Aufkommen komplexerer und teurerer Behandlungen wie der In-vitro-Fertilisation wurde die einfache künstliche Befruchtung beliebter. Außerdem konnte man die Methode recht erfolgreich selbst durchführen.

Als ich fast 40 war, wurde ich bei einem Event von einer Frau im Alter meiner Mutter in ein Gespräch verwickelt. Sie platzte fast vor Glück, dass ihre Tochter, die in meinem Alter war, dank künstlicher Befruchtung ein Baby bekommen würde. Ihre Tochter hatte einen Weg gefunden, sich die mühselige Suche nach einem Ehemann zu ersparen. Die freudig erregte zukünftige Großmutter machte massiv Werbung für diese neue Reproduktionsmethode.

Artikel für Laien zum Thema späte Schwangerschaft und Fruchtbarkeit gab es selbst in den 1980er-Jahren kaum. Bis auf die gerade beschriebene französische Studie existierten keine seriösen wissenschaftlichen Belege für den Zusammenhang zwischen Alter und der Wahrscheinlichkeit, schwanger zu werden. Das Thema »Unfruchtbarkeit« tauchte in unregelmäßigen Abständen in der Zeitung, wissenschaftlichen Publikationen oder Büchern für ein breites Publikum auf. Nur ein geringer Anteil aller Artikel in medizinischen Fachzeitschriften, die zwischen den 1950er- und 1970er-Jahren erschienen, beschäftigten sich mit Unfruchtbarkeit bei Frauen. Dieser Anteil verdoppelte sich jedoch in den 1990ern und stieg Anfang der 2000er explosionsartig an, sodass es fünfmal so viele Artikel wie 1990 gab. Die meisten der Publikationen bezogen sich auf Kinderwunschbehandlungen wie In-vitro.[9]

Doch die durchschnittliche Collegeabsolventin dürfte wohl kaum obskure Medizinfachzeitschriften gelesen haben und nahm eher auch kein Medizinbuch zum Thema Fortpflanzung zur Hand. Wahrscheinlicher ist, dass sie andere Bücher, Zeitungen und alle möglichen Zeitschriften las. Das Thema Unfruchtbarkeit war in den 1980er-Jahren in der Literatur überaus beliebt. Wenn man bei Google eine Korpussuche mit »infertility«, also Unfruchtbarkeit, und der Abkürzung für die In-vitro-Behandlung, »IVF« durchführt, kommt man bei den US-Ergebnissen auf Englisch auf einen fünffachen Ergebnisanstieg nach 1980 in nur einem Jahrzehnt.[10] Möglicherweise merkten die Frauen im Collegealter auch, dass es damals sehr viel mehr Artikel in der *New York Times* zum Thema Unfruchtbarkeit gab,[11] in den 1980ern wurden es viermal so viele. Doch als die 1990er-Jahre ins Land zogen, verloren die Zeitungsartikel zum Thema Unfruchtbarkeit relativ an Bedeutung – jedoch nicht, weil das Thema weniger präsent gewesen wäre.

Ende der 1980er-Jahre war das Thema Unfruchtbarkeit in aller Munde gewesen[12] und verlor an Brisanz, als sich rasch eine Vielzahl vielversprechender medizinischer Eingriffe durchsetzte, die möglicherweise Abhilfe schaffen konnten. Anstatt sich auf die negativen Folgen der Unfruchtbarkeit zu konzentrieren, wurde in Artikeln und Büchern nun über die positiven Versprechen des medizinischen Fortschritts berichtet. Das Wort »Unfruchtbarkeit« wurde nicht mehr so häufig verwendet, wenngleich es weiterhin das zu lösende Problem darstellte.

In allen Bevölkerungsgruppen gibt es Paare, die Probleme haben, schwanger zu werden. Wie groß der Anteil genau ist, hängt unter anderem vom Alter, dem Zeitraum, wie lange man versucht, ein Kind zu bekommen, und der Anzahl der Versuche ab. Doch genaue Schätzungen für heute sind aufgrund der Stichprobenverzerrung (nur diejenigen, die Probleme beim Schwangerwerden haben, kommunizieren dies) und wegen der Verhütung (ein Großteil der Bevölkerung versucht, Schwangerschaften zu verhindern, nicht, sie herbeizuführen) nicht möglich. Demografische Analysen auf Basis von historischen Daten, als es noch keine effektive Verhütung gab, zeigten, dass sogar bei gesunden 25-jährigen Frauen und Männern circa zwölf Prozent Schwierigkeiten haben, ein Kind zu zeugen oder schwanger zu bleiben.[13] Unfruchtbarkeit war schon immer ein Problem, das sich dadurch verschärft, dass Männer und Frauen altern.

Nur wenige Frauen dürften sich diesbezüglich ärztlichen Rat eingeholt haben, wenn kein medizinisches Problem vorlag, und sie haben wohl auch keine Magazine danach durchgeblättert, wie sich die Fruchtbarkeit mit dem Alter verändert. Doch die meisten von ihnen in den

USA dürften vom Ratgeber schlechthin für alle Frauenthemen gewusst haben. Ich kann mich noch an den Tag erinnern, als mir meine beste Freundin ihre Ausgabe des Buchs zeigte, das auch meine persönliche Gesundheitsbibel werden sollte: *Our Bodies, Ourselves*. Mittlerweile in der neunten Auflage, war dieses monumentale Werk die erste Stelle, bei der Frauen gesundheitlichen Rat suchten (bevor es das Internet gab). Seit der ersten Version von 1970 beschäftigt sich das Buch mit allen Belangen und Fragen, die Frauen zu ihren Körpern und zum Kinderkriegen haben.

Der Titel der Erstausgabe lässt sich mit *Frauen und ihre Körper: ein Kursus* übersetzen. Sie kostete damals 75 Cent, 193 zusammengetackerte Seiten in vier Abschnitte gegliedert.[14] Dem Thema Unfruchtbarkeit widmete sie weniger als vier Seiten, Alter als Einflussfaktor tauchte dabei gar nicht auf. Die Ausgabe von 1984 konsultiere ich immer noch gerne, sie ist 647 Seiten stark und wiegt (als Taschenbuch) stolze anderthalb Kilo. Es gibt einen Abschnitt zum Thema »Unfruchtbarkeit und Fehlgeburt«, Alter als potenzieller Faktor für Unfruchtbarkeit wird aber nur am Rande erwähnt, Frauen hätten »das Kinderkriegen auf ihre Dreißiger verschoben, wenn die Fruchtbarkeit etwas abnimmt«.[15]

Selbst der Ratgeber für Frauen zum Thema Sex, Fortpflanzung und Frauengesundheit schlechthin hatte kaum etwas zum Thema Unfruchtbarkeit zu sagen und verlor bis zu den 1980er-Jahren kein Sterbenswörtchen über den Zusammenhang zwischen Unfruchtbarkeit und Alter. Kein Wunder also, dass selbst die vorausschauendsten Frauen der Gruppe Vier sich kaum Gedanken darüber machten, dass eine spätere Schwangerschaft problematisch sein könnte. Denn letztendlich informierte sie niemand über das Risiko.

Als die Frauen aus Gruppe Vier anfingen, später zu heiraten und schwanger zu werden, gab es keine Flut von Artikeln, die sie groß alarmiert hätten. Die ersten Warnzeichen kamen erst, als sie nach und nach 30 und älter wurden und die Folgen des Aufschiebens offensichtlich wurden. Die Warnung, dass dies bedeuten konnte, vielleicht gar keine Kinder zu bekommen, erreichte die Frauen aus Gruppe Fünf erst zu einem Zeitpunkt, als eine Vielzahl unterstützender medizinischer Maßnahmen für sie zugänglich wurde. Was man heute verschiebt, kann man eventuell auch morgen noch erreichen – nur oft eben zu einem großen finanziellen, emotionalen und physischen Preis.

Da die Frauen der Gruppe Fünf nun wussten, was ein Aufschieben bedeuten würde, hätten sie sich die Familienplanung einfach machen und die Kinder früher bekommen können. Doch sie taten genau das Gegenteil und schoben es noch weiter auf. Hatten in der Gruppe Vier noch 31 Prozent bis zum Alter von 26 ein Baby bekommen, so waren es in der Gruppe Fünf nur 22 Prozent.[16] Das ist ein Rückgang von circa einem Drittel bei den Müttern bis 26 Jahre. Ihre Entschlossenheit, irgendwann Kinder zu haben, und ihr Vertrauen in die Weiterentwicklung von Fruchtbarkeitsbehandlungen waren offensichtlich präsenter als ihr neues Wissen, was alles schiefgehen konnte.

Mit Mitte 30 hatte sich der Anteil der Frauen in Gruppe Fünf mit Kindern dem der Gruppe Vier angenähert. Und zum Ende ihrer Dreißiger hin preschte Gruppe Fünf vor und überholte Gruppe Vier in Längen, was die Familiengründung in den Vierzigern anging. Die Frauen der Gruppe Fünf machten die verlorene Zeit zu einem Großteil wieder wett und bekamen mit Ende 30, Anfang 40 (und sogar noch später) viele Kinder.

Der Geburtenanstieg bei Gruppe Fünf ist insofern noch beeindruckender, da ein Großteil ihrer Mitglieder über einen hohen Bildungsabschluss verfügt und mitten im Berufsleben steht – noch mehr als in Gruppe Vier. Dieser Geburtenanstieg bei denjenigen mit einem hohen Abschluss oder Doktortitel ist sehr auffällig. Nur 70 Prozent der Frauen aus Gruppe Vier mit einem höheren Bildungsabschluss (mehr als ein Master) hatten überhaupt Kinder, verglichen mit 75 Prozent in Gruppe Fünf. Wenn man alle Collegeabsolventinnen betrachtet, haben drei Prozent mehr Frauen aus Gruppe Fünf Anfang ihrer Vierziger ein Kind bekommen als in Gruppe Vier, schaut man sich aber diejenigen mit einem höheren Abschluss an, liegt der Unterschied bei fünf Prozentpunkten.[17]

Die Mutterschaftszahlen von Frauen mit höherem Abschluss in Gruppe Vier erinnern erschreckend an die niedrige Quote der Gruppen

Eins und Zwei. Unter den Frauen aus Gruppe Vier, die zwischen 1949 und 1953 geboren wurden und über die höchsten Abschlüsse verfügten, hatten fast 40 Prozent mit über 40 keine Kinder. Aber neueste Daten zur Gruppe Fünf zeigen, dass die Zahlen für die Mütter mit hohem Abschluss fast denen von Frauen mit nur einem Bachelor gleichen.[18]

Wir alle kennen Frauen, die ihr erstes Kind mit Sicherheit sehr viel später bekamen als in den vorherigen Generationen üblich. Und mittlerweile kennen wir sogar so viele davon, dass wir gar nicht mehr erstaunt darüber sind. Mütter, die beim ersten Kind älter sind, sind also keine große Überraschung mehr, wo Frauen doch länger leben und (oft) fitter sind als Frauen Mitte bis spätes 20. Jahrhundert. Hinzu kommt, dass Paare, die später Kinder kriegen, oft finanziell besser dastehen. Und trotzdem ist es bemerkenswert, dass die Gruppe Fünf einen so großen Wandel angestoßen hat.

Der Fortschritt bei reproduktionsmedizinischen Verfahren (wie In-vitro, intratubarer Gametentransfer (GIFT), das Einfrieren von Eizellen oder chromosomale Untersuchungen) hat vielen ermöglicht, Kinder zu bekommen, die es sonst nicht gekonnt hätten. Doch diese Verfahren sind kostspielig und werden in den USA von der Krankenversicherung getragen. Die Fortschritte der Gruppe Fünf sind nicht nur auf die Weiterentwicklung reproduktionsmedizinischer Methoden und die Nachfrage dieser zurückzuführen, sondern auch auf neue staatliche Regulierungen,[19] die vorschreiben, dass private Krankenversicherungen solche Maßnahmen abdecken müssen.

Doch wie stark beeinflussten der medizinische Fortschritt und die neue Finanzierung der Interventionen durch die Krankenkasse den Geburtenanstieg zwischen Gruppe Vier und Fünf? Diese Frage lässt sich nicht ohne Weiteres beantworten. Das liegt einmal daran, dass bis vor Kurzem keiner bei Frauen nachfragte, wie sie schwanger geworden waren. Doch seit 2011 hat die dem US-Gesundheitsministerium unterstellte Behörde Centers for Disease Control and Prevention (CDC) durchgängig Daten mit sinnvollen Alterseinteilungen veröffentlicht, die zeigen, ob einer Schwangerschaft eine Fruchtbarkeitsbehandlung vorausging. Aus den CDC-Mikrodaten wissen wir, dass bei 26 Prozent der Collegeabsolventinnen, die 2018 40 oder älter waren, das erste Kind durch mindestens eine Kinderwunschbehandlungsmethode zur Welt kam. Das gilt auch für elf Prozent der 35- bis 39-Jährigen. Dabei handelt es sich um große Teile der weiblichen Bevölkerung, die Frauen (und ihre Partnerpersonen) in diesen älteren Altersgruppen waren stark betroffen.

Doch nur 13 Prozent der ersten Kinder von Frauen mit Collegeabschluss entfallen auf die 35-Jährigen oder Älteren, lediglich drei Prozent auf diejenigen, die 40 oder älter sind. Man kann also sagen, dass es eine große Veränderung in einer Gruppe gab, die nur für wenige Geburten verantwortlich war. Sie hatte jedoch erhebliche Auswirkungen (natürlich auch auf die betroffenen Paare).

Wie viele Kinder kamen aufgrund der neumodischen Methoden und des Zugangs für Frauen und Paare zu diesen auf die Welt? Wir haben gesehen, dass die Rate der Kinderlosen von einem Höchststand von 28 Prozent bei den Collegeabsolventinnen, die um 1955 geboren wurden, auf 20 Prozent bei den um 1975 geborenen sank. Dieser Rückgang entfiel größtenteils auf die Frauen über 35. Man kann zwischen 37 und 50 Prozent des Anstiegs der Erstgeburten bei den Collegeabsolventinnen auf die Fortschritte in der Reproduktionsmedizin zurückführen[20] sowie darauf, dass es Frauen und Paaren mithilfe der Krankenversicherung möglich war, diese in Anspruch zu nehmen. Das reichte aus, wenngleich 2018 bei circa vier Prozent der ersten Kinder von Collegeabsolventinnen irgendeine Art von Unterstützung notwendig war, um die Geburtenrate der Frauen und Paare aus Gruppe Fünf extrem zu steigern.

Die Definition von Erfolg

Die Gruppe von Frauen, die in diesem Jahrtausend ihren Collegeabschluss machte, hat etwas nie Dagewesenes erreicht. Die Frauen aus Gruppe Fünf mit Collegeabschluss sind mittlerweile in den Vierzigern, und die Mutterschaftsquoten sind ungefähr so hoch wie für die Baby-boomer-Collegeabsolventinnen zum Ende von Gruppe Drei im selben Alter. Ein unglaublicher Wandel. Es gab zwar keinen zweiten Babyboom in Gruppe Fünf, aber beträchtlichen Zuwachs. Wenn auch mit erheblichem Aufschub, ihre Familienplanung stand noch später an als bei Gruppe Vier, *und* sie wollten beides, Karriere und Kinder.

Dennoch gibt es viele, die dies anders sehen und auf die Frauen, besonders Mütter, hinweisen würden, die um ihren beruflichen Erfolg gebracht, von der Karriereleiter geschubst und von männlichen Kollegen verdrängt werden. Oft hört man auch von der »gescheiterten Revolution«. Auch wenn Einzelne dies von Fall zu Fall so empfinden mögen und die verbreitete Frauenfeindlichkeit nach wie vor ein Hindernis darstellt, wissen wir, dass dies für die Gruppe als Ganzes sicher nicht zutrifft. Die Entwicklung, die Frauen im letzten Jahrhundert gemacht haben, als Fehlschlag zu sehen ist eine extrem eingeschränkte Sichtweise.

Lediglich sechs Prozent aus dem ersten Teil der Gruppe Drei, der untersucht werden konnte, geboren zwischen 1931 und 1937, hatten mit Ende 30 sowohl Kinder als auch Karriere. Viele konzentrierten sich erst auf die Familiengründung und dann vielleicht darauf, einen guten Job zu finden. Und es gelang, 84 Prozent hatten mit Ende 30 Kinder – so viele wie keine anderen Collegeabsolventinnen. Diese Mütter standen für die Hochphase des Babybooms, wenige versuchten es überhaupt mit einer Karriere, viele arbeiteten erst in sehr viel späteren Jahren. Der Großteil dieser Frauen hatte nie vor, Karriere und Familie unter einen Hut zu bekommen, doch während ihrer Lebensspanne hatten mehr als doppelt so viele beides, was zeigt, welch große Fortschritte sie erreichten. Für die zweite Hälfte von Gruppe Drei, die zwischen 1938 und 1944 geboren wurden, wurde Karriere nach und nach ein Thema. 21 Prozent von ihnen hatten sowohl ihre berufliche Laufbahn als auch eine Familie, wenn ihre Kinder in die Highschool kamen oder das Nest verließen, um zum Beispiel aufs College zu gehen.

Wir haben gesehen, wie stark der berufliche Erfolg bei Gruppe Vier zunahm. Bei der Familiengründung sah es zwar schlechter aus, aber hinsichtlich ihrer Karriere leisteten sie ganze Arbeit. Unter den Frauen mit Collegeabschluss, die zwischen 1951 und 1957 geboren wurden, hatten 14 Prozent in ihren späten Dreißigern Karriere und Familie, bei denen Anfang 50 waren es 27 Prozent. In Gruppe Fünf hatten 22 Prozent in ihren späten Dreißigern Karriere und Familie, in ihren Fünfzigern hatten 31 Prozent diese Ziellinie erreicht.

Diese vielen Zahlen muss man erst einmal verdauen (dargestellt sind sie in Abbildung 7.1). Hinzu kommt, dass es äußerst schwierig ist, »Karriere« zu definieren und zu beziffern.[21] Im Großen und Ganzen wurde es als Karriere bezeichnet, wenn eine Frau (oder ein Mann) ein bestimmtes Jahreseinkommen verdiente, das für eine bestimmte Anzahl von aufeinanderfolgenden Jahren eine Grenze überschritt; nämlich das Einkommensniveau eines vergleichbaren Mannes (gleicher Bildungsstand und Alter) im 25. Perzentil der männlichen Einkommensverteilung. »Familie« wird, wie bereits in einem vorherigen Kapitel erwähnt, als mindestens ein Kind zu haben definiert, egal ob leiblich oder adoptiert.

Viele dieser Entwicklungen sind alles andere als bedauernswert und in keiner Weise ein Fehlschlag. Der Karriere- und familiäre Erfolg stieg zwischen Gruppe Drei bis zur Gruppe Fünf ausreichend an, um uns hoffnungsvoll in die Zukunft blicken zu lassen, Pandemie hin oder her. Man kann jetzt schon sagen, dass die Zeit im Homeoffice während Corona zukünftig dazu führen wird, dass man weniger Abstriche bei der Arbeitsplatzflexibilität machen muss.

Am interessantesten ist der Anstieg *innerhalb* der aktuelleren Gruppen bei den älter werdenden Frauen. Es wäre nicht sonderlich überraschend, wenn der Anteil derjenigen, die Karriere machen, in diesen Gruppen ansteigt und die letzten am erfolgreichsten wären. Doch der Anstieg *innerhalb* jeder Gruppe bedeutet nicht, dass sie zwischen ihren Dreißigern und Fünfzigern einen größeren Fokus auf Familie legen würden, sondern dass die Karriere von denjenigen mit Familie sich über die Jahre entwickelt. Die Kinderlosen in Gruppe Fünf sind von Anfang an beruflich stark unterwegs, und ihr Niveau bleibt hoch.

Was ihren beruflichen Erfolg mit zunehmendem Alter angeht, so ähneln die Zahlen mehr denen der Männer, wenngleich sie nicht ganz heranreichen. Es spricht Bände, dass die Erfolgsrate der Männer sich

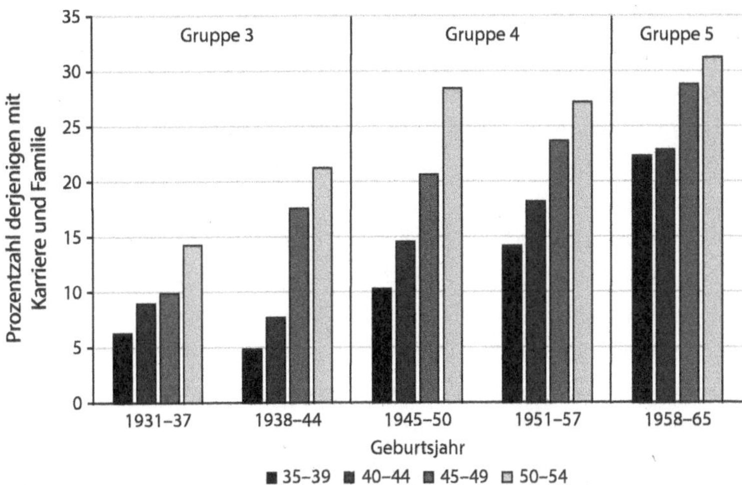

Abb. 7.1: Erfolg in Beruf und Familie für vier Altersgruppen: 1931 bis 1965. Siehe Abbildungs- und Tabellenanhang. Für die Definition und Bezifferung von »Karriere« siehe für diese Geburtengruppen Quellenanhang (Kapitel 7), »Career and Family Success«. »Familie« wird als mindestens ein leibliches oder adoptiertes Kind zu haben definiert.

im Alter nicht verändert, wohingegen sie für die Frauen beträchtlich ansteigt. Wenn ihre Kinder älter werden, haben die Frauen mehr Zeit und können frei von diesen Fesseln höher fliegen.

Die Frauen der neuesten Gruppen, also diejenigen, die zwischen 1958 und 1965 geboren wurden, hatten im Alter zwischen 35 und 39 eine berufliche und familiäre Erfolgsrate, die 40 Prozent der der Männer ausmachte. Die Rate der 50- bis 54-Jährigen reichte fast zu 60 Prozent an die der Männer heran. Frauen machen also einen großen Teil des Erfolgsunterschieds zu den Männern im Verlauf ihres Lebens wett. Eine frühere Gruppe, nämlich die zwischen 1945 und 1950 geborenen Frauen, hatte in ihren Dreißigern eine Erfolgsrate von 20 Prozent im Vergleich zu den Männern, aber von 50 Prozent in ihren Fünfzigern.

Im Großen und Ganzen kann man den Aufschwung bei Karriere und Familie in diesen Gruppen auf zwei Faktoren herunterbrechen, die sogar gleichwertig sind. Die eine Hälfte ist durch die Veränderungen während des Lebenszyklus der Frauen bedingt, beginnt mit Ende 30 und reicht bis in die Fünfziger. Die andere Hälfte ergibt sich aus den Veränderungen über die Zeit, da jede dieser Gruppen durch die vielen hier genannten Ressourcen die Möglichkeit bekommen hat, sich weiterzuentwickeln.

Dieser Anstieg zeigt, wie viel mehr Freiheiten die Frauen hatten – mehr Stunden zu arbeiten, befördert zu werden und in bessere Jobs zu wechseln, da zu Hause weniger gefordert wurde. Zum Beispiel hatte, wie bereits erwähnt, die letzte Gruppe Frauen, die wir bis Ende ihrer Fünfziger nachverfolgen können, mit Ende 30 eine Erfolgsrate für Beruf und Familie von 22 Prozent, diese stieg aber auf 31 Prozent mit Anfang 50.

Dass die Karrieren sich so spät entwickeln, sagt natürlich auch etwas über die Schwierigkeiten aus, die Frauen haben, wenn ihre Kinder noch klein sind. Der geringe Anteil von Frauen mit kleinen Kindern und Karriere erklärt, warum so viel über die Ungleichheit bei Einkommen, Beförderungen und Beschäftigungen geschrieben wird sowie den hohen Preis der Jobflexibilität. Dass Mütter bessere Karrierechancen haben, wenn sie (und ihre Kinder) älter werden, zeigt, wie das Leben für junge Frauen früher war – und auch noch für viele ist.

Dass es über die Gruppen hinweg eine Veränderung gab, macht den generellen Fortschritt von Frauen bei der beruflichen Bildung und ihre Errungenschaften auf dem Arbeitsmarkt deutlich. Aber dass sich ihre Karrieren, wie man am Unterschied zwischen den jüngeren und älteren Frauen mit Kindern und dem Unterschied zwischen den Frauen mit Kindern und jenen ohne sieht, zäh entwickeln, ist das eigentliche Problem der Ungleichheit beim Einkommen und dem Vorwärtskommen.

Aktuellere Daten aus Langzeitstudien zu den zwischen 1980 und 1984 Geborenen[22] ermöglichen es uns, beruflichen und familiären Erfolg schon früh bei den Frauen und Männern aus Gruppe Fünf zu verfolgen. Noch sind diese Frauen zu jung, um viel über ihre langfristige Zukunft aussagen zu können. Aber wir können mit den Daten die gleichen Berechnungen anstellen, um festzustellen, ob sie mehr erreicht haben als ihre Vorgängerinnen im selben Alter.

Tatsächlich haben sie relativ dazu Fortschritte gemacht, aber für keinen großen Umschwung gesorgt. Mit Ende 30 hat nur gut ein Viertel Karriere und Familie, circa 40 Prozent haben eine Karriere ohne Familie. Hier zeigt sich eine kleine Verbesserung im Vergleich zur letzten, in Abbildung 7.1. dargestellten Gruppe. Der Wandel geht langsam und stetig vonstatten. Doch wenn man die Karriereerfolgsraten der Männer mit denen der Frauen vergleicht, sieht man, dass sich bei den talentierten Frauen in den ersten Jahren zu wenig tut. Dass Frauen mit zunehmendem Alter auf eine so positive Entwicklung schauen, zeigt, dass sie in jungen Jahren ausgebremst wurden – von sich selbst oder anderen, durch den Spagat zwischen Familie und Beruf; Männer mit Familie scheinen jedoch, wenn man sich diese Daten anschaut, nicht zurückgehalten worden zu sein.

Gibt es ähnliche Veränderungen bei den Frauen aus den Gruppen Drei bis Fünf, die in den Kongress gewählt wurden? Es würde sich anbieten, bei Jeannette Rankin mit der Analyse zu beginnen, aber die Anzahl der gewählten Frauen aus Gruppe Eins und Zwei ist zu gering für eine statistische Untersuchung.

Alle Frauen im Kongress können natürlich auf eine Karriere blicken. Bis vor Kurzem waren sie schon etwas älter, wenn sie gewählt wurden. Das mediane Alter (und auch das Durchschnittsalter) bei den ersten Kongresswahlen für die Frauen der Gruppe Drei lag bei 53. Was nicht heißen soll, dass sie vor der Wahl keine Karriere hatten. Die meisten von ihnen waren bereits in der Lokalpolitik oder in Bürgergruppen tätig. Die wenigsten landeten einfach so im Kongress. Aber diejenigen aus Gruppe Drei waren echte Spätzünder, und ihre Position im Kongress war meist der Beginn ihrer richtigen Karriere.

Viele Vertreterinnen der Gruppe Drei heirateten direkt nach dem College und blieben, wie auch viele weniger politisch engagierte Frauen, zu Hause, als ihre Kinder klein waren. Andere waren Lehrerinnen, Krankenschwestern oder leisteten Freiwilligenarbeit. So auch die 1939 geborene Darlene Olson Hooley (Demokraten, Oregon), die als Lehrerin arbeitete, bevor sie sich mit Anfang 40 in der lokalen und überregionalen Politik engagierte. Sie sollte letztendlich sechs Legislaturperioden im Kongress sitzen, das erste Mal mit 58. Ähnlich war es bei Connie Morella (Republikaner, Maryland), geboren 1931, die in der Highschool und am College unterrichtete und ihre eigenen drei Kinder sowie sechs ihrer verstorbenen Schwester aufzog. Sie saß insgesamt achtmal im Kongress, das erste Mal 1987 mit 56 Jahren.

Manche Frauen nahmen ein paar Umwege Richtung Kongress, so wie Eva McPherson Clayton (Demokraten, North Carolina), Jahrgang 1934. Ursprünglich hatte sie Medizin studieren wollen, doch die Bürgerrechtsbewegung inspirierte sie zu einem Jurastudium. Trotzdem konzentrierte sie sich nach der Geburt ihres vierten Kindes »aufs Muttersein«. Obwohl ihr als Anwalt tätiger Mann sie unterstützte, rät sie ihren jungen Kolleginnen, sich früh zu behaupten: »Ich denke, ich würde […] mehr von meinem Mann fordern.« Und sie sagte, sie sei »nicht super genug [gewesen], um eine Supermama zu sein«. Doch ausreichend super, um für fünf Perioden im Kongress zu sitzen, das erste Mal 1992, als sie 58 Jahre alt war. Ein Jahr später, da waren ihre Kinder schon lange erwachsen, stellte Clayton fest: »Faszinierend, ich glaube, er [ihr Mann] weiß über meine Forderungen Bescheid. Nie habe ich ihn sensibler erlebt.«[23]

Auch Frauen der Gruppe Vier wurden im Alter um 53 in den Kongress gewählt,[24] aber wenige waren Spätzünder. Sie unterschieden sich von ihren Schwestern aus Gruppe Drei und schwangen sich aus besseren Ausgangspositionen in die illustren Positionen von Kongressabgeordneten auf. Oftmals hatten sie ein Jurastudium absolviert, einen Doktortitel oder anderen höheren Bildungsabschluss, und einige hatten bereits in ihren Berufen gut verdient, bevor sie in den Kongress gewählt wurden.

Michele Bachmann (Republikaner, Minnesota), Jahrgang 1956, arbeitete als Anwältin für die US-Steuerbehörde (IRS), erwarb dann einen Master of Laws für Steuerrecht und war beim IRS angestellt, bis sie ihr viertes Kind bekam. 2007 wurde sie im Alter von 51 ins Repräsentantenhaus gewählt, wo sie für vier Legislaturperioden tätig war. Ähnlich liegt der Fall bei Maggie Wood Hassan (Demokraten, New Hampshire), geboren 1958, die als Anwältin und juristische Beraterin eines Krankenhauses tätig war, zudem Mutter von zwei Kindern, von dem eines schwerbehindert ist. Sie war im Senat von New Hampshire tätig, war Gouverneurin und wurde im Jahr 2016 mit 59 in den US-Senat gewählt. Madeleine Dean (Demokraten, Pennsylvania) stand ursprünglich einer Anwaltskanzlei vor, nahm aber später eine Stelle als Englischdozentin an, um Beruf und Kinder besser unter einen Hut zu bekommen. 2019, als sie 60 Jahre alt war, zog sie in den Kongress ein.

Die Frauen aus Gruppe Fünf waren jünger, als sie gewählt wurden; im Schnitt 46. Es gibt einen ganz simplen Grund dafür: Die Frauen aus dieser Gruppe wurden einfach näher am Jetzt geboren. Würde man die Anzahl der Jahre der Frauen aus Gruppe Vier auf die Anzahl der Jahre begrenzen, die die Frauen der Gruppe Fünf benötigten, um gewählt zu werden, würde sich das Durchschnittsalter bei der Wahl nicht wesentlich unterscheiden. Der Schnitt liegt für Gruppe Vier höher,[25] weil es möglich war, ältere Frauen zu wählen.

Die heutigen Frauen im Kongress, die nach 1978 geboren wurden – die festgelegte Obergrenze für Gruppe Fünf, um sie mindestens bis zum Alter von 40 Jahren beobachten zu können –, sind als Gruppe die jüngsten überhaupt, mit einem Durchschnittsalter von nur 35. Außerdem handelt es sich bisher um die größte Gruppe an Frauen, die nach einer Wahl in den Kongress einzog[26]: 2018 wurden 34 gewählt, 26 im Jahr 2020. Außerdem finden wir in dieser Gruppe die jüngsten weiblichen Kongressabgeordneten der Geschichte: Alexandria Ocasio-Cortez war bei ihrer Amtseinführung 29, Abby Finkenauer, die vor Kurzem nicht wiedergewählt wurde, war 30, Sarah Jacobs 31. Aber auch hier gilt, dass es an den Umständen liegt, dass diese Abgeordneten so extrem jung sind. Da sie ja alle nach 1978 geboren wurden, konnten sie bei ihrer Wahl kaum älter sein.

Die aktuellsten Gruppen sind schon früh nach ihrer Collegezeit in der Politik oder in Basisbewegungen aktiv geworden. So wie die Ersten der Gruppe Vier stehen sie für frisch aufkommende Entwicklungen.

Der Zeitfaktor

Genauso entschlossen, wie die Frauen der Gruppe Vier es besser als ihre Mütter machen wollten, wollten diejenigen aus Gruppe Fünf »alles haben«. Gruppe Vier hatte vielleicht die Pille, aber in Gruppe Fünf verfügte man über zahlreiche neue Methoden, um es entgegen aller Wahrscheinlichkeiten zu schaffen. Sie würden eine Karriere und eine Familie haben, ohne Abstriche machen zu müssen.

Heirat und Kinderplanung wurden noch weiter aufgeschoben, noch weiter als Gruppe Vier es tat. Ihre Karriereerfolgsrate verbesserte sich insgesamt im relativen Vergleich mit früheren Altersgruppen, und sie waren sogar noch erfolgreicher als die anderen über ihren Lebenszyklus hinweg. Dennoch blieb ihr wirtschaftlicher Erfolg in jungen Jahren gering. Das liegt daran, dass selbst die gebildetsten und talentiertesten Frauen – Anwältinnen, Ärztinnen und Doktorinnen – mit Kindern größtenteils Teilzeit arbeiten. Und viele, die in jungen Jahren Teilzeit arbeiten, tun sich schwer damit, später aufzustocken.

Aber woher wissen wir das, wo doch die meisten Langzeitstudien wenig Daten zu den Collegeabsolventinnen liefern (ganz zu schweigen von denen mit noch höheren Abschlüssen)? Ich habe an einem Projekt, das wir *Harvard and Beyond* nannten,[27] mitgewirkt. Dabei wurden Frauen aus Gruppe Vier und Fünf untersucht, die 1970, 1980 und 1990 Abschlüsse in Harvard machten. Die dabei gesammelten Informationen zeigen, warum selbst die gebildetsten Frauen mit den besten Voraussetzungen sich schwer damit taten, eine Karriere und Familie zu haben. Wir wählten einen Abstand von 15 Jahren nach ihrem Collegeabschluss, weil dann die meisten, die letztendlich Kinder hatten, das mittlerweile geschafft hätten. Außerdem müsste das der Zeitpunkt sein, an dem viele bereits eine Festanstellung, leitende Position oder wichtige Beförderung innehätten.

Die große Mehrheit der Collegeabsolventinnen – selbst diejenigen mit jungen Kindern – war 15 Jahre nach ihrem Bachelorabschluss erwerbstätig. Nur zehn Prozent arbeiteten überhaupt nicht. Anscheinend neigen Mütter, die auf dem College waren, nicht dazu, auch nur für kurze Zeiträume auszusteigen oder langsamer zu machen.

Doch die Daten zeigen noch etwas anderes: Bei genauerer Analyse stellen wir fest, dass ein Drittel der Frauen, die 15 Jahre nach ihrem Bachelorabschluss arbeiteten, angaben, Teilzeit zu arbeiten. Dabei stuften sich einige von ihnen sogar als Teilzeitkräfte ein, wenn sie weitaus mehr als 35 Stunden pro Woche arbeiteten, was normalerweise als Grenze für Teilzeit gesehen wird. Das liegt daran, dass sie ihre Arbeitsstunden mit dem Standard in ihren Berufsfeldern oder Firmen verglichen.

Von den Teilzeit arbeitenden Frauen hatten 80 Prozent kleine Kinder, so wie 90 Prozent derjenigen, die nicht arbeiteten. Fast keiner der Männer dieser Jahrgänge war nicht vollzeitbeschäftigt, die meisten arbeiteten wahrscheinlich sehr viel mehr als die üblichen 40 Stunden.

15 Jahre nach dem Abschluss arbeiteten 30 Prozent der Frauen, unabhängig davon, ob sie den Collegeabschluss 1970, 1980 oder 1990 gemacht hatten, Vollzeit *und* hatten Kinder. Diejenigen Frauen, die Vollzeit arbeiteten, werde ich »Karrieregruppe« nennen. Das heißt, dass fast ein knappes Drittel mit Ende 30 etwas in Richtung Karriere und Familie hatten. Um die 50 Prozent waren erwerbstätig, wenn auch nicht unbedingt Vollzeit, und hatten Kinder. Bei den Männern waren es circa 65 Prozent, die Vollzeit arbeiteten und Väter waren oder erwerbstätig waren und Kinder hatten.

Diese 30 Prozent sind höher als die Karriere- und Familienerfolgsrate aus Abbildung 7.1 für die national repräsentativen Gruppen. Wenn man die Daten nach Bildungsgrad anordnet, wird klar, warum. Sage und schreibe 65 Prozent dieser Frauen haben entweder ein Jura-, Wirtschafts- oder Medizinstudium abgeschlossen oder promoviert (und manche davon haben sogar mehrere dieser Dinge erreicht). In der Bildungselite gibt es Unterschiede hinsichtlich Arbeits- und Familienleben nach dem Abschluss. Je höher der Abschluss, wie Abbildung 7.2 zeigt, desto größer ist der Anteil derjenigen, die nach 15 Jahren Vollzeit arbeiten und Kinder haben.

Diejenigen mit Berufs- oder Hochschulabschluss arbeiteten mehr und öfter Vollzeit als diejenigen ohne weitere Ausbildung.

Die größte Gruppe derjenigen mit Karriere und Familie 15 Jahre nach dem Collegeabschluss waren die Ärztinnen, danach kommen die

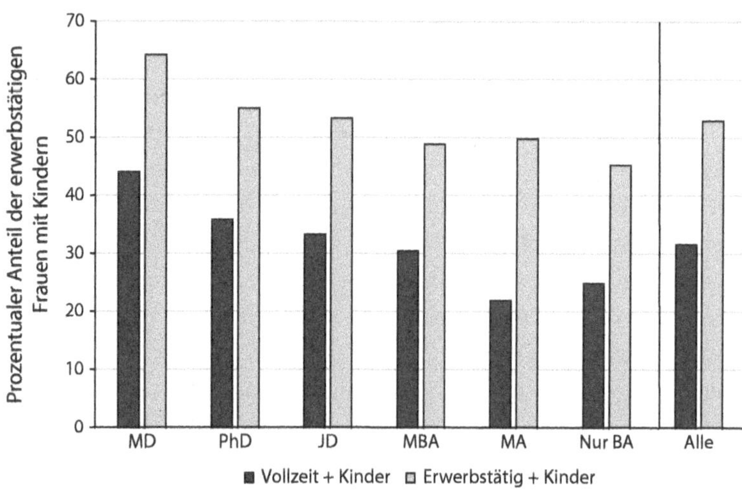

Abb. 7.2: Karriere und Familie mit hohem Bildungsgrad 15 Jahre nach dem Collegeabschluss, Harvard and Beyond (siehe Abbildungs- und Tabellenanhang)

Promovierten, Anwältinnen und schließlich diejenigen mit einem Master of Business Administration (MBA). Diejenigen mit Masterabschluss und keinen weiteren Abschlüssen weisen die niedrigsten Zahlen bei der Vollzeitarbeit und Elternschaft auf. Ihre Quote ist besser vergleichbar mit denjenigen der national repräsentativen Proben für dieselben Gruppen.

Frauen mit MBA-Abschluss gehören zu denjenigen mit den schlechtesten Zahlen bei der Vollzeitarbeit. Ein anderes interessantes Projekt, das tiefer in die Arbeitswelt der Firmen und des Finanzsektors eintaucht,[28] kommt zu ähnlichen Ergebnissen wie Harvard and Beyond. In diesen Branchen gibt es kaum Flexibilität bei den Arbeitszeiten, wer weniger Stunden arbeitet und auch nur kurz fehlt, muss mit Benachteiligung rechnen.

Die Bildungselite war unsere größte Hoffnung, eine Gruppe von gut ausgebildeten und vernetzten sowie über entsprechende Ressourcen vefügende Collegeabsolventinnen zu finden, die beharrlich genug war und sich und ihrem Umfeld genug abforderte, um Karriere und Familie haben zu können. Und tatsächlich sind sie extrem gut ausgebildet. Dennoch arbeitete 15 Jahre nach ihrem Collegeabschluss nur die Hälfte der Mütter Vollzeit. Da diese Frauen am meisten in ihre Karriere investiert haben, würde man von der größten Erfolgsrate ausgehen. Aber da nur die Hälfte dieser Mütter mit Ende 30 Vollzeit arbeitet, müssen sie in ihren Karrieren ausgebremst worden sein.

Gruppe Fünf brauchte mehr, als dass man nur ein kleines bisschen nachhalf. Nachdem sie so viele Hindernisse fallen hatten sehen, zahlreiche Freiheiten dazugewonnen hatten, wurde ganz deutlich, woran es haperte: an der Zeit. Kindererziehung benötigt Zeit – und eine Karriere ebenso. Eine Gleichstellung der Partnerpersonen, »Couple Equity« – also ein Aufteilen dieser Zeit –, könnte dazu führen, dass sie sowohl eine Karriere und eine Familie haben können. Doch diese Gleichstellung ist, wie wir im Folgenden sehen werden, eine teure Angelegenheit und gehört zu den Gründen, warum Mann und Frau immer noch nicht gleich verdienen.

8 Lückenbüßerinnen

In ihrer Kindheit in Possum Trot, Alabama, träumte Lilly McDaniel davon, Anwältin zu werden. Nie setzte sie diesen Traum in die Tat um. Aber immerhin wurde ein Gesetz nach ihr benannt, der Lilly Ledbetter Fair Pay Restoration Act. Die Geschichte dahinter ist eine Fallstudie zu Sexismus am Arbeitsplatz und auf dem Gehaltszettel.

Lilly heiratete im jungen Alter von 17 und bekam bald darauf zwei Kinder. Als es ihrer Familie zehn Jahre später finanziell schlecht ging, machte sie eine Fortbildung zur Steuerberaterin. Sie genoss ihre neue Unabhängigkeit und die persönliche Erfüllung, die damit einhergingen. Da sie sehr kompetent war, stieg sie auf und managte irgendwann 14 Büros. Doch ihre Kinder sollten aufs College gehen, und die Familie brauchte noch mehr Geld. 1979, im Alter von 41, hörte Lilly, dass der ortsansässige Reifenhersteller Goodyear Tire, der hohe Löhne zahlte, zum ersten Mal überhaupt nach weiblichen Managerinnen Ausschau hielt. Also bewarb sie sich und bekam den Job.

Fast unmittelbar hatte Lilly mit Ablehnung seitens der männlichen Kollegen im Fertigungsbereich zu kämpfen. Sie wurde beleidigt und bedrängt, man bot ihr an, sie gegen Sex besser zu bewerten. Schließlich brachte sie die sexuelle Belästigung vor die US-Antidiskriminierungsbehörde (EEOC), zog die Vorwürfe gegen die Firma jedoch zurück, als sie ihre Vorgesetztenstelle wieder erhielt. Doch ihre Situation wurde noch schlimmer, nun musste sie täglich Spott und Hohn ertragen, ihr Auto wurde beschädigt, und sie wurde versetzt.

Lilly Ledbetter blieb bei Goodyear, weil sie gut zahlten und es auch viele Mitarbeiter gab, die ihre Arbeit schätzten. 1998 erhielt sie einen anonymen Hinweis, der schon bald zu ihrem zweiten und weitaus berühmteren Fall bei der EEOC führen würde. Auf dem Zettel stand, wie viel die anderen Manager verdienten. Lilly hatte nicht gewusst, wie gering ihr Gehalt im Vergleich ausfiel, man hatte ihr immer gesagt, sie kratze an der Durchschnittsmarke. »Bei Goodyear war alles streng geheim«,[1] schrieb sie Jahre später in ihrer Autobiografie. Sie hatte das gleiche Einstiegsgehalt wie die anderen Manager, die im selben Jahr wie sie anfingen. 20 Jahre später bekam sie zwischen 15 und 40 Prozent weniger.

Bei ihrer EEOC-Klage berief sie sich auf drei unterschiedliche Gesetzesbestimmungen: den Equal Pay Act von 1963, Abschnitt VII des Civil Rights Act von 1964 und den Age Discrimination in Employment Act. Das erste hier genannte Gesetz, das zur Gleichstellung bei der Bezahlung, zog sie heran, da sie für die gleiche Arbeit weniger als die Männer bekommen habe. Das Bürgerrechtsgesetz gegen Diskriminierung führte sie ins Feld, da ihr Beförderungen, Versetzungen und Gehaltserhöhungen aufgrund ihres Geschlechts verwehrt worden seien. Außerdem argumentierte sie mit dem Gesetz gegen die Diskriminierung Älterer, man habe sie wegen ihres Alters benachteiligt und durch einen jüngeren Mitarbeiter ersetzt. Weiter beschrieb sie das feindselige, von Beleidigungen geprägte Arbeitsumfeld, das ihre physische und psychische Gesundheit beeinträchtigte. Goodyear holte zum Gegenschlag aus, doch das Gericht sprach Lilly 3,8 Millionen US-Dollar an Lohnnachzahlungen und Schadenersatz zu.

Lilly sollte nie etwas von diesem Geld sehen. Denn laut dem Berufungsgericht Eleventh Circuit Court of Appeals[2] hätte Lilly ihre Klage, in der sie sich auf Abschnitt VII des Civil Rights Acts berief, innerhalb von 180 Tagen, nachdem sie den ersten diskriminierenden Gehaltsscheck erhalten hatte, vorbringen müssen – also fast zwei Jahrzehnte bevor Lilly überhaupt wusste, dass sie benachteiligt wurde. Der Entscheid des Supreme Courts von 2007 im Fall *Ledbetter vs. Goodyear Tire & Rubber Co.* (550 U.S. 618) schließt sich dieser Interpretation der Verjährungsfrist an. Lilly hatte verloren und mit ihr alle Frauen in den USA.

Die Auslegung des Supreme Court des Bürgerrechtsgesetzes von 1964 widersprach Präzedenzurteilen und hatte die ursprüngliche Absicht des Gesetzes verfälscht. Ruth Bader Ginsburg erinnerte in ihrem vor Gericht vorgetragenen Widerspruch[3] daran, dass »dies nicht das erste Mal ist, dass der Gerichtshof eine beschränkte Auslegung von Abschnitt VII anordnet, die mit dem umfassenderen Ziel des Gesetzes der Gleichstellung unvereinbar ist«. »Und wieder einmal«, so stellte sie fest, »ist der Kongress am Zug.« Und zwei Jahre später nahmen die Dinge erfolgreich ihren Lauf.

Das Gesetz Lilly Ledbetter Fair Pay Restoration Act, das 2009 sowohl durch das Repräsentantenhaus als auch durch den Senat ging, ist das erste wichtige Gesetz, das Präsident Obama unterzeichnete, und es stellte sicher, dass Angestellte *jedes Mal* Diskriminierung wegen Lohnungleichheit einklagen können, nicht nur beim ersten Gehaltsscheck.

Schuldige gibt es in der Geschichte von Lilly Ledbetter zuhauf. Diejenigen, die ihr direkt unterstellt waren, respektierten ihre Anweisungen nicht und brachten ihr schlechte Beurteilungen als Managerin ein. Die schlechten Bewertungen führten dazu, dass Lillys Vorgesetzte ihr nicht die verdienten Gehaltserhöhungen zukommen ließen. Indem sie sich als Handlanger hergaben, machten sich ihre Vorgesetzten ebenfalls der Diskriminierung schuldig, weil sie ihre Untergebenen nicht disziplinierten.

Doch nicht nur üble Akteure bremsten Lilly aus. Es gab noch weitere Faktoren, die sie behinderten und mit denen Frauen unverhältnismäßig oft zu kämpfen haben. Dass sie nicht erfolgreich verhandelte, hatte verschiedene Gründe. Erstens wusste sie nicht, wie niedrig ihr Gehalt im Vergleich war, da es hier keine Transparenz gab und sie ihre Kollegen nicht einfach so fragen konnte, was sie verdienten. Außerdem hatte sie wenig andere Joboptionen in und um Gadsden, Alabama. Aufgrund der Anstellung ihres Mannes, ihrer Kinder, ihrer alten Mutter und ihrem Zuhause war sie an diesen Ort gebunden.

Doch ist es auch heute noch so, dass die Diskriminierung durch Vorgesetzte und Kollegen sowie das mutmaßlich schlechte Verhandlungsgeschick von Frauen größtenteils für die Lohnungleichheit verantwortlich sind? Ohne denjenigen, die tatsächlich diskriminiert und schlechter bezahlt wurden, einfach weil sie Frauen oder People of Color waren, etwas absprechen zu wollen, ist die Antwort eindeutig Nein. Die

Lohnlücke (Vollzeit arbeitende Frauen bekommen heute pro Dollar, die ein Mann verdient, 80 Cent) wird nur wenig von diesen Faktoren beeinflusst.

Aber was ist dieser Gender-Earnings-Gap überhaupt, und wie hat sich dieses Lohngefälle in der letzten Hälfte des Jahrhunderts, also für unsere letzten drei Gruppen, verändert? Zwar ist der »Gender-Pay-Gap« in aller Munde, aber er ist weitaus mehr als diese eine Statistik, als die er meist dargestellt wird. Es handelt sich dabei vielmehr um eine Dynamik. Das Gefälle wird größer, wenn Männer und Frauen älter werden,[4] heiraten und Kinder kriegen. Der Unterschied ist auch stark abhängig vom Beruf, besonders für diejenigen mit Collegeabschluss.

Doch diese Komplexität führt nicht etwa dazu, dass das Thema Geschlechterungerechtigkeit schwerer greifbar wird, ganz im Gegenteil. Daran zeigt sich, was die Frauen wirklich davon abhält, einen erfüllenden Beruf und Gleichstellung im Familienleben zu haben.

Die »Lücke« wird meist als Verhältnis dargestellt: das Einkommen der Frauen im Vergleich zu dem der Männer. Daher wird hier meist ein relativer Unterschied abgebildet.[5]

Einer der in letzter Zeit ungeheuerlichsten (öffentlichen) Fälle der Lohndiskriminierung ist der der Schauspielerin Michelle Williams. Sie erhielt 100 000 Dollar dafür, Filmszenen nachzudrehen, wohingegen Mark Wahlberg stolze 1,5 Millionen dafür bekam. Und das, wo sie die Hauptdarstellerin war und er eine Nebenfigur. Der Film *Alles Geld der Welt* (der perfekte Titel für einen Film, der an der Bezahlung für die weiblichen Darstellerinnen sparte) wurde mit Christopher Plummer neu gedreht, nachdem gegen den ursprünglichen Darsteller, Kevin Spacey, Vorwürfe der sexuellen Belästigung vorgebracht worden waren.

Vor einigen Jahren hatte auch ich mit einer Ungleichbehandlung zu tun (allerdings ohne den Glamour, das Medieninteresse und die Rekordsummen). Man hatte mich angefragt, den internen Bericht einer bekannten internationalen Agentur zu bewerten. Sie benötigten dafür drei Reviewer, zwei ausgezeichnete ältere, männliche Ökonomen wurden ebenfalls angefragt. Sie beide waren regelmäßig als Consultants tätig und hatten einen (beträchtlichen) Tagessatz. Ich nicht. Daher bezahlte mir die Agentur ihren Standardsatz. Somit erhielten die beiden männlichen Ökonomen doppelt so viel wie ich für das Review. Dieser Unterschied fiel dem Chefökonomen der Agentur später auf, und man zahlte mir den Ausgleich. Ironischerweise ging es bei dem Review um geschlechtsspezifische Diskriminierung in der Agentur.

Geschichten wie diese gibt es viele. Aber selbst wenn wir alle Fälle von Diskriminierung und Ausnutzung von Frauen ausmerzen könnten, würde die Lohnlücke kaum kleiner werden. Frauen würden nicht viel mehr verdienen.

Der Gender-Earnings-Gap – und zwar nicht nur der von Filmstars und promovierten Wirtschaftswissenschaftlerinnen – ist überaus präsent in den Medien und der Politik. Aber wer ist eigentlich schuld daran? Wie immer bei einem klassischen Krimi gibt es zahlreiche potenzielle Verdächtige. Und da so viele als Schuldige infrage kommen, gibt es noch mehr selbst ernannte Detektive mit eigenen Theorien darüber, wer nun der Übeltäter ist und wie man den Fall lösen kann.

Viele glauben, dass voreingenommene und diskriminierende Einzelpersonen für das Lohngefälle verantwortlich sind, die die gutgläubigen erwerbstätigen Frauen ausnutzen. Einer Studie von 2017 zufolge haben 42 Prozent der Frauen[6] (und 22 Prozent der Männer) bereits »geschlechterspezifische Diskriminierung« am Arbeitsplatz erlebt. Die am häufigsten genannte Diskriminierungsform ist hierbei eine geringere Bezahlung: 25 Prozent der Frauen, aber nur fünf Prozent der Männer gaben an, für dieselbe Arbeit weniger Geld als Erwerbstätige des anderen Geschlechts bekommen zu haben. Ein potenzieller Übeltäter ist also die explizite oder implizite Voreingenommenheit.

Der Voreingenommenheit auf dem Arbeitsmarkt ein Ende zu bereiten gehört zu den vielen schnellen Lösungen, die für Geschlechtergerechtigkeit am Arbeitsplatz vorgeschlagen wurden. Das würde dann zum Beispiel so aussehen, dass manche Vorgesetzte und Manager an Diversitätsseminaren teilnehmen sollen. Andere Stimmen haben jedoch darauf hingewiesen, dass Seminare für Einzelpersonen nur eine geringe Erfolgsquote aufweisen, und sich dafür eingesetzt, dass ganze Organisationen an ihrer Voreingenommenheit arbeiten.[7] Ein berühmter Fall ist Starbucks, das all seine 8000 Filialen im August 2018 für einen Tag schloss, an dem die Mitarbeitenden an dementsprechenden Trainings teilnehmen sollten.[8] Dieser Aktion ging zwar ein rassistischer Vorfall in der Firma voraus, ähnliche Strategien werden jedoch auch gegen geschlechterspezifische Vorurteile eingesetzt.

Eine andere gern genannte schnelle Lösung gegen eine diskriminierende Einstellungspolitik kommt aus Bewerbungsverfahren für Orchester, wo die Kandidatinnen und Kandidaten hinter einer Wand vorspielen.[9] So sieht keiner, wer da musiziert. Dieses Auswahlverfahren hat dazu geführt, dass sehr viel mehr Frauen in den prestigeträchtigsten Orchestern des Landes spielen. Doch wenngleich es ein hehres Ziel ist, gegen die Diskriminierung in Organisationen vorzugehen, sodass es Frauen auf die besten Positionen schaffen, lässt sich auch dadurch der geschlechterspezifische Gehaltsunterschied nicht ausmerzen.

Dann gibt es noch das Lager, das die Frauen und ihre Fähigkeiten verantwortlich macht. Immer wieder wird Frauen vorgeworfen, sie verfügten nicht über dasselbe Verhandlungsgeschick wie Männer. Das Bostoner Bürgermeisteramt hat gemeinsam mit der American Association of University Women gratis Workshops zu Gehaltsverhandlungen angeboten – ausschließlich für in Boston lebende oder arbeitende Frauen, nicht für Männer.[10] In dieselbe Kerbe schlägt der Vorwurf, Frauen seien weniger konkurrenzfähig als Männer und zu risikoscheu bei der Jobwahl. Aus all diesen schnellen Lösungen haben sich ganze Branchen entwickelt, die sich damit befassen, Manager für ihre unbewusste Voreingenommenheit zu sensibilisieren und Unternehmen zu beraten, wie sie unvoreingenommener Bewerbungen lesen und Vorstellungsgespräche führen können.

Andere Lösungsversuche beinhalteten Gesetze auf Bundesstaats- und gesamtstaatlicher Ebene. 2018 verabschiedete Massachusetts ein Gesetz zur Lohngleichheit, das Unternehmen untersagt, von neu eingestellten Mitarbeitenden oder sich Bewerbenden die Offenlegung ihres früheren Gehalts zu fordern[11] sowie Mitarbeitende zu sanktionieren, die über ihr Gehalt sprechen. 2017 verabschiedete der Staat New York ein ähnliches Gesetz, und Kalifornien fügte 2015 dem bestehenden Lohngleichheitsgesetz einen Fair Pay Act hinzu, der Angestellte schützt, wenn sie mit Kollegen über ihr Gehalt sprechen. Diese Gesetze in Kalifornien, New York und Massachusetts wollten allesamt fairere Bedingungen durch Lohntransparenz schaffen.

Wieder andere – wahrscheinlich sogar die Mehrheit derjenigen, die über dieses Thema schreiben – sehen die Berufsfelder, in denen die unterschiedlichen Geschlechter vertreten sind, als einen großen Faktor, wenn nicht sogar die Ursache schlechthin für die Lohnungleichheit. Frauen, die einen Collegeabschluss haben, arbeiten öfter als Lehrerin, Krankenschwester oder Buchhalterin, während die männlichen Collegeabsolventen öfter in Bereichen wie Management, Bauingenieurswesen oder im Vertrieb tätig sind. Frauen arbeiten auch eher bei Firmen, die schlecht zahlen – selbst wenn sie in derselben Position tätig sind wie die Männer. Man spricht hier von der Geschlechtersegregation am Arbeitsmarkt,[12] was es so klingen lässt, als würden rechtliche Hindernisse und firmeninterne Richtlinien existieren, die eine solche Segregation mit Absicht aufrechterhalten; ähnlich wie beim Thema Heirat in Gruppe Zwei und Drei.

Wie wir bereits gesehen haben, gab es früher in vielen Firmen eine strikte Geschlechterpolitik,[13] wer welchen Beruf ergreifen durfte. Das bedeutete aber nicht automatisch, dass den Frauen nur schlechte Jobs vorbehalten waren und Männer diese nicht machen durften. In Zeitungsanzeigen stand offen, welche Jobs für welches Geschlecht zugänglich waren (und damals auch für welche »Rasse«). Das ist heute selbstverständlich illegal.

Doch Männer und Frauen sind nun einmal in unterschiedlichen Feldern tätig, also sollte man sich fragen, inwiefern sich das auf den Unterschied bei den Gehältern auswirkt.

Machen wir also ein Gedankenexperiment, bei dem die Geschlechterverteilung in den verschiedenen Branchen ausgeglichen wird; einfach, indem man genug Frauen (oder Männer) in die anderen Berufsfelder schiebt, sodass in jedem Bereich der Anteil von Frauen und Männer gleich ist. Wenn also fünf Prozent aller Erwerbstätigen LkW-Fahrer sind, dann sind fünf Prozent aller arbeitenden Männer LkW-Fahrer und auch fünf Prozent aller arbeitenden Frauen. Es ist hierbei unwichtig, ob dies praktisch umsetzbar wäre, es ist ein Gedankenexperiment.

Das Einkommen nach Geschlecht und Beruf entspricht dem vor dem Experiment. So können wir uns vorstellen, wie die Einkommen der Geschlechter und der Gender-Earnings-Gap sich verändern würden, wenn es keine Segregation nach Geschlecht auf dem Arbeitsmarkt gäbe. Unsere Hauptannahme ist, dass das tatsächliche Einkommen nach Geschlecht und Beruf gleich bleibt und sich lediglich die Geschlechterverteilung in den Bereichen ändert.

Um uns das besser vorstellen zu können, gehen wir von einer gleichen Anzahl von Männern und Frauen auf dem Arbeitsmarkt aus und sagen, dass 30 Prozent der Frauen Lehrerinnen sind, aber nur zehn Prozent der Männer Lehrer, und dass das Verhältnis bei den Ingenieuren umgedreht ist. Die verbleibenden Berufe sind gleich auf die Geschlechter aufgeteilt. Man müsste also 20 Prozent aller Frauen (oder Männer) verschieben, um es auszugleichen. Wir schwingen also den Zauberstab und machen aus zwei Dritteln der Lehrerinnen (20/30) Ingenieure. In dem Gedankenexperiment tauschen die Erwerbstätigen die Plätze, aber das Einkommen der Lehrkräfte und Ingenieure bleibt nach Geschlecht gleich.

Erwerbstätige umzuverteilen, um ein gleichmäßiges Geschlechterverhältnis in den Berufen zu erreichen, sieht wie eine Lösung für den Gender-Earnings-Gap aus.Und tatsächlich würde man die Lücke etwas verringern – doch der Unterschied wäre überraschend gering.

In der Gruppe der Collegeabsolventinnen müssten für einen Ausgleich 40 Prozent (Männer oder Frauen) den Beruf wechseln. Alle Erwerbstätigen zusammengenommen, müssten für eine Geschlechtergleichheit in den Beschäftigungsfeldern 50 Prozent (Männer oder Frauen) umsatteln.[14] Das sind einige, die sich da umorientieren müssten – was noch schwerer vorstellbar ist, wenn man die unterschiedlichen Fähigkeiten und Neigungen der Menschen miteinbezieht. Aber lassen Sie uns den Zauberstab des empirischen Experimentierens weiter schwingen und schauen, was passieren würde.

Selbst wenn die unvorstellbare Aufgabe zu bewältigen wäre, für die

Gleichstellung die Berufsfelder herumzuschieben, würde man nur circa ein Drittel der gesamten Lohnlücke schließen.[15] Die Segregation auf dem Arbeitsmarkt ist nicht das Hauptproblem, macht nicht einmal die Hälfte aus, obwohl so viele darin den Übeltäter schlechthin sehen. Der Grund, warum man die Lohnlücke nicht besser schließen kann, ist, dass es sie in nahezu jedem Berufsfeld gibt.[16] Hinzu kommt, dass das Gefälle innerhalb der Bereiche für diejenigen mit hohem Bildungsabschluss sehr viel größer ist.

1968 demonstrierten die älteren Frauen der Gruppe Drei und die jüngeren der Gruppe Vier mit Protestschildern gegen ungleiche Bezahlung, auf denen »59 Cents auf jeden Dollar [für Männer]« zu lesen war. 50 Jahre später hielten Mitglieder der Gruppen Vier und Fünf ganz ähnliche Schilder hoch: »81 Cents pro Dollar«. Doch wie wurden diese Werte berechnet? Diese Statistiken werden so oft herangezogen, dass wir wissen sollten, was sie bedeuten.

Normalerweise kommt man auf den Standardwert, indem man sich eine ganzjährig Vollzeit erwerbstätige Person anschaut (die mindestens 35 Stunden pro Woche sowie mindestens 50 Wochen pro Jahr arbeitet) und den Median der Jahreseinkommen von Männern und Frauen berechnet. Der Median ist der Messwert in der Mitte der Einkommensverteilung. Das Verhältnis zwischen dem Median von Frauen zu dem von Männern ist das Standardmaß für die Einkommenslücke. Hier muss man betonen, dass der Wert des Gaps, um den so viel Aufhebens gemacht wird, sich auf alle Erwerbstätigen bezieht, nicht nur auf diejenigen mit Collegeabschluss, die wir bisher angeschaut haben, und auch nicht nur auf Schwarze, Hispanics oder eine andere Gruppe.

Dieses Standardmaß hat viele Vorteile. Es ist nur eine Zahl. Und indem man nur die Vollzeitarbeitenden einbezieht, werden die nur sporadisch Erwerbstätigen nicht berücksichtigt. Indem man den Median verwendet, wird der Wert zudem weniger durch die Tatsache beeinträchtigt,[17] dass es mehr Männer als Frauen gibt, die sehr viel verdienen.

Aber es ist auch kein perfektes Maß. Zwar werden Vollzeitarbeitende betrachtet, aber nicht die Tatsache berücksichtigt, dass Männer in Vollzeit sehr viel mehr Stunden als die Durchschnittsfrau in Vollzeit arbeiten. Weiter wird dadurch nicht abgebildet, dass relativ gesehen mehr Männer als Frauen auf Abruf arbeiten oder unregelmäßige Dienstzeiten haben, selbst wenn sie am Ende auf die gleiche Stundenzahl kommen. Ein weiteres Defizit ist, dass alle Erwerbstätigen miteinbezogen werden, wo uns doch – für unsere Zwecke – vor allem diejenigen mit Collegeabschluss interessieren.

Aufgrund seiner vielen Vorteile berechnet und kommuniziert der zum US-Arbeitsministerium gehörende Statistikdienst, das Bureau of Labor Statistics (BLS), den Wert seit 1960. Immer wenn es Daten regelmäßig auf die Titelseite schaffen und ein Thema für Blogs und Kommentatoren sind, sollten wir sie genauer überprüfen. Die als durchgezogene Linie in Abbildung 8.1 dargestellte Reihe zeigt, dass die Lücke zwischen 1960 und 2017 kleiner geworden ist. Der Unterschied beim Einkommen von Männern und Frauen hat sich also stark verringert. Aber wir können noch viel mehr aus der Abbildung ableiten.

Angefangen beim ersten Jahr hing das Einkommensverhältnis von Frauen fast zwei Jahrzehnte lang an 60 Cent pro Dollar für die Männer fest. Kein Wunder also, dass das 59-Cent-Mantra so viel Zugkraft hatte. Dann aber holten die Frauen auf, 1990 waren es schon 70 Cent pro Dollar für die Männer. Im Jahr 2000 bekamen sie 75 Cent (auch hier der Medianwert für Vollzeiterwerbstätigkeit). Jetzt liegt der Wert bei 81 Cent. Der steilste Anstieg erfolgte in den Achtzigern.

Die gestrichelte Linie in Abbildung 8.1 zeichnet die Reihe der Collegeabsolventen nach. Obwohl sich die Vergleichsreihe und die Reihe für Hochschulabsolventen während eines Großteils des Zeitraums überschneiden, schlagen die Collegeabsolventen nach 1990 einen anderen Weg ein. Die Vergleichsreihe steigt weiter an, während die Kurve der Hochschulabsolventen abflacht. Diese Divergenz ist zum Teil darauf zurückzuführen, dass die Einkommensungleichheit in den Jahren nach 1980 stark zugenommen hat. Die Hochschulabsolventen fingen an, richtig gut zu verdienen, vor allem aber die Männer unter ihnen.[18] Später werden wir genauer analysieren, warum Männer unverhältnismäßig oft in der oberen Einkommensverteilung vertreten sind.

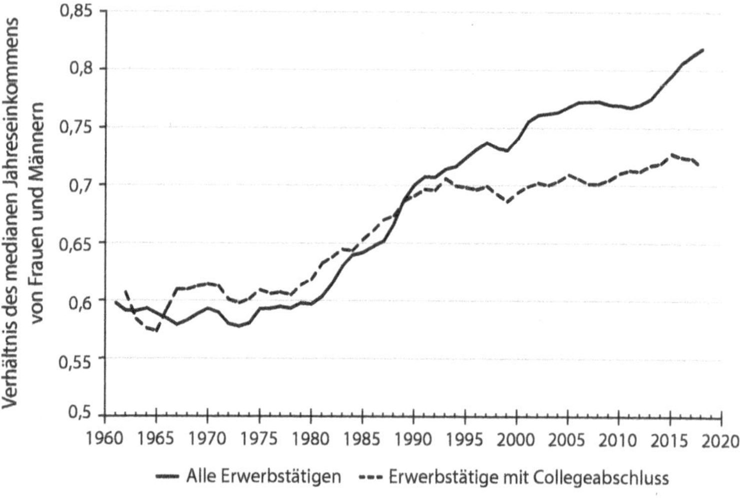

Abb. 8.1: Verhältnis des jährlichen Medianeinkommens der ganzjährig Vollzeit arbeitenden Frauen und Männer: 1960 bis 2018 (siehe Abbildungs- und Tabellenanhang)

Wenn wir uns noch einmal die Vergleichsreihe anschauen, sehen wir, dass sie trotz des Anstiegs in den 2010ern langsamer anstieg. Am Equal Pay Day 2018 hagelte es Schlagzeilen in Richtung »Kein Vorankommen beim Gender Gap« oder »Equal Pay Day: Nicht wirklich ein Grund zu feiern«.

Die meisten gehen davon aus, und ich stimme zu, dass die Entwicklung in den 1980er-Jahren weitgehend darauf zurückzuführen ist, dass sich Frauen im Vergleich zu Männern besser auf den Arbeitsmarkt vorbereiteten, besser ausgebildet waren und somit kontinuierlicher arbeiteten.

Vor den 1980ern ließ sich die Lohnlücke größtenteils darauf zurückführen, dass Männer und Frauen unterschiedlich auf den Arbeitsmarkt vorbereitet waren, was ihren Bildungsgrad, Praxis und Berufserfahrung anging. Doch um das Jahr 2000 verringerten sich diese geschlechterspezifischen Unterschiede. Der Lohnunterschied war nun nicht mehr nur fehlender Vorbereitung oder den Erwartungen von Arbeitgebern geschuldet, Frauen würden ohnehin nicht in der Firma bleiben.[19] Noch immer waren Frauen etwas kürzer erwerbstätig als die Männer, wenngleich diese Differenz mit der Zeit erheblich zurückging.[20]

Dank der besseren Ausbildung und Arbeitserfahrung von Frauen wurde auch die Einkommenslücke geringer, doch obwohl diese Entwicklung beträchtlich war, konnte das Gefälle nicht vollkommen überbrückt werden. Der Abstand zu jedem Dollar, den ein Mann verdient, beträgt für die Frauen in Gruppe Vier und Fünf heute 20 Cent, also halb so viel wie für die Frauen in Gruppe Zwei und Drei. Die Collegeabsolventinnen sehen sich einer größeren Differenz von 27 Cent gegenüber.

Früher einmal ließen sich die Einflussfaktoren auf den Lohnunterschied leicht messen, zum Beispiel Bildung, Berufserfahrung und viele berufsverwandte Fähigkeiten. Jetzt, wo viele dieser Unterschiede nicht mehr bestehen, ist es besorgniserregender, dass weiterhin Lohnungleichheit vorherrscht. Da diese von nicht beobachtbaren Einflussfaktoren bedingt ist, suchen viele die Gründe darin, wie Frauen auf dem Arbeitsmarkt behandelt werden; in der Voreingenommenheit derjenigen, die Personal anstellen und Löhne festlegen. Andere schreiben es dem mangelhaften Verhandlungsgeschick und der fehlenden Wettbewerbsfähigkeit von Frauen zu.[21] Dieses fehlerhafte Verständnis der Ursachen hat zu den mit heißer Nadel gestrickten Lösungen geführt, die ich bereits zuvor erwähnt habe. Dabei liegen die tatsächlichen Ursachen woanders.

Der Gender-Earnings-Gap ist eine komplizierte Angelegenheit. Erstens ist er mehr als nur eine einzige Zahl pro Jahr. Das Einkommen von Männern und Frauen verändert sich über die Zeit und mit bestimmten Lebensereignissen, was sich für Frauen durch die Mutterschaft beispielsweise in einem großen Einkommenseinbruch zeigt. Bei Vätern ist das nicht so. Frauen müssen auch nach einer Heirat, oder wenn sie in einer ernsthaften Beziehung zusammenziehen, einen Einkommensrückgang hinnehmen, da Paare oft aus beruflichen Gründen umziehen, oft um für einen Part am meisten herauszuholen. In den häufigsten Fällen wird die Karriere des Mannes bevorzugt. Das Ver-

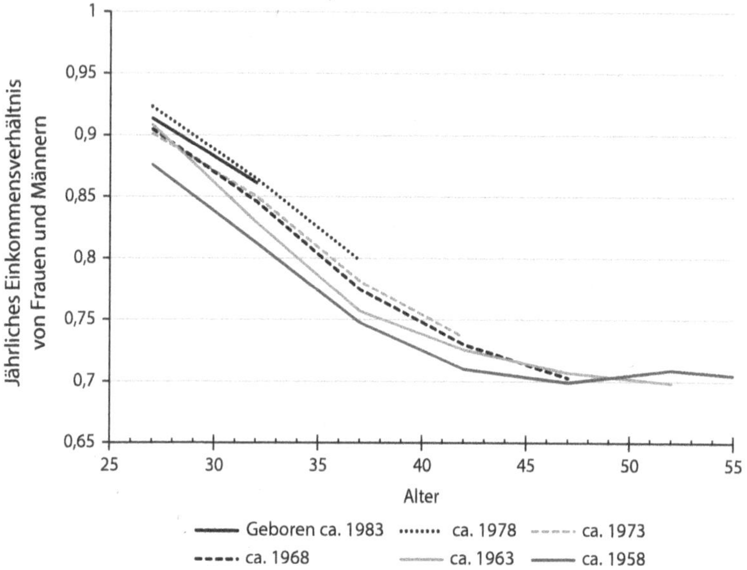

Abb. 8.2: Relatives Jahreseinkommen von Männern und Frauen mit Collegeabschluss: Gruppe Fünf, geboren zwischen 1958 und 1983

Anmerkung: Das Einkommensverhältnis wird um die Arbeitsstunden und -wochen sowie um die Ausbildung, die über einen Collegeabschluss hinausgeht, bereinigt (siehe Abbildungs- und Tabellenanhang)

hältnis zwischen weiblichen und männlichen Einkünften ändert sich also tendenziell nach dem Ende der Ausbildung und sogar nach der ersten Beschäftigung.

Männer und Frauen verdienen bei ihrer ersten Stelle nach dem College einigermaßen gleich. Der Einkommensunterschied entsteht also irgendwann danach. Man kann diese Divergenz anhand der Daten des US Census und der American Community Survey aufzeigen, siehe Abbildung 8.2. Hier wird der Gender-Earnings-Gap bei den Einkommen (oder das Verhältnis) für diejenigen in Gruppe Fünf dargestellt,[22] die sowohl eine Karriere als auch eine Familie anstreben.

Schauen wir uns das Einkommensverhältnis zwischen Männern und Frauen mit Collegeabschluss mit Ende 20 an, der Zugehörigen zur Gruppe Fünf, die um 1978 geboren wurden (die oberste Kurve in der Grafik). Diese Frauen schlugen sich im Verhältnis zu den Männern relativ gut. Sie kamen auf 92 Cent für jeden Dollar, den ein Mann verdiente, und direkt nach dem College oder einer anderen weiterführenden Ausbildungsinstitution vermutlich sogar auf noch mehr.

Die anderen Kurven in der Abbildung beziehen sich auf Teile der Gruppe Fünf. Für diejenigen, die früher geboren wurden, ist das anfängliche Einkommensverhältnis etwas niedriger, was den Gap größer macht. Am auffälligsten ist, dass die Lohnlücke zwischen den Geschlechtern mit zunehmendem Alter der Gruppe stark zunimmt,[23] egal, in welchem der angegebenen Jahre die Frau geboren wurde. Zum Beispiel verdienen die um 1963 geborenen Frauen aus Gruppe Fünf mit Ende 20 für jeden Dollar eines Mannes 90 Cent. Aber sobald sie – sowohl die Frauen als auch die Männer – Ende 30 sind, verdienen die Frauen nur 76 Cent, wo Männer einen Dollar verdienen. Mit Mitte 40 sind es sogar nur noch 70 Cent. Und deswegen handelt es sich beim Gender-Earnings-Gap nicht nur um eine einzige Zahl, wenngleich es natürlich schön wäre, ihn so herunterzubrechen.

Wir haben also gesehen, dass das Gefälle mit zunehmendem Alter größer wird; mit der Zeit, die nach dem Abschluss vergangen ist. Der Unterschied wird individuell durch bestimmte Lebensereignisse größer, etwa durch die Geburt eines Kindes oder wenn man umzieht. Der Gender-Earnings-Gap ist also eine Reihe an über das Leben verteilten Ereignissen, und ihn sich so vorzustellen hilft besser bei der Ursachenfindung als die so gern zitierte einzelne Zahl.

Schauen wir uns als Beispiel eine Studie zur Karriere von Männern und Frauen an, die zwischen 1990 und 2006 ihren MBA-Abschluss an der University of Chicago Booth School gemacht haben. Da alle Teilnehmenden denselben Abschluss an dieser Spitzeninstitution gemacht haben, sind schon einige Einflussfaktoren konstant.[24] Die ersten Absolventen der Stichprobe haben ihren Master of Business Administration 10 bis 16 Jahre zuvor erhalten, sodass wir hier vereinfacht von 13 Jahren ausgehen können.[25]

Direkt nachdem die frischgebackenen MBA-Absolventen die Uni-

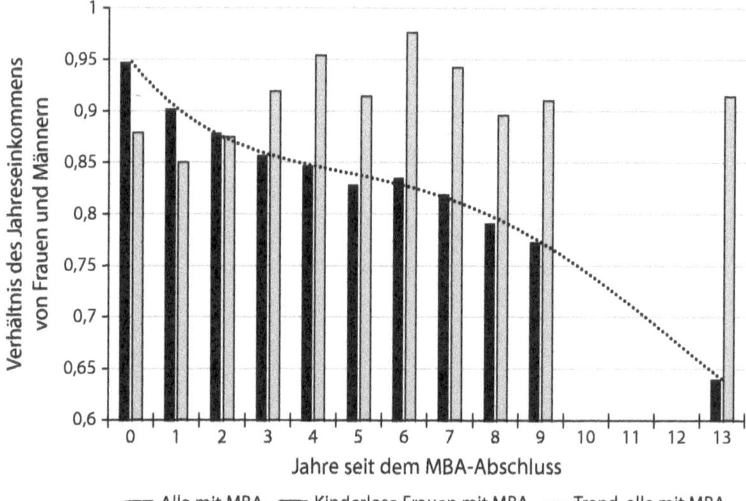

Abb. 8.3: Verhältnis des Jahreseinkommens von Frauen und Männern mit MBA nach Jahren seit dem Abschluss (siehe Abbildungs- und Tabellenanhang)

versität abschließen und ihre ersten Stellen antreten, verdienen die Frauen 95 Cent, wenn die männlichen Absolventen einen Dollar bekommen. Doch mit jedem Jahr, das ins Land zieht, wird dieser Unterschied größer. Im 13. Jahr sind wir bei erstaunlich niedrigen 64 Cent angekommen. Dieser Unterschied in Jahren seit dem MBA-Abschluss ist in Abbildung 8.3 als dunkle Balken dargestellt.

Warum es zu diesem Einbruch kommt, können wir anhand der hellen Balken erkennen, die das geschlechterspezifische Einkommensverhältnis zwischen Frauen, die keine Kinder bekommen haben, und allen Männern der Probe zeigen.[26] Diese Balken sind generell höher als die dunklen, vor allem drei Jahre nach dem MBA-Abschluss, und die Unterschiede zwischen den hellen und dunklen Balken wachsen, je mehr Zeit seit dem Abschluss vergangen ist. Obwohl es Unterschiede bei den hellen Balken gibt[27] – sie steigen und fallen (und wachsen dann wieder an) teils wegen der kleinen Stichprobe –, ist kaum eine Entwicklung erkennbar.

Dafür ist der Abwärtstrend bei den dunklen Balken mehr als deutlich. Kinderlose Frauen (die nie länger als sechs Monate nicht arbeiteten) sind fast gleichauf mit den Männern, verdienen jedoch immer noch weniger, während es sich für die Mütter schlechter darstellt.

Aus umfassenden Untersuchungen dieser MBA-Daten wissen wir, dass der wachsende geschlechterspezifische Gehaltsunterschied nicht zufällig auftaucht. Meist tut sich das Gefälle auf, sobald Kinder da sind. Da alle der von uns untersuchten Gruppe dieselbe (renommierte) Business-School absolviert haben und wir aus Verwaltungsdaten wissen, wann sie dort studierten, können wir die Faktoren Fähigkeiten und Ausbildung nahezu lückenlos berücksichtigen.

Vor allem zwei Aspekte sind für das große geschlechterspezifische Lohngefälle bei diesen MBA-Absolventen maßgeblich: Unterbrechungen der Erwerbstätigkeit und die durchschnittliche Wochenarbeitszeit. Die MBA-Absolventinnen der Studie hatten längere Unterbrechungen in ihren ersten 13 Jahren als die Männer. Darüber hinaus nimmt die Wochenarbeitszeit von MBA-Absolventinnen in den ersten 13 Jahren im Vergleich zu der von Männern ab.

Diese beiden Faktoren – also die Arbeitsjahre (beziehungsweise Berufserfahrung) und die wöchentlichen Arbeitsstunden – erklären größtenteils, warum der Unterschied nach dem MBA-Abschluss immer größer wird. Wie zuvor bereits erwähnt, ist das Verhältnis 13 Jahre später bei 64 Cent pro Dollar. Es sind allerdings 73 Cent, wenn man die Unterschiede bei der Berufserfahrung zwischen Männern und Frauen einbezieht.[28] Und dieser Betrag steigt sogar noch – auf 91 Cent –, wenn man die Unterschiede bei den Abwesenheiten und den Wochenarbeitsstunden herausrechnet. Die Verdienstunterschiede in den ersten zehn Jahren nach dem MBA-Abschluss sind fast ausschließlich darauf zurückzuführen, dass die Frauen längere Zeiten nicht arbeiten und weniger Stunden als männliche Absolventen.

Wer weniger Jahre hineinsteckt, hat auch weniger Joberfahrung und weniger Kunden. Wer weniger Stunden arbeitet, sollte auch weniger verdienen. Wobei die Unterschiede bei den Arbeitsstunden und Zeiten nicht groß sind. Doch selbst kleine Unterschiede können sich sehr nachteilig auf das Einkommen der MBA-Absolventinnen auswirken.

Die Abwesenheiten bei den Frauen mit MBA-Abschluss sind nicht übermäßig lang. Im Schnitt hatten die erwerbstätigen Frauen sieben Jahre nach ihrem Abschluss insgesamt 0,37 Jahre freigenommen – also nur gute vier Monate; bei den Männern waren es durchschnittlich 0,075 Jahre, also weniger als ein Monat.[29] Nach circa 13 Jahren kamen die Frauen im Schnitt auf ein Jahr Abwesenheit, während es bei den Männern lediglich sechs Wochen waren. Die Abwesenheiten der Frauen mögen also nicht übermäßig sein, aber weitaus länger als die der Männer.

Sowohl die Männer als auch die Frauen mit MBA arbeiten viele Stunden. Während ihrer ersten paar Jahre nach dem Abschluss liegt die durchschnittliche Arbeitszeit bei circa 60 Stunden, unabhängig vom Geschlecht. 13 Jahre nach dem Abschluss ist die Arbeitszeit der Frauen auf 49 Stunden gesunken, bei Männern sind es 57.

Der Unterschied bei den durchschnittlichen Arbeitszeiten entsteht vor allem dadurch, dass manche der MBA-Absolventinnen Teilzeit arbeiten. Ungefähr 18 Prozent der Frauen taten dies 13 Jahre nach ihrem Abschluss (hierbei sei erwähnt, dass Teilzeit für diese Gruppe circa 30 Stunden pro Woche bedeutet). Es sagt einiges, dass der Großteil der MBA-Absolventinnen, die Teilzeit arbeiteten, freiberuflich tätig war. Festanstellungen im Unternehmens- und Finanzsektor in Teilzeit sind spärlich gesät. Viele Frauen mit MBA arbeiten also, wenn sie in Teilzeit gehen möchten, als Selbstständige.

Ein weiterer wichtiger Aspekt ist, dass nach 13 Jahren 17 Prozent der MBA-Absolventinnen überhaupt nicht erwerbstätig waren.[30] Das sind mehr als bei den Collegeabsolventinnen aus anderen Bereichen, die einen renommierten, hohen Bildungsabschluss haben – mehr als bei Juristinnen, Frauen mit Doktortitel oder Ärztinnen.

Dennoch war der Anteil dieser MBA-Frauen, die sich als »derzeit nicht erwerbstätig« bezeichneten, deutlich geringer, als man angesichts der Diskussionen über die Mütter mit Hochschulabschluss, die »sich aus dem Berufsleben verabschieden«, erwarten dürfte, vor allem, wenn sie einen MBA haben. Zudem war die Erwerbslosigkeit für die MBA-Gruppe oft nur temporär. Frauen mit Collegeabschluss steigen normalerweise nicht für immer aus dem Arbeitsmarkt aus.[31] Manche machen einfach nur Pausen.

Das Einkommen von Frauen geht im Verhältnis zu dem der Männer über die Zeit nach dem MBA-Abschluss zurück. Das lässt sich jedoch nicht allein auf größere Unterbrechungen in ihrem Arbeitsleben zurückführen, nicht auf lange Abwesenheiten oder Stellen, in denen sie weniger Stunden arbeiten. Es ist vielmehr so, dass die Frauen mit MBA weitaus weniger verdienen als die Männer, weil man im hochbezahlten Unternehmens- und Finanzbereich mit großen Nachteilen rechnen muss, sobald man sich auch nur eine kleine Auszeit nimmt oder keine langen, auslaugenden Arbeitszeiten in Kauf nehmen möchte.

Mutterschaft und die damit einhergehende Care-Arbeit sind hauptsächlich dafür verantwortlich, dass die Frauen im Vergleich zu ihren männlichen MBA-Pendants weniger Berufserfahrung sammeln, mehr Unterbrechungen in ihrer beruflichen Laufbahn erfahren und weniger Stunden arbeiten. Hinzu kommt, dass einige der Mütter mit MBA aus unserer Stichprobe sich ein paar Jahre nach der Geburt ihres ersten Kindes für eine Arbeitspause entschieden.

Die Mütter mit MBA-Abschluss reduzieren ihre Arbeitsstunden nicht direkt, nachdem sie aus dem Mutterschaftsurlaub wiederkommen. Normalerweise kehren sie an den Arbeitsplatz zurück und machen weiter mit dem enormen Arbeitspensum. Erst nach einem oder zwei Jahren schalten sie zurück. Andere entscheiden sich für eine Selbstständigkeit. Der größte Wandel lässt sich drei oder vier Jahre nach der Geburt des ersten Kindes feststellen. Zu diesem Zeitpunkt gehen die Einnahmen der Frauen im Schnitt auf 74 Prozent dessen zurück, was sie vor der Geburt bekamen.

Für manche Mütter mit MBA und kleinen Kindern sind die langen Arbeitszeiten und die intensive Arbeit im Unternehmens- und Finanzbereich nach einer Geburt zu viel. Und der Weckruf erreicht sie, selbst wenn sie kein zweites Kind bekommen. Die Daten erzählen uns einiges über die Gruppe an Frauen, die ihre Karriere wieder zum Laufen bekommen will. Beruf und Familie kämpfen um dieselben Ressourcen, und irgendwo müssen Abstriche gemacht werden.

Die kinderlosen MBA-Absolventinnen entwickelten sich, unabhängig davon, ob sie verheiratet waren oder nicht, anders als die Mütter. Obwohl das Einkommen der kinderlosen MBA-Frauen (die keine Unterbrechungen in der Karriere haben) immer noch niedriger ist als das der MBA-Männer (mit und ohne Kinder), fehlen 13 Jahre nach dem Abschluss nur noch neun Cents bis zum Dollar der Männer. Diese Zahl ist zwar nicht gleich null, aber deutlich niedriger als der 36-Cent-Abstand, der für die gesamte Gruppe besteht.[32]

Es gibt verschiedenste Gründe, warum sich Frauen nach der Geburt eines Kindes dafür entscheiden, weniger zu arbeiten, selbst einige Jahre später. Doch besteht auch die Möglichkeit, dass es nicht ihre eigene Entscheidung war, sich zu verabschieden oder langsamer zu machen. Mütter können auf verschiedenste Arten und Weisen, sei es direkt oder unterschwellig, aus ihrem Job verdrängt werden. Beispielsweise durch gut gemeinte Bevormundung seitens (männlicher oder weiblicher) Vorgesetzter. Möglicherweise schützen ihre Chefs die Frauen auch vor den anspruchsvolleren Kunden und teilen ihnen keine herausfordernden Projekte zu. Vielleicht enthält man ihnen auch die wohlhabenderen Klienten und Beförderungen vor, weil die Manager nicht sicher sind, welche Zukunft sie langfristig in der Firma haben werden.

Die MBA-Studie liefert jedoch überzeugende Beweise dafür,[33] dass weder Bevormundung noch Voreingenommenheit der wichtigste Faktor sind, sondern die Entscheidungen, die getroffen werden. Das verraten uns die Daten darüber, wie sich das Einkommen des Ehemannes auf die Arbeitsstunden einer Mutter mit MBA auswirkt. Die größte Veränderung bei den Arbeitsstunden und damit auch beim Jahreseinkommen tritt bei Frauen auf, deren Männer über dem Median des Gehalts von MBA-Absolventen verdienen (die ich hier Spitzenverdiener-Ehemänner nennen möchte).[34] Außerdem ist der Beschäftigungsrückgang bei Frauen mit Spitzenverdiener-Ehemännern ebenfalls am größten. In den ersten zwei Jahren nach der Geburt war die Wahrscheinlichkeit, dass eine Frau, deren Ehemann zur Gruppe der Spitzenverdiener gehörte, erwerbstätig war, um 22 Prozent geringer, als wenn ihr Mann nicht dazugehörte. Fünf Jahre später lag diese Wahrscheinlichkeit bei 32 Prozent.[35]

Aber nur einen »reichen« Mann zu haben ist nicht der entscheidende Faktor für die Arbeitserfahrung, die Arbeitsstunden und Beschäftigung. Kinderlose Frauen, die mit Spitzenverdienern verheiratet sind,[36] investieren genauso viele Jahre und Arbeitsstunden wie die mit weniger wohlhabenden Ehepartnern. Kinder zu haben und mit einem Spitzenverdiener verheiratet zu sein beeinflusst deutlich, welche MBA-Frauen erwerbstätig sind und wie viele Stunden sie am Arbeitsplatz verbringen.

Die meisten Eltern können (und wollen) nicht die gesamte Kinderbetreuung auslagern. Mit jemandem verheiratet zu sein, der zwischen den Kontinenten hin und her jettet, heißt, dass er nicht jeden Tag oder möglicherweise auch nicht jede Woche zu Hause sein kann. In einem Vorort zu wohnen bedeutet, dass beide arbeitenden Elternteile pendeln müssen. Irgendwo muss man Abstriche machen. Und wenn einer ein sehr hohes Einkommen hat, ist das zweite weniger wichtig.

Dies legt nahe, dass die größten Auswirkungen, die die Kinder auf die Karriere einer Frau mit MBA haben, durch Entscheidungen bedingt sind – nicht durch Bevormundung, sei sie wohl- oder übel gemeint. Natürlich werden die Entscheidungen dieser Mütter stark von der relativen Inflexibilität der Arbeitszeiten im Großteil des Unternehmens- und Finanzsektors eingeschränkt.

Doch eine einzelne Studie, und sei sie noch so gut gemacht, kann keine unstrittigen Belege zu so etwas Komplexem und Langwierigem wie dem Thema Gender-Earnings-Gap liefern. Eine große Anzahl an Studien kann aber die Richtung weisen. Weitere Forschung, darunter auch meine eigene, haben die Ergebnisse aus dem MBA-Projekt bestätigt. Meine Co-Autorinnen[37] und ich nutzten umfangreiche Firmen- und Bevölkerungsdaten zu Arbeitgebern und -nehmern in den USA, um festzustellen, dass das Einkommen von Collegeabsolventinnen im Vergleich zu dem von Männern mit Collegeabschluss in den ersten sieben Jahren ihrer Erwerbstätigkeit sank und dass es einen größeren

Rückgang für diejenigen gab, die verheiratet waren. Frauen wechseln zu Unternehmen, die weniger zahlen, und erhalten dort geringere Gehaltserhöhungen.

Zusätzliche Belege erhalten wir aus der Forschung zum Einfluss von Geburten auf das Einkommen der jeweiligen Elternteile. Zu den überzeugendsten und auffälligsten Daten gehören solche aus mehreren nordischen Ländern. Sie liefern uns Evidenz »von der Wiege bis zur Bahre« und sind deswegen so auffällig, da sie zu ähnlichen Schlüssen wie die MBA-Studie kommen, wobei es sich doch um Länder mit der großzügigsten Familienpolitik der Welt handelt, die auch staatliche Unterstützung bei der Kinderbetreuung und lange bezahlte Urlaube für beide Elternteile beinhaltet.

Mit diesen Daten lässt sich genau einordnen, wie die Geburt von Kindern das Einkommen der Eltern beeinflusst, das sie sich mehrere Jahre vor und viele Jahre nach einem bestimmten Ereignis – hier eine Geburt – anschauen. Mehrere Forschungsteams haben ähnliche Studien mit außergewöhnlichen Verwaltungsdaten aus Schweden und Dänemark durchgeführt.[38] In der schwedischen Studie werden die Einkünfte von Müttern und Vätern zwischen 1990 und 2002 betrachtet und anschließend geschätzt, wie die Geburt eines Kindes den Einkommensunterschied zwischen den Paaren beeinflusst.[39] Die dänische Studie geht ähnlich vor,[40] vergleicht aber die Auswirkungen einer Geburt auf die Frauen im Verhältnis zu vergleichbaren erwerbstätigen Männern.

Wie erwartet haben Frauen nach einer Geburt einkommenstechnisch erhebliche Nachteile. Doch selbst 15 Jahre nach der Geburt bleibt die Kluft zwischen Ehemann und Frau größer als vor der Geburt. Die Unterschiede sind enorm. Wenn die beiden Eltern vor der Geburt gleich verdienten, so bekam der Mann, wenn das Kind 15 Jahre alt war, schließlich 32 Prozent mehr Gehalt als seine Frau.[41] Ein Großteil dieser Lücke entsteht, so die schwedische Studie, weil die Frauen ihre Arbeitszeit reduzieren. Aber ein Drittel des Rückgangs lässt sich auf einen verringerten Stundenlohn zurückführen.

Die gleiche Berechnung für die USA durchzuführen – die in Bezug auf eine familienfreundliche Politik der gesamten Welt hinterherhinkt –

wäre nahezu unmöglich, da keine Verwaltungsdaten wie für Schweden (und ein paar andere Nationen) vorliegen, die die Einkommensinformationen mit dem Geburtenregister verbinden. Doch gibt es keinen Grund zu glauben, dass die Unterschiede in den USA kleiner ausfallen würden, vielmehr deutet vieles darauf hin, dass sie größer wären.[42]

All diese Ergebnisse – dass der Gender-Earnings-Gap durch Familiengründung größer wird, dass Frauen zu schlechter bezahlenden Firmen wechseln und in den Unternehmen nicht so weit kommen wie Männer – heischen nach einer berufsgruppenspezifischen Analyse für die Collegeabsolventen. Die Lohnlücke sieht je nach Branche sehr unterschiedlich aus. Fördern manche Bereiche die Geschlechtergerechtigkeit und Couple Equity eher? Und was führt dazu, dass manche Berufe frauenfreundlicher oder -feindlicher (oder allgemein für Paare geeigneter) sind?

Man denke nur an diejenigen mit den prestigeträchtigsten Abschlüssen in Jura, Betriebswirtschaft, Medizin oder an Doktorgrade. Wer einen solchen Abschluss hat, kann in den lukrativsten Feldern arbeiten – die auch die mit der größten Einkommensungleichheit sind und diejenigen belohnen, welche die meisten Stunden, Tage und Wochen hineinstecken. Frauen mit einem solchen Abschluss werden sich generell nicht so gut schlagen wie ihre männlichen Pendants, vor allem, wenn sie Kinder haben. Frauen mit kleinen Kindern nehmen sich natürlich länger frei und fahren bei den Stunden zurück. Dafür bezahlen sie einen Preis bezüglich ihrer Karriere, wie wir gerade bei den MBA-Absolventinnen gesehen haben. Wie hoch dieser ist, hängt von der jeweiligen Arbeit ab.

Auch Väter zahlen einen hohen Preis. Fast die Hälfte der Väter[43] gab bei einer Befragung des Pew Research Centers an, zu wenig Zeit mit den Kindern zu verbringen. Zeit, die man nicht einfach so später wiedergutmachen kann. Viele Männer genießen im Alter die Zeit mit den Enkeln, weil sie die Zeit, als ihre eigenen Kinder klein waren, verpasst haben. Der Preis, den jeder Elternteil dafür zahlen muss, sich auf einen Bereich zu konzentrieren – Karriere oder Familie –, verstärkt die Verluste durch die Ungleichheit der Paare noch.

Das bereits erwähnte Projekt Harvard and Beyond, das Absolventinnen vom Harvard College zwischen Ende der 1960er bis Anfang der 1990er untersucht, ermöglicht uns, zusammen mit anderen Daten, die Karriereeinbußen durch Abwesenheitsperioden bei der Arbeit zu messen. Die durch eine Pause entstehenden Nachteile sind maßgeblich für die Laufbahn, die Personen mit einem solchen Abschluss normalerweise einschlagen – im Bereich Jura, Management, Medizin oder an der Universität. Die Benachteiligung betrifft sowohl Männer als auch Frauen, Letztere jedoch stärker, weil sie länger pausieren und mehr Stunden reduzieren.

Wie nachteilig sich die Abwesenheiten jährlich auswirken, ist je nach Abschluss sehr unterschiedlich. Die 15 Jahre nach einem Bachelorabschluss gemessenen Nachteile sind für Ärzte am geringsten, am größten für diejenigen mit MBA. Juristen und Doktoren befinden sich irgendwo im Mittelfeld. Die Benachteiligung der MBA-Absolventen ist 1,4-mal[44] so hoch wie die für Ärzte; bei Juristen und Doktoren betragen die negativen Auswirkungen das 1,2-Fache im Vergleich zu den Ärzten. Doch warum sind die negativen Folgen von Karriereunterbrechungen und Arbeitsstundenreduktion je nach Abschluss und damit auch nach Beruf so unterschiedlich?

Um dieser Frage nachzugehen, nutzte ich einen umfangreichen Datensatz der American Community Survey[45] mit Informationen zu mehreren Millionen Männern und Frauen mit Collegeabschluss zwischen 25 und 64. Zwar führt das statistische Bundesamt der USA um die 500 Berufe auf, hier wurden jedoch nur 115 berücksichtigt, da die Stichprobe sich auf Vollzeit arbeitende Collegeabsolventen beschränkt. Darunter befinden sich einige der prestigeträchtigsten Berufe, aber auch durchschnittlichere[46] wie Vertreter, Controller oder Gesundheitstechniker.

Bei einigen dieser Berufsgruppen ist der Gender-Earnings-Gap extrem groß, bei anderen sieht es paritätischer aus. Die geschlechterspezifischen Einkommensverhältnisse sind in Abbildung 8.4 vom niedrigsten zum höchsten Wert angeordnet, bereinigt nach den üblichen Arbeitsstunden und -wochen, dem Alter der erwerbstätigen Personen und den Abschlüssen über einem Bachelor.

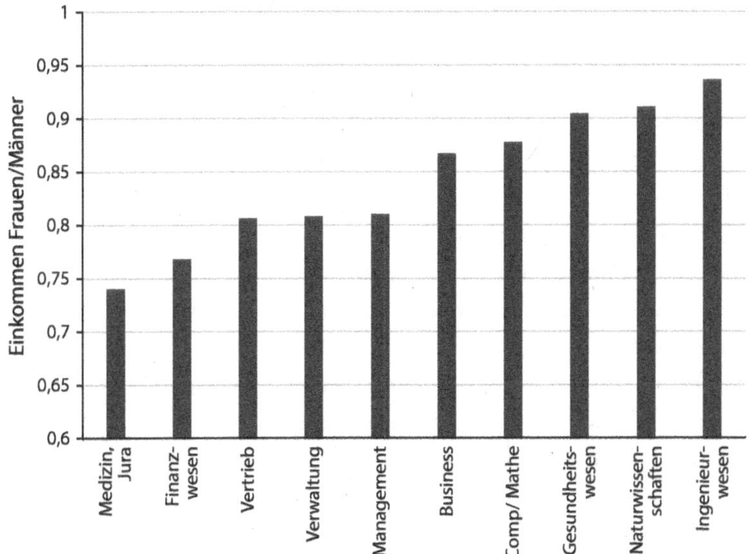

Abb. 8.4: Geschlechterspezifisches Einkommensverhältnis von Collegeabsolventen nach Berufsfeld.

Anmerkung: Einkommen entsprechend Alter, Arbeitsstunden und -wochen sowie Abschlüssen über dem Bachelor angepasst. Die verwendeten Daten umfassen die ACS für die Jahre 2009 bis 2016 (siehe außerdem Abbildungs- und Tabellenanhang)

Den niedrigsten Wert, also den größten Gap, gibt es in den meisten eigentümergeführten Unternehmen wie in Kanzleien oder im Bereich Finanzen, Vertrieb, Verwaltung, Management und im Unternehmerbereich. Den höchsten Wert und damit die kleinsten Lücken finden wir im Bereich Mathematik und Computerwissenschaft, im Gesundheitswesen (ausgenommen Ärzte), den Naturwissenschaften und Ingenieurwesen. Die Berufsfelder lassen sich also in zwei Gruppen teilen. Frauen im Tech-Bereich[47] bekommen 94 Cent für jeden Dollar, den ein Mann verdient, im Finanzsektor sind es lediglich 77 Cent.

Ist der Finanzbereich so viel engstirniger und chauvinistischer als der Tech-Bereich? Gibt es im Finanzsektor so viel mehr voreingenommene und opportunistische Chefs als in der Tech-Sparte? Skrupellose

Chefs gibt es natürlich in beiden Feldern. Um herauszufinden, warum die geschlechterspezifischen Einkommensunterschiede nach Sektor oder Beruf so variieren, müssen wir herausfinden, was dort gearbeitet wird und welche Anforderungen, insbesondere zeitliche, es dafür gibt.

Es wäre eine wahre Herkulesarbeit, diese Informationen für jeden einzelnen dieser Berufe aufzutun. Glücklicherweise hat ein großes Team bereits ein Repertoire an Standardeigenschaften für alle vom Census Bureau gelisteten Beschäftigungen herausgearbeitet. Diese Datenbank des US-Arbeitsministeriums heißt O*NET—Occupational Information Network.

Doch bevor wir uns mit dessen Ergebnisse befassen, sollten wir uns ein paar generelle Gründe dafür anschauen, warum Frauen – vor allem Mütter – manche Jobs bevorzugen, zu gewissen Berufen tendieren, selbst wenn es sich um schlechter bezahlte Positionen handelt. Diese Logik gründet auf der Tatsache, dass Frauen traditionell mehr Verantwortung für ihre Kinder und andere Familienmitglieder übernehmen. Das soll nicht bedeuten, dass Männer nicht viel Zeit mit ihren Kindern verbringen, und ebenso wenig, dass unsere derzeitige Aufteilung der Hausarbeit gerecht ist. Doch Frauen (und Mädchen) sind nun mal öfter zu Hause auf Abruf als Männer.

Da die häusliche Verantwortung so unterschiedlich zwischen Männern und Frauen aufgeteilt ist, ziehen Frauen Stellen mit weniger Arbeitsstunden, geringerer Verfügbarkeit auf Abruf, berechenbareren Zeiten und mehr Kontrolle über die Stundenanzahl vor. Infolgedessen dürften Frauen auch Jobs bevorzugen, bei denen man im Team arbeitet und problemlos füreinander einspringen kann und wo es standardisierte Dienstleistungen oder Produkte gibt.

Aber auf der Arbeit ist man eben nicht immer vollkommen austauschbar, und für Kunden ist das Vertrauensverhältnis normalerweise sehr wichtig. Um sich mit Kunden treffen zu können, müssen die Angestellten manchmal abends oder am Wochenende arbeiten, was oft heißt, ihnen mehr zu bezahlen, um die verpasste Zeit mit der Familie zu kompensieren. Männer setzen normalerweise auf die zeitaufwendigeren, aber besser bezahlten Jobs. Im Vergleich zu Frauen ist ihnen die zeitliche Flexibilität weniger wichtig als der finanzielle Vorteil. Frauen mit Kindern haben oft nicht die Möglichkeit dazu.

Erinnern Sie sich noch an Isabel und Lucas, das Paar, das wir im ersten Kapitel kennengelernt haben, und die beide für InfoServices arbeiten? Die Firma benötigte jemanden auf Abruf und war bereit, mehr dafür zu bezahlen. Sagen wir einmal, dass der jährliche Bonus für diese Position 20 000 Euro betrug, genug, um Lucas bei der Stange zu halten. Isabel nahm das Angebot nicht an, sie konnten nicht beide auf Abruf arbeiten, da sich Isabel erst um ihre Eltern und später um ihre kleinen Kinder kümmerte.

Lucas und Isabel wären lieber gemeinsam zu Hause auf Abruf gewesen, anstatt dass einer von ihnen im Büro auf Abruf war. Das hätte bei ihnen als Paar für Gleichstellung gesorgt. Aber die Prämie von 20 000 Dollar war zu hoch, als dass sie als Paar darauf verzichten konnten. Je mehr Unternehmen für die Stellen auf Abruf bezahlen müssen, desto größer der geschlechterspezifische Verdienstunterschied – insofern weiterhin normalerweise die Frauen zu Hause bleiben. Doch selbst wenn es keine geschlechterspezifischen Unterschiede dahingehend gibt, wer die Stelle annimmt, bei der man auf der Arbeit auf Abruf ist, wird es Probleme mit der Couple Equity geben.

Wenn wir uns jetzt wieder der Datenlage zuwenden, würden wir erwarten, dass es kleinere Gaps in den Berufsfeldern gibt, wo sich viele Arbeitsstunden nicht unbedingt mehr lohnen und wo die Dienstleistungen und Produkte standardisierter sind. Größere geschlechterspezifische Lohnunterschiede müsste es demnach in Bereichen geben, wo die Arbeit auf Abruf und unregelmäßige Arbeitszeiten dementsprechend vergütet werden; in denen wohlhabende Kunden spezifische Fertigkeiten fordern; wo Teams verschiedene komplexe Tätigkeiten übernehmen; in denen die Dienstleistungen und Produkte individuell sind.

O*NET listet Hunderte verschiedene Eigenschaften für jedes Berufsfeld auf. Bei manchen geht es um die physischen Anforderungen einer Arbeit, die uns hier jedoch weniger interessieren sollen als die zeitlichen Erfordernisse, die Interaktionen unter den Angestellten und die Kundenbeziehungen. Für alle im Census Bureau aufgeführten Beschäftigungen werden jeweils sechs relevante Grundeigenschaften beschrieben:

1. Kontakt mit anderen: Wie viel Kontakt zu anderen Personen (via Telefon, direkt oder über andere Kanäle) ist in Ihrem aktuellen Job notwendig?
2. Häufigkeit von Entscheidungen: Wie oft beeinflussen Ihre Entscheidungen an Ihrer derzeitigen Arbeitsstelle andere Menschen oder das Image, den Ruf oder die finanziellen Ressourcen Ihres Arbeitgebers?
3. Zeitdruck: Wie oft müssen in diesem Beruf genaue Fristen eingehalten werden?
4. Strukturierte oder unstrukturierte Arbeit: In welchem Maße ist die Arbeit strukturiert beziehungsweise ermöglicht sie es, Aufgaben, Prioritäten und Ziele selbst festzulegen?
5. Aufbau und Pflege von persönlichen Beziehungen: Wie wichtig ist es, konstruktive und kooperative Arbeitsbeziehungen mit anderen aufzubauen und sie aufrechtzuerhalten?
6. Wettbewerbsintensität: Wie wettbewerbsorientiert ist Ihre derzeitige Stelle?

Die ersten fünf Punkte messen die zeitlichen Anforderungen an den Job. Wenn Frauen weniger Zeit als Männer investieren können oder weniger bereit sind, zu bestimmten Tageszeiten zu arbeiten, bekommen sie auf die Stunde gerechnet womöglich weniger, selbst wenn sie die gleiche Stelle haben. So wie Isabel und Lucas dieselbe Berufsbezeichnung haben und dieselbe Anzahl an Stunden arbeiten. Aber Lucas bekommt 20 000 Dollar mehr pro Jahr, weil er im Büro auf Abruf ist. Da Isabels Gehalt bei 100 000 Dollar pro Jahr liegt, erhält sie für jeden Dollar, den Lucas verdient, 83 Cent. Das liegt an ihren besser planbaren Arbeitszeiten, die es ihr ermöglichen, zu Hause auf Abruf zu sein.

Berufe in den Bereichen Ingenieurwesen, Naturwissenschaften, IT und Mathematik haben gemessen an diesen fünf Punkten geringe Zeitanforderungen und verlangen nur begrenzte persönliche Interaktionen.[48] In diesen Sparten arbeitet man oft allein an Aufgaben, hat selten

Kundenkontakt und einigermaßen flexible Fristen, man trifft täglich ähnliche Entscheidungen und beschäftigt sich oft individuell mit Aufgaben. In diesen Sparten ist das geschlechterspezifische Lohngefälle auch sehr klein.

Ganz anders sieht es im Management, in der Verwaltung oder im Vertrieb aus, oder in den Feldern, wo meist selbstständig gearbeitet wird, wie Medizin, Zahnmedizin und in Kanzleien. In diesen Berufen wird bei den ersten fünf Punkten viel gefordert: Man hat Klienten, muss sich streng an Fristen halten und Entscheidungen treffen, die jeden Tag anders aussehen.

Die einzigen Ausreißer in der großen Gruppe der Beschäftigten sind diejenigen aus dem Bereich Gesundheit oder Finanzwesen. Für Gesundheitsberufe (wie etwa Physiotherapeut oder Ernährungsberater) gibt es normalerweise sehr spezifische Anforderungen. Die geschlechterspezifischen Gehaltsunterschiede sind nicht sehr groß, die zeitlichen Anforderungen liegen allerdings über dem Durchschnitt. Auf der anderen Seite hat man den Bereich Finanzwesen (zum Beispiel Finanz- oder Kreditberater), in dem es eine große Ungleichheit bei den Geschlechtern, aber unterdurchschnittlich geringe zeitliche Anforderungen gibt.

Diese Berufsfelder passen zwar nicht gut in den durch die ersten fünf Punkte zum Zeitaufwand abgesteckten Rahmen, hängen aber stark mit dem sechsten Aspekt zusammen: dem Wettbewerb. In den Gesundheitsberufen gibt es mit den wenigsten Konkurrenzdruck, im Finanzbereich den höchsten.

Wenn wir uns diese sechs Eigenschaften anschauen (die fünf zeitbezogenen Messgrößen und die sechste zur Einschätzung des Konkurrenzdrucks), können wir schon größtenteils die geschlechterspezifische Ungleichheit unter den Berufsgruppen »erklären«.[49] Diejenigen mit den großen Zeitanforderungen und/oder großem Konkurrenzdruck weisen größere Lohngefälle auf. Dementsprechend haben die Beschäftigungen mit geringeren zeitlichen Anforderungen und/oder geringerem Konkurrenzdruck einen kleineren Gender-Earnings-Gap. Frauen werden in manchen Berufen benachteiligt, weil sie mehr Sicherheit bei der zeitlichen Planung benötigen.

Ein weiterer wichtiger Punkt hinsichtlich der Berufsfelder betrifft die allgemeine Ungleichheit bei dem, was man verdient. Die Jobs mit der größten Einkommensungleichheit unter Männern gehören auch zu denjenigen, wo das geschlechterspezifische Lohngefälle am gravierendsten ist.[50] Die Branchen mit der größten Lohnungleichheit sind auch diejenigen, wo um Kunden, Verträge, Deals und Patienten gewetteifert werden muss. Hier gibt es auch die längsten Arbeitszeiten, die meisten Zeiten auf Abruf sowie Stoßzeiten (denken Sie an die langen Arbeitszeiten von Anwälten, Chirurgen, Steuerberatern und Vorständen).

Aus all diesen Gründen ist es für Frauen, vor allem Mütter, in Berufen mit einer großen Lohnungleichheit unwahrscheinlicher, dass sie gut verdienen. Ihr Einkommen wird sehr viel geringer ausfallen als das derjenigen, die aktiv in den Wettbewerb um die Deals einsteigen können, und auch als das derjenigen, die sich diese durch lange und unregelmäßige Arbeitszeiten sichern.

Mit der allgemein seit den 1970er-Jahren steigenden Einkommensungleichheit wurden die Berufe mit den größten Anforderungen an die Arbeitszeiten besser bezahlt. Dadurch sind ausgerechnet die Jobs, in die Frauen am schwierigsten hineinkommen und die für sie am härtesten sind, in den letzten Jahrzehnten am lukrativsten geworden. Das könnte mit ein Grund sein, warum sich beim Gender-Earnings-Gap, besonders in der Gruppe der Collegeabsolventinnen, in den letzten zehn Jahren kaum etwas getan hat, obwohl die Frauen mittlerweile qualifizierter sind. Sie schwimmen wacker stromaufwärts, aber die Gewässer der Wirtschaft haben starke Strömungen.

Lilly Ledbetter, die sich selbst die »Großmutter der gleichberechtigten Bezahlung« nannte, und die Frauen, die ähnliche Erfahrungen gemacht haben wie sie, sind sich nur zu bewusst, dass es den Gender-Earnings-Gap gibt. Er gehört zu den wichtigsten Themen unserer Zeit. Was kann man nun dagegen tun? Die verschiedenen Lösungsansätze, die ich zuvor erwähnte – voreingenommenen Managern und Organisationen ein Ende zu bereiten; Frauen zu mehr Konkurrenzdenken zu ermutigen und ihnen effektiveres Verhandeln beizubringen; das Einkommen aller transparent zu machen –, könnten die Kluft etwas verringern. Doch hätten diese Maßnahmen und selbst die noch größere Herausforderung, die Ungleichheit zwischen den Berufen auszumerzen, nur bedingt Erfolg.

Geschlechterspezifische Ungleichheit beim Einkommen gibt es in fast jedem Berufsfeld. Das ist für den gesamten Gender-Earnings-Gap wichtiger als die beruflichen Unterschiede zwischen Männern und Frauen. Die Lücke wird mit der Zeit größer und besonders zu bestimmten Lebensereignissen, wie nach der Geburt eines Kindes. Bei den Frauen mit MBA-Abschluss wurde der Gap insgesamt größer, so sie jedoch kinderlos waren oder keine Pause von über sechs Monaten machten, klaffte die Lücke weitaus weniger, wenn überhaupt, auf.

Den Ursprung des Übels Gender-Earnings-Gap muss man in zwei Bereichen suchen. Einerseits geht es um die Entscheidungen, die normale Paare treffen, wie beispielsweise Isabel und Lucas, was die Aufteilung bei der Kindererziehung betrifft. Andererseits werden alle Paare dadurch beeinflusst, was sie die zeitliche Flexibilität auf der Arbeit kostet. Je höher der Preis, umso mehr werden sich die beiden auf einen Bereich konzentrieren, was die Couple Equity in der Kinderbetreuung untergräbt.

Zücken wir also unsere Detektivlupe und schauen bei den Pharmazeutinnen und Pharmazeuten sowie Anwältinnen und Anwälten genauer hin, um noch mehr über die tief liegenden Gründe für den Gender-Earnings-Gap zu erfahren – und weitere Hinweise aufzutun, die helfen könnten, ihn zu schließen.

9 Der Fall der Rechtsanwältin und der Apothekerin

In den frühen 1960er-Jahren folgte eine beliebte TV-Serie den Fällen des fiktiven Strafverteidigers Perry Mason. Perry war ein tiefgründiger, sensibler, hochgewachsener Mann mit sanfter Stimme. Unterstützt von seiner gewieften Sekretärin Della Street, löste Perry am Ende jeder Episode das Verbrechen und entlastete damit seinen fälschlich angeklagten Mandanten. Die meisten der fesselnden Plots entstammten der Feder des großartigen Geschichtenerzählers Erle Stanley Gardner.

Als Della in den 1960er-Jahren Perrys rechte Hand war, verdiente eine fertige Juristin (J. D. – Juris Doctor) im Median jährlich nur 57 Cent für jeden Dollar ihrer männlichen Kollegen – falls sie überhaupt einen Job als Rechtsanwältin bekommen konnte.[1] Während der 1950er- und frühen 1960er-Jahre bekamen viele der besten Juraabsolventinnen – aus Gruppe Drei – in den meisten Anwaltskanzleien keinen Fuß in die Tür. Sandra Day O'Connor gehörte 1952 an der Stanford Law School mit zu den Besten ihres Jahrgangs, dennoch lud keine Kanzlei sie auch nur zu einem Vorstellungsgespräch ein. Ruth Bader Ginsburg konnte ihr Referendariat nicht bei Richter Felix Frankfurter am Obersten Gerichtshof absolvieren, weil dieser keine Frauen einstellte.[2] Die wenigen Frauen aus Gruppe Drei, die eine Karriere anstrebten, wurden oft, selbst mit hervorragenden Referenzen, nicht ernst genommen.

Als *Perry Mason* 1966 auslief, waren nur vier Prozent der Jurastudierenden weiblich. Im Jahr 1987, nur zwei Jahrzehnte später, lag der Anteil der weiblichen Absolventinnen, die einen J. D. erhielten, bereits bei 40 Prozent. Als HBO im Jahr 2020 ein Reboot von *Perry Mason* ausstrahlte, waren Frauen und Männer zu gleichen Teilen an den juristischen Fakultäten des Landes vertreten. Der juristische Bereich ist ein beliebtes Berufsfeld, sei es nun die Arbeit als Rechtsanwalt in einer Kanzlei, als Beraterin in der freien Wirtschaft oder auch anderswo. Im Vergleich zur Medizin kommen auf jeden Medizinstudenten drei Jurastudenten. In vielen verschiedenen Bereichen haben sich für Rechtsanwältinnen neue Möglichkeiten aufgetan: als Mitglieder privater Anwaltskanzleien, als Unternehmensjuristinnen und als Anwältinnen im öffentlichen Sektor. Heutzutage könnte Della Street ihr eigener Perry Mason sein – sie würde nur noch nicht das Gleiche verdienen. (Und sie hätte wahrscheinlich keine so kluge und gewitzte Sekretärin an ihrer Seite, wie es Perry vergönnt war.) Die Gehälter von Frauen haben sich in diesem Berufsfeld ebenfalls weiterentwickelt. Aus verschiedenen Gründen liegen sie allerdings nach wie vor niedriger als die der Männer. Heute verdient eine Rechtsanwältin im Durchschnitt knapp 78 Cent für jeden Dollar eines durchschnittlichen Rechtsanwalts.

Zwar ist das bereits eine deutliche Verbesserung, warum aber kann die Anwältin Della Street heute nicht genauso viel verdienen wie der Anwalt Perry Mason? Liegt es daran, dass die Seniorchefs sie nicht befördern? Wie wir im letzten Kapitel gelernt haben, ist der Gender-Pay-Gap deutlich komplizierter und geht über eindeutige Diskriminierung hinaus. Selbstverständlich können Vorurteile – explizite oder implizite – eine Rolle spielen. Offensichtlich taten sie das in der Vergangenheit, als Sandra Day O'Connor noch nicht einmal zu einem Vorstellungsgespräch eingeladen wurde und Ruth Bader Ginsburg keine Referendariatsstelle am Obersten Gerichtshof erhielt.

Für die heutigen Dellas und Perrys ist das aber nur die halbe Wahrheit. Hier erweist sich ein deutlich tückischerer Sachverhalt, der tief in das Gewebe unserer modernen Arbeit eingewoben wurde, als wesentlich einflussreicher. Die Auflösung des Falls, mit dem sich unsere imaginierte Staffel über Dellas und Perrys Partnerschaft im Jahr 2021 beschäftigt, bringt uns wieder zurück zum Kern des Problems, unserem ärgerlichen, sich verbissen haltenden Gender-Earnings-Gap.

Lassen Sie uns Della und Perry einmal umbesetzen, statt der Sekretärin und des Anwalts aus den 1950ern weisen wir ihnen moderne Rollen zu:

ein ambitioniertes junges Paar aus Gruppe Fünf, das sich im Studium während der Arbeit bei der juristischen Fachzeitschrift ihrer hoch angesehenen Law School kennen und lieben lernte. Nach ihrem Abschluss werfen sich beide ins Arbeitsleben.

Frischgebackenen Juristen und Juristinnen bietet sich eine Vielzahl an Beschäftigungsmöglichkeiten. Sie können in großen, wirtschaftlich ausgerichteten Anwaltskanzleien arbeiten oder in kleinen Anwaltsbüros, die sich auf Familien- oder Erbrecht spezialisiert haben. Sie können als Berater für die Regierung oder gemeinnützige Organisationen arbeiten oder in Law Schools unterrichten. Sie können in die Politik gehen oder außerhalb des rechtlichen Sektors arbeiten. Jede dieser Möglichkeiten hat ihre eigenen Vorzüge und wird verschieden entlohnt.

Della und Perry sind jung und ehrgeizig, weswegen sich beide für herausfordernde Stellen in einer Privatkanzlei entscheiden (die Studienkredite zahlen sich schließlich nicht von allein zurück). Nach fünf Jahren verdienen beide ungefähr das gleiche Gehalt. Was die Löhne

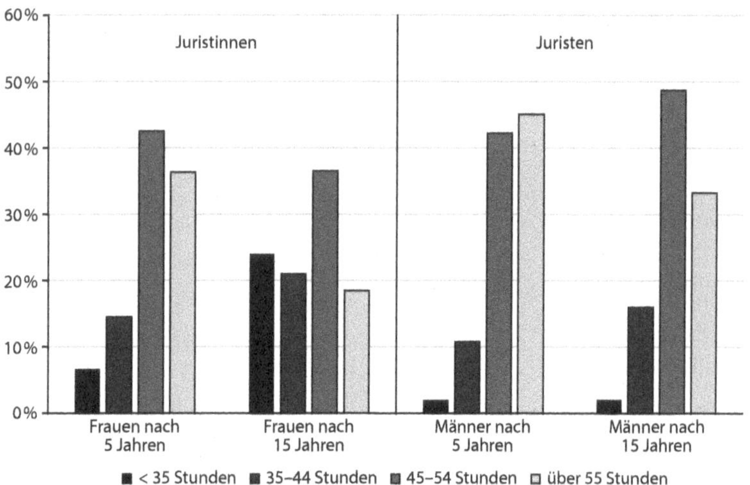

Abb. 9.1: Verteilung der Arbeitsstunden bei Juristinnen und Juristen in Prozent: 5 und 15 Jahre nach ihrem juristischen Abschluss (siehe Abbildungs- und Tabellenanhang)

direkt nach Studienabschluss angeht, gibt es kaum einen Unterschied zwischen den Geschlechtern, und auch die kleine Lohnlücke, die wir in den Rohdaten noch erkennen können, verschwindet, wenn wir die Arbeitszeit und die Berufserfahrung in Betracht ziehen.[3]

Für die noch jungen Anwälte Della und Perry ist das Leben in einer Privatkanzlei aufreibend. Bei allen Juristen und Juristinnen fordert diese Phase der Karriere lange Arbeitszeiten, beinahe 80 Prozent aller Juristinnen und 90 Prozent aller Juristen arbeiten im fünften Jahr nach ihrem Abschluss mehr als 45 Stunden in der Woche (siehe Abbildung 9.1). In großen Kanzleien oder in der freien Wirtschaft sind die Arbeitszeiten sogar noch länger, Perry arbeitet also ungefähr 51 Stunden die Woche und Della 48 Stunden. Zu diesem Zeitpunkt sind die Frauen noch gut vertreten: Nur sechs Prozent der jungen Anwältinnen arbeiten in Teilzeit, und lediglich vier Prozent scheiden bis zum fünften Jahr aus dem Beruf aus.[4]

Fünf Jahre nach ihrem Abschluss sind Della und Perry ein modernes Dreamteam, sie arbeiten im Grunde gleich lang und verdienen für ihre Arbeit nahezu das Gleiche. In Gehalt und Verantwortung sind sie einander ebenbürtig. Ein solcher Anfang lässt hoffen, dass beide in ungefähr zehn Jahren auf dem besten Weg sind, in ihrer Firma zum Partner aufzusteigen. Stimmt doch, oder?

Falsch. Während der nächsten zehn Jahre weicht ein Viertel der Frauen auf Teilzeitarbeit aus. 16 Prozent werden den Arbeitsmarkt ganz verlassen. Im Gegensatz dazu wird nur ein verschwindend geringer Anteil der Männer in Teilzeit arbeiten (zwei Prozent), und ein ebenso kleiner Anteil (wieder zwei Prozent) wird arbeitslos sein. Ungefähr 20 Prozent der Juristinnen und Juristen werden einer Arbeit nachgehen, die nicht mehr im Bereich der Rechtsprechung liegt, allerdings gehen die Gründe dafür in der Regel auseinander.

Während Perry Mason kurz davorsteht, Partner in seiner Firma zu werden und damit sein Lohnpotenzial voll auszuschöpfen, stehen die Chancen bei mehr als eins zu drei, dass die gleichermaßen talentierte, hart arbeitende und geeignete Della Street dem Recht den Rücken gekehrt hat, um entweder einen anderen Berufsweg einzuschlagen oder

Hausfrau und Mutter zu werden. Selbst wenn Della ihrem Beruf treu bleibt, wird sie vielleicht nicht so viele Stunden arbeiten wie Perry. 15 Jahre nach ihrem Abschluss arbeiten ungefähr 80 Prozent der Anwälte mehr als 45 Stunden in der Woche, wohingegen nur 55 Prozent der Anwältinnen es ihnen gleichtun. Zehn Jahre zuvor lagen die Zahlen noch wesentlich näher beieinander.[5] Konsequenterweise wird sich Dellas Gehalt drastisch von Perrys unterscheiden: Nach 15 Jahren verdienen Anwältinnen nur wenig mehr als *halb* so viel (56 Prozent) von dem, was ihre männlichen Kollegen erwirtschaften.[6]

Was ist bei Della und Perry passiert? Woher kommt dieser enorme Karriereunterschied? Das engagierte junge Paar startete mit den gleichen Zielen, Erwartungen und Qualifikationen ins Arbeitsleben. Nach fünf Jahren waren beide gleichauf. Was hat sich geändert?

Die einfache Antwort wäre: Na ja, dieses Feld wird von Männern dominiert, um einen wichtigen Klienten an Land zu ziehen, muss man ihn auf ein Steak einladen, miteinander Zigarre rauchen und sich stundenlang über das letzte Baseballspiel unterhalten können. Aber ganz so einfach ist es nicht. Der Unterschied zwischen den Berufswegen von Della und Perry rührt nicht daher, dass Della keine Zigarren mag oder dass Perry und die über ihm stehenden männlichen Kanzleipartner bei ihren Entscheidungen, wen sie befördern und wem sie einen Mentor an die Seite stellen, diskriminieren. Es liegt noch nicht einmal daran, dass der Gender-Pay-Gap im juristischen Bereich einer der größten überhaupt ist. Das zugrunde liegende Problem ist eines, das in vielen Professionen und Karrieren auftritt; es betrifft weniger die Diskriminierung auf dem Arbeitsmarkt, vielmehr handelt es sich um ein *Zeit*problem.[7] Wie wir bereits bei der Geschichte von Isabel und Lucas sehen konnten, ist die Arbeitsstruktur der eigentliche Übeltäter.

Nach 15 Jahren, in denen sie zum Teil weniger Stunden als Perry gearbeitet hat, verfügt Della nun auch über weniger juristische Arbeitserfahrung. Selbst wenn sie jetzt genauso viele Stunden arbeitete wie Perry, würde sie nur 81 Prozent von dem verdienen, was er für seine Arbeit erhält, da ihr Stundenlohn mittlerweile wesentlich geringer ausfällt als seiner.[8] Vieles von dem noch verbleibenden Unterschied lässt sich darauf zurückführen, dass Della, obwohl sie eine genauso vielversprechende Anwältin war, ihre juristische Karriere eine Weile pausiert hat.

Untersuchen wir die Entlohnung im Rechtssektor genauer, stellen wir etwas Wichtiges fest: In Dellas und Perrys Berufsfeld zahlt es sich ungemein aus, wenn man Zeit investiert.

Nach 15 Jahren verdienen Anwälte, die 60 Stunden in der Woche arbeiten, mehr als 2,5-mal so viel wie solche, die 30 Stunden in der Woche arbeiten. Dieser Verdienstanstieg durch längere Arbeitszeiten erfolgt unabhängig vom Geschlecht der Arbeitenden. Sowohl Anwälte als auch Anwältinnen verdienen signifikant mehr pro Stunde, wenn sie insgesamt länger arbeiten. Wir haben eine solche Entwicklung bereits im Lebensabriss von Isabel und Lucas sehen können, nur dass es sich hier um echte Zahlen handelt, die aus einer großen Stichprobe von Rechtsanwälten beider Geschlechter stammen.

Steigt die wöchentliche Arbeitszeit eines Anwalts oder einer Anwältin von 30 Stunden pro Woche auf 60 Stunden, erhöht sich deren durchschnittlicher Stundenlohn beinahe um ein Viertel.[9] Je mehr Stunden sie pro Woche arbeiten, desto höher ist der Wert jeder einzelnen geleisteten Arbeitsstunde. Vergleichen wir lediglich die wöchentlichen Arbeitsstunden, dann zeigt sich, dass das Geschlecht *keinen* Einfluss auf die sich ergebende Abweichung hat.

Wir wissen, wie ausgeprägt der Unterschied im Gehalt zwischen den Geschlechtern ist. Wenn aber die zugrunde liegende Ursache dafür nicht das Geschlecht ist, was ist dann der Grund, und weshalb verläuft die Trennlinie dennoch so deutlich entlang der Geschlechtergrenzen? Damit wir die Antwort darauf möglichst gut verstehen können, müssen wir tief in die Struktur von Kanzleien hineinschauen und genau auf die Bedürfnisse ihrer Klienten achten – und wir müssen schauen, wer im Zweifelsfall daheim einspringt, wenn es eng wird.

Fünf Jahre nach dem Abschluss arbeiten Frauen etwas weniger als Männer – aber nicht sehr viel weniger. Nach 15 Jahren arbeiten allerdings sogar in Vollzeit beschäftigte Frauen deutlich weniger Stunden als Männer und weniger Stunden, als sie zu Anfang ihrer Karriere ge-

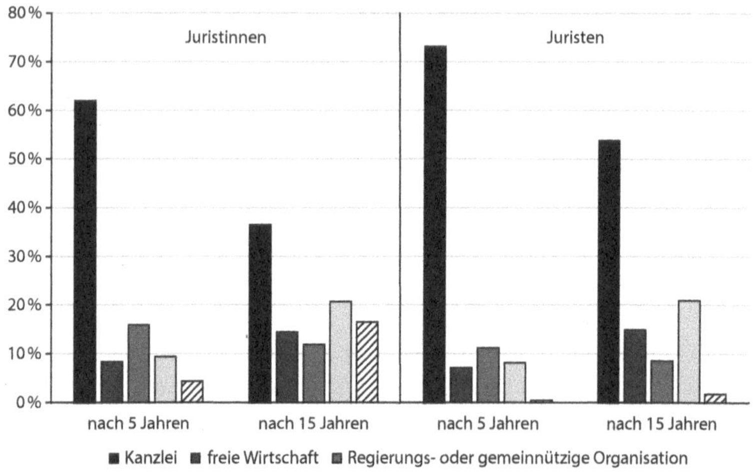

Abb. 9.2: Verschiedene Arbeitsbereiche von Juristinnen und Juristen in Prozent: 5 und 15 Jahre nach Studienabschluss (siehe Abbildungs- und Tabellenanhang)

arbeitet haben. Ihre kürzeren Arbeitszeiten treten aber nicht plötzlich nach 15 Jahren auf. Für jeden Anwalt und jede Anwältin sinken die Chancen auf eine Zusammenarbeit mit den reicheren Klienten, wenn er oder sie kürzer oder in Teilzeit arbeiten. Nur 18 Prozent der Anwälte und Anwältinnen, die nach 15 Jahren in Teilzeit arbeiteten, waren in einer Kanzlei angestellt, die Spitzenklienten betreute; dagegen waren es beinahe 30 Prozent derjenigen, die 55 oder mehr Stunden in der Woche arbeiteten.

Außerdem verdienen Anwälte und Anwältinnen mehr Geld, wenn sie in einer Privatkanzlei arbeiten. Wie die Zahlen in Abbildung 9.2 zeigen, arbeiteten die meisten Frauen und Männer nach fünf Jahren in einer entsprechenden Kanzlei. Nach zehn Jahren haben sich beide Gruppen vom Privatsektor auf andere Bereiche verteilt. Es waren jedoch mehr Frauen als Männer. Nur noch 37 Prozent der Frauen sind 15 Jahre nach ihrem Abschluss in Privatkanzleien geblieben, wohingegen mehr als die Hälfte der Männer nach wie vor dort arbeiten.

Die Frauen, die im Privatsektor geblieben sind, haben auch nach

15 Jahren noch gute Chancen, Partnerinnen in ihrer Kanzlei zu werden – nur eben nicht ganz so gute Chancen wie die Männer. Mehr als die Hälfte dieser Frauen hatten es nach 15 Jahren in eine Partnerposition geschafft, während es 70 Prozent der Männer gelang. Allerdings verschwindet der Geschlechtsunterschied, sobald man die investierte Arbeitszeit und die Anforderungen einer Familie in die Rechnung miteinbezieht.[10]

Selbstverständlich verlassen viele Frauen den Privatsektor. Falls Della ihrer Kanzlei zwischen den Jahren fünf und 15 den Rücken gekehrt hat, aber weiterhin arbeitet, ist es sehr wahrscheinlich, dass sie entweder eine Stelle bei der Regierung angenommen hat oder einer Arbeit jenseits des juristischen Bereichs nachgeht. Von einem finanziellen Standpunkt aus gesehen ist das Verlassen des Privatsektors mit einem hohen Preis verbunden. Unabhängig von ihrem Geschlecht verlieren Juristen 38 Prozent ihres jährlichen Einkommens, wenn sie aus dem privaten Sektor auf eine Regierungsstelle wechseln. Bliebe Della bis zum 15. Jahr bei ihrer Kanzlei angestellt, allerdings nicht als Partnerin, würde sie ungefähr ein Drittel weniger verdienen, als wenn sie es auf eine Partnerposition geschafft hätte. Da also mehr Anwältinnen den Privatsektor verlassen und von denen, die bleiben, weniger Frauen in ihrer Kanzlei Partnerinnen werden, erleiden sie hohe finanzielle Verluste.

Der Stundenlohn, die Wahrscheinlichkeit für den Verbleib im privaten Sektor und die Möglichkeit, eine Partnerposition zu erreichen, hängen alle zu großen Teilen von der investierten Arbeitszeit[11] und den Herausforderungen ab, die eine Familie mit sich bringt – dagegen spielt das Geschlecht des Anwalts eine untergeordnete Rolle. In vielen Kanzleien existieren Vorurteile, allerdings sind diese nicht der hauptsächliche Grund für Geschlechtsunterschiede bei Beförderungen und Gehältern.

Weshalb weichen die Arbeitszeiten von Männern und Frauen dann so weit voneinander ab und haben einen so schwerwiegenderen Einfluss auf die Gehälter und Karrieren von Frauen? Beinahe alle Frauen, die zwischen fünf und 15 Jahren das juristische Arbeitsfeld verlassen, haben kleine Kinder. Dagegen könnte man anführen, dass viele Anwältinnen Kinder haben, es müsste also noch andere Gründe geben, weshalb Frauen das Feld verlassen.

Stellen wir uns einmal vor, Della und Perry hätten vielleicht nach sieben oder zehn Jahren im Arbeitsleben ein oder zwei Kinder. Falls Perrys Einkommen dem eines Hochverdieners entspricht,[12] ist es wesentlich wahrscheinlicher, dass Della ihren Job und ihren Beruf aufgeben wird, als wenn Perry das geringere Einkommen von beiden hätte. Frauen mit Kindern, die mit einem wohlhabenden Mann verheiratet sind, sind mit dreimal höherer Wahrscheinlichkeit nicht erwerbstätig als Frauen, deren Ehemänner ein niedrigeres (aber keinesfalls ein niedriges) Gehalt verdienen. (Im Vergleich dazu zeigen sich bei kinderlosen Frauen keine Unterschiede in der Erwerbstätigkeit, die sich auf das Gehalt des Ehemannes zurückführen ließen.)

Dementsprechend ändert sich Dellas Erwerbstätigkeit nur dann in Abhängigkeit von Perrys außergewöhnlich hohem Einkommen, *wenn die beiden Kinder haben.* Anwältinnen kündigen ihre Stellen nicht einfach, weil sie einen reichen Ehemann haben. Ihre Ehemänner können nur deswegen so viel mehr verdienen und obendrein noch eine Familie haben, weil die Ehefrauen ihren Job aufgeben. Perry kann nur dann ganz oben mitmischen, wenn seine Zeit und seine Arbeitskraft nicht von häuslichen Pflichten und Care-Arbeit für die Kinder in Anspruch genommen werden. Selbstverständlich kann er trotzdem, wenn er zu Hause ist, ein wunderbarer Vater sein. Er muss eben nur nicht so präsent sein und kann weniger Zeit investieren als der Elternteil, der immer abrufbar sein muss und den Haushalt organisiert.

Selbst wenn Della und Perry jemanden einstellen würden, der diese Aufgaben rund um die Uhr übernimmt, brauchen Kinder dennoch, zu Recht, Zeit mit ihren Eltern. Und die meisten Eltern wollen ihren Kindern diese Zeit auch widmen. Das führt zu einem Dilemma. Zeit, die man mit den Kindern verbringt, kann man nicht für Klienten nutzen. Zeit, in der man die Kinderbetreuung und die Haushaltshilfe organisiert, verbringt man nicht im Gericht, mit dem Aufsetzen von Schriftsätzen oder mit anderen Arbeiten, die einem die Beförderung zum Partner einbringen. Wie wir bald sehen werden, wurden solche

Abwägungen während der Coronazeit noch deutlicher sichtbar, in der das Zuhause gleichzeitig als Büro, Schule und Pausenraum herhalten musste.

Della und Perry stehen vor einer folgenreichen Entscheidung. Sie könnten einen Kompromiss eingehen und beide in Vollzeit arbeiten, ohne die langen Arbeitszeiten von 45 und mehr Stunden in der Woche und die späten Abende zu investieren. Jedoch mussten wir bereits feststellen, dass beide eine Menge Geld und viel Berufserfahrung opfern müssten; sie könnten im Privatsektor nicht mehr mithalten, und für beide wäre der Weg zur Partnerposition langwieriger und anstrengender.

Anstatt dass beide ihre Karriere auf Eis legen und dennoch nur wenig Zeit mit ihren Kindern haben, handeln Della und Perry sehr logisch: Sie maximieren ihre möglichen Einnahmen als Paar. Della gibt ihre Karrierepläne auf, arbeitet vielleicht noch in Teilzeit oder gibt ihre Stelle eventuell auch ganz zugunsten der Arbeit zu Hause auf. Dies entlastet wiederum Perry, der nun nicht mehr die zeitintensiven Aufgaben und Pflichten übernehmen muss, die eine Familie und ein Haushalt mit sich bringen. Nun kann er die notwendigen langen Arbeitszeiten stemmen, die ihn letztlich zum Partner machen, seinen Stundenlohn erhöhen und sich so in einem höheren Familieneinkommen niederschlagen werden.

Am Ende jeder Episode von *Perry Mason* haben Perry und Della ein Verbrechen aufgeklärt. In diesem Fall mussten sie eine Lösung finden, wie man gleichzeitig eine Familie und ein möglichst hohes gemeinsames Einkommen haben kann. Allerdings besteht das wahre Verbrechen darin, dass sich das Ende der modernen Geschichte von Della und Perry im Grunde nicht von dem der 1950er-Jahre unterscheidet: Perry ist der hoch angesehene Rechtsanwalt, der seine Zeit im Gerichts- oder Sitzungssaal verbringt, während Della beruflich in Teilzeit und daheim in Vollzeit arbeitet, solange die Kinder noch klein sind. Wenn die Kinder selbstständiger werden, erhöht Della ihre Arbeitszeit, allerdings hat sie bereits ihre Chance auf eine Partnerposition in einer erfolgreichen Anwaltskanzlei geopfert.

Wären Della und Perry Kollegen in derselben zeitintensiven Variante mit hohem Einkommen, könnten beide ungefähr das Gleiche verdienen, gleich viele Arbeitsstunden investieren und hätten ähnliche Aussichten auf eine Partnerposition. Sind sie aber – wie so viele andere auch – ein Paar mit ähnlichem Bildungsstand und den gleichen Karrierezielen, das gerne Kinder hätte, werden ihre beruflichen Laufbahnen nicht lange parallel verlaufen. Nur einer von beiden wird ein hohes Einkommensniveau erreichen können. Wenn die Karrieren auseinanderdriften, geschieht das beinahe immer deswegen, weil Frauen flexiblere und kürzere Arbeitszeiten benötigen, und sie ziehen sich aus dem Privat- und Unternehmenssektor zurück, weil sie nur so die notwendige Zeit für die Care-Arbeit aufbringen können, die man braucht, um Kinder großzuziehen. Obwohl das Berufsfeld große Fortschritte in Bezug auf die Gleichstellung von Mann und Frau verzeichnen kann, weist der juristische Bereich auch heute noch einen der größten Gender-Earnings-Gaps in der amerikanischen Wirtschaft auf.[13]

In allen möglichen Berufsfeldern stehen viele Paare vor dem gleichen Problem wie Della und Perry oder unsere Freunde Isabel und Lucas. Menschen mit guter Ausbildung, die sich gemeinsam niederlassen – die Ärztin und der Professor, der CEO und die Senatorin, die international aufgestellte Unternehmensberaterin und der Architekt –, werden sich verschiedenen Versionen des gleichen Problems stellen müssen.

Wir haben bereits einen Blick auf die umfangreiche Datenbank O*NET geworfen, die das US Bureau of Labor Statistics führt. In ihr werden die genauen Daten über Zensus-Berufe gespeichert, mit denen wir hier arbeiten. Diese Daten liefern einige entscheidende Einblicke in die Erfahrungen amerikanischer Arbeitskräfte. Sie konnten uns zeigen, dass einige Berufsmerkmale stark mit dem Gender-Earnings-Gap zusammenhängen: beispielsweise die Bedeutung des zeitlichen Aufwands, den der Beruf mit sich bringt, in welchem Maße er eine enge Zusammenarbeit mit anderen erfordert (etwa Klienten und Kunden) und wie wichtig die Pflege persönlicher Beziehungen für den Beruf ist. Je größer der zeitliche Aufwand ist und je mehr ungestörte Zeit mit Klienten und anderen er erfordert, desto weniger wahrscheinlich werden manche Frauen, im Vergleich zu Männern, in ihm erfolgreich sein.

Wir wissen nun, dass die Berufe, die einen größeren zeitlichen Aufwand erfordern, unverhältnismäßig besser bezahlt werden, wenn die Angestellten länger arbeiten und ihren Klienten jederzeit zur Verfügung stehen, und das *sogar pro Stunde*. Arbeitgeber (zum Beispiel Kanzleien) sind bereit, mehr zu bezahlen, wenn sie auf diese Weise ihre Angestellten dazu motivieren können, zu ungewöhnlichen Zeiten zu arbeiten, stetig abrufbar zu sein, kurzfristig einzuspringen und schlichtweg länger zu arbeiten. Denn so werden diese Mitarbeiter, neben anderen Gründen, für die Klienten ihrer Kanzlei und die verschiedenen Geschäfte unverzichtbar. Vielleicht möchte ein Klient mit einem bestimmten Rechnungsprüfer oder Berater zusammenarbeiten. Eine Anwältin, die an einem großen Unternehmenszusammenschluss oder einer Übernahme beteiligt ist, kann als essenziell für dessen Gelingen empfunden werden. Kanzleien, Beratungsunternehmen oder Wirtschaftsprüfungsgesellschaften denken vielleicht, dass sie einen Klienten verlieren könnten, wenn nicht eine bestimmte Person den gesamten Ablauf Schritt für Schritt begleitet. Größerer Zeitaufwand führt zu höheren Stundenlöhnen, weswegen manche Arbeitende wesentlich mehr bezahlt bekommen, wenn sie für das Büro rund um die Uhr abrufbereit sind.

Jedoch verdienen Arbeitende nicht automatisch mehr, nur weil sie ständig abrufbar sind und man ihnen lange und unregelmäßige Arbeitszeiten abverlangt. Wie alles in der Wirtschaft hängt auch das von Angebot und Nachfrage ab. Firmen möchten Angestellte, die gewillt sind, lange Arbeitszeiten auf sich zu nehmen, da es gut fürs Geschäft ist, wenn die Angestellten jederzeit für einen Klienten zur Verfügung stehen. Diese Angestellten werden für ihre langen und irregulären Arbeitszeiten besser bezahlt, weil sie für ihren Mehraufwand eine höhere Kompensation erwarten. Diese zusätzliche Entlohnung ist im Grunde eine Art Erschwerniszulage.

Menschen, die im Zuge ihrer Karriere auf eine Partnerposition oder eine Professur hinarbeiten, wird ebenfalls ein sehr hoher Zeitaufwand abverlangt. In ihrem Fall verhält es sich jedoch anders. Diese Angestellten müssen während eines feststehenden Zeitraums auf ein Ziel hinarbeiten, bei dem es sich in der Regel um eine Art »Hauptgewinn« handelt. Dabei erhöht sich der Stundensatz nicht zeitgleich mit dem Mehraufwand. Was steigt, sind das zu erwartende Gehalt und die zukünftige Berufssicherheit.

Erhöht sich der Stundenlohn zeitgleich mit der geleisteten Arbeitszeit, ist man in der Regel eher gewillt, mehr zu arbeiten. Ist der Lohnzuwachs hoch genug, kann das sogar für diejenigen mit häuslichen Pflichten und dem Bedürfnis nach mehr Zeit mit der Familie ein bedeutender finanzieller Anreiz sein, mehr Zeit im Büro zu verbringen. Bedenkt man, dass beide Elternteile – unabhängig von ihrem Beruf oder ihrer Anstellung – nicht in der Lage (und oft auch nicht gewillt) sind, alle elterlichen Pflichten an eine Nanny auszulagern, wird ein Elternteil zwangsläufig weniger Stunden im Büro verbringen können und mehr Zeit zu Hause investieren müssen. Dieser Elternteil wird nicht die entsprechenden Prämien für seine geleistete Arbeitszeit erhalten, selbst wenn er (oder sie) weiterhin arbeitet.

Beide Elternteile hätten sich für weniger gut planbare Stellen entscheiden und so ihr gemeinsames Familieneinkommen maximieren können. Oder sie hätten beide planbare und flexible Jobs wählen können – wodurch sie mehr Zeit mit ihrer Familie verbringen könnten, allerdings das gemeinsame Familieneinkommen verringert hätten. Oder sie könnten es so lösen, dass einer von beiden eine sehr hoch bezahlte Stelle annimmt und der andere eine flexiblere, wofür sich unsere Paare letztlich entschieden haben. Sie haben ihr Familieneinkommen unter der Prämisse maximiert, dass zumindest ein Elternteil zu Hause verfügbar sein muss. Das höhere Einkommen war möglich, weil der andere Elternteil im Büro abrufbereit blieb.

Männer nehmen überproportional häufig Stellen mit unflexiblen und schwer planbaren Arbeitszeiten an, was bedeutet, dass Frauen im Durchschnitt weniger verdienen als Männer, selbst wenn sie insgesamt gleich viele Stunden arbeiten. Und wenn die unflexiblen Arbeitsplätze mehr Aufstiegschancen bieten, werden Frauen auch seltener befördert.

Das alles führt zu einer Ungleichheit der Geschlechter. Frauen nehmen überproportional häufiger Stellen mit planbaren und flexiblen Arbeitszeiten an, sodass sie mehr Zeit für Care-Arbeit, Haushalt und Notfälle aufbringen können. Das führt zu Couple Inequity.[14] Natürlich sind Gendernormen die Ursache dafür, weshalb es die Frauen sind, die in erster Linie die flexibleren und planbaren Stellen annehmen.

Wie wir bereits gesehen haben, ist es ein relativ neues Phänomen, dass Frauen eine echte Karriere außerhalb des Hauses haben können – eine Errungenschaft, die sich mit der Zeit über unsere fünf Gruppen hinweg entwickelt hat. Betrachten wir dies im Kontext eines so schnellen Wandels, erkennen wir, dass es mittlerweile gesellschaftlich zwar wesentlich mehr akzeptiert wird, wenn eine Frau gleichzeitig eine Karriere und eine Familie hat, allerdings belohnt der Arbeitsmarkt nach wie vor altmodische Spezialisierungen. Individuen wie auch Paare haben einen deutlichen finanziellen Anreiz, sich stark auf die eigene Karriere zu konzentrieren – und in Bezug auf häusliche Pflichten keine Kompromisse einzugehen. Besteht allerdings ebenfalls der Wunsch nach einer Familie, muss einer von beiden Abstriche machen.

Folgen wir der Logik und den Daten, die wir untersuchen, zeigt sich, dass die Gehaltsunterschiede zwischen Männern und Frauen kaum in direktem Zusammenhang mit Vorurteilen am Arbeitsplatz, fehlenden familienfreundlichen Maßnahmen oder anderen bereits erwähnten einfachen Erklärungen stehen. Derartige Lösungen zielen darauf ab, Frauen das zu geben, was ihnen an ihrem derzeitigen Arbeitsplatz zusteht. Allerdings sind die Eigenschaften ihrer jetzigen Berufe der Grund dafür, dass sie weniger verdienen. Es sind die gleichen Berufsaspekte, die einen bestimmten Arbeitenden – Rechtsanwalt, Steuerberaterin, Gutachterin oder finanzieller Berater – für einen Kunden, eine Klientin, einen Deal unverzichtbar werden lassen.

Die gute Nachricht? Es liegt nicht an *Ihnen*, es liegt am System. Die schlechte Nachricht: Es liegt nicht an Ihnen, es liegt am *System*. Selbst wenn eine Frau ein Gehalt erhält, das man als »fair und unvoreingenommen« bezeichnen könnte, verdient sie mitunter dennoch weniger als ein vergleichbarer männlicher Kollege, wenn sie keine Überstunden machen oder jederzeit verfügbar sein kann, da Familie oder Kinder sie davon abhalten.

Trotz unserer guten Absichten und der vielen Errungenschaften auf dem langen Weg zur Gleichberechtigung bleibt die Lohnlücke zwischen Männern und Frauen weiterhin bestehen. Dieser Tage suchen Perry und Della in Selbsthilfebüchern und Artikeln nach Plänen, wie man *überhaupt* im Beruf erfolgreich sein und eine Familie haben kann, sie suchen nach Ratschlägen, wie man beides in Einklang bringen kann. Die Antwort wird sich nicht in diesen Texten finden lassen, doch das Anerkennen eines Problems ist an sich schon ein Fortschritt.

Solange der Verdienstunterschied zwischen den zwei Stellen substanziell bleibt, wird sich das durchschnittliche Paar für ein höheres Familieneinkommen entscheiden. Oft heißt das, zum Frust und Leid beider Seiten, dass sie gezwungen sind, sich von Geschlechtergerechtigkeit und der Gleichstellung innerhalb der Paarbeziehung (Couple Equity) zu verabschieden.

Wie kann man Paare dazu ermutigen, an Couple Equity festzuhalten? Sie benötigen eine Variante, bei der die Kosten der Gleichberechtigung nicht derart hoch sind. Lässt sich das ermöglichen, indem man das System ändert, oder könnte sich sogar das System von allein ändern? Die Antwort lautet Ja – in der Tat ist das bei einigen Berufen sogar bereits geschehen. Im Fall von Apothekern sieht die Sache beispielsweise ganz anders aus.

Der Beruf des Apothekers ist nicht nur egalitär, er ist auch lukrativ. Im Vergleich zu Frauen in allen anderen Berufsfeldern landen Apothekerinnen mit Blick auf ihren Verdienst, laut dem US-Zensus für ganzjährig in Vollzeit Arbeitende, auf dem fünften Platz (von beinahe 500 Berufen). (Anwältinnen befinden sich auf Platz sieben.) Apothekerinnen haben im Vergleich zu Frauen mit einem ähnlichen Abschluss nicht nur ein hohes Einkommen; sie verdienen auch beinahe gleich viel wie Apotheker, wenn man die geleistete Arbeitszeit miteinbezieht.

Woran liegt es, dass unter Apothekern geschlechtliche Gleichstellung herrscht, während im juristischen Bereich Ungleichheit größten-

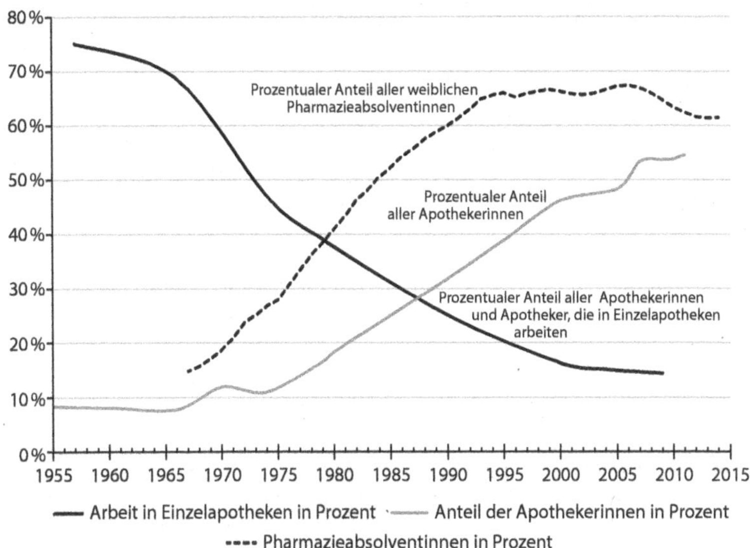

Abb. 9.3: Frauenanteil bei allen Pharmazieabsolventen und Apothekern in Prozent sowie der Prozentsatz aller in Einzelapotheken arbeitenden Apothekerinnen und Apotheker (siehe Abbildungs- und Tabellenanhang)

teils anhält? Schließlich haben beide Felder einen ähnlichen Zuwachs an Frauen zu verzeichnen, und beide setzen zusätzliche Ausbildungen nach Abschluss des Bachelors voraus, die Frauen beider Felder erfolgreich absolvieren.

Die Antwort liegt in der Arbeitsstruktur selbst. Es gab eine Zeit, als beide Berufe recht ähnliche Eigenschaften aufwiesen. Lange und irreguläre Arbeitszeiten waren sowohl unter Apothekern als auch Rechtsanwälten üblich. In beiden Feldern gab es einen hohen Anteil an Selbstständigen und Inhabern, was mit einem gewissen Risiko einherging. Diese Aspekte sind für die Arbeitssituation von Rechtsanwälten nach wie vor typisch, wohingegen heutzutage keiner mehr auf moderne Apotheker zutrifft.

Die witzige, nur für kurze Zeit ausgestrahlte Sitcom *Vials* spielt in einer Privatapotheke namens Gateway Drug (Einstiegsdroge). Inhaber ist der mürrische Apotheker Rich, der die Filiale zusammen mit verschiedenen pharmazeutisch-technischen Assistenten und seiner aufmüpfiger Tochter Lisa führt, einer frischgebackenen Apothekerin. Noch vor 50 Jahren waren Apotheken wie Gateway Drug die Norm, Kunden lösten ihre Rezepte ein und konnten dort auch alle anderweitigen Drogeriebedürfnisse stillen. Die Apotheker und Apothekenbesitzer der Vergangenheit waren beinahe ausschließlich männlich. Im Jahr 1965 waren gerade einmal zehn Prozent in diesem Berufsfeld weiblich, vornehmlich Frauen aus Gruppe Drei (siehe Abbildung 9.3). Angestellt waren diese in der Regel von Apothekern, die eine Einzelapotheke besaßen. 1965 besaßen circa 75 Prozent aller Apotheker und Apothekerinnen eigene Geschäfte oder waren bei solchen angestellt (die verbleibenden 25 Prozent arbeiteten beispielsweise in Krankenhäusern oder bei Apothekenketten). Apothekerinnen verdienten zu dieser Zeit 67 Cent für jeden Dollar ihrer männlichen Kollegen,[15] was vor allem daran lag, dass sie keine eigenen Apotheken besaßen.

Damals verdienten Apotheker, die viel arbeiteten (zu Tageszeiten, wenn selbst Apotheker *Perry Mason* schauten), deutlich mehr pro Stunde als solche mit kürzeren Arbeitszeiten. Frauen mit Kindern müssen wesentlich weniger verdient haben als Frauen ohne Kinder, selbst wenn sie insgesamt auf die gleiche Stundenzahl kamen, da sie zu gewissen Uhrzeiten nicht verfügbar sein konnten. In der Mitte des 20. Jahrhunderts hatte der Beruf des Apothekers einige Ähnlichkeiten mit heutigen Berufen im Finanzsektor oder auch mit heutigen Rechtsanwälten und Wirtschaftsprüfern.

Im Vergleich zu heute boten Apotheken zu dieser Zeit andere Produkte und Dienstleistungen an. Oft stellte man Medizin speziell für den Kunden her, und die Beziehung zwischen Apotheker und Kunde war persönlicher. Für Stammkunden kamen manche Apotheker sogar noch zu später Stunde in den Laden, um ein dringend benötigtes Medikament herauszugeben.

Mit der Zeit änderten sich die Dinge. Die Apotheker unterschieden sich weniger voneinander. Sie berieten nun weniger persönlich und mussten nicht mehr die spezifischen medizinischen Bedürfnisse ihrer

Kunden im Kopf behalten. Ich bezweifle, dass diejenigen, die diese Seiten lesen, in letzter Zeit mit einem Folgerezept in die Apotheke gegangen sind und erwartet haben, dass sie das Medikament von derselben Person ausgehändigt bekommen, die es ihnen beim ersten Mal über den Tresen geschoben hat. Dagegen erwarten wir bei unserem Steuerberater oder unserem Scheidungsanwalt, dass sich immer die gleiche Person um unseren Fall kümmert, nicht ein Kollege oder eine Kollegin.

Was hat sich in Apotheken geändert? In den USA wurden Drugstores (Drogerien mit angeschlossener Apotheke) immer erfolgreicher, während des 20. Jahrhunderts nahmen sie sowohl in Umfang der Geschäftstätigkeit als auch in Größe deutlich zu. Seit den 1950er-Jahren nahm der Anteil der Einzelapotheken drastisch ab, und im Zuge dieser Entwicklung ging auch der Anteil der in diesen Geschäften beschäftigten Apotheker und Apothekerinnen stark zurück. Änderungen im amerikanischen Gesundheits- und Versicherungswesen unterstützten solche Trends zusätzlich und führten dazu, dass mehr Apothekerinnen und Apotheker in Krankenhäusern und Versandapotheken arbeiteten.

Jede dieser Veränderungen führte zu einem Rückgang selbstständiger Apotheker und Apothekerinnen und zu einem Zuwachs von Apothekern, die bei einem Unternehmen angestellt waren. Zwar ist der Unternehmenssektor nicht zwangsläufig für progressiven Wandel bekannt, aber in diesem Fall trieb er genau einen solchen voran. Indem sich Apotheken in den Unternehmenssektor verlagerten, verlor auch die Inhaberschaft für den Beruf des Apothekers an Bedeutung. Da bis zu diesem Zeitpunkt vor allem Männer Apotheken besessen hatten und Frauen als ihre Assistentinnen gearbeitet hatten, ermöglichte diese Verlagerung, dass Frauen und Männer nun gleichberechtigter in diesem Berufsfeld arbeiten konnten. Der Apotheker war nicht mehr die Person, die den Nettogewinn des Betriebs einstrich. Nun waren es die Aktionäre.

Weitere Veränderungen festigten diesen Wandel. Medikamente wurden stärker standardisiert, und es war, mit wenigen Ausnahmen, nicht mehr notwendig, sie vor Ort herzustellen. Mithilfe von Informationstechnologie erhielten Apotheker einen Überblick über alle Medikamente, die einer bestimmten Person verschrieben worden waren, und mit diesem Wissen konnten Apothekerinnen und Apotheker jeden Kunden angemessen über mögliche Wechselwirkungen der einzelnen Medikamente beraten.

Eine persönliche Beziehung zum eigenen Apotheker des Vertrauens war für die Gesundheit und das Wohlbefinden eines Kunden nicht mehr wichtig. Durch Notapotheken mussten nicht mehr alle Apotheker und Apothekerinnen jederzeit abrufbar sein. Ein gutes Verhältnis zum eigenen Apotheker war nicht mehr Voraussetzung für den spätabendlichen Zugang zu einer Apotheke.

Der Beruf eines Apothekers wurde mit diesen Veränderungen nicht weniger anspruchsvoll, und die Position verlor nicht an Professionalität. Erst kürzlich waren Apotheker und Apothekerinnen an vorderster Front mit dabei, als es darum ging, die COVID-19-Impfkampagnen zu managen und durchzuführen. Auch Arzneimittel und Medikationen sind in den letzten 50 Jahren deutlich komplexer geworden, und so müssen Apotheker heute wesentlich mehr wissen als früher. Die Ausbildungsanforderungen für den Beruf sind gestiegen. Wo einst ein Bachelorabschluss in Pharmazie und ein Ausbildungsjahr (sowie das Bestehen der pharmazeutischen Prüfungen und etwas Arbeitserfahrung) ausreichten, um als Apotheker in den USA arbeiten zu dürfen, benötigt man seit den 2000er-Jahren einen sechsjährigen PharmD-Abschluss (Doctor of Pharmacy, zwei Jahre Grundstudium und vier Jahre Aufbaustudium), bestandene pharmazeutische Prüfungen und praktische Erfahrung.

In der heutigen Apothekenlandschaft ist Gateway (das aus der Sitcom) die Ausnahme. Nur etwa zwölf Prozent aller Apotheker und Apothekerinnen arbeiten für unabhängige, lokale Apotheken. Mittlerweile beschäftigen große landesweite Ketten wie CVS, Walgreens und Walmart sowie eine Vielzahl an Krankenhäusern die Mehrheit der Apothekerinnen und Apotheker. Neben den Versandapotheken sind es vor allem diese Geschäfte, die sich um einen Großteil unserer Rezepte kümmern.

Mehr als 50 Prozent der Pharmazieabsolventen sind heute Frauen, und das gilt bereits seit Mitte der 1980er-Jahre. Apothekerinnen sind nicht mehr die Assistentinnen von männlichen Apothekeninhabern. Sie sind ihnen ebenbürtig. Beide sind hauptsächlich Angestellte, nicht Inhaber. Apotheker und Apothekerinnen sind heutzutage größtenteils das Personal einer Unternehmenseinheit.

Insgesamt sorgte dieser Wandel dafür, dass ein Apotheker oder eine Apothekerin problemlos durch seine oder ihre Kollegen vertreten werden konnte, was wiederum dazu führte, dass Apotheker nicht mehr zu irregulären Zeiten arbeiten und weniger Überstunden leisten mussten. Natürlich arbeiten einige Apotheker und Apothekerinnen weiterhin an Abenden, Wochenenden und Feiertagen – solche, die bei 24h-Apotheken, in Krankenhäusern oder bei Versandapotheken angestellt sind –, und sie werden nach wie vor besser für diesen zusätzlichen Aufwand bezahlt. Allerdings sind diese Nachteulen im Apothekenwesen seltener als in anderen Berufsfeldern, in denen ein Großteil der Fachkräfte jederzeit zur Verfügung stehen muss. Ausschlaggebend ist jedenfalls die beinahe vollkommene Austauschbarkeit. Kein Apotheker und keine Apothekerin ist wesentlich mehr wert, wenn er oder sie mehr Zeit in die Arbeit steckt, da sich jeder beinahe problemlos vertreten lässt. Was nichts daran ändert, dass sie alle respektable Fachkräfte sind.

Indem Apotheker und Apothekerinnen austauschbarer wurden, kam es auch nicht mehr zu einem Rückgang des Stundenlohns, mit dem das Arbeiten in Teilzeit in der Regel bestraft wird. Eine Apothekerin verdient im Mittel nun 94 Cent für jeden Dollar ihres männlichen Kollegen.[16] Der Beruf des Apothekers gehört damit zu den wenigen Professionen, in denen das Arbeiten in Teilzeit keinen erkennbaren Nachteil mit sich bringt.[17] Leitende Angestellte in Apotheken, die zu einem größeren Unternehmen gehören, verdienen mehr als diejenigen ohne Leitungsverantwortung, allerdings rührt der Unterschied in erster Linie daher, dass sie mehr Stunden pro Woche arbeiten. Ein Apotheker, der mehr arbeitet, erhält ein höheres Gehalt, sein Stundenlohn erhöht sich jedoch nur unwesentlich. Das Gehalt eines Apothekers steigt linear mit den geleisteten Arbeitsstunden – was heißt, dass sich das Gehalt verdoppelt, wenn sich die Arbeitsstunden verdoppeln (Gleiches gilt für jedes andere Vielfache).

Das führt dazu, dass es keinen erkennbaren Zuschlag auf den Stundenlohn gibt, wenn ein Apotheker oder eine Apothekerin viel arbeitet. Wenn Lisa 60 Stunden in der Woche arbeitet, verdient sie zweimal so viel wie ihre Kollegen, die 30 Stunden in der Woche arbeiten. Wenn Lisa, oder die Apothekerin Della, mehr Geld verdienen möchte, erhöht sie ihre Arbeitszeit. Ihr Stundenlohn bleibt jedoch gleich. Wie wir gesehen haben, ist das bei Rechtsanwälten nicht der Fall.

Da die insgesamt geleistete Arbeitszeit keinen Einfluss auf den Stundenlohn hat, arbeiten viele Apothekerinnen – besonders Mütter – in Teilzeit. Ungefähr ein Drittel der Apothekerinnen arbeitet im Alter von 30 Jahren weniger als 35 Stunden in der Woche, und sie behalten dies mindestens für die nächsten zehn Jahre bei. Und da der Beruf flexible Arbeitszeiten bietet, nehmen nur wenige Apothekerinnen nach der Geburt eines Kindes eine längere Auszeit. Verglichen mit Rechtsanwältinnen oder Angestellten der Finanzbranche gibt es in der Erwerbstätigkeit von Apothekerinnen nur wenige Unterbrechungen.

Eine weitere Überraschung, die der Apothekerberuf bereithält, ist, dass die Gründe für jede der drei großen Veränderungen – der zunehmende Einfluss des Unternehmenssektors, die Standardisierung von Arzneimitteln und die Nutzung hoch entwickelter Informationstechnologie – so gut wie nichts mit der Tatsache zu tun haben, dass das Berufsfeld einen starken Frauenzuwachs verzeichnete. Circa 65 Prozent aller PharmD-Absolventen sind mittlerweile Frauen, verglichen mit den zehn Prozent im Jahr 1970 entspricht das einem Zuwachs von 55 Prozentpunkten.

Heutzutage werden Apothekerinnen und Apotheker sehr gut bezahlt, ihre Gehälter sind im Vergleich zu denen anderer Fachberufe gestiegen. Von 1970 bis 2010 erhöhte sich der Einkommensmedian eines Apothekers – ganzjährig in Vollzeit beschäftigt – in gleichem Maße wie der von Rechtsanwälten, Ärzten und Tierärzten (Angaben gelten für männliche und weibliche Fachkräfte).[18] Unterm Strich wurden Apothekerinnen und Apotheker untereinander praktisch austauschbar. Das machte den Beruf des Apothekers wiederum zu einem stark egalitären Berufsfeld. Die Gehälter sind beträchtlich. Sie gingen auch dann nicht zurück, als Frauen in großer Zahl in den Beruf einstiegen, was gegen die übliche Annahme spricht, dass die Gehälter in einem Berufsfeld stark sinken, sobald Frauen hinzukommen.

Daraus lassen sich weitreichendere Schlüsse ziehen: Die Austauschbarkeit von Arbeitenden ist der Schlüssel zur Reduktion von unverhältnismäßig hohen Stundenlöhnen für Über- und Bereitschaftsstunden. Sind zwei Angestellte sehr gut – möglicherweise problemlos – in der Lage, einander zu vertreten, kann der eine fließend für den anderen übernehmen, wenn dieser ausfällt. Klienten, Patienten, Auszubildende und Kunden können von einem qualifizierten Mitarbeitenden zum anderen weitergegeben werden, ohne dass Informationen verloren gehen, das Vertrauensverhältnis beeinträchtigt wird oder die Leistung nachlässt.

Für diesen Wandel waren keine Revolutionen, sozialen Bewegungen oder Umwälzungen notwendig. Im Apothekenwesen ging er aus verschiedenen Gründen auf natürliche Weise vonstatten – keiner dieser Gründe stand in direktem Zusammenhang mit irgendeiner Absicht. Das heißt nicht, dass in anderen Sektoren und Berufsfeldern ein Wandel von sich aus stattfinden muss oder wird. Das Beispiel des Apothekerberufs zeigt uns die verschiedenen Veränderungen, die zu einer größeren Gleichstellung der Geschlechter führen und so Couple Equity verbessern können, jedoch nicht unbedingt, wie sie vonstattengehen.

Die Vorstellung eines perfekten (oder fast perfekten) Stellvertreters hat kolossale Auswirkungen auf Frauen und Paare. Ein genauer Blick auf das Apothekenwesen zeigt uns, wie der Gender-Pay-Gap in diesem Berufsfeld nahezu komplett beseitigt wurde und wie er vielleicht auch in anderen Berufen verkleinert werden könnte. Wir können daraus entscheidende Lehren ziehen.

Wären die Bedingungen überall so wie hier, säßen Della und Perry heute nicht in einer solchen Zwickmühle. Della wäre nicht die Einzige, die ihre Arbeitszeiten reduziert, um sich um die Kinder zu kümmern. Perry wäre nicht versucht, so lange zu arbeiten, und müsste an den Wochenenden keine Fälle ohne Della lösen. Als Paar müssten sie nicht eine ihrer beiden juristischen Karrieren für eine Familie opfern. Sie könnten sowohl Couple Equity als auch Geschlechtergerechtigkeit erreichen.

Natürlich besteht das Problem darin, dass die meisten Berufe nicht wie der des Apothekers funktionieren. Besteht der einzige Weg zu einem hohen Stundenverdienst in einem entsprechend hohen Arbeitsaufwand, zahlen Personen automatisch mehr für das Privileg, größere Kontrolle über die eigenen Arbeitszeiten ausüben zu können. Das stellt Paare vermehrt vor schwierige Entscheidungen. Die Person, die sich für einen Arbeitsplatz entscheidet, bei dem sich die Arbeitszeiten besser einteilen lassen, wird – sogar stündlich – deutlich weniger verdienen als die Person, die eine Stelle annimmt, bei der sie nicht über die eigenen Arbeitszeiten bestimmen kann. Im juristischen Bereich sind diese Unterschiede beträchtlich. Nimmt man dort eine Auszeit, verkürzt seine Arbeitszeit oder arbeitet schlichtweg nur zu bestimmten Zeiten, dann fällt man tief, was den Stundenlohn angeht. Im Apothekenwesen ist eine Auszeit mit keinem entsprechenden Absturz verbunden, sie ist problemlos möglich.

Können Arbeitende in einem Beruf füreinander einspringen, profitieren alle davon. Was würde passieren, wenn ein Angestellter auch nur einen idealen Stellvertreter hätte? In den Momenten, in denen er gebraucht wird, aber selbst nicht vor Ort sein kann – der anstrengende Klient, das dringende Meeting, die mitternächtlichen finalen Verhandlungen bei Fusionen und Übernahmen (M&As) –, könnte seine ideale Stellvertretung übernehmen und damit die zeitlichen Anforderungen ausgleichen. Es gäbe keinen Grund mehr, weshalb diejenigen mit langen und fordernden Arbeitszeiten pro Stunde höher entlohnt werden müssten, da diese langen, übermäßig anstrengenden Arbeitszeiten nicht mehr nur von einem bestimmten Arbeitenden geleistet werden könnten. Zwei oder mehr gleichermaßen kompetente Stellvertreter könnten sich die Arbeitsstunden teilen.

Mehrere Veränderungen im Apothekensektor ermöglichten es Apothekern und Apothekerinnen, über ihre Arbeitszeiten zu bestimmen, ohne dass sie dabei größere Einbußen in ihrem Stundenlohn hätten hinnehmen müssen. Jeder Schritt nach vorn ging mit technologischen

Entwicklungen einher, wie zum Beispiel Informationssystemen, die sich auch auf andere Arbeitsfelder und Sektoren auswirkten.

Große Unternehmen übernahmen den Apothekensektor in den Vereinigten Staaten, ähnlich wie das vor einiger Zeit bei vielen Arztpraxen geschah. Unlängst gewannen Unternehmen und Private-Equity-Gesellschaften in den Bereichen der Optometrie, Zahnmedizin und Tiermedizin an Einfluss, indem sie kleine Privatpraxen aufkauften. Der Wechsel vom freundlichen, selbstständigen Inhaber zum unbekannten und distanzierten Konzern war für manche schwer zu verkraften, obwohl es viele Betriebe vor dem Aus bewahrt hat.

Die Standardisierung der Produkte und die bessere Weitergabe von Informationen ermöglichten es Apothekern, mit einer Vielzahl an Klienten zu arbeiten und einander problemlos zu vertreten. Ähnliche Veränderungen wirken sich mittlerweile auch auf den Banken- und Finanzsektor aus. Zum Beispiel stellen große Banken einem wichtigen Kunden nicht mehr nur einen persönlichen Bankier zur Seite, sondern ein ganzes Team, das sich eigens um ihn kümmert. Wie oft wurde Ihnen schon gesagt, dass sich der nächste freie Mitarbeiter um Sie kümmern wird (was hoffentlich auch stimmt) statt die Person, mit der Sie zuvor gesprochen haben?

Eine Austauschbarkeit unter Mitarbeitern bedeutet nicht, dass eine Tätigkeit, ein ganzer Berufsstand oder ein Arbeitsplatz nur noch als Ware angesehen und das damit verbundene Gehalt so weit wie möglich herabgestuft wird. Ein Stellvertreter ist nicht wie eine nachgemachte Birkin Bag von Hermès, die den Wert des Originals herabsetzt. Ärztinnen, Tierärzte, Apothekerinnen, Rechtsanwälte, Finanzberaterinnen und Buchhalter, die über eine gute Vertretung verfügen, werden flexibler sein können. Ihr Verdienst wird nicht zwangsläufig sinken. Ein paar Doppelgänger schmälern nicht den Wert des fachlichen Könnens, mit dem diese Fachkräfte aufwarten. Wie ich bereits erwähnt habe, ist der Apothekerberuf, trotz der hohen Austauschbarkeit, eine sehr gut bezahlte Tätigkeit.

Eine weitere gute Nachricht ist, dass dieser Wandel *tatsächlich* auch in anderen Berufsfeldern stattfindet – weniger organisch, aber dennoch mit Ergebnissen, die denen des Apothekenwesens ähneln. In einigen Gebieten haben Arbeitende mehr Mitsprache bei der Einteilung ihrer Arbeitszeiten gefordert und Firmen, Krankenhäuser und andere Institutionen dazu gezwungen, sie ihnen einzuräumen. In Bereichen wie der Unternehmensberatung, im Rechnungswesen und im Finanzsektor mussten Unternehmen feststellen, dass junge Mitarbeiter – sowohl Männer als auch Frauen – ihre Stellen aufgaben, weil ihre Arbeitszeiten lang und unberechenbar waren. Die Gefahr, Talent zu verlieren, in das man bereits investiert hat, ist für Arbeitgeber vielleicht Anreiz genug, etwas zu ändern. In vielen technischen und gesundheitlichen Berufen lässt sich die Arbeit grundsätzlich eigenständig ausführen und bedarf nur selten eines wiederholten persönlichen Austauschs mit einem Klienten oder Patienten, was bedeutet, dass Angestellte mit ähnlichen Fähigkeiten einander gut vertreten könnten. Die gestiegenen Herausforderungen, die die Pandemie für Eltern, besonders für Frauen, mit sich brachte, haben den Wert eines guten Stellvertreters auf der Arbeit deutlich erhöht.

Am Ende jeder Episode klärt Perry (oft mit der Hilfe von Della) das Verbrechen auf, indem er die Schuldigen ausfindig macht. Wir haben die Schuldigen gefunden, den Angeklagten konnten wir jedoch noch nicht befreien. Wie wir sehen werden, gibt es im Gesundheits-, Technologie- und Finanzsektor einige Berufe, in denen die zeitliche Flexibilität eines Arbeitnehmers den Arbeitgeber nun weniger kostet und in denen daran gearbeitet wird, dass Arbeitende einander besser vertreten können.

10 Auf Abruf

Mein Hund wird nur selten krank. Passiert es aber doch einmal, dann eigentlich immer um elf Uhr nachts. Woraufhin wir sofort zur nächsten Tierklinik rasen, wo man ihm schließlich den Magen auspumpt oder die Pfote verbindet. Vor einigen Jahrzehnten hätte ich wegen der spätabendlichen Dyspepsie meines Vierbeiners und dessen Auseinandersetzungen mit der Nachbarskatze noch unseren Tierarzt herausklingeln müssen. Aber das ist nicht mehr der Fall. Regionale Tierkliniken sind in den Vereinigten Staaten überall wie Pilze aus dem Boden geschossen und funktionieren ähnlich wie die Notaufnahme eines Krankenhauses für uns Menschen.

Genau wie die Tierärzte waren auch viele niedergelassene Hausärzte noch vor einigen Jahrzehnten rund um die Uhr abrufbar. *Dr. med. Marcus Welby* war eine beliebte Arztserie aus den frühen 1970er-Jahren, die sich genau um so einen Arzt drehte. Welby, gespielt von Robert Young – demselben Schauspieler, der auch den Vater in *Vater ist der Beste* spielte –, führte seine Praxis und ging mit Arzttasche und seinem immerwährenden Lächeln im Gepäck auf Hausbesuch.

Sowohl Hausbesuche als auch nächtliche Besuche bei Tierärzten sind von der Bildfläche verschwunden. Tierärztinnen und Tierärzte sind in den Vereinigten Staaten nach wie vor in der Regel entweder bei kleinen Nachbarschaftskliniken angestellt oder haben ihre eigene Praxis. Dennoch müssen sie nur noch selten zu später Stunde für Notfälle bereitstehen. Weshalb?

Die gesundheitlichen Bedürfnisse von Haustieren, Kindern und Erwachsenen werden nun von einem zweistufigen System bedient. Die eine Ebene arbeitet hauptsächlich von neun Uhr morgens bis sechs Uhr abends, manchmal auch den halben Samstag. Die andere Ebene kümmert sich um die Notfälle und steht 24 Stunden, sieben Tage die

Woche zur Verfügung. Obwohl Arbeitende der zweiten Ebene rund um die Uhr professionelle Hilfe leisten, arbeiten die Angestellten beider Ebenen in der Regel nach festen Dienstplänen. Einige müssen ab und zu eine Nachtschicht einlegen. Aber keine dieser Fachkräfte muss jeden Tag durchgehend verfügbar sein. Und auch ihre Bereitschaftsdienste sind planbar.

Die Zuständigkeiten für Notfälle haben sich geändert, und das hat das Gesundheitswesen revolutioniert. Besonders wichtig (für die Sachverhalte, die wir hier untersuchen) ist, dass diese Neuerungen das Leben derjenigen verändert haben, die in diesen Berufen arbeiten. Die Umverteilung der zeitlichen Anforderungen – wodurch (Tier-)Ärzte nicht mehr durchgehend erreichbar sein mussten – ging mit einer starken Zunahme von Frauen in dem Berufsfeld einher.

Im Jahr 1970, als Gruppe Vier mit ihrem Vorstoß in verschiedene Berufsfelder begann, waren lediglich 7,5 Prozent aller frischgebackenen Tierärzte Frauen. Heute sind es 77 Prozent. 1970 gingen nur acht Prozent aller medizinischen Abschlüsse an Frauen.[1] Heute ist es ungefähr die Hälfte. Zum Teil wäre der Frauenanteil in diesen Berufszweigen auch ohne einen strukturellen Wandel der zeitlichen Anforderungen gestiegen, nur nicht so stark. Ohne diese Veränderungen hätte es deutlich weniger Absolventinnen in der Human- und Tiermedizin gegeben. Das soll jedoch nicht bedeuten, dass in der Medizin für Ärztinnen und Ärzte Chancengleichheit herrscht. Davon sind wir noch weit entfernt.

In einer Vielzahl von Berufsfeldern – beispielsweise im Rechnungswesen, im juristischen Bereich, im Finanzsektor, in der Unternehmensberatung und in der Wissenschaft – herrscht sogar noch weniger Chancengleichheit. Seit mehr als 50 Jahren haben sich dort die Regeln, nach denen ein beruflicher Aufstieg abläuft, kaum verändert, obwohl mittlerweile beinahe die Hälfte der dortigen Fachkräfte weiblich sind. Für eine Beförderung muss in diesen Bereichen bereits früh ein erheblicher Zeitaufwand in die eigene Arbeit investiert werden. Am Ende einer vorher festgelegten Zeitspanne werden Angestellte einer Mitarbeiterbewertung unterzogen. Den besonders hart Arbeitenden (oder denen, die Glück haben) wird eine Professur oder eine Partnerposition angeboten. Die anderen werden gefeuert. Solche Berufe gelten in der Regel als »Up-or-out«-Positionen. Wer den Anforderungen gewachsen ist (*»up for it«*), darf bleiben. Wer ausscheidet (*»out«*), rutscht bei seiner nächsten Arbeitsstelle oft in der Hackordnung der Kanzlei, Institution oder Universität ein Stück nach unten.

Jeder dieser Berufe und Sektoren hält seine eigenen Hürden und damit verbundenen Zeitfenster bereit. Alle haben allerdings eine Sache gemeinsam: Die großen Erfolge ernten heute, wenn überhaupt, Personen in ihren mittleren bis späten Dreißigern. Das war nicht immer so. Ein höherer Abschluss, die erste Beförderung, eine Partnerposition, eine Professur, sie alle nehmen inzwischen mehr Zeit in Anspruch.

Es gab Zeiten, in denen Collegeabsolventen, die einen höheren Bildungsabschluss anstrebten, direkt weiter an Graduate und Professional Schools gingen. Mittlerweile nehmen sich dagegen fast alle ein Jahr Zeit und sammeln in den Bereichen Arbeitserfahrung, in denen sie später eine Karriere anstreben. In der Wissenschaft arbeiten die meisten Absolventen, die sich für eine Doktorstelle bewerben wollen, nach ihrem Bachelor zunächst als Forschungsassistenten (die Positionen werden auch als »Predocs« bezeichnet). Wer einen Master of Business Administration (MBA) anstrebt, arbeitet in der Regel zunächst mehrere Jahre, bevor er oder sie sich an einer Business School einschreibt.

Eine Promotion dauert heutzutage länger als je zuvor, und das gilt auch für die Gebiete mit sehr guten Berufsaussichten. Als ich meinen Doktor erhielt, dauerte ein solcher Abschluss im Bereich der Wirtschaftswissenschaften üblicherweise vier Jahre. Heute sind es sechs Jahre. In der Physik und in der Biologie verlängern Postdoc-Stellen die Ausbildungszeit, und auch in anderen Bereichen werden solche Stellen immer beliebter.

Die Lehr- und Ausbildungsjahre summieren sich mit der Zeit. In der Up-or-out-Welt ist das jedoch erst der Anfang. Das Zeitfenster für eine Festanstellung an der Universität (Tenure) schließt sich in den USA nach sechs bis acht Jahren. Ob man eine Partnerposition in einer

Kanzlei erreicht, entscheidet sich nach ungefähr zehn Jahren, und in der Unternehmensberatung wie auch im Rechnungswesen dauert es sechs bis neun Jahre, je nachdem, ob man einen MBA hat oder nicht. Im Investmentbanking dauert es ungefähr fünf bis sechs Jahre, um sich vom Junior-Banker zum Vizepräsidenten hochzuarbeiten.

Nach dem Bachelor benötigt man in der Wissenschaft also mittlerweile mindestens 13 Jahre Arbeit, wahrscheinlich eher 16, bis die eigene Laufbahn als gefestigt gelten kann. In der Unternehmensberatung und im Rechnungswesen kann man frühestens nach zehn Jahren mit einer Beförderung rechnen. Nicht zu vergessen die paar Jahre Arbeitserfahrung, die man gesammelt hat, bevor man für seinen Master of Business Administration oder Juris Doctor zurück an die Universität ging. Das bedeutet also, dass die erste Beförderung in einer solchen Karriere typischerweise in den mittleren bis späten Dreißigern stattfindet. Männer und Frauen aus Gruppe Fünf sind ungefähr sechs Jahre älter als die Mitglieder von Gruppe Vier, wenn sie das erste Mal befördert werden.

Es ist klar, weshalb es zum Karriere-oder-Familien-Dilemma kommt. Bis die einst 22-jährige Collegeabsolventin bei einer Partnerposition oder Professur angekommen ist, vergeht einige Zeit – sie ist jetzt Mitte 30, möglicherweise auch älter. Im Median sind Collegeabsolventen und -absolventinnen bei ihrer ersten Heirat deutlich jünger.

Würden die Up-or-out-Entscheidungen früher getroffen, beispielsweise bevor man Anfang oder Mitte 30 ist, könnte eine Frau hart arbeiten, Partnerin in einer Kanzlei werden oder eine Tenure-Stelle an der Universität bekommen und anschließend eine Familie gründen. Der Anstieg des Alters, in dem solche Beförderungen stattfinden, hat dazu geführt, dass Familien entweder später gegründet werden oder die erste große Entscheidung über eine Beförderung fällt, wenn die Kinder im Vorschulalter sind. Eine solche Karriere setzt lange Arbeitszeiten voraus, die jemand mit kleinen Kindern oft nicht leisten kann. Besonders für Frauen bringen beide Möglichkeiten Probleme mit sich.

Nicht nur die biologische Uhr tickt, die Zeit für eine Karriere läuft genauso ab wie die für eine Familie. Viele Frauen und Männer müssen ihre Familien gründen, bevor sie ihre Karriere festigen können. Tun sie das nicht, könnte es sein, dass sie nie eine Familie haben werden.

Leaky Pipelines

In vielen Berufsgruppen begann in den 1970er-Jahren der prozentuale Anteil von weiblichen Einsteigern stark zuzunehmen. Gruppe Vier leitete den enormen Anstieg von höheren Bildungsabschlüssen unter Frauen in allen möglichen Bereichen ein. Allerdings ist der Anteil der Frauen, die eine Professur, eine Partnerposition oder eine ähnlich hohe Position vorweisen können, nicht in gleichem Maße gestiegen. Zuerst dachte man, der geringere weibliche Anteil in den Führungsetagen sei der Tatsache geschuldet, dass ein beruflicher Aufstieg seine Zeit braucht. Heute wissen wir, dass es nicht daran liegt. Es ist ausreichend Zeit vergangen.

In meinem Feld der Wirtschaftswissenschaften lag der Anteil der Doktorandinnen in den letzten 20 Jahren zwischen 30 und 35 Prozent.[2] Aber nur 25 Prozent der fest angestellten Associate Professors sind Frauen, Gleiches gilt für 15 Prozent der vollwertigen Professoren. 1974 gehörte ich zu den acht Prozent der weiblichen Assistant Professors, bis 2018 stieg ihr Anteil auf 27 Prozent. Weniger als drei Prozent der Professuren waren 1974 weiblich besetzt, bis 2018 stieg dieser Wert auf fast 15 Prozent.[3] Zwar ist das ein großer Anstieg, er verläuft allerdings zu langsam. Wären männliche und weibliche Kandidaten zu gleichen Teilen befördert worden, wäre der Frauenanteil auf Ebene der Professuren heute größer. Ein Teil dieses Ungleichgewichts geht darauf zurück, dass Frauen aufgrund ihrer Publikationszahlen weniger oft befördert werden.[4] Ein weiterer Grund ist, dass sie den akademischen Bereich noch vor ihrer Promotion verlassen.

Die geringeren Aufstiegsraten für Frauen in Wissenschaft, Rechtsprechung, Unternehmensberatung, Management und Finanzwesen wurden oft auf ein Phänomen zurückgeführt, das gemeinhin als »Leaky

Pipeline« bezeichnet wird. Das Bild der undichten Leitung beschreibt ein Phänomen, bei dem Frauen und Männer ihre Stellen verlassen, bevor sie befördert werden, allerdings scheiden an den verschiedenen Abzweigungen mehr Frauen als Männer aus.

Nach den Gründen für diesen Abgang weiblicher Arbeitskräfte wurde bereits mit verschiedenen Methoden gesucht. Vergleicht man Männer und Frauen, die mit Blick auf ihre Publikationen gleichermaßen qualifiziert sind, greifen nach wie vor Faktoren wie Vorurteile, Vetternwirtschaft und unzureichende Beratung. Der Hauptgrund für eine Leaky Pipeline führt uns in den meisten Up-or-out-Berufen jedoch nach wie vor zu der Frage zurück, welcher zeitliche Aufwand für einen Aufstieg notwendig ist. Intensive Karrieren stellen für alle eine Herausforderung dar. Sie sind besonders für junge Eltern hart, und der Elternteil, der auf dem Weg nach oben einen Gang zurückschaltet, während er sehr intensiv für die Familie arbeitet, ist meist die Frau.

Nehmen wir den Berufszweig der in den USA offiziell lizensierten Wirtschaftsprüfer (der Certified Public Accountants – CPAs) als Beispiel.[5] Seit den 1980er-Jahren ist die Hälfte der neuen CPAs weiblich. Dennoch stellten sie 2017 nur 21 Prozent der Partner in Wirtschaftsprüfungsunternehmen, die 100 oder mehr CPAs beschäftigten.[6] In Bezug auf Vollpartner ist das Geschlechtergefälle noch steiler. Im Bereich der größeren Wirtschaftsprüfungsgesellschaften sind nur 16 Prozent Vollpartner (Equity-Partner). In kleineren Wirtschaftsprüfungsunternehmen – mit weniger als 100 CPAs – waren 42 Prozent der Partner weiblich, was wesentlich näher an den Gesamtanteil der Frauen im CPA-Beruf von 50 Prozent heranreicht. Sehr oft wechseln Frauen, die in den größeren Gesellschaften keinen Fuß in die Tür bekommen haben, anschließend in kleinere Wirtschaftsprüfungsunternehmen oder ins nichtöffentliche Rechnungswesen.[7]

Im juristischen Bereich konnten wir ähnliche Abwanderungen feststellen. Nur 18 Prozent der Absolventinnen, die ihren Abschluss in den Rechtswissenschaften an der University of Michigan gemacht hatten, waren 15 Jahre später Partnerin in einer Kanzlei, während es 35 Prozent ihrer männlichen Kollegen auf eine Partnerposition geschafft hatten.

Vieles wurde über die herrschende Diskriminierung in diesen Berufsfeldern geschrieben und darüber, dass die Oberen sich Nachfolger aussuchen, die ihnen ähnlich sind. Es wird außerdem viel über die damit in Zusammenhang stehenden Schwierigkeiten beim Mentoring von Frauen, Minderheiten und nicht ausreichend repräsentierten Gruppen diskutiert. Jeder dieser Faktoren spielt bei Up-or-out-Entscheidungen eine wichtige Rolle, allerdings ist das noch nicht alles.

Für Frauen besteht die größte Hürde in diesen Berufszweigen in den uns bereits vertraut gewordenen zeitlichen Anforderungen – und das nicht nur in Bezug auf die Arbeitszeit. Sie treten genau in dem Lebensabschnitt auf, in dem einem am meisten abverlangt wird. Wie wir eben festgestellt haben, erreichen die Belastungen durch Beruf und/oder Familie in den mittleren bis späten Dreißigern ihren Höhepunkt.

Für eine Beförderung sind die geleisteten Arbeitsstunden von großer Bedeutung, was sich sehr leicht für Berufe beweisen lässt, in denen die Arbeitszeit genau erfasst wird, wie zum Beispiel im juristischen Bereich. Rechtsanwälte berechnen einen Stundensatz (sogar auf eine Viertelstunde genau), und Kanzleien führen darüber Buch. Wir wissen, dass weniger Rechtsanwältinnen als Rechtsanwälte Partner werden. Doch bis vor Kurzem wussten wir nicht, weshalb. Die American Bar Association verfolgte in einer großen Umfrage unter Rechtsanwältinnen und Rechtsanwälten (mit dem Titel »After the JD«) deren Werdegang und konnte einen direkten Zusammenhang zwischen dem Erreichen einer Partnerposition und der investierten Zeit nachweisen. Die von angestellten Rechtsanwälten geleisteten Stunden und der Umsatz, den sie damit erwirtschaften, machen den entscheidenden Unterschied in den Beförderungsraten von Frauen und Männern aus.[8]

Indem mehr Frauen in diesen Berufen anfangen und mehr Männer sich eine gleichberechtigte Beziehung mit ihren Lebensgefährtinnen wünschen, steigen auch die Kosten für ein Unternehmen, wenn es an seinen gewohnten Praktiken festhalten möchte. Institutionen wollen keine Talente verlieren, und ein Großteil des versickernden Talents ist weiblich.

Universitäten sind, obwohl sie zu den Institutionen mit den drakonischsten Up-or-out-Richtlinien gehören, gegenüber ihren männlichen und weiblichen Nachwuchskräften großzügiger im Einräumen von Elternzeit geworden und sind eher bereit, die Zeitfenster für das Erreichen einer Festanstellung auszuweiten. Es wurden neue Stellen eingeführt, die die strikten Laufbahnen im Sinne von alles oder nichts umgehen sollen. Denen, die nicht in der Lage sind, die für eine Festanstellung ermüdend langen Arbeitsstunden zu leisten, oder die glauben, dass sie den Anforderungen nicht gewachsen sind, bietet man mittlerweile Lehraufträge und Assistenzen an. Im juristischen Bereich und im Rechnungswesen gibt es Partnerschaften ohne Kapitalbeteiligung. Außerdem kann man sich jederzeit anderweitig umschauen und eine Professur an einer weniger prestigeträchtigen Institution oder eine Partnerposition in einer kleineren, weniger lukrativen Kanzlei oder Wirtschaftsprüfungsfirma anstreben.

Vor Kurzem lernte ich den Seniorpartner eines der landesweit größten und angesehensten Consulting-Unternehmen kennen. Seine Aufgabe bestand darin, sicherzustellen, dass die Neueinsteiger und anderen Mitarbeiter und Consultants (diejenigen, die in der Firmenhierarchie ganz unten standen) nicht so überbeansprucht wurden, dass sie nach dem Abschluss ihrer aktuellen Projekte kündigten. Man musste den jungen Arbeiterbienen versichern, dass ihre PowerPoints großartig waren und ihre Excel Spreadsheets wenigstens einmal gelesen wurden, bevor man sie löschte. Ihm kam die Aufgabe zu, den ehrgeizigen Managern und Partnern zu erklären, dass sie dem Unternehmen Schaden zufügten, weil sie das jüngere Personal zu hart rannahmen.

Er reiste durch die gesamten USA von Niederlassung zu Niederlassung und befragte die dortigen Mitarbeitenden und Consultants, ob sie überarbeitet seien, ob man sie schlecht behandelte und ob man sie ausreichend wertschätzte. Unabhängig davon, wie wirksam seine Arbeit sein mochte, zeigt die Tatsache, dass ein so großes Unternehmen jemanden mit eigenem Mitarbeiterstab damit betraut, die Führungsebene zu kontrollieren, dass man sich des Problems bewusst ist. Das Problem hat sogar einen eigenen Namen: das Prinzipal-Agent-Problem. Für Manager auf der mittleren Führungsebene zahlt es sich aus, wenn sie ihren Teams viel abverlangen: Sie streichen die Anerkennung ein, die sehr gute Berichte und zufriedene Klienten mit sich bringen. Doch der Rest des Unternehmens leidet, wenn Talente die Firma verlassen und Teams auseinanderfallen. Den Agenten (Manager der mittleren Führungsebene und Partner) fehlen ausreichende Anreize, um den Weisungen des Prinzipals zu folgen (Seniorpartner und CEO).

Betriebe wollen keine wertvollen, gut ausgebildeten Arbeitenden verlieren, besonders im wissensintensiven Dienstleistungsgewerbe (Professional Service Industrie), wo die Beziehung zum Klienten sehr wichtig ist und eine Ausbildung (bezahlt durch die Kanzlei) oft kostspielig. Junge Arbeitende ohne Kinder haben nur wenige persönliche zeitliche Einschränkungen und wollen die Kanzleipartner und die oberste Führungsebene oft beeindrucken. Sie arbeiten bis spät und konkurrieren häufig untereinander. Es ist in Ordnung, sich mächtig ins Zeug zu legen, wenn man 23 oder 25 oder 27 ist. Allerdings ist das für viele – besonders für Frauen – nicht das Arbeitsleben, das sie sich vorstellen, wenn sie kleine Kinder haben. Die obere Führungsebene, besonders die CEOs, würden gern die langen und oft unvorhersehbaren Arbeitszeiten herunterschrauben, die für die meisten jungen Arbeitenden zur Norm geworden sind. Der Seniorpartner, den ich kennenlernte, versuchte das Prinzipal-Agent-Problem zu lösen.

Die Großen der Wall Street – Goldman Sachs, J. P. Morgan, Citigroup, Bank of America, Morgan Stanley, Barclays und Credit Suisse – wollen ebenfalls bessere Anreize schaffen und das Prinzipal-Agent-Problem angehen, um junge Talente besser an ihre Unternehmen zu binden. Die Giganten der Finanzindustrie schaffen gerade neue Regelungen zu geschützten Wochenenden und Feierabenden, bezahlten Sabbaticals, vorgeschriebenen Urlaubszeiten und schnelleren Aufstiegsmöglichkeiten.

Goldman Sachs machte 2013 mit einer Reihe von Maßnahmen den Anfang: »Wir möchten unseren Junior-Bankern mit diesen Initiativen eine erfolgreiche, nachhaltige und langfristige Karriere ermöglichen.« Die Regeln waren eindeutig, und es sollte nur wenige Ausnahmen geben, die alle dem Exekutivausschuss gemeldet werden mussten. »Alle Analysten und Associates dürfen (ab diesem Wochenende) das Büro von neun Uhr abends am Freitag bis neun Uhr morgens am Sonntag nicht betreten … Es wird von allen Analysten und Associates erwartet … dass sie jedes Jahr drei Wochen Urlaub nehmen.«[9] Und die Arbeit sollte nicht lediglich vom Büro nach Hause oder in das Café nebenan verlagert werden. Ein Jahr später verbot Credit Suisse das Arbeiten an Samstagen, und Bank of America Merrill Lynch[10] empfahl, dass Junior-Banker im Monat mindestens vier Wochenendtage freinehmen sollten.

Auch Tech-Giganten wissen, dass lange Arbeitszeiten Gift für eine zufriedenstellende Arbeitsumgebung sind. Im Jahr 2016 verkündete Amazon, auf der Suche nach einem »Umfeld, das kürzere Arbeitszeiten ermöglicht und gleichzeitig Erfolg und beruflichen Aufstieg fördert«, dass es seinen Tech-Mitarbeitern und Managern eine Reduzierung ihrer Arbeitszeiten um 25 Prozent erlaube, bei einer gleichzeitigen Gehaltskürzung von 25 Prozent.[11] Im Grunde zog man den Mitarbeitenden also jede weniger geleistete Arbeitsstunde direkt vom Lohn ab.

Die COVID-Welt hat viele Firmen, auch die im Tech-Sektor, dazu gebracht, den Zeitraum, in dem man von zu Hause aus arbeitet, zu verlängern. Die Akzeptanz von Homeoffice kann auf lange Sicht positive Auswirkungen für alle Arbeitende, besonders für Eltern, haben. Wie wir allerdings noch sehen werden, können die Auswirkungen von nur teilweise geöffneten Büros und immer wieder geschlossenen Schulen und Kinderbetreuungseinrichtungen bereits bestehende Geschlechtsunterschiede verstärken, da nun ein Elternteil noch öfter zu Hause verfügbar sein muss, als das vor Corona noch der Fall war. Sowohl Vorteile als auch Nachteile können entstehen.

Einige Beratungs- und Wirtschaftsprüfungsunternehmen haben Regeln eingeführt, nach denen jüngere Mitarbeiter weniger oft auf lange Geschäftsreisen entsandt werden dürfen. Andere beschränken die Arbeitsstunden, die ihre Mitarbeiter leisten sollen, und haben die Zahl der E-Mails, die nach Geschäftsschluss versendet werden dürfen, gedeckelt. Das sind bemerkenswerte Maßnahmen, eingeführt von Seniorpartnern und CEOs, die überzeugt sind, dass einige ihrer Manager den jüngeren Angestellten zu viel abverlangen und sie so zur Kündigung treiben. Jeder dieser Manager und Partner möchte das eigene Projekt abschließen, wobei sie oft vergessen, was der eigene Ehrgeiz das gesamte Unternehmen kosten könnte. Erfolgreich oder nicht, die verschiedenen Bemühungen, die Überarbeitung junger Angestellter zu vermeiden, zeigen, dass Unternehmen und ihre Angestellten erkennen, welchen Preis Ehrgeiz und zu hohe Ansprüche haben.

Anfang der 1990er-Jahre stellten die zwei größten Wirtschaftsprüfungsgesellschaften in den USA fest, dass sie ein großes Personalproblem hatten. Sie konnten viele Frauen für sich gewinnen und einstellen. Die Hälfte der CPAs, die in ihre Firma eintraten, waren Frauen. Allerdings wurden zu wenige dieser Frauen Partner, sodass viele die Firma wieder verließen. Viele auf den höheren Etagen dachten, man könne diese starke Abwanderung durch nichts stoppen. Doch Tim Cook, der CEO von Deloitte, war anderer Meinung und setzte klugerweise 1992 einen externen Prüfungsausschuss ein, der herausfinden sollte, weshalb Frauen kündigten.[12]

Man stellte fest, dass Frauen schon weit vor einer möglichen Beförderung aus dem Unternehmen ausschieden. Dem Bericht zufolge war es Deloittes Unternehmenskultur, die die Frauen hinausdrängte. Ihnen wurden keine lukrativen Kunden zugeteilt, man überließ ihnen keine schwierigen Entscheidungen und hielt sie nicht für ausreichend belastbar – jedenfalls nicht genauso belastbar wie ihre männlichen Kollegen. Unter Cooks Führung änderte man die Unternehmenskultur. Der Anteil weiblicher Partner bei Deloitte nahm zu.[13]

Ähnliche Probleme stellte der CEO Phil Laskawy 1997 bei Ernst & Young (mittlerweile EY) fest. Dort versuchte man es mit flexiblen Arbeitszeiten, Mentorenprogrammen und Frauen-Netzwerken. Auch hier stieg der Frauenanteil unter den Partnern.

Zwar konnten sowohl Deloitte als auch EY ihren Frauenanteil auf Ebene der Partner steigern, Gleiches gelang anderen Unternehmen der Branche jedoch auch mit weniger aufgeklärten Maßnahmen. Ob der Zuwachs im Fall von Deloitte und EY direkt auf die bewussten Eingriffe in die eigene Unternehmenskultur oder auf flexible Arbeitszeiten zurückzuführen ist, lässt sich nicht mit Sicherheit feststellen. Weitere

Belege weisen jedoch darauf hin, dass grundlegendere, strukturelle Faktoren Frauen am Aufstieg hindern.

Eine Gruppe raffinierter Wissenschaftler nutzte öffentlich zugängliche Prüfungsberichte (Audits), um Aussagen darüber treffen zu können, wie viele der Partnerpositionen bei Wirtschaftsprüfungsgesellschaften von Frauen besetzt sind. Audits sind das Hauptgeschäft solcher Unternehmen. Laut diesen Untersuchungen unterscheidet sich der Frauenanteil unter Partnern bei Deloitte und EY nicht sonderlich von dem der Konkurrenten.[14]

Keine der Maßnahmen war ausreichend. Seit 35 Jahren ist die Hälfte aller CPAs weiblich. Seit 25 Jahren haben Topunternehmen wie Deloitte und EY festgestellt, dass sie etwas unternehmen müssen, um Frauen im Unternehmen zu halten. Dennoch liegt der Frauenanteil unter Partnern bei Weitem noch nicht bei den 50 Prozent, die schon lange für alle CPAs gelten.[15] Es ist nicht so, dass diese Unternehmen nicht um das Gefälle zwischen dem Anteil weiblicher CPAs und dem Anteil der Partnerinnen wüssten oder dass es ihnen egal wäre oder sie sich nicht bemühen würden. Das eigentliche Problem besteht darin, dass der Zeitpunkt, zu dem über eine Beförderung entschieden wird, und der zeitliche Aufwand, den eine solche Stelle mit sich bringt, im Leben von Paaren zu Problemen führen, wenn sie eine Familie haben oder haben wollen. Es liegt an der Art und Weise, wie diese Berufe strukturiert sind.

In jedem dieser Berufe waren die Lösungsansätze bisher unzureichend. Im juristischen Bereich, im Rechnungs- und Wirtschaftsprüfungswesen und in der Unternehmensberatung werden Partnerpositionen ohne Kapitalbeteiligung wesentlich geringer bezahlt. In den Vereinigten Staaten sind im akademischen Bereich zwar sowohl Frauen als auch Männer befristet angestellt, allerdings haben unverhältnismäßig viele Frauen solche befristeten Stellen inne. Oft sind diese Positionen für die Ehepartner fest angestellter Professoren gedacht – für Frauen wie Männer. Historisch gesehen waren es jedoch eher Frauen, die geografisch an die Stelle ihres Ehemannes gebunden waren. Selbst das Ausweiten des Zeitfensters für das Erreichen einer Tenure-Stelle bekam in letzter Zeit einen schlechten Ruf. Wie sich zeigte, nutzen Frauen das zusätzliche Semester, um sich um ihre Familien zu kümmern. Männer nutzen es, um zusätzliche Forschungsartikel zu veröffentlichen.[16] Up-or-out-Systeme lassen sich nur schwer mit einer Familie vereinbaren. Sie funktionieren weder für Frauen noch für Männer gut, schaut man sich aber die Gegebenheiten genauer an, zahlen Frauen den höheren Preis.

Es überrascht wenig, dass Angestellte, die ständig verfügbar sein müssen und zu irregulären und unvorhersehbaren Zeiten arbeiten, generell mehr verdienen als diejenigen, die regulären Arbeitszeiten nachgehen. Doch die Probleme, die diese Prämie für den beruflichen Werdegang von Frauen und für Couple Equity mit sich bringt, sind wesentlich schwerwiegender. Je höher die zusätzliche Entlohnung pro Stunde bei einem Arbeitsplatz ausfällt, der stetige Verfügbarkeit und lange Arbeitszeiten fordert, desto größer ist der Anreiz für jedes Paar, dass beide sich spezialisieren. Das gilt besonders für Paare mit Kindern.

Mit »spezialisieren« meine ich nicht, dass eine Person die Teller abwäscht und die andere sie abtrocknet. Ich spreche von etwas, das wesentlich tiefer geht. Wie wir im Lauf unserer Beobachtungen feststellen konnten, stellt eine Person (oft die Ehefrau) mehr Zeit dafür bereit, zu Hause abrufbar zu sein, während die andere (oft der Ehemann) mehr Zeit darauf verwendet, im Büro zur Verfügung zu stehen.

Spezialisieren sich die Mitglieder eines Paars mit Kindern nicht – treffen sie also nicht die folgenschwere Entscheidung, dass einer von beiden sich um die Dringlichkeiten zu Hause und der andere sich um die Dringlichkeiten auf der Arbeit kümmert –, verlieren sie Geld. Sie können nicht beide eine Stelle mit unvorhersehbaren Arbeitszeiten annehmen, da Kinder, wie auch mein Hund, zu ungünstigen Tages- und Nachtzeiten krank werden oder etwas brauchen (und die Bedürfnisse von Kindern sind selbstverständlich wesentlich anspruchsvoller als die meines Vierbeiners).

Ist das zur Debatte stehende Einkommen, das beide verlieren würden, nicht sonderlich groß im Vergleich zu dem, was die Familie benötigt, könnte man es verschmerzen. Beide könnten sich gegen die Stelle mit den weniger planbaren Arbeitszeiten entscheiden. Damit würden sie sich ihre Couple Equity im Grunde mit diesem Differenzbetrag erkaufen. Ist der Betrag jedoch hoch, wird Couple Equity womöglich schlichtweg zu teuer. Und so besteht die Gefahr, dass sich beide gegen Couple Equity entscheiden. Allerdings ist das nicht das einzige Opfer. *Verabschiedet man sich von Couple Equity, zieht das in der Regel eine Geschlechterungleichheit am Arbeitsplatz nach sich.* Frauen verdienen dann sogar in Bezug auf den Stundenlohn weniger als Männer. Das Problem ist zweigeteilt, einerseits besteht es darin, wie Arbeit auf dem Arbeitsmarkt entlohnt wird, und andererseits darin, wie Hausarbeit und Care-Arbeit unter den Geschlechtern aufgeteilt wird.

Der eigentliche Punkt ist, dass (Un-)Gleichheit zwischen den Geschlechtern und Couple (In-)Equity zwei Seiten ein und derselben Medaille darstellen. Das konnten wir bereits am Beispiel der Rechtsanwältin und der Apothekerin sehen. Die schwere Entscheidung, mit der wir uns beschäftigt haben – bei der ein Teil eines Paars, sehr oft die Frau, sich entschließt, für familiäre Angelegenheiten abrufbar zu sein –, führt zu Couple Inequity. Das bedeutet auch, dass Frauen im Durchschnitt, sogar pro Stunde, weniger verdienen als Männer. Das führt zu Geschlechterungleichheit. Aber es gibt einen Lichtblick am Horizont. Mittlerweile streben mehr Menschen als je zuvor nach Couple Equity und nach mehr Zeit mit ihren Familien.

Firmen wollen Gewinne erzielen. Dafür brauchen sie Mitarbeiter, die jederzeit zur Verfügung stehen und bereit sind, zu ungewöhnlichen Zeiten zu arbeiten. Allerdings befinden sich die Unternehmen in einer Zwickmühle. Vor Corona wünschte man sich hoch qualifizierte Arbeitskräfte, die im Büro herausfordernde Arbeit zu ungewöhnlichen Arbeitszeiten leisteten, wollte diese Arbeit jedoch nicht fürstlich entlohnen müssen. Dagegen wollten mehr und mehr Mitarbeiter mit Kindern an den Wochenenden und Abenden weniger oft gestört werden, und sie verlangten zusätzliche Kompensationen, wenn sie einen solchen Mehraufwand leisten sollten.

Die Coronazeit hat diese Probleme auf unvorhersehbare Weise noch verstärkt. Gleichzeitig können unsere in dieser Zeit gesammelten Erfahrungen auch zu Lösungen beitragen, da sich flexible Arbeitszeiten in vielen Kontexten als erstaunlich möglich herausgestellt haben, und wie es aussieht, standen sie auch der Produktivität nicht im Weg. (Ich werde schon bald auf die Auswirkungen zu sprechen kommen, die der Anstieg an elterlichen Care-Arbeitsstunden während der Pandemie hatte, als Schulen und große Teile der Kindergärten und Krippen wegbrachen.)

Das zunehmende Bedürfnis nach mehr Zeit mit der Familie war schon vor Corona ein wichtiges Thema, da Eltern zunehmend mehr Zeit in der Woche mit ihren Kindern verbrachten, besonders die Eltern mit höheren Bildungsabschlüssen und einem höheren Einkommen. In den letzten 50 Jahren wurden auf Basis einer sehr großen Stichprobe von US-Haushalten ausführliche Daten darüber gesammelt, womit Menschen ihre Zeit verbringen. Diese Zeitnutzungsdaten wurden zuerst 1965 im Rahmen einer Studie der University of Michigan erhoben, die untersuchte, womit Amerikaner und Amerikanerinnen ihre Zeit verbringen. Seit 2003 führt in den Vereinigten Staaten das Volkszählungsamt (finanziert vom US Bureau of Labor Statistics) eine methodisch ähnliche Studie namens *American Time Use Survey (ATUS)* durch. Mehrere Wissenschaftler haben daran gearbeitet, eine Vergleichbarkeit zwischen beiden Zeitreihen herzustellen.

Die Ergebnisse zeigen, dass Väter mit einer Collegeausbildung (im Alter zwischen 25 und 34 Jahren) 2015 doppelt so viel Zeit pro Woche damit verbrachten, sich um ihre Kinder zu kümmern, als das noch 1990 der Fall war (zehn statt fünf Stunden). Proportional vergleichbare Veränderungen traten auch bei Vätern ohne Collegeausbildung auf, obwohl die Werte an sich niedriger liegen (acht statt vier Stunden).

Väter verbringen nicht deswegen mehr Zeit mit ihren Kindern, weil die Mütter ihre Zeiten verkürzt hätten. Das Gegenteil ist der Fall: Mütter sind mittlerweile länger mit ihren Kindern zusammen. Mütter mit Collegeausbildung (im Alter zwischen 25 und 34 Jahren) verbrachten im Jahr 1990 13 Stunden pro Woche mit ihren Kindern, 2015 waren es 21 Stunden.[17] Für diejenigen ohne Collegeausbildung stieg die Stundenzahl von 11 auf 16. Rechnet man diese Zahlen zusammen, bedeutet das, dass die Zeit, die ein Paar mit Collegeausbildung (im Alter zwischen 25 und 34 Jahren) in der Woche für seine Kinder aufbringt, von 1990 bis 2015 von 18 auf 31 Stunden gestiegen ist.[18]

Obwohl sie mehr Zeit mit ihren Kindern verbringen, bedauern Männer die Tatsache, dass sie nicht genug Zeit für sie haben. Laut einer aufschlussreichen Studie des Pew Research Centers gaben 46 Prozent aller Väter an, sie würden gern *mehr* Zeit mit ihren Kindern verbringen. Unter den Vätern mit Collegeabschluss gaben weniger an (40 Prozent), dass sie zu wenig Zeit mit ihrem Nachwuchs verbringen. Wie es scheint, kamen sich Väter mit einem weniger hohen Bildungsabschluss nachlässiger vor, 49 Prozent gaben an, sie hätten gern mehr Zeit für ihre Kinder.

Mütter äußerten dagegen nur halb so großes Bedauern wie Väter, was zur Tatsache passt, dass sie allgemein öfter mit ihren Kindern zusammen sind. Dennoch gaben 23 Prozent an, sie würden ihnen gern mehr Zeit widmen. Bei Müttern, die gleichzeitig erwerbstätig sind, liegt der Anteil höher (27 Prozent),[19] allerdings macht in diesem Zusammenhang der Bildungsgrad kaum einen Unterschied.

Nicht nur verbringen die heutigen Eltern mehr Zeit mit ihren Kindern als vergleichbare Elternpaare vor 25 Jahren (und wünschen sich sogar noch mehr Zeit); sie sehen sich auch als bessere Mütter und Väter, als ihre eigenen Eltern es waren. Ungefähr 50 Prozent der Befragten gaben an, sie hätten mehr Zeit für ihre Kinder, als ihre eigenen Eltern für sie gehabt hätten. Im Durchschnitt trifft das auch zu. Nur 20 Prozent meinten, sie hätten weniger Zeit.[20] Diese Ergebnisse gelten für alle Gruppen, unabhängig von Bildungsgrad und Geschlecht. Zwar gibt es keine umfassenden Belege dafür, dass Väter bei ihren Arbeitgebern um weniger Arbeit an den Wochenenden und Abenden bitten, allerdings weisen die Angaben, womit sie ihre Zeit verbringen, und ihr Bedürfnis nach mehr Zeit mit den eigenen Kindern darauf hin, dass sie genau das tun.

Mütter geben an, dass sie Flexibilität am Arbeitsplatz besonders schätzen. Auf die Frage, was sie an ihrem Beruf als außerordentlich wichtig erachten, antworteten 53 Prozent der Mütter mit Collegeabschluss »Flexibilität«, unter den Männern mit Collegeabschluss waren es 29 Prozent.[21]

Es stimmt zuversichtlich und ist von großer Bedeutung, dass viele Paare sich eine gerechtere Arbeitsteilung in ihrer Ehe wünschen. Ehemänner wollen seltener, dass ihre Ehefrauen die eigene Karriere aufgeben und sich stattdessen dem Haushalt widmen. Unter den Ehemännern mit Collegeabschluss meinen 67 Prozent, dass die beste Form einer Ehe dann bestehe, wenn beide Berufe ausüben und beide sich um Haushalt und Kinder kümmern. Collegeabsolventinnen wünschen sich in ihren Beziehungen sogar noch mehr Gleichstellung, 80 Prozent meinen, die beste Form der Ehe sei, wenn beide arbeiten gehen und sich die Verantwortung für Haushalt und Kinder teilen.[22]

Was passiert also, damit diese Wünsche wahr werden?

Hoffnungsschimmer

Wenn Angestellte ihr Unternehmen verlassen und zu anderen Firmen wechseln, die höhere Löhne, bessere Arbeitszeiten und mehr Vorteile bieten, signalisieren sie ihrem alten Arbeitgeber damit, dass dieser sich ändern muss. Einige Frauen, die einen Partner mit hohem Einkommen haben, ziehen sich mitunter ganz aus dem Arbeitsleben zurück. Wandert die Gruppe junger, frisch eingelernter Mitarbeiter ab, bemerken das Unternehmen. Vor der Einstellung investieren sie in das Anwerben und die Suche nach Mitarbeitern, und in den ersten Jahren nach der Einstellung stecken sie weiterhin viel Zeit und Geld in diese Neuzugänge.

Wenn Arbeitnehmer die Zeit mit der eigenen Familie und eine gleichberechtigte Paarbeziehung stärker wertschätzen, führt das auch dazu, dass zeitliche Anforderungen, die über die üblichen Arbeitszeiten hinausgehen, finanziell noch höher entlohnt werden müssen. Firmen sind an einem möglichst hohen Profit interessiert, weswegen sie höhere Gehälter natürlich vermeiden möchten. Dementsprechend versuchen viele, sparsamer mit der Zeit ihrer wertvollsten und teuersten Mitarbeiter umzugehen. Hier ist vieles möglich. Einige sorgen für eine bessere Austauschbarkeit unter ihren Mitarbeitern, damit diese Klienten leichter aneinander abgeben und für ihre Kollegen in Meetings einspringen können. Es wird natürlich immer noch hohe Auftragslagen und hektische Momente geben. Trotzdem können Mitarbeiter ihre Arbeitszeiten optimieren und müssen nicht mehr das wichtige Fußballspiel oder den Elternabend verpassen.

Unternehmen werden nicht zwangsläufig von humanen, fürsorglichen und verständnisvollen Managern geführt. Vielleicht ist das aber auch gar nicht so wichtig. Manchmal ergibt es sich von allein, dass das, was gut für das Unternehmen funktioniert, auch seinen Mitarbeitern nützt. Fordern die Männer, die zu unberechenbaren Zeiten arbeiten und viele Überstunden leisten sollen, mehr Gehalt, kann das für ein Unternehmen ein Anreiz sein, die Arbeitszeiten dieser Mitarbeiter sparsamer einzusetzen, damit es von ihnen nicht mehr verlangen muss, familiäre Anlässe aufzugeben.

Gelänge es den Unternehmen, ihren Betrieb effektiver zu führen, ohne dass ihre Mitarbeiter schneller und länger arbeiten müssen, könnten sie so ihre Ausgaben senken. Es gäbe keine höhere Entlohnung mehr für diejenigen mit unvorhersehbaren und aufreibenden Arbeitszeiten. Auf diese Weise nähme der Gender-Earnings-Gap ab und Couple Equity zu.

Natürlich bringt auch dieses Szenario Probleme mit sich. Manche Arbeitenden haben keine familiären Verpflichtungen, oder sie sind schon älter und ihre Kinder bereits erwachsen. Dennoch besteht ein Großteil der erwerbstätigen Bevölkerung nach wie vor aus Menschen mit irgendeiner Form von familiärer Verpflichtung.

Diese Veränderungen finden nicht überall in der Arbeitswelt statt, wie uns das Beispiel der Rechtsanwältin gezeigt hat. Und einige der größten Veränderungen, wie im Fall der Apothekerin, traten von selbst ein und nicht, indem Arbeitnehmer Druck ausübten. Und natürlich wird immer mehr geredet, als letztendlich umgesetzt wird. In einigen Fällen suchen Unternehmen und Institutionen jedoch Wege, die Kosten von zeitlicher Flexibilität zu senken, oft setzen sie dafür neue Technologien ein.

Im Gesundheitssektor finden sich zwei gute Untersuchungen darüber. Bei der einen handelt es sich um eine Analyse der von Medizinern geleisteten Arbeitszeiten und deren Einkommen, aufgeschlüsselt nach Fachgebiet. Bei der anderen geht es um das Gleiche im Kontext der Tiermedizin. Beide Untersuchungen arbeiten mit ausführlichen Informationen, die über die des Zensus hinausgehen. Obwohl der Zensus viele verschiedene Berufe auflistet, sind diese oft sehr allgemein gefasst. Die Kategorie »Mediziner und Chirurgen« steht beispielsweise für mehr als 50 weitere Spezialisierungsmöglichkeiten. Im Fall der Tierärzte ist die Stichprobe des Zensus zu klein, als dass man aus ihr Schlussfolgerungen ableiten könnte. Mithilfe ausführlicherer Informationen können wir genauer in diese Berufsfelder hineinschauen und so besser verstehen, welche Rolle zeitliche Anforderungen in Bezug auf Geschlechter-(Un-) Gerechtigkeit spielen.

Medizinerinnen schaffen das Unmögliche. Die Besten unter ihnen absolvieren eine mehrjährige, strapaziöse Ausbildung und geben alles für ihre Patienten. Dennoch bekommen viele mehr Kinder als andere Frauen in Berufen mit einer vergleichbar anspruchsvollen oder sogar kürzeren Ausbildung.

Laut Daten des »Harvard and Beyond«-Projekts haben mehr Frauen mit medizinischem Abschluss 15 Jahre nach ihrem Studium Kinder als Frauen mit einem juristischen Abschluss, einem MBA oder einem Doktortitel. Von den Frauen, die in den frühen 1980er-Jahren ihren medizinischen Abschluss machten, hatten ungefähr 84 Prozent ein Kind bekommen (oder adoptiert), bis sie Anfang 40 waren.[23] Wie schaffen Ärztinnen das?

Zunächst einmal verfügen Mütter, die Ärztinnen sind, über mehr Geld als viele andere. Sie können sich eine Nanny, hochwertige Kindergärten und Krippen sowie andere Dienstleistungen und Waren leisten, die ihre fehlende Zeit ausgleichen. Vielleicht führen sie auch gleichberechtigtere Ehen. Trotzdem verringern Ärztinnen ihre Arbeitszeiten, wenn sie Kinder bekommen, genau wie alle anderen Frauen, die vielleicht nicht über die gleichen Superkräfte oder Ressourcen verfügen.

Sie haben eindeutig lange Arbeitstage. Im Vergleich zu Ärzten arbeiten sie jedoch deutlich weniger Stunden, das gilt auch für Ärztinnen gleicher Fachgebiete. Ärztinnen, die 45 Jahre alt sind oder jünger, verbringen pro Woche zehn Stunden weniger bei der Arbeit als ihre männlichen Kollegen.[24] Ihre durchschnittlich geleistete Arbeitszeit ist dennoch hoch, Ärztinnen machen es sich im Job nicht bequem.

Diese jungen Ärztinnen arbeiten 48,1 Stunden in der Woche und ihre männlichen Kollegen 58,6 Stunden, sie liegen also einen sehr langen Arbeitstag pro Woche auseinander.[25] Mit zunehmendem Alter erhöhen Frauen im Vergleich zu Männern ihre Stundenzahl. Ärzte verkürzen ihre Arbeitszeiten, und Ärztinnen steigern sie.

Je nach Fachgebiet variiert das Verhältnis von Ärztinnen und Ärzten stark. In der Gruppe junger Ärztinnen und Ärzte sind mehr als 55 Prozent der Kinderpsychiater Frauen, sie stellen 62 Prozent der Dermatologen und 75 Prozent der Entbindungsärzte und Gynäkologen.[26] Im Gegensatz dazu liegt der Anteil der Ärztinnen im Bereich der Herz-Kreislauf-Erkrankungen bei 20 Prozent und in der orthopädischen Chirurgie lediglich bei zehn Prozent. Ärztinnen spezialisieren sich eher in Fachbereichen, in denen die wöchentlichen Arbeitszeiten niedriger liegen. Eine Ausnahme bildet in diesem Zusammenhang die Frauenheilkunde und Geburtshilfe, die größtenteils weiblich besetzt ist und gleichzeitig intensive Arbeitszeiten fordert. In der Regel gilt Folgendes: Je höher die Arbeitszeiten von Ärzten in einem Fachbereich sind, desto weniger Ärztinnen zieht er an.[27] Es besteht also ein starker negativer Zusammenhang zwischen den durchschnittlich geleisteten Arbeitsstunden von Männern in einem Fachbereich und dem Frauenanteil in diesem.[28]

Vergleicht man Fachbereiche mit einer ähnlich langen Ausbildungszeit, macht das diesen Punkt deutlicher. Männliche Dermatologen der jüngeren Altersgruppe arbeiten 48 Stunden in der Woche, und 62 Prozent der jüngeren Dermatologen sind Frauen. Im Bereich der Inneren Medizin arbeiten Ärzte 59 Stunden in der Woche, und der Anteil der Internistinnen liegt bei 44 Prozent, niedriger als im Bereich der Dermatologie.[29] Obwohl jüngere Ärztinnen sich eher auf die Fachbereiche mit weniger Wochenstunden verteilen, ist das nicht der Hauptgrund, weshalb sie zehn Stunden weniger in der Woche arbeiten. Der größte Teil des Zehn-Stunden-Unterschieds in der wöchentlichen Arbeitszeit zwischen Ärztinnen und Ärzten erklärt sich darüber, dass die meisten Ärztinnen in fast jedem Fachbereich weniger Stunden arbeiten. In der Tat arbeiten in den 20 größten medizinischen Fachbereichen junge Ärztinnen insgesamt weniger als junge Ärzte.[30]

Wenn die Ärztinnen älter werden und ihre Kinder weniger Zeit in Anspruch nehmen, steigern sie ihre Arbeitszeiten. Beinahe in jedem Fachbereich nehmen die Arbeitsstunden von Medizinerinnen, die älter als 45 Jahre sind, zu. Bezeichnenderweise passiert bei den Männern genau das Gegenteil. Ältere Mediziner arbeiten weniger Stunden als ihre jüngeren Kollegen. Die Arbeitszeit in der Kardiologie sinkt von 67 auf 60 Stunden. Ähnlich große Veränderungen treten im chirurgischen Bereich auf. Die meisten anderen Veränderungen fallen kleiner aus, da die anfängliche Arbeitszeit niedriger liegt.

In beinahe jedem Fachbereich nehmen unter älteren Medizinern die Arbeitsstunden pro Woche im Vergleich zu jüngeren ab, während die Arbeitszeit der Medizinerinnen mit zunehmendem Alter gleich bleibt oder steigt. Der Unterschied in der Arbeitszeit sinkt bei älteren Ärzten und Ärztinnen von zehn auf fünf Stunden. Ein Großteil des Wandels geht darauf zurück, dass ältere Ärzte ihre Arbeitswoche um 3,9 Stunden verringern und Ärztinnen die ihre um 1,1 Stunden verlängern.

Die Möglichkeit, eine wesentlich kürzere Wochenarbeitszeit zu wählen, ist einer der Hauptgründe, weswegen es Medizinerinnen gelingt, Kinder großzuziehen und gleichzeitig eine erfolgreiche Karriere zu haben. Die Kombination eines erstklassigen Berufs mit den für eine Familie notwendigen ausreichend flexiblen Arbeitszeiten hat dennoch auch Nachteile. Eines dieser Defizite zeigt sich im Pay-Gap. Selbst wenn er an die geleisteten Arbeitsstunden angepasst wird, verdienen Ärztinnen in der Stunde nach wie vor wesentlich weniger als Ärzte. Das geschlechtsspezifische Einkommensverhältnis, das weiter oben für Ärztinnen und Ärzte angegeben wurde, lag bei enttäuschenden 67 Prozent. Wie jedoch bereits erwähnt, unterscheidet diese Analyse nicht zwischen den vielen verschiedenen medizinischen Fachbereichen.

Die hier verwendeten Daten zu Medizinerinnen und Medizinern sind ausführlicher als die Angaben des US-Zensus und beinhalten Angaben zum Fachbereich. Sie zeigen, dass ein Großteil des Verdienstnachteils, den Medizinerinnen erfahren, auf die Wahl des Fachbereichs zurückzuführen ist, die sowohl mit den in diesem Bereich üblichen Arbeitszeiten als auch mit der Länge der jeweiligen Facharztausbildung zusammenhängt. Passt man die Werte in Bezug auf geleistete Arbeitszeit, Fachbereich und Jahre nach dem abgeschlossenen Medizinstudium an, erhöht sich das Einkommensverhältnis zwischen den Geschlechtern von 67 auf 82 Cent für jeden erwirtschafteten Dollar eines Mediziners.[31]

Einige Faktoren lassen sich nicht miteinbeziehen. Weiterführende Studien konnten zeigen, dass Medizinerinnen mehr Zeit mit ihren Patienten verbringen, was dazu führt, dass sie insgesamt weniger Patienten betreuen (und damit abrechnen) können. Laut einer groß angelegten Studie verbrachten Ärztinnen zehn Prozent mehr Zeit mit jedem ihrer Patienten,[32] was zu weniger behandelten Patienten und niedrigeren Abrechnungen führte. Aber wahrscheinlich verdienen Medizinerinnen selbst dann weniger, wenn man diese anderen Faktoren miteinbeziehen könnte.

Die kürzeren Wochenarbeitszeiten jüngerer Ärztinnen tragen wahrscheinlich zu deren geringerer Entlohnung im späteren Leben bei. Sie erhalten womöglich weniger Fördergelder und werden vielleicht nicht für Beförderungen innerhalb ihrer Abteilung erwogen. Und sie können eventuell weniger leicht von ihrem Arbeitsplatz auf eine bessere Position mit höherem Gehalt wechseln. Frauen nutzen externe Angebote seltener als ihre männlichen Kollegen, um über ein höheres Gehalt zu verhandeln. Im Vergleich zu Männern sind sie häufiger aufgrund des Arbeitsplatzes ihrer Ehemänner örtlich gebunden.

Wo zeigt sich denn dann der besagte Hoffnungsschimmer? Ein Aspekt besteht darin, dass Medizinerinnen aus Gruppe Fünf in vielen Fachbereichen mittlerweile flexibler arbeiten können, als das früher der Fall war. Im Vergleich zu vielen anderen gut bezahlten Berufen haben sie eher die Möglichkeit, in Teilzeit berufstätig zu sein. Zudem traten in der Medizin Veränderungen auf, die die Kosten für flexible Arbeitszeiten senkten. Laut den neuesten zur Verfügung stehenden Daten waren 47 Prozent aller jungen Mediziner Frauen, sie stellen 71 Prozent aller Kinderärzte, 64 Prozent der Dermatologen und 56 Prozent der Hausärzte.[33] Ihren Forderungen schenkt man Gehör – genauso wie denen ihrer männlichen Kollegen, die mehr Zeit mit ihren Familien verbringen wollen.

Werfen wir einen Blick auf die Kinderheilkunde. Mein Schwager ist Kinderarzt und hat drei Kinder. Als er in einem Krankenhaus in Albuquerque arbeitete und seine Kinder noch klein waren, bat er um andere Arbeitszeiten, damit er mehr Zeit mit seiner Familie verbringen konnte. Das Ergebnis war für ihn nicht zufriedenstellend. Schlussendlich verließ er das Krankenhaus und ging zu Kaiser Permanente, wo man ihm die Arbeitszeiten gewährte, die er verlangte. Er stimmte mit den Füßen ab, um weniger aufreibende und besser planbare Arbeitszeiten zu erhalten. Zusammengenommen können solche Wechsel einen erheblichen Wandel anstoßen.

Die Kinderheilkunde hat heutzutage, unabhängig vom Geschlecht, den höchsten Anteil junger Mediziner mit kürzeren Wochenarbeitszeiten. Die American Academy of Pediatrics berichtet, dass 33 Prozent aller Kinderärztinnen in Teilzeit arbeiten, genau wie ein wesentlicher Anteil der Kinderärzte.[34] Die kürzeren Wochenarbeitszeiten sind in der Kinderheilkunde und ebenfalls in einigen anderen Fachbereichen möglich geworden, da sich immer mehr Gemeinschaftspraxen gebildet haben, in denen Ärztinnen und Ärzte besser füreinander einspringen können. Wenn sie entsprechend geführt werden, ermöglichen es Gemeinschaftspraxen ihren Mitgliedern, zeitlich flexibler zu arbeiten und sich Bereitschaftsdienste und späte Arbeitszeiten untereinander aufzuteilen.

Anästhesiologen oder Fachärzte für Geburtshilfe arbeiten beinahe immer im Team, damit man sich gegenseitig vertreten und eine lückenlose Behandlung gewährleisten kann. Selbst wenn Sie Ihr Kind am liebsten mit Brett entbinden würden, sollten Sie besser auch Jeanette und Safa kennenlernen, da eine gute Chance besteht, dass eine von beiden Ihrem Kind auf die Welt helfen wird. Ich bin immer wieder erstaunt, wenn ein Rechtsanwalt, Wirtschaftsprüfer, Unternehmensberater oder Finanzexperte davon spricht, dass die Fachkräfte in seinem Feld nicht untereinander austauschbar sind, allerdings nicht erklären kann, weshalb es sich bei der Geburt eines Kindes anders verhalten sollte. Sind die Finanzunterlagen eines Unternehmens etwa individueller als der Geburtsprozess und die Wehen einer Frau?

Ein Anästhesiologe hält Sie während einer Operation am Leben. Dennoch treffen Sie diesen lebensrettenden Mediziner erst Minuten vor Ihrer Narkose. Es wäre ein planerischer Albtraum, müsste man jede Operation mit einer bestimmten Chirurgin und einem bestimmten Anästhesiologen planen. In Notfällen wäre das schlichtweg unmöglich. Das führt dazu, dass die Chirurgie zwar ihre Bereitschaftsdienste hat, die Anästhesiologie aber nicht zwangsläufig lange Arbeitszeiten voraussetzt,[35] ähnlich wie die Bereiche Dermatologie, Psychiatrie und Kinderpsychiatrie planbare Arbeitszeiten bereitstellen, da sie weniger Notfälle bedienen müssen.

Ein weiteres Beispiel für Maßnahmen zur Kostensenkung in Krankenhäusern ist das recht neue Fachgebiet des Hospitalisten in den USA. Ein Hospitalist ist ein Mediziner, der die Behandlung eines Patienten im Krankenhaus koordiniert und so den Hausärzten Zeit spart, indem er sie dort vertritt. In den Vereinigten Staaten möchten die Patienten ihren Hausarzt auch im Krankenhaus an ihrer Seite haben. Allerdings ist das teuer. Ein Hospitalist koordiniert die Behandlung des Patienten mit Spezialisten und dem niedergelassenen Hausarzt. Die Patienten sind beim Hospitalisten wahrscheinlich in besseren Händen, und die Hausärzte müssen nicht zwischen verschiedenen Krankenhäusern hin und her hetzen, um ihre Patienten zu behandeln.

Genau wie im Fall der Apotheker gehen einige der zeitlichen Veränderungen im Gesundheitswesen auf Einsparmaßnahmen zurück und sind keine Reaktion auf die Bedürfnisse der Angestellten. Hospitalisten senken Kosten, während sie gleichzeitig dafür sorgen, dass Allgemeinmedizinerinnen und -mediziner weniger abrufbereit sein müssen.

Letztlich läuft all das darauf hinaus, dass für Medizinerinnen und Mediziner in vielen Fachbereichen mittlerweile kürzere Wochenarbeitszeiten möglich sind. Eine höhere Flexibilität bei der Arbeit ermöglicht es Medizinerinnen, eine Familie zu gründen. Sie bekommen mehr Kinder als Frauen mit einer vergleichbaren Ausbildung, sogar mehr als solche, die eine wesentlich kürzere Fachausbildung absolvieren müssen. Dennoch zahlen Medizinerinnen nach wie vor einen Preis. Mit Blick auf das jährliche Einkommen verdienen sie weniger als ihre männlichen Kollegen in Krankenhäusern und Privatpraxen, selbst dann noch, wenn man die Wochenarbeitszeit miteinbezieht.

Tierärzte sind wahnsinnig gute Mediziner. Humanmediziner kennen sich vielleicht mit der inneren Beschaffenheit des *Homo Sapiens* aus, doch Tierärztinnen wissen über das Innenleben gleich mehrerer Spezies Bescheid – sogar über die mit Flügeln und Kiemen. Kein Berufsfeld hat sich in Bezug auf die Geschlechterverteilung seiner Mitglieder so stark verändert wie die Tiermedizin. Vor 50 Jahren gab es kaum Tierärztinnen. Heutzutage sind fast 80 Prozent aller Absolventen in der Tiermedizin Frauen.[36] Frauen sind nicht plötzlich tierlieb geworden. Ein Teil dieser Veränderung geht auf die größere Kontrolle über die eigene Arbeitszeit und eine Abnahme der Bereitschaftsdienste zurück.

Die Tiermedizin liefert in einigen Bereichen die gleichen beruflichen Vorteile wie die Humanmedizin, was Prestige, Arbeitszeiten, Zufriedenheit und die Freude angeht, Patienten und ihren Betreuenden zu helfen. (Allerdings wird sie, wie meine Freunde in der Tiermedizin hinzufügen würden, nicht annähernd so gut bezahlt.) Die tiermedizinische Ausbildung liefert denen, die eine Familie gründen möchten, einige Vorteile, die der humanmedizinischen Facharztausbildung fehlen. Zum einen müssen Tierärztinnen und Tierärzte keine Assistenzzeit absolvieren, in der sie sich auf einen bestimmten Fachbereich spezialisieren.

Wir erinnern uns, dass Tierärzte einst Privatpraxen führten, in denen sie an einigen Abenden, Wochenenden und Feiertagen Bereitschaftsdienste absolvieren mussten. Sie waren es, die Notfälle behandelten. Mittlerweile werden (spätabendliche) Notfälle genauso behandelt, wie es in der Humanmedizin üblich ist. Notfallkliniken und Notaufnahmen kümmern sich genauso um unsere vierbeinigen Familienmitglieder, wie es die Äquivalente in der Humanmedizin für uns und unsere Kinder tun. Wie diese Veränderungen zustande kamen, ist eine etwas umständliche Geschichte.

Im Grunde begann es damit, dass sich Gruppen von niedergelassenen Tierärzten zusammenschlossen und sich gegenseitig an Wochenenden und Abenden vertraten. Sie schufen informelle Vertretungspraxen, indem sie aufeinander verwiesen und sich mit Bereitschaftsdiensten abwechselten. Diese informellen Gruppen entwickelten sich später zu festen Tierkliniken mit eigenem Personal, an die man Notfälle überweisen konnte. Das Modell verbreitete sich, und Tierkliniken und Notfallkliniken, die rund um die Uhr geöffnet sind, existieren nun überall in den USA. Dementsprechend haben die meisten Tierarztpraxen nur noch tagsüber und an Wochentagen geöffnet.

Obwohl in Notfallkliniken angestellte Tierärzte mitunter zu unbequemen Zeiten arbeiten müssen, gilt das in der Regel nicht für niedergelassene Tierärzte und solche, die in kleinen Kliniken arbeiten. Solche kleineren Kliniken sind oft Gemeinschaftspraxen. Ist die Lieblingstierärztin Ihres Hundes gerade beschäftigt oder im Urlaub, wird sich eine sehr gute Vertretung um ihn kümmern. Schließlich werden Tiere und Kinder zu allen Tag- und Nachtzeiten krank oder verletzen sich.

In einer Privatklinik arbeitet eine Tierärztin regulär um die 40 Stunden in der Woche, hinzu kommen vier zusätzliche Bereitschaftsstunden.[37] Für eine medizinische Fachkraft sind das recht kurze Arbeitszeiten. Ihre männlichen Kollegen arbeiten in der Woche regelmäßig acht Stunden länger, mit sechs zusätzlichen Bereitschaftsstunden.[38] In Privatpraxen arbeiten ungefähr zwischen 20 und 25 Prozent der Tierärztinnen in Teilzeit. Nur fünf Prozent der Tierärzte tun dies ebenfalls.[39]

Moderate, reguläre, kontrollierbare Arbeitszeiten, wenige Bereitschaftsstunden und weniger Ausbildungsjahre als für Humanmediziner sind nur einige der Gründe, weshalb Frauen mittlerweile stärker in der Tiermedizin vertreten sind. Dennoch besitzen deutlich weniger Frauen eine eigene Praxis oder Kapitalanteile an einer solchen als ihre männlichen Kollegen. Zwischen 30 und 50 Prozent der Tierärztinnen, die in einer Praxis arbeiten, besitzen diese auch, dagegen sind 60 bis 80 Prozent ihrer männlichen Kollegen Praxisinhaber.[40]

Da eine solche Inhaberschaft längere Arbeitszeiten und mehr Verantwortung mit sich bringt als eine Anstellung, sind viele Frauen mit Familien eher zurückhaltend, sich auf diese Weise zusätzliche zeitliche Verpflichtungen zu schaffen. Allerdings sind die meisten Tierärzte Ende 40 Frauen, und männliche Praxisinhaber, vor allem diejenigen in ihren Fünfzigern und Sechzigern, haben Schwierigkeiten, die eigene Praxis an ihre jüngeren Kolleginnen zu verkaufen. Dieses Ungleichgewicht hat dazu geführt, dass viele kleinere Kliniken vom Wirtschaftssektor aufgekauft wurden, wodurch die Zahl an unabhängigen Tierkliniken gesunken ist.

Das führte zu einem Wandel in der Tiermedizin, der dem im Apothekenwesen sehr ähnelt. In beiden Fällen gibt es gute Gründe, weswegen man den Trend zu weniger unabhängig geführten Tierpraxen oder Apotheken beklagen könnte. Allerdings reduziert die Übernahme durch größere Unternehmen, genau wie bei den Apothekern, die zeitliche Belastung der Fachkräfte. Sie reduziert auch den Gehaltsunterschied aufgrund des Geschlechts, da weniger Tierärzte von den finanziellen Vorteilen der Inhaberschaft profitieren. Der Wechsel von Privatpraxen zu Unternehmen steckt indessen noch in den Kinderschuhen.

Tierärztinnen verdienen aktuell nur 72 Cent für jeden Dollar eines Tierarztes.[41] Allerdings arbeiten Frauen weniger Stunden pro Woche und weniger Wochen im Jahr. Schaut man nur auf die Gruppe der in Vollzeit und das gesamte Jahr über Arbeitenden – und berücksichtigt man verschiedene Aspekte ihrer jeweiligen tierärztlichen Ausbildung–, erhöht sich ihre Entlohnung auf 82 Cent für jeden durch einen Tierarzt erwirtschafteten Dollar.[42] Mit Rücksicht auf Inhaberschaft und Unterschiede im Eigenkapital erhöht sich das Verhältnis auf 85 Cent pro Dollar.[43]

Veränderungen in der tiermedizinischen Arbeit haben dazu geführt, dass es sich, gemessen am Frauenanteil unter den Berufsanfängern, heute wohl um den am stärksten weiblich dominierten Berufsstand überhaupt handelt.[44] Die fachlichen Anforderungen in diesem Feld haben sich nicht sonderlich geändert. Wenn überhaupt, sind sie gestiegen. Was sich geändert hat, ist die Art und Weise, wie die Arbeit organisiert ist, was mehr Kontrolle über die eigene Arbeitszeit ermöglichte.

Tiermedizin ist – mit ihren kontrollierbaren Arbeitszeiten und der recht guten Austauschbarkeit unter den jeweiligen Fachkräften – heutzutage beinahe der perfekte Berufszweig für Gleichberechtigung der Geschlechter und Couple Equity. Chancengleichheit herrscht jedoch nach wie vor keine.

Arbeit umgestalten

Wie wir über Generationen und verschiedene Berufsfelder hinweg feststellen konnten, ist Zeit der Feind jeder Frau, die gleichzeitig nach einer Karriere und einer Familie strebt. Ständige Verfügbarkeit, schnelles Reagieren, Zeit für Notfälle, Zeit an Abenden und Wochenenden werden gleichermaßen von Familie und Büro eingefordert. Das enge Zeitfenster für Up-or-out-Beförderungen verstärkt außerdem den Konflikt, in dem Familie und Arbeit stehen. Beides führt am Ende zu einer höheren Geschlechterungleichheit und verstärkter Couple Inequity.

In Bezug auf den einen Zeitfaktor (die Karriere) hat es Fortschritte gegeben. Im Gesundheitswesen gibt es weniger berufliche Selbstständigkeit, und das Arbeiten im Team hat unter Humanmedizinern und Tierärzten zu weniger Bereitschaftsdiensten geführt. Frauen zieht es in der Medizin in Fachbereiche mit geringeren, regulären Arbeitszeiten, über die sie freier verfügen können. Dennoch hat diese willkommene Flexibilität ihren Preis: Kürzere Arbeitszeiten wirken sich bei jüngeren Medizinerinnen sowohl auf den gegenwärtigen als auch auf den späteren Verdienst negativ aus und behindern den beruflichen Werdegang.

Der Wandel ist bei Weitem noch nicht abgeschlossen. Kleinere Tierkliniken werden nach wie vor unabhängig geführt. Es wird immer medizinische Fachbereiche wie die Chirurgie geben, die lange Arbeitszeiten und Bereitschaftsdienste voraussetzen. Einige Veränderungen traten aufgrund der Forderungen der Erwerbstätigen ein – wie zum Beispiel mein Schwager, der Kinderarzt, der mehr Zeit mit seinen eigenen Kindern verbringen wollte. Andere Entwicklungen ergaben sich jedoch, weil profitorientierte Unternehmen die Kosten ihrer teureren Fachkräfte möglichst gering halten wollten.

In Up-or-out-Karrieren fand weniger Wandel statt. Zwar werden immer mehr Frauen in Kanzleien, in Unternehmensberatungsfirmen oder in Wirtschaftsprüfungsgesellschaften Partnerinnen, und auch im akademischen Bereich ist die Zahl der Frauen mit Festanstellung gestiegen; doch selbst in Feldern, in denen seit Jahrzehnten die Hälfte aller Berufsanfänger Frauen sind, gewinnen diese noch lange nicht die Hälfte der Up-or-out-Rennen.

Einige in solchen Unternehmen, in denen die Beförderungen nach dem Up-or-out-Prinzip vergeben werden, meinen, es gehe bergauf. Douglas McCracken, der 2003 als Geschäftsführer von Deloitte Consulting zurücktrat, erklärte vor 20 Jahren: »In der Firma wollten junge Männer nicht mehr das Gleiche wie die älteren Männer.« Die jungen Männer »versuchten nicht mehr, sich einen Lebensstil zu kaufen, bei dem ihre Frauen nicht arbeiten mussten«. Stattdessen wollten sie sich Zeit verschaffen, die sie mit ihren Familien verbringen konnten, sie seien nicht mehr bereit, die 80 Stunden in der Woche zu arbeiten, die ein Partner üblicherweise leistet. Jedoch schien McCracken nicht zu verstehen, welche Kompromisse Paare – sogar solche mit hohem Einkommen – bereit sind einzugehen. Er behauptete: »Sie sind nicht bereit, ihre Familien und ihr Privatleben für weitere 100 000 Dollar aufzugeben.«[45] Leider sind sie durchaus dazu bereit. Der Preis für Couple Equity ist zu hoch (und 100 000 Dollar sind eine Menge Geld).

Wir brauchen einen tief greifenderen Wandel. Besonders wichtig ist es, die Männer mit ins Boot zu holen. Matthew Krentz, Seniorpartner der BCG (Boston Consulting Group), meinte zum Vaterschaftsurlaub, den seine Firma in den USA anbietet: »Mehr und mehr Männer nutzen ihn. […] Da es immer mehr Paare gibt, bei denen beide eine Karriere verfolgen, muss die männliche Teilhabe [an diesem Programm] oberste Priorität haben.«[46] Vorher müssen die Firmen dafür sorgen, dass alle die Maßnahmen unterstützen, damit Männer, die den Urlaub in Anspruch nehmen, später keinen Nachteil davontragen.

Es gibt keine einfache Lösung, keine Maßnahmen, die für jeden passen. Sind wir uns aber der Probleme bewusst, kann uns das auf den richtigen Weg bringen. Zumindest werden wir unsere Zeit so nicht mit Schnellschusslösungen verschwenden.

Eine Frage der Zeit

Mir geht immer wieder die Aussage einer meiner Studentinnen durch den Kopf, die meinte: »Ich will einen Mann, der will, was ich will.« Ihrer Vorstellung von glückseliger Harmonie steht die Tatsache im Weg, dass Karriere und Familie in Konflikt stehen. Beide wetteifern um die gleichen Zeitfenster.

Sobald zwei Menschen beteiligt sind, eröffnen sich mehr Möglichkeiten. Ein Teil des Paars kann sich mehr auf eine bestimmte Tätigkeit spezialisieren und der zweite Teil eher auf eine andere. Da der Arbeitsmarkt eine Spezialisierung stark belohnt, wird der Teil des Paars, der sich auf den Markt spezialisiert, gewisse berufliche Renditen ernten. Allerdings muss dieser Teil zu Hause Abstriche machen. Beide Elternteile möchten vielleicht zu einer bestimmten Zeit bei ihren Kindern sein. Aber der Elternteil, der sich eher auf den Arbeitsmarkt spezialisiert, wird wahrscheinlich nicht beim Schwimmwettkampf am Dienstagmorgen oder dem Fußballspiel am Donnerstagnachmittag dabei sein können. Beide Seiten dieser Gleichung sind für den Konflikt verantwortlich. Dementsprechend braucht es auch beidseitige Lösungen.

Eine Lösung ist es, die Kosten für Flexibilität zu senken. Der Preis für den Kompromiss darf nicht zu hoch sein. Man muss dafür sorgen, dass Paare keine derart schwerwiegenden Entscheidungen treffen müssen. Würde die gierige Arbeitsstelle Verfügbarkeit, Wochenenden und lange Arbeitstage nicht mehr so gut entlohnen, wäre Lucas weniger geneigt, sie anzunehmen. Besser noch: Man gestaltet die flexible Stelle produktiver und entlohnt sie höher. Dann würde Lucas liebend gern von der gierigen zur flexiblen Stelle wechseln. Und Isabel würde mit ihrer flexiblen Stelle mehr verdienen, und es wäre unwahrscheinlicher, dass sie ihren Beruf ganz aufgibt.

Die Familie wird ein wenig ärmer in Sachen Einkommen sein, aber sie wird in Bezug auf Couple Equity so viel reicher. Beide Elternteile könnten angemessen Zeit mit ihren Kindern verbringen, ohne dass die Familie am Hungertuch nagen müsste. Die beiden Linien in Abbildung 1.1 würden näher zusammenrücken, genau wie die metaphorischen Menschen, für die sie stehen.

Eine weitere Lösungsmöglichkeit wäre das Senken der Kosten für Kinderbetreuung. Mit einer erschwinglicheren Betreuung sind die Kompromisse weniger kostspielig. Die meisten anderen reichen Nationen subventionieren Kinderbetreuung umfassend, wofür sie, gemessen am jeweiligen Nationaleinkommen, drei- bis viermal so viel ausgeben wie die Vereinigten Staaten.[47] So unterschiedliche Länder wie Frankreich, Schweden und Großbritannien finanzieren in großem Umfang eine qualitativ hochwertige Kinderbetreuung. Das ist einer der Gründe dafür, weshalb die Erwerbstätigenquote für Frauen, die sich auf der Höhe ihrer Schaffenskraft befinden, in diesen Ländern mittlerweile über der der Vereinigten Staaten liegt, obwohl die USA nach dem Zweiten Weltkrieg in diesem Bereich lange vorn lagen.[48] Und die Betreuungsfragen enden nicht mit den regulären Schulzeiten. Sie gelten auch für Nachmittagsbetreuungsangebote nach der Schule und Sommerprogramme für Kindergarten- und Schulkinder. Ein weiteres Set an Maßnahmen widmet sich der Betreuung von Eltern, Großeltern und anderen.

Oder aber man ändert die sozialen Normen, sodass die Kompromisse nicht mehr vom Geschlecht abhängig sind. Wie ich bereits in Bezug auf gleichgeschlechtliche Paare angemerkt habe, würden sich die ökonomischen Ergebnisse in Bezug auf das Geschlecht so mehr angleichen, allerdings löst es nicht das Problem der Couple Equity. Es würde nicht dazu führen, dass beide Teile des Paars ihre Möglichkeiten voll ausschöpfen können.

Während ich gerade letzte Hand an dieses Buch legte, traf die globale Wirtschaft ein unglaublicher Schlag, der Ungleichheiten und Defizite in unserem Alltag offenlegte, besonders die ungleichen Belastungen von Frauen. Dieses Ereignis ließ die Verbindung zwischen dem Care-Sektor und dem Wirtschaftssektor noch deutlicher hervortreten. Kein Land, schon gar nicht die USA, wird heute seine Wirtschaft wieder in Gang setzen können, bevor seine Kinder nicht wieder in Schulen und Kindertagesstätten zurückkehren können. Frauen bilden die Hälfte aller Erwerbstätigen, wohingegen sie zu Zeiten der Großen Depression nur einen kleinen Anteil stellten. Die Wirtschaft kann nicht nur mit halber Kraft laufen.

Beinahe alle Arbeitgeber müssen sich gerade mit der Frage herumschlagen, wie sie die Arbeit im Homeoffice möglichst produktiv gestalten können und wie man flexibel arbeiten und gleichzeitig effizient bleiben kann. Sie versuchen, Isabel auf dem Arbeitsmarkt zu halten und sicherzustellen, dass Lucas daheim genauso produktiv sein kann, wie er es im Büro war. Sie versuchen, beide wieder zurück in ungefährliche und sichere Büros zu holen und gleichzeitig die Bedürfnisse ihrer Familie zu berücksichtigen.

Der Kampf um die Vereinbarkeit von Karriere und Familie geht auch während dieser globalen Belastungsprobe weiter. Durch die Pandemie hat sich das Ziel unserer Reise nicht geändert. Indem sie uns immer wieder zu Entscheidungen zwingt, wo wir die eigene Zeit am sinnvollsten einsetzen sollten, hat sie es deutlicher hervortreten lassen. Sie verlieh den Fragen, die sich in Bezug auf den Konflikt zwischen Familie und Karriere stellen, größere Dringlichkeit. Wie wir sehen konnten, haben Pionierinnen sich seit mehr als einem Jahrhundert dieselben Fragen gestellt. Auf ihrer Suche nach Antworten haben sie Mauern eingerissen, Möglichkeiten geschaffen, Unterschiede verkleinert und das Gelernte an spätere Generationen weitergegeben. Sie werden dies weiterhin tun. Damit wir aber in unserer ungewissen Zukunft ein ideales Gleichgewicht erreichen können, müssen sich nicht nur die Frauen oder die Familien ändern. Das gesamte Arbeits- und Betreuungssystem unseres Landes muss nochmals überdacht werden, damit wir den Weg, auf dem wir voranschreiten, neu festigen können. Es ist alles eine Frage der Zeit.

Epilog Am Ende der Reise

Jede neue Epoche bringt immer auch Ungewissheit mit sich. Im COVID-Zeitalter zeigt sich das auf besonders extreme Weise. Die Arbeitslosigkeit, die vor einem Jahr, am Anfang der Pandemie, explodierte, ist deutlich zurückgegangen. Dennoch befinden sich viele Arbeitsplätze und Kleinunternehmen in Gefahr. Während ich dieses Buch schreibe, sind die öffentlichen Schulen in diesem Land nach wie vor nicht vollständig geöffnet, und Kindertagesstätten schließen immer wieder kurzfristig. Sichere und wirksame Impfungen sind endlich allgemein verfügbar, haben aber noch nicht den Weg in jeden Arm gefunden. Das normale Leben scheint am Horizont aufzutauchen, allerdings rückt der Horizont immer wieder in die Ferne, sobald man auf ihn zuläuft.

COVID war eine Heimsuchung. Es nahm Leben, es forderte Arbeitsplätze. Es wird das Leben zukünftiger Generationen prägen. Es entlarvte Ungleichheiten in Bezug auf Race, Klasse und Geschlecht, die darüber entschieden, wer sich ansteckte, wer starb, wer an vorderster Front arbeiten musste, wer lernen konnte und wer sich um die Kinder und Kranken kümmern musste. Es teilte dieses Land in Arm und Reich auf. Es war ein alarmierendes Brennglas, unter dem sich die elterlichen Belastungen vergrößerten und das die Kompromisse stärker hervortreten ließ, die Arbeit und Kinderfürsorge fordern. Es hat die meisten Probleme verschärft, die während unserer Reise durch die fünf Gruppen in diesem Buch herausgearbeitet wurden.

Die pandemische Wirtschaftslage traf Frauen besonders stark. Frauen arbeiten nicht nur oft in systemrelevanten Berufen, ihre Arbeit ist auch zu Hause systemrelevant. Sie sind junge Mütter mit Neugeborenen, ältere Mütter mit zunehmend gelangweilten Teenagern, die ihren Schulunterricht online absolvieren, arme Alleinerziehende, die nun von Lebensmitteltafeln abhängig sind, Frauen mit Hochschulabschluss, die in ihren Firmen gerade auf der Karriereleiter nach oben stiegen, und Woman of Color – für die ein höheres Ansteckungsrisiko besteht –, die schon lange, bevor dieses Land in einen Abgrund stürzte, marginalisiert wurden.

Wir durchleben einen beispiellosen Moment. Wir vergleichen die Arbeit derjenigen, die an vorderster Front tätig sein müssen, mit der unserer Soldaten in Kriegszeiten. Doch nie zuvor hat man von Frontarbeitern verlangt, dass sie die Gefahr mit zu ihren Familien nach Hause bringen. Nie zuvor mussten wir die Wirtschaft herunterfahren und neu starten, um sie wieder in Gang zu setzen. Noch nie zuvor hat eine Rezession Frauen stärker getroffen als Männer. Und nie zuvor stand der Care-Sektor in so engem Zusammenhang mit dem Wirtschaftssektor. Frauen stellen beinahe 50 Prozent aller Erwerbstätigen. Wir müssen sicherstellen, dass sie ihre Jobs nicht zugunsten ihrer Care-Arbeit aufgeben müssen und umgekehrt.

Dieses Buch hat das Streben von Frauen mit Collegeabschluss nach Familie und Karriere nachgezeichnet. Wir nahmen sie als Vorbild, da diese Frauen in den letzten 120 Jahren am ehesten die Chance hatten, beides zu erreichen. Einst bildeten sie einen sehr kleinen Bestandteil der Bevölkerung, vor einem Jahrhundert verfügten gerade einmal drei Prozent der jungen Frauen über einen Collegeabschluss. Heutzutage besitzen beinahe 45 Prozent aller Frauen in den USA mit Ende 20 einen Collegeabschluss.

Die Ängste und die Unzufriedenheit in der Gruppe der Collegeabsolventinnen sind greifbar. Zeitungen und Newsfeeds sind voller besorgniserregender Prophezeiungen über die Zukunft der jungen Mitglieder von Gruppe Fünf[1]: »Die Pandemie wird berufstätige Frauen um zehn Jahre zurückwerfen«[2], »Die Pandemie könnte eine ganze Generation arbeitender Mütter für immer zeichnen«[3] und »Wie COVID-19 den Fortschritt der Frauen auf dem Arbeitsmarkt zurückgeworfen hat«[4]. In Zeiten Coronas haben diejenigen, die sich um Kinder oder andere kümmern müssen, große Mühe, die erforderliche Zeit in den eigenen Beruf zu stecken, akademische Artikel zu veröffentlichen, Schriftsätze abzufassen und sich auf Zoom um arbeitsintensive Kunden zu kümmern.

Diesen Prognosen zufolge wurde den Frauen, die endlich in der Lage waren, auf bisher nie da gewesene Weise Familie und Karriere miteinander zu vereinen, der Boden unter den Füßen weggezogen. Die Food-Bloggerin Deb Perelman formulierte das so: »Lasst mich den stillen Teil laut aussprechen: Die Covid-19-Wirtschaft erlaubt einem entweder ein Kind *oder* einen Beruf.«[5] Zwingt man Gruppe Fünf nun zu den gleichen Kompromissen, die einst die Frauen aus Gruppe Eins eingehen mussten?

Es steht außer Frage, dass Frauen die Auswirkungen der Pandemie und der Rezession stärker zu spüren bekommen haben als Männer (in den USA bezeichnet man Letztere deshalb auch als »She-cession«). Dennoch konnten Frauen mit Collegeabschluss ihre Anstellung besser halten als Frauen mit niedrigerem Bildungsabschluss. Ihre Ausbildung ermöglichte es ihnen, von zu Hause aus zu arbeiten, sie schützte ihre Gesundheit und ihre Arbeitsplätze.

Vergleichen wir Herbst/Winter 2020 mit dem gleichen Zeitraum 2019, fiel die Erwerbstätigenquote von Frauen mit Collegeabschluss zwischen 25 und 34 Jahren mit Kindern im Vorschulalter (jünger als fünf Jahre) nur um 1,2 Prozentpunkte (der Ausgangsprozentsatz lag bei 75 Prozent). Doch die Quote von Müttern im Alter zwischen 35 und 44 Jahren mit jüngeren Schulkindern (fünf bis 13 Jahre) fiel um 4,9 Prozentpunkte (der Ausgangsprozentsatz lag bei 86 Prozent) – das ist wesentlich mehr.[6] Die Gruppe ohne Collegeausbildung mit und ohne Kinder musste einen starken Rückgang in der Erwerbsbeteiligung hinnehmen, da sie in den am meisten gefährdeten Branchen angestellt war.

Obwohl diese Angaben vielleicht nicht den Untergangsszenarien der Schlagzeilen gerecht werden, weisen die Daten dennoch auf Risse im System hin, die sich mit der Zeit ausweiten könnten. Eine neue Anstellung zu finden könnte sich als schwierig herausstellen, und der Verlust an Berufserfahrung wird sich auf die späteren Gehälter auswirken. Selbst im Fall derjenigen, die ihren Arbeitsplatz behalten konnten, stellen sich viele die Frage, ob Mütter einen Nachteil haben werden, wenn es um eine Partnerposition, eine Festanstellung an der Universität oder eine erste Beförderung geht. Unter Akademikern haben Mütter weniger Artikel veröffentlicht als Männer oder Frauen ohne Schulkinder.[7] Außerdem können die Daten nicht die Frustration der vielen offenbaren, für die WFH nicht heißt »Working From Home«, sondern »Working From Hell«.[8]

Unzufriedenheit

Wir haben die Bestrebungen von Collegeabsolventinnen untersucht, die vor einem Jahrhundert entweder Aussicht auf eine Familie oder eine Karriere hatten und die sich sogar in wirtschaftlich guten Zeiten einer Vielzahl an Beschränkungen gegenübersahen. Über die Jahrzehnte hinweg wurden die Hürden nach und nach abgebaut. Wir sahen die Collegeabsolventinnen der 1970er-Jahre, die zunehmend eine Karriere und eine Familie haben wollten, sich allerdings bewusst waren, dass sie es, wenn sie beides wollten, genau in dieser Reihenfolge angehen mussten. Und wir untersuchten die Frauen der 1990er-Jahre, die ihre Ziele – aufgrund weiterer Errungenschaften in ihrer Ausbildung und besserer Karrierechancen – wesentlich klarer formulierten. Sie sprachen offen darüber, dass sie sowohl am Arbeitsplatz als auch zu Hause erfolgreich sein wollten, und sie erreichten beides – ohne besondere Reihenfolge. Über die letzten Jahrzehnte hinweg sind sie in beiden Sphären sogar noch weiter vorangekommen.

Bereits beinahe ein Jahrzehnt bevor das Virus Amerika in seinen Bann schlug und mehrere Jahre bevor #MeToo eine Zeitenwende auslöste, machten Frauen ihrer Unzufriedenheit flächendeckend Luft. Begriffe wie »Geschlechterdiskriminierung« und »Genderdiskriminierung«, auf die man beim Durchsuchen der Pressemedien trifft, signalisieren die zunehmende Frustration in Bezug auf Gehaltsunterschiede und steigenden Widerstand gegen sexuelle Belästigung.

In den frühen 2010er-Jahren schafften es mehrere öffentlichkeitswirksame Vorfälle in die Schlagzeilen, wie Ellen Paos Klage gegen ihren Arbeitgeber Kleiner Perkins wegen geschlechtsspezifischer Diskriminierung und die Gehaltsunterschiede zwischen männlichen und weiblichen Fußballmannschaften. Unerhörte Beispiele für Gehaltsunterschiede in Hollywood, an der Wall Street oder im Silicon Valley kamen ans Licht. Der Unmut der Frauen wuchs mit den vielen Sachverhalten, die im Wahlkampf zwischen Clinton und Trump im Jahr 2016 aufkamen, besonders nach den anzüglichen Kommentaren Trumps in dem *Access-Hollywood*-Video und der Tatsache, dass sie offensichtlich keinerlei Auswirkungen auf das Wahlergebnis hatten. Die Berichte über diese Zwischenfälle führten zu einem zweiten Aufwallen von geschlechtsspezifischer Unzufriedenheit innerhalb von 50 Jahren (was sich in Zeitungsartikeln und Nachrichten niederschlug). Der erste Höhepunkt ereignete sich Anfang bis Mitte der 1970er-Jahre.

Vor 60 Jahren, in den 1960er-Jahren, kam der Begriff »Geschlechterdiskriminierung« in der *New York Times* so gut wie nicht vor, und »Genderdiskriminierung« tauchte als Begriff erst mehrere Jahrzehnte später auf. Um 1971 stiegen die Artikel über »Geschlechterdiskriminierung« sprunghaft an, und 1975 wurden die meisten Artikel, die einen solchen Begriff enthielten, veröffentlicht.[9] Anschließend ebbte die Verwendung des Begriffs langsam ab und erreichte ihren Tiefpunkt schließlich circa 35 Jahre später im Jahr 2010, der bei einem Fünftel der Erwähnungen lag, die es 1975 noch gegeben hatte.

Doch genauso, wie es in den frühen 1970er-Jahren abrupt angestiegen war, stieg das Ausmaß der Unzufriedenheit in den frühen 2010er-Jahren ebenfalls plötzlich wieder stark an und hat seitdem seinen bisher höchsten Wert erreicht. Die Bewegungen #MeToo und Time's Up trugen dazu bei, allerdings erst seit Ende 2017. Noch bevor #MeToo ein Symbol dafür wurde, wie Frauen dem erniedrigenden Status quo trotzen und sich gegen ihn auflehnen, stieg die allgemeine Unzufriedenheit bereits an.[10]

Man kann gut verstehen, weshalb die Unzufriedenheit in den frühen 1970er-Jahren zunahm. Der Geschlechtsunterschied bei den Gehältern war enorm. Frauen verdienten 59 Cent für jeden Dollar der Männer, und lange Zeit blieb es bei diesem miserablen Verhältnis. Frauen wurde nach wie vor der Zugang zu gewissen Clubs, Restaurants und Bars verwehrt, und sie wurden erst seit Kurzem an den besten Colleges und Universitäten des Landes zugelassen. Titel IX des Education Amendments Acts von 1972 sicherte Frauen Gleichberechtigung in der Bildung und im Sport zu – und folgte auf eine Ära des Protests von der Bürgerrechtsbewegung bis hin zur Friedensbewegung. Dieser Tage bildeten sich überall Gruppen, die sich für die Emanzipation der Frau einsetzten und auf soziale Probleme aufmerksam machten. Frauen fanden eine gemeinsame Stimme, und sie nutzten sie, um ihre Unzufriedenheit laut herauszuschreien.

Warum schlug sich in den Nachrichtentexten der 2010er-Jahre eine ähnliche Unzufriedenheit und Frustration nieder, wenn es doch so signifikante Errungenschaften für Frauen in Bezug auf Beschäftigung, Einkommen und Bildung gab?

Die Erwartungen waren gestiegen, und damit hatten sich auch die Ziele geändert. Frauen, besonders solche mit Collegeabschluss, gingen davon aus, dass sie eine Karriere *und* eine Familie haben könnten. Frauen mit einem weniger hohen Bildungsabschluss waren überzeugt, dass ihnen auf dem Arbeitsmarkt eine faire Behandlung zustehe. Die Gruppe mit Collegeabschluss wollte genauso erfolgreich sein wie ihre männlichen Partner. Sie stellte sich nicht nur eine Welt vor, in der am Arbeitsplatz Gleichberechtigung herrschte, sie strebte auch zu Hause nach Couple Equity.

Wie wir gesehen haben, hatte sich der Gender-Pay-Gap für alle Arbeitenden in den 1980er- und 1990er-Jahren deutlich verkleinert, diese Entwicklung kam jedoch für die Gruppe der Collegeabsolventinnen Anfang der 1990er-Jahre zum Stillstand. Eine zunehmende Einkommensungleichheit bedeutete, dass die an der Spitze auf Kosten anderer profitierten, und zu dieser exklusiven Gruppe gehörten unverhältnismäßig viele Männer mit Collegeabschluss. Gierige Arbeit wurde noch gieriger, und Frauen, die Care-Arbeit leisten mussten, konnten nur schwer mithalten.

Care-Arbeit

All das existierte in der Zeit »vor Corona«. Im März 2020 sollten Eltern ihre schulpflichtigen Kinder sehr plötzlich und dringend zu Hause behalten. Kindertagesstätten wurden geschlossen. Meine Bachelorstudierenden in Harvard gingen in die Frühlingspause, und seither sind nur sehr wenige von ihnen auf den Campus zurückgekehrt. Angestellte sollten von zu Hause aus arbeiten, außer sie wurden vom US Department of Homeland Security als »systemrelevant« eingestuft. Das Land befand sich nun im Zeitalter »während Corona«.

Die Pandemie brachte eine wirtschaftliche Katastrophe mit sich, die sich besonders stark auf Frauen auswirkte, was bei einem Abschwung normalerweise nicht der Fall ist. Frauen arbeiten größtenteils im Dienstleistungssektor, was sie bisher vor der Verlagerung von Arbeit ins Ausland, dem China-Schock und der Automatisierung bewahrt hat. Doch diesmal traf es die persönlichen Dienstleistungen und Arbeitsplätze in Gastgewerbe, Tourismusbranche, Einzelhandel, Gastronomie besonders hart. Dienstleistungen, die von persönlichem Kontakt leben, funktionieren in einer Welt des Social Distancings nicht mehr, und Arbeit in geschlossenen Räumen ist weniger gesund als Arbeit im Freien. Die Baubranche hat sich erholt. Gleiches gilt für einen Großteil des verarbeitenden Gewerbes. Am härtesten traf es alleinerziehende Mütter und Frauen ohne Collegeabschluss. Wie bereits weiter oben besprochen, stiegen auch unter den Collegeabsolventinnen die Arbeitslosenzahlen massiv, während ihre Erwerbstätigenquote sank.

Wie auch schon in der Welt vor Corona hatten es Eltern mit Collegeabschluss einfacher als andere, da sie eher von zu Hause aus arbeiten können. Ausgehend von Schätzungen, die auf den jeweiligen Berufsmerkmalen aufbauen, hätten vor Corona circa 62 Prozent der erwerbstätigen Collegeabsolventinnen (im Alter zwischen 25 und 64 Jahren) im Homeoffice arbeiten können.[11] Laut Daten der Current Population Survey (CPS) vom Mai 2020 arbeiteten 60 Prozent von ihnen tatsächlich von zu Hause aus, wie auch ungefähr der gleiche Anteil ihrer männlichen Kollegen.[12] Von den Frauen, die eine Zeit lang ein College besucht hatten, konnten 42 Prozent im Homeoffice arbeiten, und unter denjenigen, die keinerlei Collegeausbildung absolviert hatten, bekamen lediglich 34 Prozent diese Möglichkeit. Der eigentliche Anteil von Frauen ohne Collegeausbildung, die angaben, im Homeoffice zu arbeiten, lag im Mai 2020 lediglich bei 23 Prozent.

Aufgrund ihrer Berufe war die Gruppe der Collegeabsolventen gut auf den Lockdown vorbereitet. Diejenigen ohne Collegeabschluss waren dagegen entweder dazu bestimmt, an vorderster Front systemrelevante Arbeiten auszuüben, oder sie wurden beurlaubt oder gefeuert. Verglichen mit allen Erwerbstätigen war die Arbeitslosenquote unter Collegeabsolventen schon immer am niedrigsten. April 2020 war der wirtschaftlich trostloseste Monat der Pandemie, landesweit erreichte die Arbeitslosigkeit einen zweistelligen Höhepunkt. Die Arbeitslosenquote für Collegeabsolventinnen zwischen 35 und 44 Jahren lag bei sieben Prozent, und weitere fünf Prozent waren »erwerbstätig, jedoch nicht auf der Arbeit«.[13] Für Menschen ohne Collegeabschluss lag die Arbeitslosenquote mehr als doppelt so hoch: 17 Prozent sowie weitere zehn Prozent, die weiterhin angestellt waren, allerdings gerade nicht arbeiten konnten.

In der Zeit während Corona war es sehr wichtig, ob man von zu Hause aus arbeiten konnte. Doch selbst im Homeoffice kann es vorkommen, dass von einem Arbeitnehmer erwartet wird, dass er oder sie zu ungewöhnlichen Zeiten verfügbar ist, wann immer der Klient oder der Manager eine Aufgabe erledigt haben will. Die Arbeit im Homeoffice kann von ständigen Unterbrechungen geprägt sein.

Für die meisten Eltern mit Kindern im (Vor-)Schulalter waren die zeitlichen Anforderungen, die ihre Familie während Corona an sie stellte, überwältigend. Alle mussten zu Hause härter arbeiten. Für diejenigen mit Kindern hatte sich das eigene Zuhause in einen Kindergarten und eine Schule verwandelt. Für alle mit kranken Partnern oder Kindern wurde es Klinik und Krankenhaus. Die Zahl der Arbeitsstunden, die man ohne Unterbrechung in den eigenen Beruf investieren konnte, war rapide gesunken.

Amerika befindet sich, während ich dieses Buch schreibe, in einem

Zwischenzustand, den ich »nach Corona«/»während Corona« nenne, denn in vielerlei Hinsicht befinden wir uns zwar »nach Corona«, es herrschen aber noch immer Bedingungen aus der Zeit »während Corona«. Einige Firmen, Büros und Institutionen haben wieder geöffnet, genauso wie einige Schulen und Kinderbetreuungseinrichtungen. Allerdings sind viele Schulen nur eingeschränkt geöffnet, und anderswo findet der Unterricht noch komplett digital statt. Für Paare mit Kindern bedeuten Schulen, die erst teilweise oder noch gar nicht zum Präsenzunterricht zurückgekehrt sind, dass Kinder immer noch daheim bleiben und dort, wenn es gut läuft, unter dem wachsamen Blick des Elternteils lernen, der mit ihnen zu Hause geblieben ist. Und wenn uns die Geschichte oder die Reise, die wir gerade hinter uns gebracht haben, auch nur einen vagen Anhaltspunkt liefern kann, dann handelt es sich bei diesem Elternteil wahrscheinlich um eine Frau.

Bisher können wir noch keine endgültigen Aussagen darüber treffen, wie viel mehr Zeit während Corona für die Kinderbetreuung und Care-Arbeit aufgewendet wurde und um wie viel die bezahlte Arbeitszeit abnahm, da uns noch keine umfassenden, landesweit repräsentativen Datensätze vorliegen. Die gängigen Studien, die als Quellen für eine Analyse des Zeitbudgets dienen, wie die American Time Use Survey (ATUS), wurden im März 2020 pausiert und erst im Mai wieder aufgenommen. Es wird noch einige Zeit dauern, bis diese Daten veröffentlicht werden.

Ich habe für den Zeitraum vor Corona Schätzungen auf Basis der ATUS erstellt, die für »Stichproben«-Familien von erwerbstätigen Collegeabsolventen und -absolventinnen mit mindestens einem Kind unter 18 Jahren gelten.[14] Vor dem Lockdown leisteten Mütter in Stichproben-Familien 61 Prozent der Care-Arbeit für die Kinder.[15] (Sie übernahmen außerdem beinahe 70 Prozent des Kochens, des Putzens und der Wäsche.) Für vergleichbare Mütter ohne Erwerbstätigkeit liegt der Anteil bei 74 Prozent.[16]

Als während des Lockdowns die Kinder nicht mehr zur Schule gehen konnten, die Betreuungsmöglichkeiten für Kinder im Vorschulalter begrenzt waren und viele Erzieherinnen, Betreuer und Pflegekräfte beurlaubt wurden, erhöhte sich die Zeit, die Eltern für ihre Kinder aufbrachten, deutlich. Eltern begleiteten den Schultag ihrer Kinder, halfen ihnen bei ihren Hausaufgaben und übernahmen die Präsenz der plötzlich weit entfernten Lehrer, die man nur noch auf einem Bildschirm zu Gesicht bekam.

Die unmittelbaren Auswirkungen des Lockdowns führten für die Mütter der Stichproben-Familien dazu, dass diese ihre mit den Kindern verbrachte Zeit verdoppelten.[17] Tatsächlich sank jedoch in einem Haushalt mit zwei Elternteilen für Mütter der Gesamtanteil an der Kinder-Care-Arbeit. Auch die Väter waren zu Hause, und verglichen mit ihrer zuvor geleisteten Zeit erhöhten diese ihre Care-Arbeitsstunden stark. Untersuchungsergebnisse von April 2020 zeigen, dass Mütter ihre Care-Arbeitszeit um den Faktor 1,54 erhöhten und Väter um 1,9. Zusätzlich leistete jeder Elternteil mit mindestens einem Kind in der Grund- oder Mittelschule außerdem ungefähr weitere vier Stunden Lernzeit in der Woche. Für Eltern, deren jüngstes Kind die Highschool besuchte, kamen noch zwei Stunden pro Elternteil dazu.

Säuglinge nahmen vor dem Lockdown, wenig überraschend, die meiste elterliche Zeit in Anspruch. Paare mit einem Säugling verbrachten vor dem Lockdown insgesamt 42 Stunden pro Woche mit Care-Arbeit. Mütter leisteten 66 Prozent dieser Arbeit. Während des Lockdowns stieg die wöchentliche Zeit auf 70 Stunden pro Woche. Allerdings verringerte sich der Arbeitsanteil der Mütter an diesem neuen, höheren Wert auf 61 Prozent, obwohl ihre geleisteten Stunden von 28 auf 43 stiegen.[18]

Für diejenigen, deren jüngstes Kind die Grund- oder Mittelschule besuchte, stiegen die Wochenstunden, die eine Mutter mit der Care-Arbeit und dem Fernunterricht verbrachte, von ungefähr neun auf 17.[19] Allerdings erhöhten sich die Stunden beider Elternteile, genau wie im vorigen Beispiel, immens, während der Gesamtanteil der Mütter an Care-Arbeit und Fernunterricht während des Lockdowns von beinahe 60 auf wenig mehr als 50 Prozent sank.

Es mag so aussehen, als ob der Lockdown großartig für Couple Equity gewesen sei, da der weibliche Anteil an der gesamten Kinder-

Care-Arbeit und dem Lernen zu Hause abgenommen hat, während der Anteil der Männer zunahm. Es könnte außerdem sein, dass Männer in Zukunft mehr Zeit für ihre Kinder aufbringen wollen und mehr zur Familienzeit beitragen werden. Darüber lässt sich im Moment noch keine Aussage treffen.

Wir wissen jedoch Folgendes: Obwohl Mütter in Familien mit zwei Elternteilen ihren Anteil an der gesamten Heimarbeit verringert haben, war die zusätzliche Care- und Hausarbeit vernichtend. Für Väter war es beinahe ebenso niederschmetternd. Doch da Frauen einen größeren Teil der gewöhnlichen Hausarbeit, der Essenszubereitung und der Wäsche übernahmen, schränkte das ihre verbleibende Zeit für bezahlte Arbeit stark ein. Einer Erhebungsschätzung für England zufolge wurden erwerbstätige Mütter im April 2020 während der Hälfte ihrer bezahlten Arbeitsstunden unterbrochen.[20]

Was ist in der Übergangszeit nach Corona/während Corona passiert, als einige Schule, viele Kindertagesstätten und bestimmte Firmen wieder öffneten?[21] Da einige Formen der Kinderbetreuung und Schulen wieder verfügbar sind, liegt der Kinderbetreuungsbedarf in Summe zu Hause wahrscheinlich auf halbem Weg zwischen dem Bedarf während Corona und dem niedrigeren Bedarf, der vor Corona herrschte.

Wir verfügen über keine sicheren Daten, allerdings gibt es Anlass zu vermuten, dass für Frauen die Gesamtbelastung durch Kinder-Care-Arbeit in etwa gleich geblieben, ihr Gesamtanteil an dem Geleisteten allerdings erneut gestiegen ist. Das liegt daran, dass Schulen und Kindertagesstätten überall in den Vereinigten Staaten zurückhaltender öffneten als Arbeitsstellen. Letztendlich konnten einige Arbeitende ganz oder teilweise an ihren Arbeitsplatz zurückkehren, während nach wie vor jemand daheim bei den Kindern bleiben musste. Was Frauen durch zunehmende Kinderbetreuung und offene Schulen an zusätzlicher Zeit zurückgewannen, verloren sie wieder, da ihr Partner für einen Teil dieser Zeit an seinen Arbeitsplatz zurückkehrte.

Der Zeitzuwachs verlief ungleichmäßig und sprunghaft. Kindertagesstätten für Vorschulkinder öffneten größtenteils wieder, und viele Familien stellten ihre private Kinderbetreuung wieder ein, die sie zuvor beurlaubt hatten. Obwohl das aktuelle Schuljahr, während ich diese Zeilen im März 2021 schreibe, schon weit vorangeschritten ist, sind viele der größten Schuldistrikte in den USA noch nicht wieder vollständig geöffnet, wobei jeder plant, »bald« endgültig geöffnet zu sein. Einige Schulen wechselten zunächst in Präsenzunterricht und stoppten ihn dann unvermittelt wieder, wodurch sie erneut Zehntausende Kinder nach Hause schickten. Verzweifelte Familien bildeten reale oder virtuelle Lerngruppen, die von einem Elternteil oder einem bezahlten Tutor angeleitet wurden.

Indem Unternehmen, Büros und eine Vielzahl von Institutionen wieder öffneten, konnten Mitarbeiter wieder ihr Zuhause verlassen und wie zuvor (nur mit mehr Vorsicht) ihrer Arbeit nachgehen. In Familien mit Kindern musste nach wie vor ein Elternteil einen Teil der Zeit zu Hause bleiben, wenn der Schulunterricht stellenweise noch digital stattfand. Und mindestens einer von beiden musste immer noch zu Hause für Familienangelegenheiten auf Abruf bereitstehen.

Jeder Elternteil hat gute Gründe, weshalb er wieder ins Büro zurückkehren möchte. Der Angestellte, der ins Büro geht, wird wahrscheinlich mehr mitbekommen, die lukrativeren Klienten erhalten, und ihm werden die interessanteren Projekte zugeteilt werden. Diese Person wird sich persönlich mit ihren Kollegen austauschen können und wird – ohne Unterbrechungen und fernab von Kindern, die mit ihrem Einmaleins kämpfen – effektiver arbeiten können.

Beide Elternteile könnten weiterhin im Homeoffice arbeiten, genauso wie Isabel und Lucas jeweils eine sehr flexible Arbeitsstelle annehmen könnten. Allerdings würden sie dabei, genau wie Isabel und Lucas, Geld verlieren. Die Gehälter werden sich vielleicht nicht unmittelbar unterscheiden, wenn einer von beiden im Homeoffice bleibt und der andere zurück ins Büro geht. Dennoch würde der Elternteil, der es zumindest für einen Teil der Arbeitszeit zurück ins Büro schafft, profitieren. Zwar wurden bereits viele Vermutungen angestellt, im Moment können wir jedoch noch nicht sagen, welche Ergebnisse dieses verheerende Zwangsexperiment liefern wird.

Wie uns die Geschichte lehrt, ist es auch dieses Mal wahrscheinlich, dass es der Mann ist, der zu der neuen Art von Normalität – zur Büroarbeit, wenn auch nur für einen Bruchteil der bisherigen Zeit – zurückkehren wird. Wir können uns im Moment aber noch nicht sicher sein. Dank der zusätzlichen Fragen in der CPS wissen wir, dass bis September 2020 ungefähr 60 Prozent aller Collegeabsolventen und -absolventinnen zumindest für einen Teil ihrer Arbeitszeit wieder an ihren Arbeitsplatz zurückgekehrt waren.[22] Wir wissen außerdem, dass mehr Männer als Frauen zurückkehrten. Aber die Datenlage ist im Moment dünn. Es besteht immer noch Hoffnung, dass unsere Gendernormen sich während dieses aufgezwungenen Versuchs in Heimarbeit geändert haben und es mit der Zeit weniger Nachteile geben wird, wenn man nicht ins Büro zurückkehrt.

Von einigen Seiten wird starker Druck ausgeübt, um die Arbeitnehmer wieder zurück ins Büro zu bekommen. David Solomon von der Goldman Sachs Group Inc. ermutigte die Trader dazu, wieder in die Zentrale zurückzukehren. Als er CEO der UBS Group AG war, meinte Sergio Ermotti: »Für Banken ist es besonders schwierig, ein Zusammengehörigkeitsgefühl und eine Unternehmenskultur aufzubauen und zu stärken, wenn Mitarbeiter zu Hause bleiben.«[23] Der CEO einer großen Immobilienfirma verkündete, vermutlich aus Eigennutz: »Diejenigen, die nicht an den Arbeitsplatz zurückkehren, kommen vielleicht zu kurz.«[24]

Obwohl die in den Stichproben-Familien aufgebrachte Care-Arbeitszeit insgesamt zurückging, als die Wirtschaft langsam, zurückhaltend und sehr unvollständig wieder öffnete, blieb die Belastung der Frauen höchstwahrscheinlich gleich. Dementsprechend ist in der Welt während Corona und nach/während Corona die Gesamtzeit, die Frauen in den Stichproben-Familien mit Care-Arbeit und Fernunterricht verbringen, um 1,7-mal höher als vor Corona. Da die Care-Arbeitsstunden insgesamt zugenommen haben, jedoch angenommen werden muss, dass der unterstützende Partner für einen Teil der Zeit ins Büro zurückgekehrt ist, stieg der Gesamtanteil an der Care-Arbeit für erwerbstätige Collegeabsolventinnen von ungefähr 60 Prozent vor Corona auf circa 73 Prozent nach/während Corona.[25]

Ungleichheiten in der Aufteilung der Care-Arbeit gibt es nicht erst seit Kurzem. Auf dem Arbeitsmarkt ist nicht plötzlich ein Up-or-out-Konkurrenzkampf aufgetreten. Stattdessen hat Corona ihre Auswirkungen intensiviert. Mütter mussten weitaus größere Einbußen in Beruf und Karriere hinnehmen (oder werden sie noch erleben) als ihre Ehemänner (oder Partner) und Väter ihrer Kinder.

Lösungen

Ein Großteil der wirtschaftlichen Einbußen von Collegeabsolventinnen lässt sich auf die Schließung des Care-Sektors zurückführen. Ohne einen gut funktionierenden Care-Sektor gerät der Wirtschaftssektor ins Stocken. Wenn Schulen geschlossen bleiben, werden sehr viele Eltern, vor allem Frauen, nicht effektiv oder gar nicht arbeiten können. Wir erleben den ersten großen wirtschaftlichen Abschwung, bei dem der Care-Sektor über das Schicksal des Wirtschaftssektors entscheiden wird. Das war bei großen Abschwüngen bisher nicht der Fall. Mittlerweile sind allerdings beinahe die Hälfte aller Erwerbstätigen in den Vereinigten Staaten Frauen.[26]

Während der Großen Depression in den 1930er-Jahren lagen die Arbeitslosenzahlen wesentlich höher, und der Verlust an Wirtschaftsleistung war deutlich größer als während der aktuellen Pandemie. Im Jahr 1935 begann die Works Progress Administration (WPA) im Zuge des New Deals, Kindertagesstätten für die zwei- bis vierjährigen Kinder von Familien mit geringem Einkommen aufzubauen. Das Programm sollte auf mehreren Ebenen Abhilfe schaffen. Es stellte sicher, dass die ärmsten und am stärksten gefährdeten Amerikaner und Amerikanerinnen nahrhaftes Essen und eine Gesundheitsversorgung erhielten, darüber hinaus sollten die Kinder dort grundlegende Fähigkeiten erlernen. Zudem bot es beurlaubten Lehrern und Schulkrankenschwestern eine neue Anstellung. Obwohl die WPA-Kindertagesstätten es den Eltern ermöglichten zu arbeiten, wurden sie nicht mit diesem Ziel gegründet.

In den 1930er-Jahren war man sich kaum darüber im Klaren, dass der Care-Sektor und der Wirtschaftssektor eng miteinander zusammenhingen. Tatsächlich enthielt der Omnibus Social Security Act von 1935 ein weiteres Programm zur Unterstützung bedürftiger Kinder (Aid to Dependent Children, kurz ADC), das 1962 in Unterstützung für Familien mit bedürftigen Kindern (Aid to Families with Dependent Children, kurz AFDC) umbenannt wurde – Sozialhilfen, wie wir sie einst kannten. Anstatt Kinderbetreuung zu subventionieren, damit Frauen arbeiten konnten, bezahlte das ADC Frauen dafür, wenn sie nicht arbeiteten. Da schwarze Frauen öfter erwerbstätig waren als weiße, war das Programm vor allem für weiße Frauen ausgelegt. Man war nicht der Ansicht, dass weiße Frauen für ein Gehalt arbeiten gehen sollten. Der Gedanke ging vielmehr in die Richtung, dass arme weiße Kinder von ihren Müttern betreut werden sollten und man die Mütter für diese Arbeit entsprechend entlohnen sollte. Von so etwas spricht heute keiner mehr.

In den 1930er-Jahren war die Erwerbstätigenquote der Mütter (besonders der weißen Mütter) so niedrig, dass die Frauenerwerbstätigkeit nicht als wichtiger wirtschaftlicher Hebel angesehen wurde. Wie wir bereits sehen konnten, erwartete man von Frauen mit arbeitsfähigen Ehemännern nicht, dass sie eine Arbeit annahmen, vielmehr versuchte man, sie mithilfe von Beschäftigungsverboten und sozialen Normen davon abzuhalten. Erst durch den Zweiten Weltkrieg stellten Amerikaner einen Zusammenhang zwischen dem Wirtschaftssektor und dem Care-Sektor fest. Auf diese dringliche Lage reagierte man jedoch lediglich mit einer vorläufigen Notlösung.

1943 trat der Lanham Act in Kraft und sorgte für den Aufbau von Kindertagesstätten für erwerbstätige Mütter mit Kindern im Alter zwischen zwei und vier Jahren. Viele dieser Mütter arbeiteten in für den Krieg wichtigen Unternehmen (darunter auch die berühmten Kaiser Shipyards, große Werften an der Westküste der USA)[27] und hätten ohne diese Kindertagesstätten nicht arbeiten können, was die Kriegsanstrengungen behindert hätte. Bis heute ist der Lanham Act das einzige Bundesgesetz, das landesweit Kinderbetreuungseinrichtungen für die Kinder berufstätiger Mütter, unabhängig von deren Einkommen, finanziert hat.

Heutzutage sind der Care-Sektor und der Wirtschaftssektor eindeutig voneinander abhängig. Mittlerweile gilt es als gegeben, dass für viele Frauen ein produktives Arbeiten erst dann wieder möglich sein wird, wenn die Schulen durchgehend geöffnet haben, und viele werden bis dahin überhaupt nicht arbeiten können.

Im Gegensatz zu Ländern wie Dänemark, Frankreich und Schweden, wo Kinderbetreuung stark subventioniert wird, war Amerika nie der Ansicht, dass die Betreuung kleiner Kinder eine Aufgabe der Gemeinschaft ist. In den genannten Staaten liegt die Erwerbstätigenquote von Frauen mittlerweile höher als in den USA. Vor Corona schien es erste Anzeichen für Veränderungen in ähnlichen Bereichen der Politik zu geben. In sechs Bundesstaaten verlängerte man Elternzeit und Krankenurlaub, und der District of Columbia sowie mehr als ein Dutzend weiterer Bundesstaaten hatten entsprechende Gesetzesentwürfe eingebracht. Unternehmen, sogar einige aus dem Niedriglohnsektor wie Walmart, etablierten Richtlinien für Elternzeit. Betreuungskonzepte für Kinder unter fünf Jahren wurden in Bundesstaaten und Kommunen ausgebaut, genauso die Nachmittagsbetreuung an Schulen.

Heute ist es ein unabdingbarer Teil der Lösung, Männer bei der Kinderversorgung mit ins Boot zu holen, was nicht immer der Fall war. Selbst die unterstützungsfreudigsten Ehemänner hatten in der Vergangenheit Schwierigkeiten, die Hindernisse zu umgehen, die Unternehmen, Institutionen und Regierungen aufstellten. Eleanora Frances Bliss Knopf, die 1912 in Geologie promovierte, heiratete ihren Kollegen Adolph, ebenfalls Geologe und Professor in Yale. Dort konnte sie jedoch keine Dozentur erhalten, da Yale keine Frauen einstellte. Sie arbeitete weiterhin für die US Geological Survey, oft vom Büro ihres Ehemanns aus. »Beide waren Größen auf ihrem jeweiligen Gebiet«,[28] heißt es in Adolphs Nachruf. Dennoch trägt heute ein Berg seinen Namen und nicht ihren.

Einige Frauen mit eigener Karriere wurden in der Firma ihrer Ehemänner angestellt oder bauten ihre eigenen Unternehmen auf. Jennie Loitman Barron eröffnete ihre Kanzlei 1914, im gleichen Jahr, in dem sie die Anwaltszulassung erhielt.[29] Nachdem sie ihre Jugendliebe geheiratet hatte, glücklicherweise ebenfalls ein Anwalt, taten sie sich zusammen, bekamen drei Kinder und eröffneten 1918 die Kanzlei Barron and Barron, welche sie so lange gemeinsam betrieben, bis Jennie 1934 zur stellvertretenden Generalstaatsanwältin von Massachusetts ernannt wurde. Wie bereits weiter oben erwähnt, arbeitete Sadie Mossell Alexander in der Kanzlei ihres Ehemanns.

Wenige Frauen verfügten über die Stärke und die finanziellen Möglichkeiten, sich aus Ehen zu befreien, die sie einschränkten. Nora Blatch, die Enkelin von Elizabeth Cady Stanton, war eine von ihnen. Sie war außerdem die erste Frau in den USA, die ihren Abschluss in Bauingenieurwesen machte, und die erste, die einen Ingenieurabschluss an der Cornell University erhielt.[30] Sie ließ sich von Lee de Forest, dem Erfinder der Audion-Röhre, scheiden, als er von ihr verlangte, ihre Arbeit aufzugeben, und heiratete 1919 Morgan Barney, einen Schiffbauingenieur. Doch ein Großteil der verheirateten Frauen, die gerne eine Karriere (oder zumindest einen Beruf) gehabt hätten, verließ ihre einengenden Ehen nicht und hinterließ so keinerlei Spuren in den zur Verfügung stehenden Aufzeichnungen.

In den 1950er-Jahren taten sich neue Chancen auf, und es wurden mehr Arbeitsstellen für verheiratete Frauen zugänglich. Die Möglichkeit, eine Familie und einen Beruf oder eine Karriere zu haben, nahm mit Gruppe Drei zu. Für einige Ehemänner waren die Vorteile eines zweiten Einkommens verführerisch, das den Hauskredit mit abbezahlte und half, die Kinder aufs College zu schicken. Mit zunehmender Bildung der Frauen kostete es deren Ehemänner immer mehr, sich gegen die Karriere ihrer Frauen zu stellen, und das stimmte viele um. Sie lenkten ein. In einigen sehr besonderen Fällen war es mehr als nur ein Zugeständnis.

Marty Ginsburg fand großen Gefallen an der Brillanz seiner Frau Ruth. »Ich denke, meine wichtigste Tat war, Ruth bei dem zu unterstützen, was sie getan hat«,[31] sagte er einmal. Dennoch waren sie in vielerlei Hinsicht ein klassisches Paar der Gruppe Drei. Sie lernten sich im Studium kennen, heirateten kurz nach ihrem Abschluss im Jahr 1954 und bekamen ein Jahr später ihr erstes Kind. Ruth wechselte sogar von Harvard an die Columbia Law School, damit sie Marty nach New York City folgen konnte, und »als Marty entschlossen war, innerhalb von fünf Jahren Partner in einer New Yorker Kanzlei zu werden«,[32] übernahm Ruth Kinder und Haushalt. Doch die Vergleichbarkeit mit ihren Zeitgenossen endet dort. Für die meisten in Gruppe Drei blieb die Karriere der Frau hinter der ihres Ehemannes zurück.

Im Jahr 1964 waren drei Viertel aller Absolventen und Absolventinnen des Abschlussjahrgangs von 1961 der Meinung, dass die Karriere des Mannes Vorrang vor der der Frau habe.[33] Doch ein Wandel stand kurz bevor. 1980 waren schon 60 Prozent der sowohl männlichen als auch weiblichen Collegeabsolventen (im Gegensatz zu 25 Prozent im Jahr 1964) überzeugt, dass Ehemänner und Ehefrauen die gleichen Chancen auf eine Karriere (oder eine »gute Arbeit«) erhalten sollten.[34] Im Jahr 1998 überstieg der Anteil der Collegeabsolventen, die sich für Chancengleichheit aussprachen, 85 Prozent. Das war das letzte Jahr, in dem diese Frage Teil der Umfrage war.

Männer stellten sich genauso schnell hinter die Karriereziele ihrer Frauen, wie diese begannen, diese Ziele für sich einzufordern. Wünsche und Ziele hatten sich grundlegend gewandelt. Doch die Wirklichkeit hielt noch andere Hindernisse bereit, die es zu überwinden galt; sie waren vielleicht nicht so offensichtlich wie die, denen sich die frühesten unserer Gruppen gegenübersahen, allerdings nicht weniger hoch.

Damit Frauen Karriere, Familie und Gleichberechtigung erreichen können, müssen Väter im Beruf die gleichen Forderungen stellen wie Frauen, und sie müssen zu Hause das Steuer in die Hand nehmen, damit Frauen auf der Arbeit durchstarten können. Einige sehr erfolgreiche Paare haben genau das getan, indem sie ihren jeweiligen Karrieren abwechselnd den Vorrang gaben. Karen Quintos, Chief Customer Officer bei Dell, und ihr Ehemann mussten »beide Kompromisse eingehen«.[35] Gleiches gilt für Jules Pieri, Gründerin und CEO von The Grommet, die ihr Leben daheim als ein »Ballett« beschrieb, bei dem sie und ihr Ehemann »sich mit der Führung abwechselten«.[36]

Marissa Mayer bekam bekannterweise Zwillinge, während sie CEO von Yahoo! war; sie meinte, eine Frau nehme sich oft zurück, während ihre Kinder noch klein seien, aber anschließend »startet ihre Karriere durch«.[37] Faktisch zeigt sich jedoch, dass die Karrieren derjenigen, die sie später im Leben wieder aufnehmen, oft nicht besonders steil verlaufen. Wie wir in Abbildung 7.1 sehen konnten, steigern Frauen mit Kindern in ihren Vierzigern und Fünfzigern ihre Erwerbstätigkeit und ihren Verdienst im Vergleich zu den Männern, allerdings können sie ihre männlichen Kollegen nicht einmal annähernd einholen.[38] Berufe werden vielleicht wiederaufgenommen, aber der rapide Aufstieg bleibt oft aus.

Douglas Emhoff ist das perfekte Vorbild. Der erste »zweite Gentlemen« tut das, was Frauen immer schon getan haben: Er leistet persönliche Unterstützung für diejenigen, die unser Land anführen, er bietet eine Schulter zum Anlehnen, ein Taschentuch, hört zu, zeigt Verständnis und hilft. Als gestandener Mann, der zufällig mit einer Powerfrau – der Vizepräsidentin der Vereinigten Staaten – verheiratet ist, könnte er wegweisend sein. Er liefert Männern ein Beispiel, wie sie stolz statt neidisch und unterstützend statt hindernd sein können. Wir brauchen mehr von seiner Sorte.

Wir brauchen Männer, die sich bei der Arbeit aus dem Fenster lehnen, die ihre männlichen Kollegen unterstützen, wenn sie Elternzeit nehmen, für öffentliche Maßnahmen zur Subventionierung von Kinderbetreuung stimmen und ihre Arbeitgeber dazu bringen, ihre gierigen Gewohnheiten zu ändern, indem sie sie wissen lassen, dass ihre Familien ihnen noch mehr wert sind als ihr Beruf. Träume werden nicht wahr werden, Ambitionen werden sich nur schwer realisieren lassen, solange Männer den letzten Teil des Weges nicht mitgehen.

Wir werden diese Pandemie hinter uns lassen. Doch es wird eine ganze Weile dauern, bevor Arbeitsplätze, Restaurants, Kinos, Flugzeuge, Hotels, Partys, Sportarenen, Hochzeiten und das Leben an sich wieder so aussehen werden wie vor Corona. Auch die Reise der Collegeabsolventinnen wird weitergehen. Wir können noch nicht wissen, welchen Schaden aufstrebende Karrieren davontragen werden. Wir wissen auch nicht, ob unser aufgezwungener Versuch, bei dem beide Elternteile von zu Hause aus arbeiten mussten, Gendernormen erschüttern wird und ob sich Arbeitsstrukturen nachhaltig ändern werden. Wir wissen einiges über die Erfolge der Vergangenheit, was Frauen im Weg stand und was davon sie nach wie vor bremst.

Unsere Reise führte uns von Gruppe Eins, die zwischen den zwei Zielen Karriere und Familie wählen musste, bis zu Gruppe Fünf, deren Mitglieder jetzt nach beidem streben und oft erfolgreich damit sind. Sadie Mossell Alexander erhielt einen Hochschulabschluss, bekam in ihrem Berufsfeld jedoch keine Anstellung. Hazel Kyrk und Margaret Reid entschieden sich indirekt gegen eine Familie und für eine Karriere, da sie nicht beides haben konnten. Die meisten akzeptierten die Konsequenzen der Restriktionen ihrer Zeit, und einige, wie Dorothy Wolff Douglas, gingen dennoch ihren Weg. Jeannette Rankin und Amelia Earhart schwangen sich in einigen Momenten in triumphale Höhen auf und verloren in anderen den Boden unter den Füßen.

Manche lebten ein Leben in Serie, das sich mit der Zeit veränderte, wie Ada Comstock, die mit Ende 60 heiratete. Viele aus Gruppe Drei, die symbolischen Mütter des Babybooms, wie Erma Bombeck, Jeane Kirkpatrick, Phyllis Schlafly und Betty Friedan, entwickelten sich über die Jahre hinweg weiter, gingen mit der Zeit und schrieben Geschichte.

Viele sahen sich Gesetzen, Regulationen und institutionellen Strategien gegenüber, die ihre Erwerbstätigkeit einschränkten. Einige kämpften für Veränderungen und waren erfolgreich, wie wir im Fall von Anita Landy und Mildred Basden sehen konnten, deren Anstrengungen nach dem Zweiten Weltkrieg zur Abschaffung der in den Schulbezirken herrschenden Beschäftigungsverbote für verheiratete Frauen führten.

Die Mütter der Antibabypille Margaret Sanger und Katharine Dexter McCormick trugen zum Erwachen der stillen Revolution bei, durch die Gruppe Vier sich von Gruppe Drei unterschied. Wie Mary Richards war Mary Tyler Moore das bekannte Gesicht einer neuen Gruppe unabhängiger Frauen, die Ehe und Mutterschaft hinausschieben konnten. Dennoch wurde Moore, wie viele andere Frauen auch, an ihrem Arbeitsplatz ungleich behandelt. Lilly Ledbetter musste noch wesentlich mehr erdulden – sexuelle Belästigung, physische und emotionale Verletzungen, Diskriminierung am Arbeitsplatz und ungleiche Bezahlung. Sie überlebte und ging Jahrzehnte später als Siegerin aus allem hervor.

Aber wir konnten feststellen, dass die Behandlung am Arbeitsplatz nicht das einzige Problem darstellt. Ein weiteres ist Couple Equity im eigenen Heim. Zu viele Frauen mit Karriere »vergessen, Kinder zu bekommen«, wie Tina Fey es *beinahe* in ihren Fernseh- und Filmrollen passiert.

Mitglieder von Gruppe Vier schoben Heirat und Familie auf und konzentrierten sich zuerst auf eine Karriere. Hillary Rodham heiratete Bill Clinton mit 28 Jahren. Gruppe Fünf verschob das Heiratsalter sogar noch weiter nach hinten. Die New Yorker Senatorin Kirsten Rutnik, Clintons Nachfolgerin, heiratete Jonathan Gillibrand mit 35. Amy Klobuchar heiratete mit 33 Jahren, und Kamala Harris, die in vielem die Erste war und als Vizepräsidentin der USA vereidigt wurde, mit 50.

Unsere Reise von Jeannette Rankin bis heute macht deutlich, weshalb sehr gut ausgebildete Frauen nach wie vor Schwierigkeiten haben, so hoch aufzusteigen wie ihre männlichen Kollegen. Care-Arbeit für Kinder, Ältere und in Familien allgemein wird unverhältnismäßig oft von Frauen geleistet. Arbeit ist gierig, und die Person, die am meisten investiert, ist am erfolgreichsten. Paare mit Kindern optimieren ihr Zusammenleben in einer Welt, die nach wie vor stark von Gendernormen geprägt ist.

War unser Experiment mit dem Homeoffice der notwendige Auslöser, der den Preis für Flexibilität im Arbeitsleben senken wird? Der Wechsel ins Homeoffice verlief nahtloser als gedacht, und viele Arbeitnehmer würden gerne weiterhin von zu Hause aus arbeiten. Die Hälfte der Erwerbstätigen mit Schulkindern hatte Schwierigkeiten, ohne Unterbrechungen zu arbeiten, das sollte sich jedoch ändern, sobald die Schulen ihre Tore wieder vollständig öffnen. Unter Collegeabsolventen, die von zu Hause aus arbeiteten, verfügten 46 Prozent über mehr Flexibilität in der Wahl ihrer Arbeitszeiten.[39] Zumindest auf kurze Sicht scheint der Preis, den Erwerbstätige für Flexibilität zahlen, gesunken zu sein.

Die Mehrheit der Erwerbstätigen, deren Arbeit sich im Homeoffice ausführen lässt, würde dies auch nach der Pandemie gerne für mindestens zwei Tage in der Woche tun. Jedoch bleibt bisher noch unklar, wie sich das auf die Produktivität auswirken wird und welche Kosten das insgesamt mit sich bringt. Zwar sind die Arbeitenden der Meinung, dass sie im Homeoffice produktiver gearbeitet haben, die langfristigen Auswirkungen werden sich allerdings erst noch zeigen. Innovation braucht Teams und das gemeinsame Erarbeiten von Ideen. Einige Unternehmen haben bereits angedeutet, dass diejenigen, die an mehr Tagen in der Woche ins Büro zurückkehren, einen Vorteil davontragen werden, obwohl Firmen gleichzeitig ihre Büroflächen verkleinern und damit Kosten einsparen.[40]

Wie so vieles heutzutage sind diese Fragen mit Unsicherheiten verbunden. Doch uns bleibt auch die Hoffnung, dass unsere Feuerprobe – die Ungleichheiten offenlegte und neue Wege in Arbeit und Care-Arbeit aufzeigte – einen positiven Wandel anstoßen wird. Während wir langsam die Pandemie hinter uns lassen und Schulen vielerorts immer noch digital operieren, sehen wir in Echtzeit, wie sich diese Tatsachen negativ auf die Karriere vieler Frauen ausgewirkt haben. Margaret Gilpin Reid, die »Altvordere«, der ich vor langer Zeit nicht genug Beachtung schenkte, wusste um den Wert, den der Care-Sektor für den Wirtschaftssektor hat. Es ist an der Zeit, dass wir uns den Staffelstab, den sie und viele andere an uns weitergegeben haben, genau ansehen. Gleichzeitig müssen wir unser Arbeitssystem korrigieren. Wir müssen den Weg, den wir gekommen sind, befestigen und neu ausbauen, damit meine ehemalige Studentin und andere sowohl eine Karriere als auch einen Partner haben können, der will, was sie wollen.

März 2021
Cambridge, Massachusetts

Dank

Während meines ersten Jahres in Harvard, vor ungefähr drei Jahrzehnten, wollten meine Studierenden mit mir über ihre Erwartungen in Sachen Karriere und Familie sprechen. Was konnte uns die Vergangenheit über ihre Zukunft sagen? Auf diese Frage wusste ich keine Antwort. Gerade erst war mein Buch *Understanding the Gender Gap* erschienen. Darin setzte ich mich mit der Geschichte der weiblichen Arbeiterschaft in den Vereinigten Staaten auseinander. Das Buch behandelte allerdings nicht das Streben von Frauen mit Collegeabschluss nach persönlichem und beruflichem Erfolg. Ich musste also weiterforschen.

Angestoßen durch ihre Fragen, schrieb ich 1992 den Artikel »The Meaning of College in the Lives of American Women: The Past Hundred Years«. Er teilte Frauen mit Collegeabschluss in drei Gruppen ein, jede definiert durch eine andere Epoche, die mit den Gruppen Eins, Drei und Fünf in diesem Buch übereinstimmen. Ein paar Jahre später bat mich die Arbeitsökonomin Francine Blau, mit der ich im Grundstudium gemeinsam an der Cornell University studiert hatte, darum, meinen Artikel für eine Tagung, die sie gerade plante, zu erweitern und um Gruppe Vier (unsere) zu ergänzen. Daraus entstand »Career and Family: College Women Look to the Past« (1997). So wie das Licht einer weit entfernten Galaxie die Erde erst zig Millionen Jahre später erreicht, bilden diese beiden Artikel die Grundlage des vorliegenden Buchs.

Ich ließ diese Arbeit über mehrere Jahrzehnte hinweg ruhen und erforschte stattdessen die Geschichte der Bildung und welche Rolle Bildung und technologische Umbrüche im Angesicht zunehmender wirtschaftlicher Ungleichheit spielen. Aber ich habe nie das Interesse am Thema Gender verloren – im Besonderen beschäftigten mich die Macht der Antibabypille, Namensänderungen als Sozialindikator, eine Pollution-Theory der Diskriminierung (dass das Vordringen von

Frauen in bestimmte, ehemals rein männlich besetzte Berufe deren Prestige beeinträchtigt), die Geschichte der Koedukation und die stille Revolution, die das Thema meiner AEA Ely Lecture im Jahr 2006 war. Ich war außerdem am Aufbau der Harvard and Beyond Study beteiligt wie auch an einer Studie über MBAs, und ich sammelte Belege und Informationen darüber, weshalb Frauen in einer Reihe von Berufen hinter Männern zurückblieben.

Mein Antrittsvortrag als Präsidentin der AEA im Jahr 2014, »A Grand Gender Convergence: Its Last Chapter«, legte den enormen Fortschritt dar, den Frauen innerhalb des letzten Jahrhunderts geleistet hatten, und die verbleibenden Schritte, die auf dem Weg zur Gleichberechtigung der Geschlechter noch gegangen werden müssten. Der Vortrag, den ich 2015 im Rahmen der Arrow Lectures an der Columbia University hielt, stellte einen Wendepunkt in dieser Arbeit dar. Im Zuge meiner Vorbereitungen stellte ich fest, dass meine aktuellen Untersuchungen zu den Gründen für geschlechtsspezifische Ungleichheiten innerhalb von Karrieren untrennbar mit meinen früheren Arbeiten zusammenhingen, in denen ich zur Geschichte des beruflichen und familiären Werdegangs der fünf Gruppen von Collegeabsolventinnen geforscht hatte. Nach dem Vortrag fragte mich Bridget Flannery-McCoy, damals noch von der Columbia University Press, ob ich in Erwägung zog, meinen Vortrag in gedruckter Form zu veröffentlichen. Das tat ich nicht. Doch ihr Zuspruch blieb mir im Kopf, als ich mich entschloss, etwas Größeres als diesen Vortrag zu schreiben. Als ich mit der Arbeit an diesem Buch begann, war sie bereits bei der Princeton University Press.

Im März 2020 war ich mit meinem Buch beinahe fertig, als die Pandemie zuschlug, und der Band erhielt eine neue Dringlichkeit. Wenn Frauen in normalen Zeiten ins Hintertreffen gerieten, obwohl Schulen und Kindertagesstätten geöffnet hatten, was würde dann passieren, wenn Betreuungs- und Bildungsstätten schlossen? Doch wenn sich die Arbeit für die meisten Eltern ins Homeoffice verlagerte und eine größere Flexibilität Einzug in unsere Arbeitsgestaltung hielte, wäre das der Karriere von Frauen zuträglich? Würden wir durch den Lockdown ein neues Bewusstsein dafür entwickeln, wie wichtig Flexibilität am Arbeitsplatz und Care-Arbeit sind? Während ich nach Antworten auf die dringenden Fragen suchte, die unsere derzeitige Situation aufwarf, wurde mir bewusst, dass selbst die unmittelbare Vergangenheit uns dabei helfen kann zu verstehen, was in einer Welt nach Corona noch vor uns liegt.

In jeder Phase dieses Projekts, vom Samen, der in einer weit entfernten Galaxie gesät wurde, bis zum Zeitalter der Pandemie, erhielt ich Unterstützung von Co-Autoren, Kolleginnen, Forschungsassistenten, meiner Agentin und ihrer redaktionellen Mitarbeiterin und meiner eigenen redaktionellen Unterstützerin.

Es gibt viele, denen ich danken möchte. Ganz oben auf der Liste steht Larry Katz – mein Co-Autor, Kollege, Mr. Memory, Hunde-Enthusiast, Vogelkundler, Ehemann –, mein Ein und Alles. Was würde ich nur ohne ihn tun? Was würden wir beide ohne die Wärme von Pika tun, dem großartigen und talentierten Golden Retriever, der ein offiziell ausgezeichneter Fährtenleser, ein Therapiehund und die Liebe unseres Lebens ist?

Die ganze Reise von der Idee bis zum Buch begann mit meiner Agentin Jill Kneerim und ihrer talentierten redaktionellen Mitarbeiterin Lucy Cleland, die mittlerweile selbst eine gestandene Literaturagentin ist. Jill und Lucy zeigten mir, wie ich meinen Text lebendiger gestalten und ihm Geschichten, Menschen und Farbe hinzufügen konnte. Sie lieferten Denkanstöße, hinterfragten, sondierten und ermutigten mich. Sie bestanden außerdem darauf, dass ich mir redaktionelle Unterstützung suchte, und legten mir wärmstens Domenica Alioto ans Herz. Wie konnten sie wissen, dass sich Gegensätze nicht nur anziehen, sondern auch so gut verstehen würden? Domenica machte jede einzelne Seite besser und fügte jeder ihrer E-Mails an mich ein Gedicht hinzu.

Ich bin vielen Forschungsassistenten zu Dank verpflichtet. Als das Schreiben an diesem Buch begann, kehrte Dev Patel gerade als mein Forschungsassistent nach Cambridge zurück und stürzte sich kopfüber in mein Projekt. Er entdeckte Datenperlen und grub Daten aus, die noch nie vollständig ausgeschöpft worden waren, wie die *Great Aspira-*

tions Study. Selbst nachdem er in Harvard Doktorand der Wirtschaftswissenschaften geworden war, betreute er weiterhin diesen Band und las jede Seite, bevor ich sie Domenica schickte.

In chronologisch umgekehrter Reihenfolge danke ich meinen derzeitigen Forschungsassistentinnen Jennifer Walsh, die neben ihren Aufgaben bei einem anderen Projekt Bereinigungsarbeiten vornahm, und Summer Cai, die mir während der letzten Züge hervorragend zuarbeitete. Außerdem bin ich folgenden Forschungsassistentinnen und -assistenten aus tiefstem Herzen dankbar, die ich hier zusammen mit ihren Hauptaufgaben aufliste: Ross Mattheis (schwarze Lehrerinnen und Lehrer), Ayushi Narayan (Fertilitätsdaten), Namrata Narain (Wer ist Wer), Jonathan Roth (HRS), Amira Abulafi (AEA Presidential Paper), Natalia Emanuel (AEA Presidential Paper), Chenzi Xu (Apothekerdaten), Tatyana Avilova (Apothekerdaten), Jane Lee (Community Tracking Study), Rebecca Diamond (MBA-Daten), Naomi Hausman (MBA-, Harvard-und-Beyond-Daten), Lisa Blau Kahn (Ely-Artikel), Crystal Yang (Ely-Artikel), Boris Simkovich (»Career and Family«-Artikel) und Kathy Snead (Nationalarchiv, Women's Bureau Bulletins).

Meinen vielen Co-Autorinnen und -Autoren bei verwandten Projekten möchte ich für das danken, was ich durch die Zusammenarbeit mit ihnen lernen durfte. In umgekehrter chronologischer Reihenfolge zählen zu ihnen: Claudia Olivetti, Sari Pekkala Kerr, Josh Mitchell, Marianne Bertrand, Ilyana Kuziemko, Maria Shim und Cecilia Rouse. Daniel Horowitz, Historiker am Smith College, danke ich für die wertvollen Erkenntnisse zu Betty Friedan. Stanley Engerman las und kommentierte alles, was ich ihm vorsetzte. Kathleen Gerson half mir kurzfristig in Bezug auf die Rolle, die Männer beim Verändern der Genderrollen spielen.

Ich habe meine Ideen weiterentwickelt, indem ich sie in vielen Vorträgen vorgestellt habe. Für die vorliegende Arbeit waren, neben meiner Antrittsrede als Vorsitzende der AEA 2014, die folgenden Vorträge am bedeutendsten: die Arrow Lecture an der Columbia University, die Bies Lecture an der Northwestern University, die Lindahl Lectures an der Uppsala University in Schweden, die Gorman Lectures am University College London und die Feldstein Lecture des National Bureau of Economic Research.

Mein Lektor Joe Jackson von der Princeton University Press verbesserte mit seinen Vorschlägen den Anfang, Kelley Blewster von Westchester Publishing war eine außergewöhnlich genaue und überlegte Korrektorin und Angela Piliouras eine außerordentliche Produktions-Redakteurin. Ich danke ihnen allen.

Die vielen Institutionen und Verbände, die im Quellenanhang erwähnt werden, stellten mir Daten zur Verfügung. Ich danke den vielen Menschen, die hinter diesen Datenerhebungen stecken. Zu ihnen gehören: Marianne Bertrand, Co-Autorin und Initiatorin des MBA-Projekts, welches die administrativen Daten der Booth School der University of Chicago verwendete; John Schommer von der University of Minnesota für die Daten zu Apothekern; Terry K. Adams und J. J. Prescott für den Datensatz der University of Michigan Law School Alumni Research Survey und Stephanie Hurder, die mir dabei half, diese Daten zu verstehen; Bryce Ward für seine Hilfe bei der Entwicklung und Herstellung des Fragebogens der Harvard and Beyond Survey und Naomi Hausman dafür, dass sie die Daten nutzbar machte.

Die Reise, auf die sich Frauen vor mehr als einem Jahrhundert begeben haben, war auch meine eigene, und am Ende meiner Reise lernte ich Domenica Alioto kennen, die meine Arbeit relevanter machte und dank der ich Poesie zu schätzen lernte. Wir beide haben in den letzten neun Monaten eine schwere Zeit durchgemacht – die Angst einer globalen Pandemie, der Tod meiner Mutter, die psychische Krankheit eines guten Freundes, die giftige, rußige Luft, mit der Kalifornien Domenica begrüßte, nachdem sie vor dem Virus aus Brooklyn geflohen war, und die Präsidentschaftswahlen 2020. Durch diesen Frühling, Sommer und Herbst hindurch machte ich unermüdlich weiter, schrieb, lehrte, gärtnerte und las Domenicas Korrekturen und E-Mails: »An Daumen und Finger schmiegt sich sehr / Stämmig die Feder. / Mit ihr werde ich graben« (Seamus Heaney, »Graben«).[1] »Inzwischen fliegen die Wildgänse wieder heimwärts, / hoch oben in der klaren blauen Luft« (Mary Oliver, »Wildgänse«).[2] Die Reise geht weiter.

ANHANG

Anmerkungen

In diesen Kapiteln wurden Mikrodaten aus vielen großen landesweiten Umfragen in den Vereinigten Staaten verwendet, um daraus demografische und wirtschaftliche Statistiken und Trends zu berechnen, indem Millionen von Beobachtungen analysiert wurden. Zu den Datenquellen gehören: der US Population Census von 1900 bis 2000, einschließlich der Mikrodaten aus den zehnjährigen »umfassenden Zählungen« (1900 bis 1940); die American Community Surveys (ACS) von 2000 bis heute und die Current Population Survey (CPS). Die CPS-Quellen enthalten die monatlichen Basisdaten, die Merged Outgoing Rotation Groups (MORG), das Annual Social and Economic Supplement der CPS (ASEC oder March Supplement) und das June Fertility Supplement. Die Stichproben aus den CPS-Mikrodaten beginnen in der Regel mit dem Jahr 1962, bei den MORG-Daten ist 1979 das Startjahr, und die Mikrodaten des June Supplements beginnen im Jahr 1973. Zugegriffen wurde auf die Mikrodaten hauptsächlich über IPUMS (Integrated Public Use Microdata Series, https://ipums.org/), aber auch über die Websites des US Census und des National Bureau of Economic Research. Zusätzlich wurden zahlreiche weitere Datenquellen und Archivdokumente verwendet. Sie sind im Quellenanhang beschrieben.

1 Das neue Problem ohne Namen

1 Der Begriff *»greedy work«* (gierige Arbeit) wurde von Claire Cain Miller bekannt gemacht. Siehe Claire Cain Miller, »Work in America Is Greedy. But It Doesn't Have To Be«, *New York Times*, 15. Mai 2019.

2 Diese Zitate stammen aus dem Originalmanuskript einer Umfrage des Women's Bureau von 1939. Siehe Goldin (1990), Datenanhang, 1940 Office Worker Survey. »Lohnarbeit ist für Mädchen …« kam von der Los Angeles Auto Bank; »Frauen wären da nicht akzeptabel«, meinte der Autohändler Don Lee aus Los Angeles; »Ich würde keine Frau …«, gab das Maklerbüro Jewel Marache and Co. an.

3 Diese Zitate stammen aus dem Originalmanuskript des Hussey Reports von 1957, bei dem Firmen in Philadelphia befragt wurden. Siehe Goldin (1990), Datenanhang, 1957 Hussey Report. »Mütter mit kleinen Kindern …« kam von der Equitable Life Assurance Society; »Verheiratete Frauen …«, äußerte die Penn Mutual Life Insurance Company; »Eine Schwangerschaft ist ein Grund …«, gab die Provident Mutual Life Insurance Company an.

4 Für die Berechnungen siehe Kapitel 8 in Goldin (2014).

5 Arbeitsstunden von Ärzten und Bezahlung nach Geschlecht werden in Kapitel 10 ausführlich besprochen.

6 Mehr zu den Daten für Collegeabsolventen und MBAs findet sich in Kapitel 8.

7 Berechnungen der Autorin auf Basis der Datenquellen, die in den Anmerkungen zu Abbildung 2.5 genannt werden; die Daten aus Abbildung 4A (Kapitel 2) im Online-Anhang »College Graduation Rates for Males and Females by Race (at Age Thirty)« wurden bis zum Geburtsjahr 1998 extrapoliert. (Wenn nicht anders angegeben, beziehen sich alle Statistiken in diesem Kapitel auf die Collegeabsolventenquoten aus diesen Quellen.)

8 Siehe Goldin, Katz und Kuziemko (2006).

9 Die Geburtendaten stammen aus den June Fertility Supplements der CPS. Diese werden in einem späteren Kapitel detailliert besprochen. Noch ist es zu früh, um die genauen Auswirkungen der Corona-Pandemie und der wirtschaftlichen Rezession auf Empfängnis und zukünftige Geburten festzustellen, aber es gibt Hinweise, dass mit einem Geburtenknick zu rechnen ist.

10 Yohalem (1979), S. 52.

11 Siehe Abbildung 6.1, in der das durchschnittliche Heiratsalter nach Geburtsjahr abgebildet ist. Bis etwa zum Geburtsjahr 1948 lag das mittlere Heiratsalter bei etwa 23 Jahren. Der Wendepunkt war also etwa 1971.

12 Siehe Abbildung 6.1.

13 Siehe Abbildung 2.3, wo der Anteil ohne Geburten nach Alter angegeben ist. Zur Auswirkung der Reproduktionsmedizin siehe Kapitel 7.

2 Der Staffelstab wird weitergegeben

1 Manuskripte des 1880 US Census. Das Gebiet wurde in den Manuskripten der Volkszählung von 1880 als Grant Creek und Hell Gate Valley und ab 1910 als Hellgate Township bezeichnet.

2 Office of History and Preservation, Office of the Clerk, U. S. House of Representatives (2006), S. 40.

3 Die Zahl steht für die gewählten weiblichen Abgeordneten. Manche Frauen wurden nach dem Tod ihres zum Abgeordneten gewählten Ehemannes zu Abgeordneten ernannt und kamen so in den Kongress.

4 Duckworth machte ihren Abschluss an der Universität von Hawaii im Jahr 1989, erwarb an der George Washington University einen M. A. und im Jahr 2015 einen Doktortitel an der Capella University.

5 Gillibrand machte ihren Abschluss am Dartmouth College im Jahr 1988 und erwarb im Jahr 1991 einen Doktortitel der juristischen Fakultät der UCLA.

6 Daten zu Schwangerschaften und Frauen im Repräsentantenhaus stammen von: https://en.wikipedia.org/wiki/Women_in_the_United_States_House_of_Representatives#Pregnancies.

7 Der US Census von 1940 enthält erstmals Angaben zu Bildungsabschlüssen. Vorher kann man Daten aus den Akten von ehemaligen Collegeabsolventen und -absolventinnen verwenden, was verschiedene Forscher auch getan haben (Cookingham 1984, Solomon 1985). Solche Daten sind nützlich und werden auch hier teilweise einbezogen. Aber es sind keine großen Stichproben, sie sind nicht landesweit verteilt und durch die betreffende(n) Institution(en) eingeschränkt.

8 Yohalem (1979), S. 54. Die Ansprechpartnerin hier war, wie alle von Yohalems Studienteilnehmerinnen im Jahr 1974, eine Absolventin oder Studentin der Graduate Division an der Columbia University in den 1940ern und zum Zeitpunkt des Interviews über 50 Jahre alt. Diese besondere Ansprechpartnerin hatte, wie viele in ihrer Gruppe, nie Kinder.

9 Sicherman und Green (1980), im Eintrag zu Virginia Apgar.

10 Siehe Hsieh, Jones, Hurst und Klenow (2019).

11 Siehe Abbildung 2.3. Viele Statistiken zu Kindern und Ehe in diesem Abschnitt stammen aus den Abbildungen 2.2 und 2.3.

12 Siehe Abbildung 4.1.

13 Diese Daten stammen aus Isen und Stevenson (2010), Tabelle 3.1, die sich

auf die Survey of Income and Program Participation (SIPP) stützen. Es sind die Zahlen für weiße Frauen. Bei der Gruppe, die in den 1950ern heiratete, war die Scheidungsrate für schwarze Frauen deutlich höher als bei weißen und entsprechend schon recht hoch, auch vor dem allgemeinen Anstieg. Für Gruppen, die vor den 1950ern heirateten, werden keine Daten angegeben. Auch ich habe die SIPP-Daten verarbeitet und herausgefunden, dass von den Frauen, die in den 1930ern geboren wurden, 17 Prozent innerhalb der ersten zehn Ehejahre geschieden wurden. Bei den Frauen, die in den 1940ern geboren wurden, waren es nach zehn Ehejahren 32 Prozent.

14 Yohalem (1979), S. 52. Die Teilnehmerinnen waren Ende der 1940er-Jahre Graduate Students an der Columbia University gewesen und zwischen 1919 und 1926 geboren.

15 Yohalem (1979), S. 53.

16 Isen und Stevenson (2010), Tabelle 3.1, was weiße Collegeabsolventinnen betrifft. Von den schwarzen Frauen, die in den 1960ern geheiratet hatten, waren 32 Prozent vor dem 20. Hochzeitstag geschieden. Bei denen, die in den 1970ern heirateten, waren es 44 Prozent.

17 Die jährlichen CIRP Freshmen Surveys (auch als Astin-Studien bekannt) des Higher Education Research Institute (HERI) zeigen, dass Studenten und Studentinnen im ersten Studienjahr sich von 1969 bis Mitte der 1980er-Jahre zunehmend sowohl Familie als auch Karriere wünschten. Dann wurde ein Höchststand erreicht, bei dem Antworten auf Fragen zu verschiedenen Zielen für Karriere und Familie standen. Ich danke Dev Patel, der diese Trends aus den Mikrodaten herausgearbeitet hat.

18 Daten zu gleichgeschlechtlichen Partnern wurden beim US Census erstmals im Jahr 2000 gesammelt. Vorher wurde bei unverheirateten gleichgeschlechtlichen Paaren meist nur das Geschlecht eines Partners aufgezeichnet.

19 Siehe Abbildung 6.1, »Medianalter bei der ersten Eheschließung von Collegeabsolventinnen nach Geburtsjahr: 1925 bis 1988«. Solche Daten sind erst ab Gruppe Drei zuverlässig und durchgängig verfügbar.

20 Siehe Online-Anhang Abbildung 1A (Kapitel 2) »Fraction Never Married by Age and Birth Year for White Women with No College« und Online-Anhang Abbildung 2A (Kapitel 2) »Difference in Fraction Never Married between College-Graduate and Noncollege White Women«. Hier wird mit Frauen verglichen, die einen Highschool-Abschluss oder weniger hatten, nicht mit Frauen, die das College besuchten, aber nicht abschlossen. Die

Gruppe, die »etwas College-Bildung« hatte, wird nicht berücksichtigt, weil sich die Zusammensetzung dieser Gruppe im Verlauf des Jahrhunderts verändert. Am Ende des Zeitraums ähnelt sie der Gruppe der Highschool-Absolventinnen. Aber am Anfang zählen auch jene dazu, die auf Lehrerinnen-Colleges gingen. Bis vor wenigen Jahren gehörten auch jene dazu, die eine Krankenpflegeausbildung machten.

21 Warum der Anteil der schwarzen Collegeabsolventinnen, die irgendwann geheiratet haben, deutlich niedriger ist als bei den weißen Collegeabsolventinnen, kann vielerlei Gründe haben, insbesondere für Gruppe Fünf, wo er im Alter von 55 Jahren um etwa zehn Prozent niedriger ist. Ein Grund ist, dass schwarze Männer ihren Anteil an Collegeabsolventen nicht im selben Maß erhöht haben wie die schwarzen Frauen. Siehe Online-Anhang Abbildung 4A (Kapitel 2) »College Graduation Rates for Males and Females by Race (at Age Thirty)«.

22 Lundberg, Pollak und Stearns (2016), Abbildung 3, S. 85. Zwischen 1980–1984 und 2009–2013 sank der Anteil der Mütter bei den Collegeabsolventinnen unter 40 Jahren, die aktuell unverheiratet waren und keinen Partner hatten (keinen Lebensgefährten), von 4 auf 2,5 Prozent. Bei den Frauen derselben Altersgruppe und mit demselben Bildungsabschluss, die mit einem Partner zusammenlebten, stieg der Anteil der Mütter von weniger als einem Prozent auf sieben Prozent. Die zugrunde liegenden Daten stammen aus der National Survey of Family Growth (NSFG). Die aktuelle Version der NSFG, bei der auch die Geburten bei gleichgeschlechtlichen Paaren berücksichtigt werden, ergab, dass nur etwa 2,8 Prozent aller Geburten bei Collegeabsolventinnen von 2014–2017 Frauen ohne Partner oder Partnerin betrafen.

23 Die häufiger erhobenen Daten stammen ab Anfang der 1970er aus den June CPS Fertility Supplements. Daten zu Adoptionen sind aus der American Community Survey für Collegeabsolventinnen im Alter von 45 Jahren, die zwischen Mitte der 1950er und Mitte der 1960er geboren wurden und keine biologischen Kinder oder Stiefkinder hatten, abgeleitet.

24 Bei der Berechnung dieser Zahlen habe ich Daten von zwei älteren Fünfjahresgruppen verwendet, um die Geburtsdaten für Gruppe Eins bis 1880 auszuweiten. Für diese Gruppe gibt es im Alter von 40 bis 45 kaum Aufzeichnungen. Der Grund ist, dass erstmals mit dem US Census von 1940 landesweit Daten zu Geburten und Bildungsabschlüssen gesammelt wurden.

25 Die Berechnung basiert auf der Tatsache, dass 92 Prozent dieser Frauen irgendwann heirateten, und sie geht davon aus, dass Frauen, die niemals heirateten, keine oder nur sehr wenige Kinder zur Welt brachten.

26 Die Daten zu den Geburten sind in Online-Anhang Abbildung 3A (Kapitel 2) »Median Number of Births to College-Graduate Women« dargestellt und werden als Median von Frauen ohne Kinder und mit Kindern angegeben.

27 Im Vergleich dazu lag die durchschnittliche Geburtenzahl für Gruppe Vier nur bei 1,6 und bei den Frauen, die mindestens ein Kind hatten, bei 2,2.

28 Die Daten sind den alle zehn Jahre stattfindenden Volkszählungen von 1940 bis 2000 entnommen und für die anschließenden Jahre der American Community Survey (ACS). Da die Volkszählung nur alle zehn Jahre durchgeführt wird, sind die Daten zur Erwerbstätigkeit aus der Zählung von 1940 durch die Weltwirtschaftskrise beeinflusst und jene der Zählung von 1950 durch die Erfahrungen der Frauen während des Zweiten Weltkriegs. Die Diskussion der Daten zur Erwerbstätigkeit stützt sich primär auf Daten, die später erhoben wurden. Daher sind die Schlussfolgerungen nicht so stark von diesen beiden Ereignissen beeinflusst. Gruppe Eins kann nicht in die Datenanalyse eingeschlossen werden, da die Daten des US Census von 1940 nur einen kleinen Teil dieser Frauen vor dem fortgeschrittenen Alter berücksichtigt.

29 Ich verwende die Begriffe »Beschäftigung« und »Erwerbstätigkeit« synonym. Unter Erwerbstätigen verstehe ich jene, die aktuell einer bezahlten Arbeit nachgehen, zuzüglich jener, die arbeitslos, aber aktiv arbeitssuchend sind. Wenn die Arbeitslosigkeit niedrig ist, sind diese Zahlen nahezu identisch.

30 Die Daten beginnen im Alter von 25 Jahren, wenn die meisten ihre schulische Ausbildung beendet haben.

31 Die tatsächliche Zahl liegt bei 45, aber sie steigt weiter. Die Daten in Abbildung 2.5 enden mit dem Geburtsjahr 1983, aber für spätere Jahrgänge können sie extrapoliert werden.

32 Siehe Online-Anhang Abbildung 4A (Kapitel 2) »College Graduation Rates for Males and Females by Race (at Age Thirty)«.

33 Bei den Daten der Frauen gibt es ähnliche, aber weit weniger extreme Anomalien – obwohl Frauen nicht zum Kriegsdienst eingezogen wurden. Die Entscheidungen der Frauencolleges wurden von jenen der Männercolleges beeinflusst. Bei diesen Einflüssen ging es zum Teil um die Chancen, sich zu verabreden oder einen Ehepartner zu finden, aber auch die Frage,

ob Familien, die einen Sohn ans College schickten, mit größerer Wahrscheinlichkeit auch eine Tochter dort lernen ließen.

34 Goldin, Katz und Kuziemko (2006) erforschen die Gründe für den relativen Anstieg beim Bildungsniveau der Frauen in den Vereinigten Staaten und anderswo auf der Welt.

35 Die Datenserien zu jenen, die etwa im selben Jahr geboren wurden, basieren auf den Haushaltsdaten der Volkszählung.

36 Die zwei Reihen sind im Online-Anhang Abbildung 5A (Kapitel 2) »College Graduation Rates for Males and Females by Race (at Age Thirty)« dargestellt. Beim Vergleich der beiden Datenreihen wird davon ausgegangen, dass im Alter von 22 Jahren ein Abschluss erreicht wurde, obwohl viele nicht so jung das Studium abschlossen, vor allem nicht Männer, die zum Kriegsdienst eingezogen wurden, oder Frauen, die ihr Studium wieder aufnahmen, nachdem die Kinder groß waren.

37 US-Soldaten, die im Koreakrieg kämpften, machen einen Teil des Unterschieds aus, aber damals gab es in den Vereinigten Staaten auch in Friedenszeiten einen Kriegsdienst, den manche Collegestudenten absolviert hatten.

38 Online-Anhang Tabelle 1A (Kapitel 2) »Fraction of Male and Female College Students in Coeducational Institutions: 1897 to 1980«. Siehe auch Goldin und Katz (2011) und die zugrunde liegenden Daten dieses Projekts zu mehr Informationen über die Koedukation in der Geschichte der US-Colleges.

39 Ich verwende die Bezeichnung »Radcliffe«-Frauen, auch wenn sie irgendwann zu »Harvard«-Frauen wurden, je nach verwendeter Definition. Für manche ist das Jahr 1943 der Wendepunkt zur Koedukation, als Harvard-Männer und Radcliffe-Frauen gemeinsam Kurse besuchten. Für andere ist 1963 das Jahr des Übergangs, als die Diplome beider Geschlechter erstmals durch den »Rektor und das Kollegium des Harvard-College« verliehen wurden. Weitere Wendepunkte sind in den frühen 1970ern zu finden, als das Zulassungsverfahren beider Colleges zusammengeführt und auch die Wohnheime für beide Geschlechter zugänglich gemacht wurden, sowie im Jahr 1977, als Frauen, die eine Zulassung für Radcliffe bekamen, automatisch ins Harvard-College eingeschrieben wurden.

40 Lemann (2000).

41 Siehe Quellenanhang (Kapitel 3) »Radcliffe Alumnae Questionnaire of 1928«, (Kapitel 5) »Radcliffe College Centennial Survey, 1977« und

(Kapitel 7) »Harvard and Beyond Project«. Eheschließungsraten werden bis in die späten 1970er-Jahre angegeben, sodass nur Frauen, die bereits älter als Ende 40 waren, berücksichtigt werden.

42 Siehe Online-Anhang Abbildung 6A (Kapitel 2) »Comparing Marriages and Births for Radcliffe/Harvard Graduates with All College Graduates«. Die erste Altersgruppe stellt eine Ausnahme dar. Die Unverheiratetenquote in Gruppe Eins war bei Radcliffe-Absolventinnen höher als bei den Collegeabsolventinnen in den USA insgesamt. Von den vor 1900 Geborenen waren erstaunliche 50 Prozent der Radcliffe-Gruppe mit 50 Jahren noch nicht verheiratet, während es bei den Collegeabsolventinnen insgesamt in dieser Kategorie nur 30 Prozent waren.

43 Der Anteil der Kinderlosen war bei den Radcliffe-Frauen in Gruppe Drei außergewöhnlich niedrig. Möglicherweise haben vor allem Mütter an der Umfrage teilgenommen. Zu Jahrgangstreffen kommen meist Frauen, die Kinder haben oder berühmt geworden sind (oder beides). Aber die Fragebögen der Radcliffe Centennial Survey wurden per Post verschickt und nicht bei Jahrgangstreffen verteilt und eingesammelt.

44 Online-Anhang Tabelle 1A (Kapitel 2) zeigt die Daten zu dem Anteil an Männern und Frauen in eingeschlechtlichen bzw. gemischten Lehranstalten von 1897 bis in die Gegenwart.

45 Der Begriff »Generationenfolge« geht auf den Arbeitsökonomen John Dana Durand (1948) zurück.

46 Online-Anhang Abbildung 2A (Kapitel 2) stellt den Unterschied bei den Eheschließungsraten zwischen Collegeabsolventinnen und Frauen dar, die nie ein College besuchten.

3 Weggabelung

1 E-Mail von Hugh Rockoff (Doktortitel von der University of Chicago, 1972) vom 14. August 2019: »Ich habe fast dieselben Erinnerungen [an Margaret Reid] wie du. Die Leute sagten: ›Da kommt eine von den Altvorderen. Sie war wichtig und toll, und sie forscht immer noch!‹ Was ihre Arbeit betrifft, weiß ich nur noch, dass sie an der Kontroverse über den Index der Lebenshaltungskosten während des Zweiten Weltkriegs beteiligt war.«

2 E-Mail von James Smith (Doktortitel von der University of Chicago, 1972) vom 11. August 2019: »Ich hatte mit [Margaret Reid] auch direkt zu tun; sie besuchte den Becker-Workshop.« Studenten und Studentinnnen, die sich ernsthaft für ihr Fach interessierten, hatten also unmittelbaren Kontakt zu ihr. Mein Interesse erwachte erst, nachdem ich mein Aufbaustudium abgeschlossen hatte.

3 In den späten 1970ern zog das NBER nach Cambridge, Massachusetts, um und bekam eine neue Aufgabe. Ich arbeite dort seit 1978 als Forschungsmitarbeiterin und leitete eines der ersten Programme 28 Jahre lang, von 1989 bis 2017.

4 US Congress (1934). Im Abschlussbericht (S. xi) steht: »Der Leiter des Projekts Dr. Kuznets ist verantwortlich für die endgültigen Schätzungen sowie für die Organisation und den Wortlaut des Berichts.«

5 US Congress (1934), S. 4.

6 Eine moderne Betrachtung ist in Folbre (2001) zu finden.

7 Von 1943 bis 1944 diente Reid als Wirtschaftsberaterin der Abteilung für statistische Standards des Bureau of the Budget, und von 1945 bis 1948 leitete sie die Abteilung für Familienwirtschaft im US-Landwirtschaftsministerium.

8 Kyrk lebte verschiedentlich mit den Kindern ihrer Cousine Don Kyrk Strine (Tochter ihres Onkels Luther) zusammen, die am Ende fünf Töchter und zwei Söhne hatte. Aus den Daten des Iowa State Census von 1925 geht hervor, dass bei Kyrk damals in Ames, Iowa, Strines älteste Tochter Ruth (14) wohnte. In Kyrks Eintrag in *Notable American Women* wird Ruth als »Ziehtochter« bezeichnet. Im Jahr 1940 lebte Kyrk in Washington, D.C. und Chicago. Dort wohnten sowohl Margarite (27) als auch Mary Strine (23) bei ihr. Die Daten stammen von Ancestry.com. Der Name Strine wird in *Notable American Women* Struie geschrieben. Aber in den Volkszählungen und Sterberegistern werden die Familienmitglieder eindeutig als Strine aufgeführt. Allerdings war Elizabeth Nelson, die den Eintrag schrieb, mit Ruth in Kontakt, daher ist unklar, ob es ein Schreibfehler oder ein faktischer Irrtum ist.

9 Internationale Reisedokumente liefern keine Hinweise darauf, dass Reid oder Kyrk je Lebenspartnerinnen hatten. In den Volkszählungsdaten werden keine Gefährtinnen oder Mitbewohnerinnen für Reid angegeben. In Kyrks Fall zeigen Volkszählungsdaten, dass sie eine Zeit lang mit ihren Nichten zusammenlebte und 1920 während eines kurzen Arbeitsaufenthalts am Oberlin College bei der Mathematikerin Mary Emily Sinclair und ihren kleinen Kindern zur Untermiete wohnte.

10 Kyrk ist in den Volkszählungsdaten von 1900 bei ihrem Vater Elmer, einem Lkw-Fahrer, gemeldet. Ihre Mutter war kurz zuvor gestorben. Kyrk arbeitete als Lehrerin, bevor sie an die Ohio Wesleyan University ging. Dort war sie Au-pair bei dem Wirtschaftsprofessor Leon Carroll Marshal, der später Dekan der Business School (heute Booth School) der University of Chicago wurde. Sie zog mit der Familie nach Chicago und machte dort 1910 ihren Bachelorabschluss. Danach lehrte sie am Wellesley College und kehrte schließlich nach Chicago zurück, um dort ihre Doktorarbeit zu schreiben und gleichzeitig am Oberlin College zu unterrichten. Nach Ausbruch des Ersten Weltkriegs ging sie mit ihrem Doktorvater nach London und arbeitete dort als Statistikerin. Sie erhielt ihren Doktortitel von der University of Chicago im Jahr 1920.

11 Siehe Abbildung 2.2.

12 Wie zuvor bereits erwähnt, ist der Anteil der Unverheirateten unter den schwarzen Collegeabsolventinnen, die nach 1960 geboren wurden, besonders hoch.

13 Siehe den früheren Vergleich von Eheschließungs- und Geburtenraten bei Radcliffe/Harvard-Absolventinnen mit denen aller Collegeabsolventinnen in den USA. Dieser Vergleich zeigt, dass die Auswahlverfahren der Colleges wenig Einfluss auf die Eheschließungs- und Geburtenrate hatte, denn die Auswahlverfahren für Radcliffe/Harvard blieben im Lauf der Zeit relativ konstant, und dennoch war der demografische Wandel hier nahezu identisch mit dem bei Collegeabsolventinnen insgesamt.

14 Laut Daten des US Census lebten Dorothy und Paul mit ihren vier Kindern im Jahr 1930 in Chicago. Dorothy war als »Lehrerin, College« aufgeführt, Paul als »Professor«. Dorothy ging kurz danach ans Smith College. Im US Census von 1940 ist sie in Northampton gemeldet und als »Lehrerin, College« aufgeführt, mit den vier Kindern, inzwischen allesamt Teenager, und Katharine Lumpkin, einer »Wirtschaftsforscherin«. Dorothy und Lumpkin schrieben *Child Workers in America* und blieben 30 Jahre lang ein Paar.

15 Ähnlich wie in den historischen Daten aus den Vereinigten Staaten haben heute junge Frauen aus vielen Teilen Asiens mit höherem Bildungsabschluss sehr niedrige Eheschließungsraten. Gesellschaftliche Normen sehen oft die Rolle der Hausfrau für sie vor und dass sie keine zeitaufwendigen Karrieren verfolgen sollten. Hwang (2016) beschreibt das »Gold Miss«-Phänomen in Korea und Japan.

16 Siehe Alsan und Goldin (2019).

17 Diese Zahl (neun Prozent) stammt aus den Einträgen in verschiedenen Bänden von *Notable American Women* (Sicherman und Green 1980; Ware und Braukman 2004) zu den Collegeabsolventinnen in Gruppe Eins.

18 Zu den Gründen, warum die Säuglings- und Kindersterblichkeit langfristig sank, siehe Alsan und Goldin (2019). Preston und Haines (1991) erforschten den Zusammenhang zwischen sozioökonomischem Status und Säuglingssterblichkeit im Jahr 1900.

19 Sicherman und Green (1980) enthält Biografien jener Frauen, die zwischen 1951 und 1975 starben; Ware und Braukman (2004) enthält jene, die zwischen 1976 und 1999 starben. In den ersten drei Bänden finden sich Biografien aller Frauen, die bis 1951 starben. Vertreterinnen von Gruppe Eins, die vor 1951 verschieden, sind in den ersten drei Bänden enthalten. Sie gehören nicht zum Datensatz, und ihr Leben endete mit knapp über 50 bis Anfang 70.

20 Die Frauen aus jüngeren Geburtsjahrgängen, die in den Büchern vorkommen, starben relativ jung. Zum Glück sind es nur wenige.

21 Von den Namhaften, die zumindest zeitweise verheiratet waren, hatten nur 45 Prozent keine Kinder, bei allen Collegeabsolventinnen, die je heirateten, liegt die Zahl bei 29 Prozent. Bei den Namhaften, die heirateten, bevor sie 35 Jahre alt waren, ist der Anteil etwas höher (36 Prozent). Siehe Abbildung 4.1.

22 Im US Census von 1920 ist bei Mary Emily Sinclair als Wohnsitz Oberlin, Ohio, aufgeführt, wo sie mit zwei kleinen Kindern (fälschlicherweise als Nichte und Neffe identifiziert) und Hazel Kyrk lebte, die als Untermieterin bezeichnet wird. Siehe auch https://mathwomen.agnesscott.org/women/sinclair.htm.

23 Die Berechnung wird im Online-Anhang (Kapitel 3) beschrieben unter »Calculating the ›Success‹ Matrix for Group One«.

24 Die Möglichkeit, dass ein Ehemann vorzeitig stirbt und die Frau nicht wieder heiratet, berücksichtige ich nicht.

25 Die Radcliffe-Umfrage von 1928 und jene von 1977 ergaben einen höheren Anteil an Unverheirateten unter den Frauen, die vor 1920 geboren wurden, als im Land insgesamt, aber einen niedrigeren Anteil bei den Geburtsjahrgängen nach 1920. Dieser Unterschied legt nahe, dass zu den Radcliffe-Jahrgangstreffen in den 1950ern überproportional viele Mütter kamen, dass Kinder vorher aber weniger entscheidend gewesen waren.

26 Das erschließt sich aus dem Anteil der Erwerbstätigen im Jahr 1940, als die Frauen in den Vierzigern waren. Für jede Frau mit vier oder mehr Jahren Collegeausbildung waren bei den 40- bis 44-Jährigen 0,923 erwerbstätig, bei den 45- bis 49-Jährigen waren es 0,893. Das sind sehr hohe Anteile.

27 Laut der SIPP (Survey of Income Programs and Participation) lag die Scheidungsrate für Ehen, die in den 1920ern geschlossen wurden, circa 15 Jahre lang hielten und bei denen die Frau Collegeabsolventin war, um 20 Prozent. Die Namhaften von Gruppe Eins heirateten etwas früher. Siehe Stevenson und Wolfers (2007) für eine Beschreibung der verwendeten Berechnung.

28 Edith und Grace Abbott mussten, wie Hazel Kyrk, Geld verdienen, um das College besuchen zu können. Nach dem Abschluss an der University of Nebraska erhielt Edith Abbott ein Stipendium für die University of Chicago, wo sie bei der Soziologin Sophonisba Breckinridge (1866–1948) studierte. Grace Abbott machte ihren Abschluss am Grand Island College und landete schließlich auch an der University of Chicago. Die beiden Abbott-Schwestern und Breckinridge unterrichteten gemeinsam Immigrantinnen für den Eintritt ins Arbeitsleben.

29 Zur Geschichte des Home Economics and Household Administration Departments der University of Chicago siehe https://www.lib.uchicago.edu/collex/exhibits/exoet/home-economics/.

30 Ursprünglich wurde Perkins von Gouverneur Al Smith aus dem Staat New York zum Mitglied der State Industrial Commission ernannt.

31 Cookingham (1984) enthält eine Darstellung der Behauptungen und ihrer Vertreter.

32 Shinn (1895). Shinn erwarb als erste Frau einen Doktortitel der University of California. Das Zitat lautet: »Man kann mit Sicherheit sagen, … dass es nicht daran liegt, dass die Frauen sich ein aufregenderes und öffentlicheres Leben wünschen; denn die Mehrheit sind Lehrerinnen« (S. 947).

33 Shinn (1895), S. 948.

34 Ebenda.

35 Grunwald und Adler (2005), S. 516.

36 Davis (1928). Sie schreibt, 46 Prozent seien zwischen 30 und 39 Jahre alt gewesen und 80 Prozent älter als 39. Sie erwähnt nicht, von wem oder wann die Studie durchgeführt wurde, aber da es sich um einen »Fragebogen zum Sexleben der normalen Collegeabsolventinnen fünf Jahre nach dem College« handelt, stammte er wahrscheinlich von Davis selbst, die am Bureau of Social Hygiene forschte und es von 1918 bis 1928 sogar leitete. Davis war Eugenikerin und beschäftigte sich bei ihrer Arbeit im Bureau of Social Hygiene vor allem mit Kriminologie und einer möglichen genetischen Basis kriminellen Verhaltens.

37 Der Fragebogen erlaubte es Teilnehmerinnen offenbar, frei zu antworten. Interessanterweise schrieben 1,6 Prozent der Frauen, sie hätten nicht geheiratet, weil sie eine »homosexuelle Beziehung« führten. Davis gab nicht an, dass die Daten aus ihrer eigenen Arbeit über Sexualität stammten und fast 30 Prozent der unverheirateten Collegeabsolventinnen in der Studie zeitweise lesbische Beziehungen hatten (siehe 1929, S. 272). Wenig überraschend gab eine größere Anzahl Frauen, die keine lesbische Beziehung hatten, an, sie hätten nicht geheiratet, weil sie »nie den richtigen Mann getroffen« hätten.

38 Siehe »Katharine B. Davis Converted to Wets: Social Worker, Long Friendly to Prohibition, Now Favors Control by States«, *New York Times*, 26. Mai 1930.

39 Über Katharine Bement Davis wurde nicht viel geschrieben. Die beste Beschreibung ihres Lebens findet sich in Gilette (2018).

40 Die Tabelle, die in Davis (1929) eingefügt wurde, stammt aus Davis (1929, S. 272). Ein wichtiger Unterschied besteht darin, dass sie in ihrem Buch über Sexualität die Frauen, die lesbische Beziehungen führten, von den anderen trennt. Von den 1200 unverheirateten Collegefrauen, die sie untersuchte, waren etwa die Hälfte nach eigener Aussage homosexuell. In ihrem Buch widmet sie fast 100 Seiten dem Thema Homosexualität.

41 Die Radcliffe-Umfrage von 1928 wurde während der 50-Jahr-Feier von Radcliffe per Post verschickt. Fast 1900 Radcliffe-B. A.s, die zwischen den 1880ern und den 1920ern ihren Abschluss gemacht hatten, antworteten. Die Stichprobe umfasste insgesamt etwa 3000 Antworten, dazu gehörten aber auch Fachstudierende, Studierende im Aufbaustudium sowie Studierende, die an andere Colleges wechselten oder das Studium nicht abschlossen. Jene, die auf die Frage, ob »Karriere und Ehe« und »Karriere und Mutterschaft« miteinander vereinbar seien, mit »Ja« antworteten, werden als »uneingeschränkt zustimmend« interpretiert, während die Gruppe, die »hoffte«, dass es möglich sei, als »bedingtes Ja« aufgeführt wird. Diese Fragen wurden nur jenen vorgelegt, die »zu irgendeinem Zeitpunkt verheiratet« waren. Bei der Berechnung wird eine »Nein«-Antwort als negativ gezählt. Siehe Solomon (1985, 1989) und Quellenanhang (Kapitel 3), »Radcliffe Alumnae Questionnaire of 1928«.

42 »Sobald ein [akademischer] Arbeitgeber herausfand, dass ich schwarz war, war die Sache erledigt«, sagte sie in einem Interview mit einer Gruppe von Altenpflegenden 1981. Siehe https://www.sciencedirect.com/science/article/pii/S0197457281800936.

4 Die Brückengruppe

1 Vgl. Elizabeth Day, »*The Group* by Mary McCarthy«, in: *The Guardian*, vom 28. November 2009, https://www.theguardian.com/books/2009/nov/29/the-group-mary-mccarthy.

2 Alle Zitate in diesem Kapitel aus *The Group* stammen von McCarthy (1963).

3 In die *Notable*-Bände wurden nur Frauen aufgenommen, die bestimmte Kriterien erfüllten und bis zum Zeitpunkt der Auswahl gestorben waren. Da die Frauen im letzten Band, Nummer Fünf, Ende der 1990er-Jahre ausgewählt wurden, waren diejenigen der zweiten Gruppe-Zwei-Sammlung jünger gestorben als die der ersten. In der ersten Gruppe beträgt das durchschnittliche Todesalter 80 Jahre, bei der zweiten lediglich 69 Jahre. Zudem umfasst die erste Gruppe viel mehr Frauen als die zweite, schließlich hatten sie mehr Zeit, »sich einen Namen« zu machen. Das Medianalter zum Zeitpunkt des Todes ist beinahe identisch mit dem Durchschnittsalter, was bedeutet, dass die Ausreißer den Durchschnitt einer jeden Gruppe nicht übermäßig nach oben oder unten verschieben.

4 Die Daten für nichtstudierte Frauen stammen aus dem Online-Anhang Abbildung 1A (Kapitel 2) »Fraction Never Married by Age and Birth Year for White Women with No College«. Siehe auch Online-Anhang Abbildung 2A (Kapitel 2) »Difference in Fraction Never Married between College-Graduate and Noncollege White Women«.

5 Für eine ausgezeichnete, wenn auch komplizierte Interpretation der Auswirkungen einer ganzen Reihe an Haushaltsgeräten und Innovationen der öffentlichen Versorgung vgl. Greenwood (2019). Der Online-Anhang Greenwood, Seshradi, and Yorukoglu (2005) liefert Daten zur Verteilung der ans öffentliche Stromnetz angeschlossenen Haushalte und zur Annahme elektrischer Haushaltsgeräte durch die breite Bevölkerung.

6 Die im Jahr 1900 vorgenommene Volkszählung der Berufe (US Bureau of the Census 1904) listet 328 049 Lehrerinnen (ausgenommen derjenigen, die Musik und Kunst unterrichteten) und insgesamt 431 179 im Dienstleistungssektor auf. Die Zahlen in Büros und Vertrieb sind mit 85 269 Verwaltungsangestellten und Schreibkräften, 85 158 Stenografikerinnen und Stenotypistinnen und 74 186 Buchhalterinnen und Finanzbuchhalterinnen viel geringer.

7 Im Jahr 1900 arbeiteten 431 179 Frauen im Dienstleistungssektor (die Mehrheit von ihnen als Lehrerinnen). Diese Zahl stieg bis zum Jahr 1930 auf insgesamt 1 526 234 an. Im Jahr 1900 zählte man 260 963 weibliche Berufstätige im Verwaltungsbereich (Verwaltungsangestellte, Schreibkräfte, Stenografikerinnen, Telefondienstangestellte und Buchhalterinnen), wohingegen es im Jahr 1930 bereits 1 986 830 waren (US Bureau of the Census 1904, 1933).

8 US Bureau of the Census (1904, 1933). Im Jahr 1900 listete die Volkszählung 327 586 Lehrerinnen auf, im Jahr 1930 853 987.

9 Rotella (1981) liefert eine der besten, frühesten und nachvollziehbarsten Analysen rund um den Aufstieg des Verwaltungs- und Bürosektors für weibliche Erwerbstätige.

10 Die »Highschool-Bewegung« ist bei Goldin und Katz (2008) nachzulesen, vgl. auch Kapitel 5 und 6. Die »academies« bildeten eine Art Vorläufer vieler Highschools und waren nicht etwa Elitevorschulen, wie sie früher, teilweise bereits im 18. Jahrhundert, gegründet worden waren.

11 Da schwarze Frauen und ihre Familien hohe Beschäftigungsraten in der Landwirtschaft und als Haushaltsgehilfinnen aufwiesen, war die soziale Norm in der schwarzen Community mehr oder weniger inexistent. Dabei bleibt unklar, ob es daran lag, dass die Gesellschaft sich nicht um die Lasten schwarzer Frauen scherte, oder ob es schlicht keinen Grund gab, schwarze Männer zum Arbeiten anzuspornen.

12 Vgl. Goldin (1990, 2006) zu den Ursachen des langfristigen Anstiegs weiblicher Erwerbstätigkeit.

13 Die Zunahme von Büroarbeit in den 1920er-Jahren stellte für schwarze Frauen hingegen keinesfalls eine Revolution dar, da ihnen der Zugang zu diesen Jobs selbst bei entsprechender Qualifizierung oft verwehrt blieb. In einer umfangreichen Reihe an Unternehmensbefragungen, die im Jahr 1939 Bürokräfte einstellten, räumten Manager und Personalabteilungsleiter eine ausgeprägte Befangenheit aufseiten ihrer Büroangestellten ein,

wenn es darum ging, mit schwarzen Frauen zusammenzuarbeiten. Vgl. Goldin (2014a) zu einer Diskussion der Befragungen und ihres Inhalts.

14 Ohne ein ausgefeiltes Modell zu erstellen und die Auswirkungen von Zeitfaktoren versus Gruppe zu beleuchten (was Wirtschaftswissenschaftler den »Kohorten-Effekt« nennen), können wir dennoch etwas Simples tun und uns die Veränderungen nach Alter versus die Veränderungen nach zeitlichem Kontext ansehen. Rund 25 Prozent derjenigen, die im Jahr 1902 geboren wurden, waren im Alter von 32 Jahren erwerbstätig, während es bei dem Geburtsjahrgang von 1917 bereits 37 Prozent waren. Ein ähnlicher Anstieg lässt sich in allen Altersgruppen feststellen. Zeitgleich kam es zu großen Veränderungen im Lebenszyklus einer Frau. Alles in allem ist die Zunahme bei den Geburtsgruppen von 1900 bis 1930 wahrscheinlich zur Hälfte auf lebenszyklusbedingte Veränderungen zurückzuführen und zur anderen auf den historischen, gesamtgesellschaftlichen Wandel. Im Alter zwischen 27 bis 42 Jahren kam es zu einer Änderung um etwa 20 Prozentpunkte, und es gab eine Änderung um zehn Prozentpunkte für jeweils 27-Jährige oder 42-Jährige. (Die Daten beziehen sich auf jemals verheiratete weiße Frauen mit Collegeabschluss, die diversen Mikrodaten des US-Zensus entnommen sind.)

15 Derlei Beschäftigungsverbote für verheiratete Frauen gab es nicht nur in den USA, sondern auch für Lehrerinnen und weibliche Bürokräfte u. a. in Großbritannien, Irland und Australien.

16 Für ihre Analyse des Erlasses von Beschäftigungsverboten für verheiratete Frauen und ihrer zunehmenden Beliebtheit im frühen 20. Jahrhundert stützt Goldin (1991) sich auf Befragungen aus den 1930er-Jahren und Akten der Schulbehörden.

17 Goldin (1991). Die Daten stammen aus dem Originaldokument eines Bulletins des Women's Bureau. Die fast 200 Unternehmen befanden sich in Philadelphia und Kansas City. Die Daten einer dritten Stadt – Los Angeles – waren weitaus niedriger (25 Prozent und zehn Prozent).

18 Die frühesten Datensätze stammen aus dem Jahr 1931. Ob es diese oder ähnliche Vorschriften schon vor dem Konjunkturabschwung gab, ist schwer zu sagen. Doch da es sich um festgeschriebene Regularien handelte, hatten die Unternehmen wahrscheinlich keine Zeit, neue Personalregeln aufzustellen. Die Studie von 1931 umfasst 178 Unternehmen in Chicago, Hartford, New York City und Philadelphia. Die nach der Frauenerwerbstätigkeit gewichteten Mittelwerte sind bei den Marriage Bars allgemein

rund fünf Prozentpunkte niedriger als im Jahr 1940, bei den Personalerhaltungsverboten sehen die Zahlen jedoch ähnlich aus.

19 Dieser zahlenmäßige Unterschied datiert wohl bereits bis in die 1920er-Jahre zurück, wenn nicht noch weiter. Doch die Informationen rund um Bildung und Erwerbstätigkeit gibt es erst seit der Volkszählung von 1940.

20 Vgl. Goldin (1977).

21 Siehe Online-Anhang Tabelle 1A (Kapitel 4) »Fraction among Teachers by Age, Race and Region«.

22 Pedersen (1987) liefert eine sehr detaillierte Beschreibung des Falls samt Interviews mit den beiden Frauen. Alle mit dem Fall in Verbindung stehenden Zitate stammen aus dieser Quelle.

23 IBM Brief #3930 von A. L. Williams, Vizepräsident und Schatzmeister, an die WHQ-Führungskräfte und Abteilungsleiter und andere. 10. Januar 1951. https://thesocietypages.org/socimages/2010/06/23/ibm-decides-to-let-women-work-after-marriage-1951/.

24 Vgl. Sprogis v. United Airlines, Inc., 308 F. Supp. 959 (N. D. III. 1970) und Romasanta v. United Airlines, Inc., 537 F.2d 915 (7. Cir. 1976). United war nur eine von vielen Fluggesellschaften, die verheiratete Flugbegleiterinnen von einer Beschäftigung ausschlossen. Der Sprogis-Fall wurde im Jahr 1966 eingereicht und der Romasanta-Fall, eine Sammelklage für Entschädigungszahlungen, im Jahr 1970. Der Slogan von United (mit dem die Gesellschaft erstmals im Jahr 1965 warb) lautet *»fly the friendly skies«* (»Fliegen Sie am freundlichen Himmel«).

25 Die vorliegenden Zitate stammen aus den Dokumenten einer Umfrage unter Bürounternehmen aus dem Jahr 1931, die ich gesammelt habe. Vgl. Goldin (1990), Datenanhang. »Nach der Eheschließung weniger effizient« wurde von der Indemnity Insurance Company of North America festgehalten, und bei »Männer sind zu selbstsüchtig« handelt es sich um eine Verlautbarung von F. A. Davis and Company Publishing.

26 Philadelphia Saving Fund Society (6. Dezember 1956), Hussey Report 1957. Vgl. Goldin (1990), Datenanhang.

27 Für eine detaillierte Abhandlung vgl. Seim (2008).

5 Am Scheideweg mit Betty Friedan

1 Aus der Folge »Brother Ralph« (8:44), https://www.youtube.com/watch?v=OmadqPZvjoM.

2 Bei *I Love Lucy* gibt es viele Folgen, in denen Ricky – oft ohne Erfolg – versucht, Lucy davon abzuhalten, einen Job anzunehmen. Vgl. beispielsweise in Staffel 1 Folge 30, »Lucy Does a TV Commercial«, oder in Staffel 3 Folge 2, »The Girls Go into Business«.

3 Friedan (2016, orig. veröffentl. 1963).

4 Friedan (2016, orig. veröffentl. 1963). Die Zitate in diesem Abschnitt finden sich im englischen Original auf den Seiten 14, 112, 15 und 15.

5 In seiner faszinierenden Biografie über Betty Friedan prüft Daniel Horowitz (1998) die Aufrichtigkeit ihrer Behauptungen, sie sei vor dem Verfassen ihres Bestsellers eine Vorstadthausfrau und keine Feministin gewesen. Außerdem merkt er an, dass die Befragungsergebnisse ihres Jahrgangs am Smith College weitaus positiver ausfielen, als sie es in ihrer ausführlichen Zusammenfassung darstellt. Horowitz zufolge erfand Friedan sich neu und lieferte ihren Befragten eine sehr bittere Perspektive auf deren Leben.

6 Das »College beenden« bedeutet entweder vier Studienjahre zu vollenden oder aber einen Bachelorabschluss zu machen. Vgl. Abbildung 2.5 »Collegeabsolventenquote männlich und weiblich (im Alter von 30 Jahren)«.

7 Diese Daten wurden von der National Survey of College Graduates (NSCG) in den Jahren 1993 bis 2015 zusammengetragen und gelten für Individuen, die ihren ersten akademischen Abschluss von den 1940er-Jahren bis zu den 1990er-Jahren gemacht haben. Ich habe den Anteil eines Bachelorjahrgangs, die später einen weiterführenden akademischen Abschluss (Master, Ph. D.) oder ein Staatsexamen in Medizin oder als Juristinnen gemacht haben, nach Geschlecht berechnet. Von den 1940er- bis zu den 1970er-Jahren ist unter den Frauen ein deutlicher Anstieg zu erkennen. Auch der Anteil der Männer stieg zunächst etwas an, ging um 1970 jedoch wieder zurück, wahrscheinlich weil eine Abschlussarbeit nicht mehr als Wehrdienstaufschub galt.

8 Der Anteil aller Frauen, die einen Collegeabschluss machten, stieg von 0,058 auf 0,12, und der Anteil der Collegeabsolventinnen mit weiterführendem Bildungsabschluss von 0,3 auf 0,43. Demzufolge stieg der Anteil aller um 1940 geborenen Frauen, die einen weiterführenden Ab-

schluss machten, gegenüber den um 1920 Geborenen um das Dreifache = (0,43 x 0,12)/ (0,3 x 0,058).

9 Siehe Online-Anhang Tabelle 1A (Kapitel 5) »Fraction of Radcliffe Alumnae with Advanced Degrees by Graduation Year: 1900 to 1969«. Rechnet man die Masterabschlüsse hinzu, so kommt man für die Abschlussjahrgänge der 1920er- und 1930er-Jahre auf 38 Prozent. Bei den Jahrgängen Ende der 1950er-Jahre sind es hingegen erstaunliche 57 Prozent.

10 Das ergibt sich aus dem Vergleich zwischen Absolventinnen, die in den Jahren 1934 bis 1945 geboren wurden, und jenen, die von 1910 bis in die frühen 1930er-Jahre geboren wurden. Die Abbruchquote berechnet sich aus eins minus das Verhältnis derjenigen, die einen Collegeabschluss gemacht haben (in vier Jahren oder mehr), zu denjenigen, die mindestens ein Jahr am College studiert haben. Die Daten stammen vom US Census und der Current Population Survey (CPS). Dieses Verhältnis steigt von 40 auf 50 Prozent bei den Geburtsgruppen von 1934 bis 1945. Auch wenn die Zahlen scheinbar Friedans 60-prozentige Abbruchquote stützen, lag die ebenso errechnete Abbruchquote bei Männern bei rund 50 Prozent. Der Grund für die hohen Zahlen bei beiden Geschlechtern ist schlicht der Umstand, dass einige dieser Collegestudentinnen und -studenten zu zweijährigen Colleges gingen und ihr Studium in Wahrheit gar nicht abbrachen.

11 Die Daten stammen vom Radcliffe College Student Directories, https://listview.lib.harvard.edu/lists/drs-43586165. Viele Frauen brachen im Zweiten Weltkrieg das College ab, um Freiwilligendienst zu leisten, und kehrten nach einem Jahr oder mehr zurück. Daher ist die Abbruchmetrik in den 1940er-Jahren problematisch.

12 Daten vom US Department of Labor, Woman's Bureau (1966). Vgl. Online-Anhang Tabelle 3A (Kapitel 5). 83 Prozent der Ehemänner hatten nichts gegen die Erwerbstätigkeit ihrer Frauen einzuwenden.

13 Beide Zitate in diesem Abschnitt stammen aus der Befragung des Women's Bureau von 1957 und den Kommentaren aus der Wiederholungsbefragung von 1964. Vgl. Quellenanhang (Kapitel 5) »Women's Bureau 1957 Survey and 1964 Resurvey«.

14 Die Daten für den Abschlussjahrgang von 1957 zeigen sieben Jahre später für Frauen mit Kindern unter sechs Jahren einen Anteil von 26 Prozent und für Frauen mit Kindern unter sechs, aber über einem Jahr einen Anteil von 37 Prozent. Bei dem Abschlussjahrgang von 1961 waren drei Jahre später 37 Prozent der Mütter erwerbstätig. *Quellen:* US Department of Labor, Women's Bureau (1966); Mikrodaten-Stichprobe aus dem Nationalarchiv; Mikrodaten aus *Great Aspirations.* Vgl. Quellenanhang (Kapitel 5) »Women's Bureau 1957 Survey and 1964 Resurvey«; (Kapitel 5): »Datensatz *Great Aspirations*«.

15 Befragung des Women's Bureau von 1957, Kommentare zur Wiederholungsbefragung von 1964.

16 Bezüglich der Daten und Fakten hinsichtlich der Beschäftigungseinschränkungen für verheiratete Frauen vgl. Goldin (1991). Siehe auch Abbildung 4.2.

17 Sowohl Dorothy als auch Paul erwarben einen Ph. D. in Wirtschaftswissenschaften an der Columbia University, er im Jahr 1920 und sie 1923. Im Jahr 1930 ließen sie sich scheiden, und ihre vier Kinder lebten mit Dorothy in Northampton. Vgl. https://www.bowdoin.edu/economics/curriculum-requirements/douglas-biography.shtml.

18 Horowitz (1998), S. 52. Bei dem Seminar handelte es sich um Wirtschaft 319, das auf vergleichsweise radikale Weise die Arbeiterbewegungen in der US-amerikanischen Geschichte behandelte. Dort erfuhr Friedan vom Klassenkampf, den Unterdrückungsmechanismen des Kapitalismus und anderen ziemlich linkspolitischen Themen. Zentral ist für Horowitz' Argumentation jedoch vor allem, dass sie mit einem gebildeten, feministischen Denken in Kontakt kam. Horowitz zufolge handelt es sich bei Friedans Behauptung, sie habe vor der Verfassung von *Der Weiblichkeitswahn* wenig vom Feminismus gewusst, um eine Strategie, ihren linkspolitischen, kommunistischen Hintergrund zu verbergen.

19 Vgl. Kapitel 4 dieses Buches und Goldin (1991).

20 Dokumente des Hussey Reports von 1957. Vgl. Goldin (1990), Daten-Anhang.

21 Siehe Abbildung 2.5 »Collegeabsolventenquote männlich und weiblich (im Alter von 30 Jahren)«.

22 Befragung des Women's Bureau von 1957, Kommentare zur Wiederholungsbefragung von 1964.

23 Siehe Online-Anhang Abbildung 1A (Kapitel 5), Teil B, die den prozentualen Anteil der Frauen nach Bildungsniveau anzeigt, die einen Mann mit Collegeabschluss geheiratet haben. Für eine im Jahr 1932 geborene Frau liegt der Anteil bei den Collegeabsolventinnen beispielsweise bei 70 Prozent und bei Studentinnen, die nach drei Jahren das Studium abgebrochen haben, lediglich bei 50 Prozent. Die 20 Prozentpunkte Unterschied gelten für alle Geburtsjahrgänge von 1912 bis 1950.

24 Über die zusätzlichen Gewinne eines Studiums hinsichtlich Gesundheit und Einkommen gibt es umfangreiche Literatur. Vgl. zu Letzterem Zimmermann (2019). Für das Verhältnis zwischen der Bildung der Mutter und der ihrer Kinder vgl. Currie und Moretti (2003).

25 Diese Daten stammen aus dem Online-Anhang Abbildung 5A (Kapitel 2) »Ratio of Males to Females in College by College Attendance Year and Birth Year«. Der Höhepunkt von 2,3 im Verhältnis Männer zu Frauen wurde direkt nach dem Zweiten Weltkrieg erreicht. Mitte der 1950er-Jahre kamen 1,7 Männer auf eine Frau.

26 Vgl. Easterlin (1980) zum Verhältnis von Konjunkturentwicklung und Heiratsalter.

27 Auch andere Nationen verzeichneten nach dem Zweiten Weltkrieg einen Geburtenanstieg, doch lediglich in den USA dauerte der Babyboom über Jahrzehnte an.

28 Siehe Abbildung 2.3.

29 Für Informationen hinsichtlich des Heiratsalters der Gruppe ohne Studienabschluss und dem Anteil lediger Frauen siehe Online-Anhang Abbildung 2A (Kapitel 2) »Difference in Fraction Never Married between College-Graduate and Noncollege White Women«.

30 Das US Department of Education hat, beginnend mit dem Abschlussjahrgang von 1968, Daten zu allen belegten Studiengängen am College gesammelt. Die Informationen zu früheren Jahrgängen stammen aus verschiedenen Quellen. Obwohl die allgemeinen Zahlen und Trends ähnlich sind, gibt es leichte Unterschiede. Um den Anteil der verschiedenen Studiengänge in den Abschlussjahrgängen zu erhalten, habe ich alle verfügbaren Erhebungen der National Survey of College Graduates (NSCG) hinzugezogen.

31 Der Unterschied zwischen den Befragungsdaten von 1957 (Online-Anhang Tabelle 3A [Kapitel 5] »Selected Demographic and Economic Features of Female College Graduates: Class of 1961, Surveyed in Spring 1961, 1962, 1963, 1964, and 1968«) und denen des NSCG (Online-Anhang Tabelle 2A [Kapitel 5] »Fraction of Female Graduates in Selected College Majors by Year of College Graduation«) hinsichtlich des geschätzten Anteils der Bildungswissenschaftsstudentinnen ist wahrscheinlich darauf zurückzuführen, dass die NSCG-Befragten Bildungswissenschaften auflisteten, selbst wenn ihr Hauptstudiengang ein anderer war, aber dennoch ein Lehrzertifikat erworben wurde. Die NSCG-Befragten gaben einen Studiengang an, den sie vor 30 Jahren oder noch länger abgeschlossen hatten, während die Befragten des 1957er-Jahrgangs erst kurz zuvor ihren Abschluss gemacht hatten.

32 Yohalem (1979), S. 53.

33 Die Vorstellung, dass die Frauen der Abschlussjahrgänge Anfang des 20. Jahrhunderts geringere Erfolgsraten vorzuweisen hatten als die der 1950er-Jahre, ist aus Daten zu ihrer jeweiligen Erwerbstätigkeit in ihren Vierzigern abgeleitet. Im Folgenden stelle ich noch Schätzungen hinsichtlich Karriere- und Familienerfolgen pro Gruppe an.

34 Steinmann u. a. (2005) bietet eine Zusammenstellung der Lebensgeschichten weiblicher Studienabsolventinnen des Jahrgangs 1950 an der Cornell University. Der Band wurde geschrieben, um »einen großen Mythos, ein vorherrschendes – und vollkommen haltloses – Stereotyp« zu zerstören.

35 Hinsichtlich der Quellen zu den Daten in diesem Abschnitt vgl. Online-Anhang Tabelle 3A (Kapitel 5) »Selected Demographic and Economic Features of Female College Graduates: Class of 1961, Surveyed in Spring 1961, 1962, 1963, 1964, and 1968«.

36 US Department of Labor, Women's Bureau (1959, 1966). In genauen Zahlen erfasste die Eingangsbefragung des 1957er-Jahrgangs die Antworten von 5846 Absolventinnen (mehr als 70 Prozent der eingangs 8200 befragten), von denen 4930 sieben Jahre später auf die Folgebefragung reagierten (fast 85 Prozent der ursprünglichen Gruppe). Sowohl die Eingangsbefragung als auch die Folgebefragung wurden per Brief durchgeführt. Vgl. Quellenanhang (Kapitel 5) »Women's Bureau 1957 Survey and 1964 Resurvey«.

37 Weitere acht Prozent gingen weiterhin zu einer Hochschule und arbeiteten nicht nebenher.

38 Lediglich zwei Prozent aller Befragten gaben an, dass sie nicht vorhatten, »in absehbarer Zukunft zu arbeiten«. Weitere sechs Prozent gaben an, sie würden zukünftig »nur arbeiten, wenn es nötig ist – aus ökonomischen Gründen«. Demzufolge waren insgesamt lediglich acht Prozent unsicher, ob sie irgendwann in der Zukunft einer beruflichen Tätigkeit nachgehen würden.

39 Aus den Originaldokumenten der 1964er-Folgebefragung im Nationalarchiv. Vgl. Quellenanhang (Kapitel 5) »Women's Bureau 1957 Survey and 1964 Resurvey«.

40 Diese Tendenz ist bei Männern und Frauen mit Collegeabschluss beinahe identisch mit den Befragten in Abbildung 5.1 insgesamt. Nur bei den Frauen mit Collegeabschluss stimmten pro Geburtsjahrgang jeweils zehn Prozent weniger der Aussage zu. Bei den Männern sind zwischen den studierten und der Gesamtgruppe kaum Unterschiede zu erkennen – der Anteil der Befürworter ist bei den Collegeabsolventen nur geringfügig niedriger. Die Gruppe der Personen mit Collegeabschluss ist zahlenmäßig klein.

41 US Department of Labor, Women's Bureau (1966). Vgl. Online-Anhang Tabelle 3A (Kapitel 5).

42 Aus den Originaldokumenten der 1964er-Folgebefragung im Nationalarchiv. Vgl. Quellenanhang (Kapitel 5) »Women's Bureau 1957 Survey and 1964 Resurvey«.

43 Die Zitate stammen aus den Originaldokumenten der 1957er-Befragung im Nationalarchiv. Vgl. Quellenanhang (Kapitel 5) »Women's Bureau 1957 Survey and 1964 Resurvey«. In der Befragung wurden die Personen gezielt gebeten, Kommentare zu verfassen, »wie Ihr Studium hätte wertvoller sein können«. Deshalb drehen sich die meisten Kommentare von 1957 um die Seminare und Studiengänge.

44 Für die Quellen, die den Daten in diesem Abschnitt zugrunde liegen, vgl. Online-Anhang Tabelle 4A (Kapitel 5) »Selected Demographic and Economic Features of Female College Graduates: Class of 1961, Surveyed in Spring 1961, 1962, 1963, 1964, and 1968«.

45 Bei *Great Aspirations* handelt es sich um eine Stichprobe, die rund 36 000 Studierende in ihrem Abschlussjahr 1961 von 135 verschiedenen Colleges und Universitäten in allen US-Bundesstaaten (darunter 13 000 Frauen) erfasste. Die Folgebefragungen wurden bis 1964 jährlich und dann noch einmal im Jahr 1968 durchgeführt. Im Jahr 1964 wurde ein gesonderter Anhang für Frauen hinzugefügt. In den Folgebefragungen reduziert sich die Gruppe, doch im Großen und Ganzen bleibt die Stichprobe vergleichsweise umfangreich.

46 Vgl. Davis (1964).

47 Wie schon im Jahr 2018 wurden alle Materialien der Befragungen von 1961 bis 1968 von mir und meinen wissenschaftlichen Mitarbeiterinnen und Mitarbeitern entdeckt und gesammelt. Der Ursache, warum *Great*

Aspirations 50 Jahre lang ungenutzt in den Akten schlummerte, kann dem Quellenanhang (Kapitel 5) »Datensatz *Great Aspirations*« entnommen werden.

48 Im Frühjahr 1961 gaben lediglich neun Prozent der Frauen an, sie würden nach ihrem Abschluss »Hausfrau« sein. 46 Prozent sagten, sie planten »eine Vollzeitkarriere«, und 25 Prozent hatten vor, ihre Ausbildung mit oder ohne Berufstätigkeit weiterzuverfolgen.

49 Vgl. Online-Anhang Tabelle 4A (Kapitel 5) »Selected Demographic and Economic Features of Female College Graduates: Class of 1961, Surveyed in Spring 1961, 1962, 1963, 1964, and 1968«.

50 In der Folgebefragung von 1962 gaben lediglich 20 Prozent an, dass sie sich auf ein Leben als Hausfrau einstellten, und 28 Prozent gaben zu Protokoll, dass sie erwarteten, Hausfrau mit gelegentlicher Erwerbstätigkeit zu sein. Die restlichen 52 Prozent der Befragten erwarteten, irgendwann berufstätig zu sein.

51 Nach drei Jahren waren 67 Prozent des 1961er-Abschlussjahrgangs verheiratet, und 63 Prozent der Verheirateten hatten Kinder.

52 Die Daten zu den weiterführenden Abschlüssen des 1961er-Jahrgangs wurden den verschiedenen Wellen der National Survey of College Graduates von 1993 bis 2015 entnommen. Diesen Daten ist zu entnehmen, dass rund 50 Prozent der Männer und 40 Prozent der Frauen, die um 1961 ihren Bachelorabschluss gemacht haben, tatsächlich einen akademischen oder fachlichen Abschluss erzielten. Die *Great-Aspirations*-Befragung im Frühjahr 1962 gibt 15 Prozent der Frauen und 27 Prozent der Männer an, doch das wären weniger als die Zahl, die in jenem Jahr ein weiterführendes Studium belegt hatten.

53 Diese Daten sind höher als die in Abbildung 5.1, die aus der General Social Survey (GSS) für alle Befragten stammen, und würden dementsprechend höher ausfallen als für Menschen mit Collegeabschluss in der GSS. Ein Grund dafür ist, dass die GSS-Daten mehr als 20 Jahre nach der Datenerhebung von *Great Aspirations* erfasst wurden. Ein weiterer besteht darin, dass die GSS-Antworten binär sind, doch ich habe diejenigen aus *Great Aspirations*, die »stark« und »milde« zustimmten, zusammengefasst.

54 Die Zitate in diesem und im folgenden Absatz stammen aus den Originaldokumenten der Befragung von 1964 im Nationalarchiv. Vgl. Quellenanhang (Kapitel 5) »Women's Bureau 1957 Survey and 1964 Resurvey«.

6 Die stille Revolution

1 Die Gesetze waren ein Überbleibsel eines US-Bundesgesetzes, das im Jahr 1873 verabschiedet und als »Comstock Act« bekannt wurde (tatsächlich handelte es sich um den Act of the Suppression of Trade in, and Circulation of, Obscene Literature and Articles of Immoral Use, zu dt. »Gesetz zur Unterdrückung des Handels und der Zirkulierung von obszöner Literatur und Artikeln unmoralischer Verwendung«). Das Gesetz an sich war ziemlich unbedeutend, doch es diente als Brennstoff, um eine Reihe »Comstock«-Gesetze zu verabschieden, die unter anderem den Verkauf von Verhütungsmitteln an unverheiratete Personen verboten. Es wurde im Jahr 1974 durch ein Gerichtsurteil aufgehoben (*Baird v. Lynch* im Wisconsin Federal District Court).

2 Goldin und Katz (2002) verhandelt die Jahre der Gesetzesänderungen auf bundesstaatlicher Ebene. Diese Frauen konnten von Rechts wegen zwar die Pille bekommen, doch einige waren vollkommen vom Gesundheitssystem der Colleges und Universitäten abhängig und erhielten sie dadurch möglicherweise nur unter erschwerten Bedingungen.

3 Am 21. Juli 2020 berichtete die *New York Times*, dass »Planned Parenthood of Greater New York den Namen Margaret Sangers, eine der Gründerinnen der nationalen Organisation, aufgrund ihrer schändlichen Verbindung zur eugenischen Bewegung aus dem Gesundheitsklinikum in Manhattan entfernen wird«.

4 Katharine Dexter war die erste Frau, die an der MIT einen Bachelorabschluss in Biologie machte.

5 Die National Organization for Women (NOW) wurde im Jahr 1966 gegründet. Kurz darauf bildete sich eine ganze Reihe an Splittergruppen, darunter die NY Radical Women, die Chicago's Women's Liberation Union, die Women's Equity Action League und die Redstockings. Der Bruch mit der Dachorganisation ist überwiegend darauf zurückzuführen, dass die NOW radikalere Standpunkte rund um Sexualität, das Equal Rights Amendment (ERA) und reproduktive Rechte nicht genügend unterstützt hatte.

6 Laut der CPS hatten rund 90 Prozent der je verheirateten Frauen mit Collegeabschluss, die zwischen 1933 und 1942 geboren wurden, in ihren späten Dreißigern bereits Kinder.

7 Vgl. Smith und Hindus (1975). Für die Berechnungen des 18. und 19. Jahr-

hunderts haben die Autoren Aufzeichnungen zu Eheschließungen und Erstgeburten verbunden. Diese Daten werden mit großen Intervallen berechnet und sind ungenau. Einige Jahre (die 1770er, die 1890er, die späten 1950er) weisen höhere Raten vorehelicher Schwangerschaften auf und andere niedrigere. Obwohl es in den Schätzungen der Historiker viele Hochs und Tiefs gibt, ist die errechnete Zahl von 20 Prozent im Zeitraum von 1700 bis 1950 ein nachvollziehbarer Langzeitdurchschnitt. Für die zweite Hälfte des 20. Jahrhunderts haben die Autoren auf die in der CPS erfassten Daten von Eheschließungen und Geburten zurückgegriffen. Der Grenzwert für die Differenz beträgt etwa acht Monate. Jedwede Geburt innerhalb der ersten acht Ehemonate wird als voreheliche Schwangerschaft gewertet. In jüngeren Jahren ist die Zahl vorehelicher Schwangerschaften mit nachlassender Stigmatisierung vor allem bei Frauen mit niedrigem Bildungsniveau stark angestiegen.

8 Goldin und Katz (2002, Abbildung 6). Vgl. auch Finer (2007) für ähnliche Schätzungen, die auf denselben Quellen fußen. Dabei gilt es anzumerken, dass diese Zahlen das Medianalter angeben und nicht besagen, dass die gesamte Bevölkerung Geschlechtsverkehr hatte.

9 Rotz (2016) untersucht die Auswirkungen eines höheren Heiratsalters auf die Scheidungswahrscheinlichkeit.

10 Der Datenlage eines früheren Kapitels ist zu entnehmen, dass von den Frauen mit Collegeabschluss, die um 1940 geboren wurden, 19,7 Prozent im Alter von 37 Jahren und 17,9 Prozent in ihren Mittvierzigern noch kein Kind hatten. Das gibt Mary lediglich eine 9,4-prozentige Chance, je Mutter zu werden. Was die Ehe betrifft, so hatten 10,5 Prozent dieses Geburtsjahrgangs in ihren späten Dreißigern noch nie geheiratet, wohingegen es mit Ende 50 nur noch 7,4 Prozent waren. Damit hat sie eine 30-prozentige Chance, eines Tages zu heiraten. Beide Wahrscheinlichkeiten sind unabhängig voneinander an die Bedingung geknüpft, dass die Frauen im Alter von 37 noch nie verheiratet und kinderlos waren.

11 Ein ähnlicher Anstieg des Alters bei der ersten Eheschließung ist bei Frauen zu beobachten, die ein vierjähriges College besuchten, ohne ihren Abschluss zu machen.

12 Vgl. die Berechnung in Goldin (2006, Abbildung 9). Die Daten gelten für alle Frauen, nicht nur für die mit Collegeabschluss.

13 Warum die Scheidungsrate so stark anstieg, ist umstritten. Einige haben eingangs angenommen, es läge einzig und allein an den Gesetzesänderungen in den Sechzigern, die die Scheidung in vielen Bundesstaaten erleichterten und eine einseitige Scheidung ermöglichten. Andere vertraten wie das Coase Theorem den Standpunkt, dass rechtliche Angelegenheiten dabei keine Rolle spielen sollten. Die empirische Literatur zeigt auf, dass die Gesetzesänderungen unmittelbar nach ihrer Verabschiedung zu mehr Scheidungen führten, doch nach einem Jahrzehnt pendelte sich die Rate wieder auf ihrem ursprünglichen Niveau ein. Für eine Zusammenfassung der ganzen Debatte und eine empirische Analyse der kurzfristigen und langfristigen Auswirkungen von Gesetzesänderungen auf die Scheidungsrate vgl. Wolfers (2006).

14 Stevenson (2007) ermittelt die Auswirkungen des geänderten Scheidungsrechts, indem er das Verhalten von Paaren in ihren ersten Ehejahren in denselben Bundesstaaten vor und nach den Gesetzesänderungen vergleicht und zudem mit dem Verhalten von Paaren in Bundesstaaten in Relation setzt, die ihre Gesetze nicht geändert haben.

15 Die Verwendung der Anrede »Ms.« verbreitete sich schnell, stieß jedoch zunächst auf Widerstand, selbst bei der *New York Times*, die berichtete: »Die Erlöse des Dinners [anlässlich Gloria Steinems fünfzigstem Geburtstag] gehen an die Ms. Foundation … die das Magazin *Ms.* herausgibt, für das Miss Steinem als Herausgeberin tätig ist« (*New York Times*, 24. Mai 1984, S. C10). Zwei Jahre später änderte die Zeitung ihre Anredepolitik: »Von heute an wird *The New York Times* ›Ms.‹ als Anrede verwenden« (*New York Times*, 20. Juni 1986, S. B1).

16 Das Thema wird in Goldin und Shim (2004) näher erörtert. Zugrunde liegende Daten stammen aus dem Modeteil der *New York Times*, aus Jahrestreffenbüchern verschiedener Colleges und dem Geburtsregister von Massachusetts. In den Neunzigern ging der Anteil der frisch verheirateten Frauen, die ihren Geburtsnamen behielten, aus nicht erkennbaren Gründen zurück.

17 Goldin, Katz und Kuziemko (2006).

18 Der 26. Zusatzartikel zur Verfassung der Vereinigten Staaten, der 1971 ratifiziert wurde, gewährte allen Bürgern ab 18 das Wahlrecht und senkte somit die Volljährigkeit auf dieses Alter. Es hatte zuvor Druck gegeben, als während des Vietnamkriegs der Spruch »Wer alt genug ist zu kämpfen, ist auch alt genug zu wählen« aufkam. Ursprünglich stammte dieser Schlachtruf aus dem Zweiten Weltkrieg, und noch vor 1971 senkten mehrere Staaten vor den Wahlen auf Bundes- und regionaler Ebene das Mindestalter auf 18.

19 Bailey (2006, 2010) untersucht, wie sich die Pille auf die Fertilität auswirkte. Wenngleich die Pille den Frauen die Wahl ließ, ob sie schwanger werden wollten, fiel die Geburtenrate kaum – wenn überhaupt. Vielmehr hatten Paare die Möglichkeit, den Zeitpunkt für die Familiengründung festzulegen.

20 Goldin und Katz (2002) beschreiben das Modell, wonach durch die sich etablierende Pille das Heiratsalter für eine erste Ehe stieg, und belegen den zeitlichen Verlauf hinsichtlich der Verbreitung der Pille unter jungen Frauen.

21 E-Mail von Betty Clark, Erdölgeologin, an Brad DeLong (September 2010), als sie, »nachdem [sie] den Webcast der Universität in Berkeley entdeckt hatte, aus Versehen in [seine] Einführungsvorlesung Wirtschaft gestolpert war«. Persönliche Korrespondenz von Brad DeLong. Hervorhebungen im Original.

22 Collins (2009) kommt in ihrem umfangreichen und fesselnden Buch zu demselben Schluss.

23 Siehe Goldin und Mitchell (2017) zu den Veränderungen der Erwerbstätigkeit von Frauen seit den Sechzigern.

24 March Current Population Survey, weiße nichthispanische Frauen. Die Rate der erwerbstätigen Frauen mit Kleinkind stieg von 0,20 im Jahr 1973 auf 0,62 im Jahr 2000 und hält sich seitdem ungefähr auf diesem Niveau.

25 Die tatsächliche Beschäftigungsquote für 35-jährige Frauen lag 1978 bei 56 Prozent. Die Beschäftigungsquote von Frauen stieg an, doch die Erwartungen der jüngeren Gruppe stiegen weitaus höher, und ihre neuen Vorstellungen spiegelten sich später in ihrer Beschäftigung wider. Man beachte, dass sich in allen Altersgruppen der Umfrageteilnehmerinnen die Erwartungen hinsichtlich der Erwerbstätigkeit veränderten. 14-Jährige antworteten auf diese Frage fast genauso wie 18-Jährige.

26 Die Ethnografin Mirra Komarovsky (1985) hat 1979 Studienanfängerinnen befragt und sie in einem späteren Semester, 1983, erneut interviewt. »Ich wäre nicht gerne …«, S. 172; »Meine Mutter hat nie gearbeitet …«, S. 173; »Als ich im Teenageralter war …«, S. 139; »Ich habe mir oft gewünscht …«, S. 148–149.

27 Die Daten zur tatsächlichen Erwerbsquote stammen aus der CPS und beziehen sich auf verheiratete weiße Frauen im Alter von durchschnittlich 34 bis 36 Jahren. Die Angabe von 30 Prozent für ihre Mütter gilt für 1962. Die Daten aus den beiden NLS-Erhebungen beziehen sich auf weiße Frauen, da die Stichprobe der schwarzen sehr klein ist.

28 Siehe zu den Frauen mit Collegeabschluss Goldin und Mitchell (2017).

29 Goldin, Katz und Kuziemko (2006) zeigen, dass unter den weiblichen Teenagern vor dem Collegealter (die 1968 zwischen 14 und 18 Jahre alt waren) diejenigen, die angaben, dass sie mit 35 erwerbstätig sein würden, eine um 14,3 Prozentpunkte höhere Collegeabschlussquote aufwiesen als diejenigen, die angaben, mit 35 »zu Hause bei der Familie« zu sein. In der ersten Gruppe lag die durchschnittliche Abschlussquote bei 32,8 Prozent, bei letzterer waren es im Schnitt 18,5 Prozent.

30 Der relative Anstieg der Mathematik- und Naturwissenschaftskurse und der Ergebnisse von Mathematik- und Leseeignungstests stammt aus einem Vergleich der NLS-72 und der NELS-88 (NLS = National Longitudinal Study; NELS = National Education Longitudinal Study). Die Änderungen stimmen auch mit dem überein, was beim National Assessment of Educational Progress (NAEP) beobachtet wurde, wenngleich sie etwas deutlicher ausfallen, sowie auch bei den Transkript-Studien des US-Bildungsministeriums. Siehe Goldin, Katz und Kuziemko (2006).

31 Die Berechnung beinhaltet die Konstruktion eines einfachen Index der Ungleichheit für männliche und weibliche Studienschwerpunkte bei Studienabschluss. Siehe Goldin 2005.

32 Für diese Berechnung wurden Daten (auch bekannt als Astin-Daten) vom Higher Education Research Institute (HERI) zu den Karrierevorstellungen von Collegeanfängern verwendet, um einen Index der Ungleichheit zu erstellen. Von 1985 bis 2015 blieb der Index bei etwa 25 Prozent, war aber von 50 Prozent Ende der 1960er-Jahre gesunken.

33 Siehe Online-Anhang Tabelle 2A (Kapitel 5) »Fraction of Female Graduates in Selected College Majors by Year of College Graduation«.

34 1982 belegten 17 Prozent der Männer einen der beiden Bereiche als Hauptfach und 34 Prozent der Frauen.

35 Bei den Männern gab es einen Anstieg von 24 Prozent im Jahr 1967 auf 28 Prozent 1982. Frauen belegten im Bereich BWL öfter die Fächer Buchhaltung, Personalwesen und Marketing; Männer eher Finanzkurse.

36 Ein weiterer Beleg dafür, dass hier rechtliche und gesellschaftliche Aspekte eine Rolle spielten, ist, dass sich die Erfahrung, vor allem für die Frauen der Gruppe Drei, auszahlte. Von den 1970er- bis zu den 1980er-Jahren zahlte sie sich finanziell für Frauen deutlich mehr aus als für Männer, wenn man ihre Bildung berücksichtigt. Siehe zu dieser sich stärker auszahlenden Erfahrung Blau und Kahn (1997), Olivetti (2006) sowie O'Neill und

Polachek (1993). Olivetti zeigt für einen etwas längeren Zeitraum (er vergleicht die 1970er- und die 1990er-Jahre), dass die Erträge von Frauen um etwa 25 Prozent und die von Männern um sechs bis neun Prozent gestiegen sind.

37 Selbst *innerhalb* der Kohorten stieg das Einkommen der Frauen im Verhältnis zu dem der Männer. Das deutet darauf hin, dass sich der Wandel auch auf diejenigen im mittleren Alter ausgeweitet hat und zumindest teilweise durch Veränderungen auf dem Arbeitsmarkt oder durch Antidiskriminierungsgesetze ausgelöst wurde.

38 Siehe Goldin und Katz (2018).

39 Siehe Rubin (1994), S. 81, 83. 20 Jahre zuvor hatte sie eine ähnliche Studie durchgeführt. Ihre spätere Arbeit bezieht sich vergleichend darauf.

40 O'Neill und Polachek (1993) analysieren den Anstieg des relativen Einkommens von Frauen und kommen zu dem Ergebnis, dass sich der Unterschied zu einem größeren Teil auf die sich auszahlende Erfahrung zurückführen lässt als auf die mehr Jahre Berufserfahrung. Sie erklären die sich auszahlende Erfahrung jedoch nicht mit einer besseren Vorbereitung auf den Arbeitsmarkt oder einer besseren Behandlung auf dem Arbeitsmarkt.

41 Diese Daten sind sehr verlässlich und stammen aus den June Fertility Supplements der Current Population Survey.

7 Revolution mit Unterstützung

1 Unfruchtbarkeit und der Versuch, eine Familie zu gründen, waren Themen in *Friends* und *Sex and the City*, zwei sehr bekannten Serien, die Ende der 1990er und Anfang der 2000er liefen. In *Friends* heiraten die Charaktere Monica und Chandler und haben Probleme, ein Kind zu bekommen. Schnell finden sie eine Leihmutter, die ihnen im Lauf der Serie ein Kind gebärt. Auch Charlotte aus *Sex and the City* hat Probleme, schwanger zu werden. Der Netflix-Film *Private Life* (2018) handelt von einem Ehepaar, dessen Leben vollkommen durch die Unfruchtbarkeit und deren Behandlungen bestimmt wird. Ein weiteres Beispiel ist der Film *Plan B für die Liebe*, in dem Jennifer Lopez eine Frau spielt, die durch künstliche Befruchtung schwanger wird und dann den perfekten Mann trifft. Jennifer Aniston bekommt in *Umständlich verliebt* (2010) per Samenspende ein Kind, wobei die Spende von jemand anderem als gedacht stammt. Und so weiter und so fort. Die kollektiven Sorgen der Gruppe Fünf zeigen sich ganz deutlich in diesen Unterhaltungssendungen.

2 Siehe Abbildung 2.3. Hinzu kommen 1,7 Prozentpunkte der bis zu 45-Jährigen mit Adoptivkind, berechnet anhand der American Community Survey (ACS) für Frauen, die um 1955 geboren wurden. (Berechnungen ergeben fast dasselbe für die Gruppe, die zwischen 1965 und 1969 geboren wurde.) Demnach haben 26,3 Prozent (28 – 1,7) der um dieses Jahr geborenen Frauen kein Kind bekommen oder adoptiert.

3 Zu Elternurlaubsregelungen von Firmen siehe Goldin, Kerr und Olivetti (2020).

4 Komarovsky (1985) stellt fest, dass die Antworten, die sie in ihrer Studie von einer Abschlussklasse Jahrgang 1983 erhielt, sich sehr von denen unterscheiden, die sie zuvor erfasste. Ganze 85 Prozent der Absolventinnen gaben an, 15 Jahre nach ihrem Abschluss Karriere und Familie haben zu wollen, während die Anzahl bei früheren Befragungen am selben College – die zugegebenermaßen 40 Jahre zurücklagen – weitaus niedriger war.

5 Der leitende wissenschaftliche Mitarbeiter John Bongaarts vom Population Council kritisierte verschiedene Aspekte der französischen Studie, vor allem aber die Schlussfolgerung, man solle Frauen dahingehend beraten, früher mit dem Kinderkriegen anzufangen. Siehe *New York Times*, 21. März 1982. Der ursprüngliche Artikel zur französischen Studie über Fruchtbarkeit an 2193 Frauen erschien am 18. Februar 1982 in der *New York Times*.

6 Manning, Brown und Stykes (2015) auf Grundlage der Daten der National Survey of Family Growth zu den Geburtenraten von 2009 bis 2013. Demnach waren drei Prozent der Collegeabsolventinnen zum Zeitpunkt, als sie Mütter wurden, weder verheiratet noch in einer Partnerschaft.

7 Der *New Physician* von der *American Medical Student Association* berichtete von circa 1100 Geburten in den USA im Jahr 1962 nach künstlicher Befruchtung, so die *New York Times* am 8. Dezember 1962.

8 So in einem Artikel von Georgia Dullea beschrieben, *New York Times*, 9. März 1979.

9 Unter Verwendung der Suchmaschine des National Center for Biotechnology Information der US National Library of Medicine. Es wurden alle Artikel gezählt, die die Wörter »human«, »female« und »infertility« enthalten, und der Nenner war durch die Anzahl der Artikel mit dem neutralen Wort »Januar« gegeben; daher sind die relativen Zahlen im Zeitverlauf genauer

als die absoluten Zahlen. Die Artikel im ersten Aufwärtstrend zum Thema Unfruchtbarkeit beziehen sich auf das Thema Alter. Bei der zweiten, weitaus größeren Welle ging es um Fruchtbarkeitsbehandlungen.

10 Auf den fünffachen Wert kommt man bei Google Ngram (mit den Begriffen infertility + IVF) mit dem Korpus »American English 2009«. Die Zahlen steigen ab circa 1970 an, nach 1980 jedoch in weitaus größerem Umfang.

11 Diese Daten ergeben sich aus einer Suche aller Artikel, die die Wörter »female« oder »woman« sowie »infertility« enthalten, geteilt durch alle Artikel, in denen das Wort Januar vorkommt. Januar wird hierbei als neutrales Wort verwendet, um die Gesamtzahl und Länge der Artikel zu skalieren.

12 Der Höhepunkt war zwischen 1986 und 1987 erreicht, als ein wissenschaftlicher Artikel des Ökonomen und Demografen David Bloom erschien, in dem er nachwies, dass Frauen, die vor dem Alter von 22 Jahren Kinder bekamen, später weniger verdienten als Frauen, die erst mit 27 Mutter wurden. Bloom und sein Mitautor James Trussell hatten auch ausführlich über die Themen Kinderlosigkeit und späte Elternschaft geschrieben, auch zusammen mit Anne Pebley. Bloom hatte außerdem mit Neil Bennett einen umstrittenen Artikel über die Folgen später Heirat verfasst. All diese Texte zu den Folgen später Elternschaft wurden vielfach zitiert.

13 Menken, Trussell und Larsen (1986) erörtern die zahlreichen Verzerrungen in den aktuellen Daten zur Unfruchtbarkeit und kommen zu dem Schluss, dass die tatsächliche Sterilität niedriger ist als in den meisten Schätzungen (wahrscheinlich sechs Prozent mit Anfang 20 und 16 Prozent mit Anfang 30). Der Anteil von Paaren, die Schwierigkeiten beim Kinderkriegen haben, liegt höher.

14 Siehe *Boston Women's Health Book Collective* (1970).

15 Siehe *Boston Women's Health Book Collective* (1984), S. 420.

16 Daten aus den CPS June Fertility Supplements. Gruppe Vier setzt sich aus Collegeabsolventinnen zusammen, die zwischen 1948 und 1957 geboren wurden; Gruppe Fünf sind Collegeabsolventinnen Geburtsjahrgang 1960 bis 1985.

17 Hierfür wurden die Mikrodaten des CPS June Fertility Supplement analysiert (von 1973 bis 2018). Als höhere Abschlüsse gelten diejenigen über dem Master.

18 Von den zwischen 1949 und 1953 geborenen Frauen mit höherem Abschluss (Medizin, Jura usw.) oder Doktortitel hatten im Alter von 40 bis 44 Jahren 39 Prozent kein Kind (das zu Hause lebte), wie aus den Mikrodaten der National Survey of College Graduates (1993 bis 2017) hervorgeht. Bei den Frauen, die nach 1969 geboren wurden, sinkt der Wert jedoch auf 22 Prozent.

19 Bitler und Schmidt (2012) untersuchen die Auswirkungen von staatlichen Vorschriften, wonach private Krankenversicherungen verschiedene Kinderwunschbehandlungen finanzieren müssen. Ihre Analysen ergaben, dass in den fünf Staaten mit vorgeschriebenem Versicherungsschutz ältere und Frauen mit höherem Bildungsgrad sehr viel häufiger derlei Behandlungen in Anspruch nahmen. Siehe ihre Tabelle 1 für die Jahre, in denen die bundesstaatlichen Gesetze erlassen wurden, was größtenteils Ende der Achtziger stattfand.

20 Im Vergleich von Gruppe Vier und Fünf nimmt man an, dass keine Frau in der früheren Gruppe ihr erstes Kind mithilfe von Reproduktionstechnologie bekommen hat. Daher sind die 50 Prozent die Obergrenze. Für die Berechnung werden reale Daten zu Geburten von der zum Gesundheitsministerium gehörenden Behörde CDC verwendet, die jedoch erst 2011 beginnen. Meinen Schätzungen zufolge wurde bei 20 000 der 550 000 ersten Kinder von Frauen mit Collegeabschluss, die um 1976 geboren wurden, »etwas nachgeholfen«, also bei 3,6 Prozent. Wenn 80 Prozent aller um 1976 geborenen Frauen mit Collegeabschluss ein erstes Kind bekommen haben, aber 74 Prozent der um 1956 Geborenen ein Kind bekamen, dann »erklären« diese 20 000 die 50 Prozent des Unterschieds. Wenn die frühere Geburtenkohorte ein Viertel Mal so häufig auf Reproduktionsmedizin zurückgegriffen hat wie die späteren Generationen (sagen wir für 5000 Geburten), dann würde die künstliche Befruchtung 37 Prozent erklären.

21 Siehe Quellenanhang (Kapitel 7), »Erfolg in Karriere und Familie«.

22 Die Berechnungen basieren auf der NLSY97.

23 Office of History and Preservation, Office of the Clerk, US House of Representatives (2008), S. 596. Zitat aus einem Interview, das Marian Burros, *New-York-Times*-Kolumnistin im Bereich Kulinarisches, mit der Abgeordneten Clayton führte. Es erschien unter dem Titel »Rep. Mom«, *Chicago Tribune*, 20. Juni 1993.

24 Tatsächlich waren die Frauen der Gruppe Drei sogar etwas jünger, wenn man die mögliche Zeitspanne für die Wahl berücksichtigt. Dafür habe ich eine Gruppe Drei definiert, die dem Zeitraum von Gruppe Vier entsprach (Geburtenjahrgänge 1930 bis 1943), deren Möglichkeiten, in den Kongress gewählt zu werden, ich jedoch nur bis 2005 miteinbezog. Somit hatten sie jahresmäßig dieselben Chancen wie Gruppe Vier, in den Kongress einzuziehen. So lassen sich Gruppe Drei und Vier vergleichen. Das Ergebnis zeigt ein Durchschnittsalter der Gruppe Drei bei der Wahl von 51,9 Jahren, bei Gruppe Vier 52,7.

25 Um die Gruppen Vier und Fünf vergleichen zu können, habe ich die Gruppe Vier mit den Jahrgängen 1944 bis 1957 beibehalten, aber eine Gruppe Fünf mit der gleichen Spanne gebildet, mit den Geburtenjahrgängen zwischen 1958 und 1971. Ich habe mir ihr Alter beim ersten Mal, als sie in den Kongress gewählt wurden, angeschaut, setzte aber die Obergrenze von 2005 für die Gruppe Vier. So kamen gleich viele Jahre auf die beiden Gruppen. Das Durchschnittsalter der Gruppe Fünf liegt bei 48 Jahren und das der Gruppe Vier bei 47,1.

26 2018 wurden 33 Frauen neu ins Repräsentantenhaus gewählt, drei in den Senat. Außerdem zog nach einer Sonderwahl 2019 eine weitere Frau in den Senat ein. 1992 war das Jahr mit dem zweithöchsten Frauenanteil; 24 Frauen wurden neu ins Repräsentantenhaus gewählt, vier in den Senat. Fast gleichauf mit diesem Spitzenwert lag das Jahr 2020, als 26 Frauen ins Repräsentantenhaus kamen und eine in den Senat einzog. Sowohl 2018 als auch 1992 galten als »Jahr der Frau«. Der 117. Kongress, Legislaturperiode 2021 bis 2023, verfügte mit mehr als 140 über eine Rekordzahl an Frauen.

27 Siehe Quellenanhang (Kapitel 7), »Harvard and Beyond Project«. Siehe für weitere Informationen zu dem Projekt auch Goldin und Katz (2008a) sowie https://scholar.harvard.edu/goldin/pages/harvard-and-beyond-project.

28 Siehe Bertrand, Goldin und Katz (2010).

8 Lückenbüßerinnen

1 Ledbetter und Isom (2012), S. 115. Viele Details aus diesem Abschnitt habe ich dieser Autobiografie entnommen.

2 *»By the fall of 2005, the Eleventh Circuit Court of Appeals […] reversed* *the jury verdict, stating that my case was filed too late«* (Ledbetter und Isom 2012, S. 202).

3 550 U. S. ____ (2007) Ginsburg, J., Widerspruch, Supreme Court of the United States No. 05–1074, *Lilly M. Ledbetter, Petitioner v. The Goodyear Tire & Rubber Company, Inc.*, 29. Mai 2007, S. 19.

4 Der Gender-Earnings-Gap pendelt sich ein und verringert sich dann etwas. Dieser Zeitpunkt kommt für die früheren Kohorten der College-absolventinnen schneller, was wohl daran liegt, dass sie früher Kinder bekommen haben. Bei den späteren Kohorten sehen wir diese Verringerung, wenn sie älter sind, was höchstwahrscheinlich daran liegt, dass diese Collegeabsolventinnen sehr viel später Mütter wurden.

5 Der Einkommensunterschied zwischen den Geschlechtern wird oft mathematisch in Logarithmen ausgedrückt, und der Quotient ist in Logarithmen gesprochen eine Differenz. Das liegt daran, dass der Logarithmus des Quotienten sich als Differenz der Logarithmen darstellt.

6 Siehe Pew Research (2017).

7 Siehe zu Organisationen und ihrem Vorgehen gegen Vorurteile Bohnet (2016).

8 Ausgelöst wurde das Ganze von einem rassistischen Vorfall in Philadelphia. Zu Starbucks siehe https://www.vox.com/identities/2018/5/29/17405338/starbucks-racial-bias-training-why-closed.

9 Goldin und Rouse (2000).

10 Mehr Informationen zur Verhandlungsinitiative des Bürgermeisterbüros von Boston siehe unter: https://www.boston.gov/departments/womens-advancement//aauw-work-smart-boston#about-the-workshops.

11 Einzelheiten zum Gesetz siehe unter: https://www.mass.gov/info-details/learn-more-details-about-the-massachusetts-equal-pay-act. Das Gesetz schreibt auch gleiche Bezahlung bei vergleichbarer Arbeit vor – ein kompliziertes Konzept.

12 Berufliche Unterschiede zwischen den Geschlechtern werden mit einem Konstrukt gemessen, das auch »Index der Unterschiede« heißt: $I = \frac{1}{2}\Sigma_i |m_i - f_i|$, wenn m_i (f_i) der Anteil der männlichen (weiblichen) Erwerbstätigen in jedem der *i* Berufe des Marktes ist. Wenn Männer und Frauen gleichmäßig auf die Bereiche verteilt sind, ist der Index gleich 0. Er gibt den Anteil der weiblichen (oder männlichen) Arbeitskräfte an, die für eine Gleichverteilung nach Geschlechtern den Beruf wechseln müssten. Wenn es keine beruflichen Überschneidungen gibt, dann ist der Index 1, und alle Frauen (oder alle Männer) müssten den Beruf wechseln. Zu beachten ist, dass zur Berechnung des Anteils der Frauen (bzw. Männer) in jedem Beruf Informationen über die Gesamtzahl der männlichen und weiblichen Erwerbsbevölkerung notwendig sind. Wenn die Anzahl der Männer und Frauen gleich ist, wäre der Anteil der Frauen in Beruf i gleich $[f_i/(m_i + f_i)]$.

13 Goldin (2014a) bringt Belege aus einer großen Anzahl von Firmenerhebungen von 1939 darüber, welche Berufe Frauen und welche Männern vorbehalten waren und wie diese oft komplizierten Beschränkungen begründet wurden. Männer durften oft in niederen Positionen wie »Botenjunge« arbeiten, die Frauen verwehrt blieben. Frauen durften oftmals auch höhere Stellen antreten, z. B. als Stenografin, die Männern nicht zugänglich waren.

14 Es gibt viele Möglichkeiten, den Index der Unterschiede zu berechnen. Siehe zum Beispiel Hegewisch und Hartmann (2014) für einen zeitlichen Trend des Indexes zwischen 1972 und 2011.

15 Siehe Goldin (2014). Bei einer Regression würden circa 22 bis 30 Prozent der Lücke verschwinden. Die kleinere Zahl gilt für alle Erwerbstätigen, die höhere für alle Collegeabsolventen bei einer Regression, die Variablen wie das Alter in der vierten Potenz, Bildungskategorien, Arbeitsstunden und -wochen sowie eine weibliche Dummy-Variable enthält. Es werden weitere Dummys für die Berufe hinzugefügt; die Schätzung ist die Veränderung des Koeffizienten für den Frauenanteil. Würde man stattdessen das einfachere Experiment durchführen und auf die Frauen die männliche Berufsverteilung oder auf die Männer die weibliche anwenden, würde sich der Abstand für die Gruppe der Hochschulabsolventen um 30 bis 40 Prozent verringern.

16 Das statistische Bundesamt der USA führt ungefähr 500 Berufe auf. Manche davon sind streng definiert, andere weiter gefasst. »Arzt« ist eine grobe Kategorie, die alles von Chirurgie bis Psychiatrie umfasst. Ein »Anwalt« könnte in einer großen Firma arbeiten, in einer kleinen Kanzlei, in der Regierung, als Justiziar in einem Unternehmen, um nur einige Felder zu nennen. Will sagen, ein Beruf kann vielerlei Gestalt annehmen und sich in verschiedensten Jobs niederschlagen.

17 Das Durchschnittseinkommen würde stärker dadurch beeinflusst, dass es bei den Einkommen von Männern im Vergleich zu dem von Frauen mehr außergewöhnlich hohe Werte gibt. Da in der CPS die Verdienste gedeckelt werden, sind extrem hohe Einkommen für die Berechnung von geringerer Bedeutung.

18 Siehe Goldin und Katz (2008).

19 Blau und Kahn (2017), Tabelle 4, geben Schätzungen des Lohngefälles für 1980 und 2010 und den Teil der Differenz an, der sich durch Unterschiede in der Ausbildung und der Berufserfahrung erklären lässt. Im Jahr 1980 betrug der geschlechtsspezifische Einkommensunterschied 0,62, und 29 Prozent konnten durch Unterschiede in der Ausbildung und Berufserfahrung erklärt werden, was Ökonomen als Faktoren des »Humankapitals« bezeichneten. Ganze 52 Prozent konnten durch Unterschiede beim Humankapital und die Berufe und Branchen der Erwerbstätigen erklärt werden. 2010 hatte sich der Unterschied auf 0,79 verringert, und nur 15 Prozent konnten auf Faktoren aus dem Bereich »Humankapital« zurückgeführt werden. Ihren Schätzungen zufolge lässt sich 2010 ein größerer Anteil als 1980 auf Beruf und Branche zurückführen. Die wichtigste neue Erkenntnis ist hier, dass ein viel kleinerer Teil des Verdienstunterschieds im Jahr 1980 auf Faktoren aus dem Bereich »Humankapital« zurückzuführen ist als 2010. Wichtig ist, dass diese Schätzungen für alle Erwerbstätigen gelten, nicht nur für diejenigen mit Collegeabschluss.

20 Blau und Kahn (2017), Tabelle 2, führen die durchschnittlichen Arbeitsjahre in Vollzeit und für mindestens 26 Wochen für Männer und Frauen zwischen 25 und 64 in der Panel Study of Income Dynamics (PSID) auf. Männer waren 1981 fast sieben Jahre länger erwerbstätig als Frauen, 2011 nur noch 1,4 Jahre länger.

21 Siehe dazu die ausführlichen Untersuchungen von Muriel Niederle, zum Beispiel Niederle und Vesterlund (2007).

22 Hier muss erwähnt werden, dass die Verhältnisse beim geschlechterspezifischen Einkommensunterschied (in Abbildung 8.2.) im Grunde die Verhältnisse auf Basis der Mittelwerte sind, welche geringer ausfallen als die auf Basis der Mediane. Das Verhältnis der Mediane wurde zuvor dargestellt, weil es ein Standardmaß ist, das sich durch sehr hohe Einkommen nicht extrem verändert.

23 Wie bei Goldin (2014) tut sich die Einkommenslücke nicht weiter auf und geht, wenn Frauen in ihren Vierzigern oder Fünfzigern sind, etwas zurück, wobei das genaue Alter von der jeweils betrachteten Geburtengruppe abhängt.

24 Siehe für die Studie Bertrand, Goldin und Katz (2010). Marianne Bertrand ist Dozentin an der Booth School.

25 Die MBA-Stichprobe beinhaltet die Absolventen zwischen 1990 und 2006. Wir haben die Gruppe zusammengefasst, die ihren Abschluss 10 bis 16 Jahre zuvor machte. Bei der Analyse dieser Gruppe werde ich ihr Abschlussjahr als vor 13 Jahren angeben, nicht als vor 10 bis 16 Jahren. Wir befragten die Absolventen im Jahr 2006, und die University of Chicago Graduate School of Business stellte administrative Daten über die Studierenden zu ihrer Collegezeit und -aufnahme zur Verfügung.

26 Eine weitere Voraussetzung ist, dass Frauen nie länger als sechs Monate abwesend waren. Die dunklen Balken zeigen alle Frauen in der Probe relativ zu allen Männern. Die hellen Balken sind die Frauen, die bis zu diesem Punkt keine Kinder hatten. Daher verändert sich die Probe der hellen Balken mit der Zeit.

27 Es besteht anscheinend eine Positivauswahl der Frauen, die bald nach ihrem MBA-Abschluss Kinder bekamen und weiter arbeiteten. Das bedeutet, dass sie aus unbeobachtbaren und daher nicht messbaren Gründen eine höhere Wahrscheinlichkeit haben, mehr zu verdienen. Mit Kindern ist ihr Einkommen tatsächlich höher als das von Frauen ohne. Wenn mehr Frauen Kinder bekommen, werden die Einkommensunterschiede durch die Anforderungen der Mutterschaft dominanter.

28 Siehe Online-Anhang Abbildung 2A (Kapitel 8) »Ratio of Female to Male MBA Annual Earnings around 13 Years (10 to 16 years) since MBA Receipt«.

29 Die Abwesenheiten mussten dabei je länger als sechs Monate sein und beinhalten nicht bezahlten Mutterschaftsurlaub oder Elternzeit.

30 Dass Frauen mit MBA nach ihrem höchsten Abschluss im ersten Jahrzehnt ihrer Berufstätigkeit länger bei der Arbeit aussetzen, können wir der Studie Harvard and Beyond entnehmen. Für allgemeine Informationen zu dieser Studie siehe Goldin und Katz (2008a). Aus dieser Studie geht hervor, dass unter den Harvard-Absolventen um 1980 97 Prozent der Ärzte, 94 Prozent der Doktoranden, 91 Prozent der Juristen sowie 87 Prozent der MBAs 15 Jahre nach ihrem Bachelorabschluss erwerbstätig waren. Kleine Abweichungen gibt es bei den Abschlussjahrgängen um 1990. (96 Prozent der Ärzte, 94 Prozent der Doktoranden, 87 Prozent der Juristen und 85 Prozent der MBAs).

31 Im Englischen etablierte sich für das Aussteigen der Begriff *»to opt out«*, nachdem Lisa Belkin 2003 einen Artikel im *New York Times Magazine* unter der Überschrift »The Opt-Out Revolution« (26. Oktober) verfasst hatte. Dem folgte eine Reihe akademischer Artikel, die die Behauptung entkräfteten, dass immer mehr Frauen ausstiegen, sowie weitere Artikel in der Zeit nach der großen Rezession, die argumentierten, dass es einen Zuwachs bei den Berufsausstiegen gegeben haben könnte.

32 Alle geschlechtsspezifischen Einkommensunterschiede in diesem Abschnitt sind um die Fähigkeiten zum Zeitpunkt des Abschlusses bereinigt. Mit Fähigkeiten sind Kurse und Noten an der Business School gemeint.

33 Siehe Cortés und Pan (2020), die zum Schluss kommen, dass zwei Drittel der Einkommenslücke insgesamt sich auf die geschlechterspezifisch unterschiedlichen negativen Auswirkungen der Elternschaft auf dem Arbeitsmarkt zurückführen lassen.

34 Für die Männer mit MBA in unserer Stichprobe lag das Medianjahresgehalt sieben Jahre nach dem Abschluss bei 200 000 US-Dollar pro Jahr. Die MBA-Männer aus der Stichprobe verdienten etwas mehr als die Ehemänner der MBA-Frauen. Das Einkommensniveau von 200 000 Dollar der MBA-Ehemänner beinhaltet ungefähr 40 Prozent der MBA-Frauen (abgefragte Jahre), die verheiratet waren und Kinder hatten.

35 Bertrand, Goldin und Katz (2010), Tabelle 9. Die Schätzungen beinhalten individuelle Fixed-Effects.

36 Bertrand, Goldin und Katz (2010), Tabelle 6.

37 Goldin, Kerr, Olivetti und Barth (2017).

38 Siehe Angelov, Johansson und Lindahl (2016) zu Schweden und Kleven, Landais und Søgaard (2019) zu Dänemark.

39 Das letzte verwendbare Geburtsjahr war 2002, da 15 Jahre notwendig waren, um die Auswirkungen der Geburt einzuschätzen.

40 Kleven, Landais und Søgaard (2019) analysieren auch den Einfluss der Großeltern, um die Übertragung von Gender-Normen über die Generationen einzuschätzen, welche dazu führen, dass ein Paar bei der Kindererziehung stärker auf Spezialisierung setzt als andere.

41 Unter Verwendung der Ergebnisse der Regressionsanalyse von Angelov, Johansson und Lindahl (2016), Tabelle 3, unter Berücksichtigung aller als relevant erachteten Kontrollvariablen, steigt der Jahresverdienst von Paaren um 0,279 Logarithmuspunkte (oder um 32 Prozent) 15 Jahre nach dem ersten Kind. Hatten Ehemann und Ehefrau vor der Geburt gleich viel verdient, bekam der Mann 15 Jahre später das 1,32-Fache des Einkommens seiner Frau. Demnach veränderte sich das Verhältnis zwischen dem Einkommen der Frau und dem des Mannes von 1 auf 0,76. Hätte der Mann vor der Geburt des ersten Kindes das 1,18-Fache des Gehalts der Frau bekommen, würde er jetzt das 1,56-Fache verdienen. In diesem Fall würde sich das Verhältnis zwischen weiblichem und männlichem Verdienst von 0,85 auf 0,64 verringern.

42 Siehe Kleven et al. (2019). Hier werden die negativen beruflichen Effekte durch die Elternschaft für viele Länder verglichen.

43 Pew Research (2012), N = 2,511.

44 Goldin und Katz (2008a) schätzen die Benachteiligung durch eine Auszeit ein, mit dem Standardwert von 18 Monaten 15 Jahre nach dem Collegeabschluss. Jemand mit MBA würde 60 Prozent verlieren, ein Jurist oder Doktor 71 Prozent, und ein Arzt würde mindestens 84 Prozent des Jahreseinkommens einbüßen.

45 Siehe Online-Anhang (Kapitel 8) »American Community Survey (ACS) Occupations and O*NET Sample«. Es wurden acht ACSs, 2009 bis 2016, verwendet. Ich habe Vollzeit und ganzjährig Erwerbstätige gewählt, um eine Vergleichbarkeit zwischen Männern und Frauen zu gewährleisten.

46 Es kommen wenige Berufe aus den Bereichen Produktion, Sicherheitsdienste oder Transport vor – was natürlich damit zusammenhängt, dass nur Collegeabsolventen miteinbezogen wurden.

47 Ich bezeichne den Bereich »Tech« als Ingenieurswesen, wobei Tech eigentlich auch die Felder Mathematik und Computer umfassen würde.

48 Tabelle 2A (Kapitel 8) des Online-Anhangs »O*NET Values and Gender Earnings Ratios« liefert die Mittelwerte (ungewichtet und gewichtet) für die O*NET-Merkmale und den log (geschlechterspezifisches Einkommensverhältnis) aus der Regressionsanalyse nach Berufsgruppe.

49 Die Eigenschaften von O*NET werden mithilfe eines vom US-Statistikamt erstellten Indexes gemessen, der sich aus verschiedenen Quellen speist, darunter auch Informationen von in dem Bereich Tätigen. Um einen einfachen Durchschnitt der Werte für jedes dieser Merkmale zu bilden, muss ich sie zunächst standardisieren (mit Mittelwert = 0 und Standardabweichung = 1), da jedes der Merkmale unterschiedlich gemessen wird und einige eine große und andere eine kleine Varianz haben.

50 Die Abbildung im Online-Anhang 1A (Kapitel 8) »Earnings Inequality and the Gender Earnings Gap« zeigt die Beziehung zwischen dem 90-10-Maß für männliche Einkommensungleichheit und die geschlechtsspezifische

Lohnlücke für jeden der 143 Berufe. Das 90-10-Maß ist der Jahresverdienst eines männlichen Erwerbstätigen am 90. Perzentil geteilt durch den eines männlichen Erwerbstätigen am 10. Perzentil. Die Statistik wird, wie in der Abbildung, im Allgemeinen als Logarithmus des Verdienstes am 90. Perzentil minus Logarithmus des Verdienstes am 10. Perzentil berechnet. Die verwendeten Einkommen sind die Residuen aus der Verdienst-Regressionsanalyse, die im Online-Anhang näher beschrieben wird. Das Maß für das geschlechtsspezifische Verdienstgefälle ist das gleiche wie an anderer Stelle in diesem Kapitel verwendet.

9 Der Fall der Rechtsanwältin und der Apothekerin

1 Die Angaben beziehen sich auf ganzjährig Beschäftigte in Vollzeit und wurden dem US-Zensus aus dem Jahr 1970 und der American Community Survey (ACS) von 2014–2016 entnommen. Vollzeit bezieht sich hier auf mindestens 35 Stunden Arbeitszeit pro Woche, die Arbeitszeiten der Männer liegen höher als die der Frauen.

2 Lepore (2018) merkt an, dass Frankfurter auch dann bei seiner Entscheidung blieb, als man ihm versicherte, dass Ginsburg keine »Hosen« trage.

3 Diese Ergebnisse stammen, wie auch andere in diesem Kapitel, aus nicht frei zugänglichen Daten über Juraabsolventinnen und -absolventen, die zu verschiedenen Zeitpunkten nach Erhalt ihres Abschlusses erhoben wurden. Vgl. Quellenanhang (Kapitel 9), »Forschungsdatensatz der University of Michigan Law School Alumni Survey«. Die Rohdaten zeigen, dass Juristinnen nach fünf Jahren 90 Prozent von dem verdienen, was ihre männlichen Kollegen erhalten. Sobald man jedoch die Arbeitszeit und die Berufserfahrung hinzuzieht, lässt sich kein Gehaltsunterschied mehr feststellen. Obwohl Frauen nach fünf Jahren zwar geringfügig weniger arbeiten, sind die Unterschiede in den geleisteten Arbeitsstunden gering.

4 Für die Arbeitszeiten vgl. Abbildung 9.1. Teilzeit wird hier wie üblich mit weniger als 35 wöchentlichen Arbeitsstunden definiert. Zur Erwerbstätigkeit vgl. Abbildung 9.2.

5 Man erinnere sich, dass fünf Jahre nach dem Abschluss 80 Prozent der Frauen mehr als 45 Stunden in der Woche arbeiteten, wie auch 90 Prozent der Männer.

6 Für den Wert 56 Prozent vgl. Tabelle 1A (Kapitel 9) im Online-Anhang »Earnings Equations for JDs: University of Michigan Law School Alumni Survey, Longitudinal Sample«.

7 Vgl. ebenfalls Azmat und Ferrer (2017), die in Bezug auf den Gender-Earnings-Gap unter Anwälten und Anwältinnen eine ähnliche Erklärung liefern. Dafür haben sie die Stichprobe der American Bar Association aus der »After the JD«-Studie von 2006 verwendet, die sechs Jahre nach Erhalt der Anwaltszulassung erhoben wurde. Ihre Ergebnisse unterstützen die These, dass Männer erfolgreicher sind, weil sie mehr Arbeitszeit aufwenden und einträglichere Klienten für sich gewinnen können. Allerdings können die Autoren die Anwälte und Anwältinnen lediglich bis zu dem Zeitpunkt sechs Jahre nach Erhalt der Anwaltslizenz untersuchen.

8 Die Regressionsergebnisse, welche die Schätzung von 81 Prozent und die von 56 Prozent liefern, befinden sich im Online-Anhang Tabelle 1A (Kapitel 9) »Earnings Equations for JDs: University of Michigan Law School Alumni Survey, Longitudinal Sample« und stammen aus Goldin (2014), Tabelle 1.

9 Die Ergebnisse zum Stundenlohn befinden sich im Online-Anhang Tabelle 1A (Kapitel 9) »Earnings Equations for JDs: University of Michigan Law School Alumni Survey, Longitudinal Sample«.

10 Die Wahrscheinlichkeit einer Partnerposition wird für alle Personen erhoben, die im fünften Jahr in Kanzleien gearbeitet haben. Die Berechnung berücksichtigt die im fünften Jahr geleisteten Arbeitsstunden, Variablen des akademischen Werdegangs, das Vorhandensein von Kindern im Jahr 15, eine Interaktion zwischen Kindern und einer weiblichen Person und eine weibliche Dummy-Variable.

11 Vgl. Online-Anhang Tabelle 1A (Kapitel 9) »Earnings Equations for JDs: University of Michigan Law School Alumni Survey, Longitudinal Sample«. Der Koeffizient weiblich im Rückgang des Stundenlohns ist nicht signifikant, wenn man die gleichzeitig geleisteten Arbeitsstunden hinzunimmt.

12 Interessanterweise entspricht der Median für männliche Anwälte nach 15 Jahren – ungefähr 200 000 Dollar (Dollarwert Stand 2007) – in etwa dem Mittelwert von Ehemännern von Anwältinnen. Da es bei der Verteilung des Einkommens unter Männern einige sehr hohe Werte gibt, weisen die Ehemänner einen niedrigeren Durchschnittswert auf als die statistischen Angaben für alle Anwälte und Anwältinnen. Außerdem

handelt es sich nicht bei allen Ehemännern um Anwälte. Der Median der MBA-Stichprobe lag ebenfalls bei 200 000 Dollar (Dollarwert Stand 2006).

13 Die geschlechtsspezifischen Verdienstverhältnisse beziehen sich auf den Median von ganzjährig in Vollzeit beschäftigten Frauen und Männern. Unter Verwendung der Koeffizienten aus meiner früheren Analyse, durch die Faktoren wie Arbeitsstunden, Wochen, Alter und andere konstant gehalten werden und sich die Mittelwerte zueinander ins Verhältnis setzen lassen, landet der Beruf des Rechtsanwalts unter 143 anderen Berufen auf dem 29. Platz von unten.

14 An dieser Stelle muss darauf hingewiesen werden, dass Couple Inequity ebenso bei gleichgeschlechtlichen Paaren auftreten kann und es auch tut. Für jedes Paar mit familiären Verpflichtungen ist es kostspielig, wenn sich beide für einen Arbeitsplatz mit flexiblen Arbeitszeiten entscheiden.

15 Der Wert »67 Cent für jeden Dollar ihrer männlichen Kollegen« bezieht sich auf den Median für Apothekerinnen, die im Jahr 1970 ganzjährig in Vollzeit arbeiteten, verglichen mit dem entsprechenden Medianeinkommen von Apothekern.

16 Der Wert von 94 Cent ist das Mittel zweier Schätzungen. Eine Analyse des Medians der ACS-Daten von 2014–2016 kommt auf einen Wert von 96 Cent. Die Regressionsanalyse aus einem der vorherigen Kapitel liefert einen Wert von 92 Cent.

17 Die Belege für diese Angaben finden sich in Goldin und Katz (2016), Tabelle 4.

18 Der Medianverdienst setzt sich aus den Löhnen und Gehältern sowie den Unternehmenseinkünften der 25-Jährigen bis 64-Jährigen zusammen, die ganzjährig in Vollzeit arbeiten. Die Daten entstammen dem US-Zensus der Jahre 1970, 1980, 1990 und 2000 und den Erhebungen der ACS von 2009–2010.

10 Auf Abruf

1 Für die Daten in Bezug auf den Frauenanteil unter den in jüngster Zeit absolvierten Abschlüssen an Professional Schools vgl. Abbildung 6.3. Der Frauenanteil unter Tierärzten, abhängig vom Alter der Personen, findet sich im Online-Anhang Abbildung 2A (Kapitel 10) »Veterinarian Fraction Female, Part-Time, and Owner by Age Group«. Die Daten sind beinahe ein

Jahrzehnt alt, weswegen der Frauenanteil der aktuellen Jahrgänge zu klein dargestellt wird.

2 CSEWP *Annual Reports* (aus verschiedenen Jahren). Es wurden nur akademische Institutionen einbezogen, an denen eine Promotion möglich war. In den Wirtschaftswissenschaften schwankt der Anteil der Doktortitel, die Frauen verliehen werden, seit 20 Jahren zwischen 30 und 35 Prozent.

3 Die Daten entstammen Ginther und Kahn (2004) und den CSEWP *Annual Reports* (aus verschiedenen Jahren) und gelten für Fakultäten mit Doktorandenprogrammen.

4 Ginther und Kahn (2004) verwenden Daten der National Science Foundation (NSF), die diese im Zuge ihrer Survey of Doctoral Recipients (SDR) erhoben hat, um zu zeigen, dass Frauen in verschiedenen akademischen Bereichen, darunter auch die Wirtschaftswissenschaften, seltener befördert werden als Männer.

5 Die größte Kategorie umfasst Unternehmen mit 100 oder mehr CPAs, und die kleinste bezieht sich auf solche mit zwei bis zehn CPAs. Die Wirtschaftsprüfungsunternehmen unterscheiden sich stark in ihren Mitarbeiterzahlen. Im Jahr 2016 gab es in den Vereinigten Staaten ungefähr 42 000 Wirtschaftsprüfungsunternehmen. Von diesen beschäftigten 41 600 weniger als 20 Angestellte. Dagegen waren bei den größten Unternehmen, bekannt als die Großen Vier (Deloitte, PWC, EY, KPMG), jeweils mehr als 3000 CPAs angestellt, außerdem beschäftigten sie noch viele weitere Mitarbeiter. Der Größte der vier (Deloitte) hatte mehr als 50 000 Angestellte, und KPMG, der Kleinste unter den Großen Vier, beschäftigte mehr als 30 000 Menschen. Die Beschäftigungszahlen enthalten auch Mitarbeiter anderer Abteilungen des Unternehmens, wie z. B. Unternehmensberatung. Die Großen Vier machen keine geschlechterspezifischen Angaben zu ihren Partnerschaftszahlen.

6 Die 21 Prozent und die anderen Zahlen zum Anteil weiblicher Partner in großen und kleinen Wirtschaftsprüfungsunternehmen entstammen einer Umfrage zur Geschlechterverteilung in Wirtschaftsprüfungsunternehmen beziehungsweise Wirtschaftsprüfungsgesellschaften (AICPA 2017). Burke, Hoitash und Hoitash (2019) zeigen auf Basis von Rechnungs- und Wirtschaftsprüfungsdaten (Audits), dass 17,7 Prozent der Audit-Partner (die solche Prüfungsaufträge beaufsichtigen und verwalten) in den vier größten Wirtschaftsprüfungsgesellschaften Frauen sind.

7 Die AICPA-Studien geben nicht an, wie viele Firmen in den jeweiligen

Größenkategorien befragt wurden. Beinahe alle CPAs in der Studie arbeiten bei Unternehmen, die 100 oder mehr CPAs beschäftigen.

8 Vgl. Azmat und Ferrer (2017).

9 Die Aussage wird David Solomon zugeschrieben, vgl.: https://dealbreaker.com/2013/11/goldman-sachs-spells-out-new-saturday-rule-for-junior-employees.

10 Die Bank of America übernahm Merrill Lynch im Jahr 2009, strich den zusätzlichen Namen allerdings 2019 und ist mittlerweile nur noch als Bank of America bekannt.

11 Für die ursprüngliche Bekanntmachung vgl.: https://www.washingtonpost.com/news/the-switch/wp/2016/08/26/amazon-is-piloting-teams-with-a-30-hour-work-week/; für ein Update vgl.: https://www.forbes.com/sites/kaytiezimmerman/2016/09/11/what-amazons-new-30-hour-work-week-means-for-millennials/.

12 Vgl. McCracken (2000) und Molina (2005). Im Jahr 1989 schlossen sich die beiden Wirtschaftsprüfungsgesellschaften Deloitte Haskins & Sells und Touche Ross & Co zu Deloitte & Touche LLP zusammen.

13 Vgl. Hewlett (2008).

14 Burke, Hoitash und Hoitash (2019) nutzen öffentlich zugängliche Informationen über CPA-Audit-Partner, da Wirtschaftsprüfungsgesellschaften dank einem kürzlichen Beschluss die Identität des Partners oder der Partnerin offenlegen müssen, der oder die für den Audit verantwortlich war. Im Jahr 2017 verzeichnete Deloitte (die größte Gesellschaft) 17,4 Prozent an Partnerinnen, PWC (am zweitgrößten) einen Prozentsatz von 18,7, EY (an dritter Stelle) 19,9 Prozent und KPMG (Nummer vier) 13,7 Prozent.

15 Die größten Wirtschaftsprüfungsgesellschaften stellen einen kleinen Teil aller CPAs an, der Frauenanteil für alle CPAs kann also bei 50 Prozent liegen, allerdings ist es möglich, dass der Anteil bei den größten Wirtschaftsprüfungsunternehmen wesentlich niedriger ausfällt.

16 Vgl. Antecol, Bedard und Stearns (2018).

17 Ramey und Ramey (2010). Die hier angegebenen Zahlen entstammen ihren Diagrammen und ergeben sich aus einer Regressionsanalyse für Erwachsene im Alter zwichen 25 und 64 Jahren mit Dummy-Variablen für Alter, Jahr, Ausbildung und Geschlecht. Zu der mit den Kindern verbrachten Zeit gehören auch »Versorgungsarbeiten«, die den täglichen Familienbetrieb am Laufen halten, und Unterstützung beim Lernen sowie Freizeit, Reisen und andere.

18 Guryan, Hurst und Kearney (2008) liefern ebenfalls Belege für die mit Kindern verbrachte Zeit in den Jahren 2002–2003 und stellen einen starken Anstieg der gemeinsam verbrachten Zeit in Abhängigkeit vom Bildungsstand der Eltern in den Vereinigten Staaten und anderswo fest. Eltern mit höherem Bildungsabschluss verbringen deutlich mehr Zeit mit ihren Kindern.

19 Pew Research (2008), N = 2,511. Es wurden Mikrodaten verwendet: https://www.pewresearch.org/social-trends/datasets/. Die Ergebnisse gelten für Frage 26a: »Glauben Sie, dass Sie zu viel Zeit mit Ihren Kindern verbringen, zu wenig Zeit oder genug Zeit?« Diese Frage wurde nur Eltern gestellt, deren Kinder 18 Jahre oder jünger waren. Die Stichprobenwerte wurden entsprechend gewichtet.

20 Pew Research (2012). Die Informationen entstammen Frage 26b.

21 Pew Research (2012). Die Informationen entstammen Frage 40a und Frage 40d. Der einzige Aspekt, der für Frauen mit Collegeabschluss wichtiger war als Flexibilität, war Jobsicherheit.

22 Pew Research (2010), N = 2,691. Es wurden Mikrodaten verwendet und entsprechend gewichtet. Die Informationen entstammen Frage 17. Im Pew-Research-Report werden diese Ergebnisse mit einer Befragung von *CBS/NYTimes* von 1977 verglichen. Verglichen mit 62 Prozent im Jahr 2010, gaben damals 48 Prozent an, die bestmögliche Ehe sei eine, in der man mehr miteinander teilt (S. 26).

23 Die Harvard and Beyond Survey wurde im Jahr 2006 durchgeführt. Die Abschlussklassen um das Jahr 1990 waren 2006 noch zu jung, als dass man von einer abgeschlossenen Kohortenfertilität hätte sprechen können. Dennoch hatten Medizinerinnen dieser Jahrgänge mehr Kinder als andere mit Hochschulabschluss. Adoptierte Kinder unter drei Jahren wurden in die Studie miteinbezogen. Interessanterweise hatten Mediziner nicht mehr Kinder als Absolventen anderer Studiengebiete. Sie hatten mehr Kinder als Medizinerinnen, jedoch weniger Kinder als Juristen und männliche MBAs.

24 Ich verwende hier die eingeschränkt zugängliche Version der Community Tracking Study (CTS). Die CTS verfügt nur über wenige demografische Informationen in Bezug auf Ärztinnen und Ärzte, wie zum Beispiel Familienstand und Anzahl und Alter der Kinder. Alle Analysen auf Basis der CTS in diesem Kapitel setzen Arbeitszeitangaben zwischen 20 und 100 Stunden in der Woche und eine Anstellung von mindestens 40 Wochen im Jahr voraus. Vgl. Quellenanhang (Kapitel 10), »Community

Tracking Study«. Da für das Jahr 2008 detaillierte Angaben über den jeweiligen Verdienst fehlen, beschränkt sich die Analyse in erster Linie auf die Jahre 1996–2004.

25 Diese Mittelwerte gelten für Ärztinnen und Ärzte, die zwischen 20 und 100 Stunden in der Woche (die Stundenverteilung wurde getrimmt) und mindestens 40 Wochen im Jahr arbeiten. Der Unterschied in der Arbeitsstundenzahl wäre in Bezug auf das Geschlecht noch größer, wenn Informationen über Kinder zur Verfügung ständen. Ab einem Alter von 45 Jahren wird zwischen »jüngeren« und »älteren« Ärztinnen und Ärzten unterschieden. Die CTS schließt Ärztinnen und Ärzte aus, die keine eigenen Patienten betreuen, und stellt keine zufällige Stichprobe aller Ärztinnen und Ärzte dar.

26 Aktuelle Daten der American Medical Association über die Wahl des Fachbereichs von Absolventen, die kürzlich ihren Abschluss gemacht haben, zeigen einen höheren Frauenanteil in verschiedenen Fachbereichen als die Daten der CTS; das liegt zum Teil daran, dass die Daten der AMA aktueller sind.

27 Ich verwende an dieser Stelle die Arbeitszeiten von Medizinern als Referenz, um den Zusammenhang deutlicher darstellen zu können.

28 Der Zusammenhang zwischen dem Frauenanteil und der durchschnittlich geleisteten Arbeitszeit von Männern unter 45 Jahren ist in den 19 Fachbereichen stark, in denen genug Frauen arbeiten, um sie zu analysieren. Es gibt zwei Ausreißer: Kinderheilkunde sowie Frauenheilkunde und Geburtshilfe (OB-GYN). Diese beiden Fachbereiche haben einen höheren Frauenanteil, als man ihn auf Basis des Zusammenhangs zwischen Arbeitsstunden und Frauenanteil erwarten würde. Klammert man diese beiden Fachbereiche aus, liegt der Korrelationskoeffizient zwischen Frauenanteil und der wöchentlichen Arbeitszeit von Männern ungefähr bei 0,8. Für die gesamte Stichprobe liegt er bei 0,66.

29 Der Frauenanteil jedes Fachbereichs stammt von der American Medical Association (2013), die Angaben zur Arbeitszeit dagegen aus den CTS-Daten. Die AMA-Daten von 2013 werden deswegen verwendet, um für eine bessere Übereinstimmung mit den älteren CTS-Daten zu sorgen.

30 Vgl. Online-Anhang Abbildung 1A »Physician Hours by Specialty, Sex, and Age«, die den Zusammenhang zwischen den Arbeitszeiten von Ärztinnen und Ärzten je nach Fachbereich und Altersklasse darstellt.

31 Die CTS enthält keinerlei Daten über tatsächliche Berufserfahrung,

und diese Schätzungen nutzen Daten über die Zeit seit Erhalt des medizinischen Abschlusses (MD). Die CTS verfügt außerdem über keinerlei Daten zu Kindern und Familienvariablen. Für Näheres zur Berechnung des Gender-Earnings-Gaps vgl. Online-Anhang Tabelle 1A (Kapitel 10) »Physicians and the Gender-Earnings-Gap« mit der abhängigen Variable »Log« (jährliches Einkommen). Man beachte, dass der Wert 0,67 aus Spalte (1) stammt, da exp (0,408) = 0,665, und der Wert 0,82 stammt aus Spalte (4), da exp(0,203) = 0,816.

32 Medscape (2018), mehr als 20 000 Mediziner und Medizinerinnen aus 29 Fachbereichen nahmen an dieser Studie teil. Die Verteilung der Minuten wird in Bins (Intervallen) angegeben. Für die Berechnung der mittleren Zeiten habe ich in der Regel den Median des jeweiligen Intervalls verwendet. Für den oberen Intervall (> 25 Minuten) verwendete ich den Wert 32 Minuten und für den unteren acht Minuten.

33 Die Fachbereiche der Mediziner stammen von der American Association of Medical Colleges (2018) und beziehen sich auf Daten von 2017. »Jung« bezieht sich auf Mediziner und Medizinerinnen unter 45 Jahren.

34 Zwischen 1993 und 2000 stieg der Anteil der in Teilzeit arbeitenden Kinderärztinnen und -ärzte von 24 auf 28 Prozent (American Academy of Pediatrics 2002). Daten der CTS ergaben, dass 2008 30 Prozent der jungen Kinderärztinnen in Teilzeit (bis zu 35 Stunden pro Woche) arbeiteten. Laut Cull u. a. im *Journal of Pediatrics* (2016) arbeiteten 35 Prozent aller jungen Kinderärztinnen in Teilzeit sowie neun Prozent aller jungen Kinderärzte.

35 Die Anästhesiologie gehört nicht zu den Fachbereichen, die im Datensatz der CTS enthalten sind, da Anästhesiologen in der Regel keinen festen Patientenstamm betreuen. Die CTS ist eine Erhebung, die sich den Ärztinnen und Ärzten selbst und ihrem Patientenstamm widmet.

36 Der nach Alter aufgeschlüsselte Frauenanteil unter Tiermedizinern wird für das Jahr 2008 im Online-Anhang unter Abbildung 2A (Kap 10) »Veterinarian Fraction Female, Part-Time, and Owner by Age Group«, Teil A angegeben. Der Frauenanteil der 25- bis 31-Jährigen lag bei 0,72, bei denen im Alter zwischen 57 und 61 allerdings bei 0,16.

37 Diese Daten stammen aus vertraulichen Studiendaten zu Ausbildung, Arbeitszeiten, Gehalt und Inhaberschaft bei Tierärzten, die mir die American Veterinary Medical Association (AVMA) für die Jahre 2007 und 2009 zur Verfügung stellte. Obwohl sich in den letzten zehn Jahren einige Informationen geändert haben könnten, handelt es sich hierbei um die jüngsten verfügbaren Daten. Dieses Berufsfeld ist zu klein, als dass man Daten des US-Zensus heranziehen könnte. Vgl. Quellenanhang (Kapitel 10), »Datensatz der American Veterinary Medical Association (AVMA) für 2007 und 2009«.

38 Hierbei handelt es sich um die Mediane der Stundenverteilung je nach Geschlecht.

39 Die AVMA-Daten zeigen, dass zwar nur fünf Prozent der Tierärztinnen im Alter zwischen 27 und 31 Jahren in Teilzeit arbeiten, der Prozentsatz allerdings bei den 32- bis 46-Jährigen bei 22 Prozent liegt und bis zum Alter von 60 Jahren auf 30 Prozent steigt. Bis zum Alter von 50 Jahren arbeiten lediglich fünf Prozent der männlichen Tierärzte in Teilzeit, der Anteil steigt erst danach an. Vgl. Online-Anhang Abbildung 2A (Kapitel 10) »Veterinarian Fraction Female, Part-Time, and Owner by Age Group«, Teil B.

40 Vgl. Online-Anhang Abbildung 2A (Kapitel 10) »Veterinarian Fraction Female, Part-Time, and Owner by Age Group«, Teil C.

41 Der Wert 0,72 hält das Jahr des Abschlusses konstant.

42 Folgende Variablen sind außerdem in allen Schätzungen enthalten: Jahr der Umfrage, Dummy-Variablen für die Größe des Patientenstamms und die Anzahl der Jahre, die seit dem Abschluss in Tiermedizin vergangen sind. Als Arbeit in Vollzeit gilt eine wöchentliche Arbeitsstundenzahl von 40 oder mehr Stunden, und für ein gesamtes Jahr werden mindestens 45 Arbeitswochen angenommen. Hält man Arbeitswochen und -stunden konstant, liefert das die gleichen Ergebnisse. Weitere Variablen in Bezug auf Ausbildung und Erwerbstätigkeit in der Tiermedizin sind Zertifizierungen, Assistenzzeiten und der Beschäftigungssektor (z. B. Regierung, Industrie, akademischer Bereich, Privatpraxen).

43 Verheiratete Tierärzte verdienen mehr als unverheiratete, für Tierärztinnen verhält sich das genau umgekehrt, eine Feststellung, die sich mit denen vieler anderer Studien über alle Berufsfelder hinweg deckt. Der Unterschied macht deutlich, wie verschieden sich häusliche Verpflichtungen je nach Geschlecht auswirken. Solche Unterschiede lassen sich nur schwer allein anhand der Anzahl der geleisteten Stunden erfassen. Bezieht man den Familienstand und eine Wechselwirkung mit weiblich mit ein, erhöht sich das Verhältnis weiter auf 0,90. Der verbleibende Unterschied lässt sich, ähnlich wie bei vielen anderen Studien, schwer anhand der beobachtbaren Variablen erklären. Womöglich reicht das

Messen der geleisteten Arbeitsstunden nicht aus, um Angaben über die Möglichkeit, Arbeitszeiten zu ändern, zu ersetzen. Für diejenigen, die keine eigene Praxis führen, fallen die geschlechterspezifischen Einkommensunterschiede geringer aus.

44 Ich schließe hier den Bildungssektor K-12 (amerikanischer Kindergarten bis zum 12. Schuljahr) aus, in dem der Frauenanteil höher liegen könnte.

45 McCracken (2000), S. 5.

46 Krentz (2017). Momentan gewähren die großen Prüfungs- und Beratungsunternehmen, darunter Deloitte Consulting und BGG, ihren Mitarbeitern 16 Wochen voll bezahlten Mutterschafts- und Vaterschaftsurlaub.

47 Vgl. Olivetti und Petrongolo (2017), Tabelle 1, für das Verhältnis: (Regierungsausgaben für frühkindliche Bildung und Kinderbetreuung)/BIP. Der US-Wert liegt bei 0,4, im Fall von Frankreich liegt er bei 1,2, Schweden 1,6 und Großbritannien 1,1. Länder, in denen das Verhältnis von Regierungsausgaben für Kinderbetreuung zu BIP höher liegt, weisen in der Regel ebenfalls eine höhere Erwerbstätigenquote für Frauen auf.

48 Der Vorsitzende der Federal Reserve, Jerome Powell, führte die gleichen Argumente an, um für eine größere Unterstützung von Kinderbetreuungsmaßnahmen zu werben, die letztlich zu einer höheren Beschäftigungsquote unter Frauen führen werden. Vgl. Jeanna Smialek, »Powell Says Better Child Care Policies Might Lift Women in Work Force«, *New York Times*, 24. Februar 2021.

Epilog: Am Ende der Reise

1 Weiter oben hatte ich für Gruppe Fünf festgelegt, dass sie zwischen 1958 und 1978 geboren wurde, damit ich sie bis in ihre Vierziger verfolgen konnte. Doch wie ich bereits dort anmerkte, gehören auch wesentlich jüngere Frauen zu Gruppe Fünf, bisher ist ihr zeitlicher Endpunkt noch nicht absehbar.

2 Amanda Taub, »Pandemic Will ›Take Our Women 10 Years Back‹ in the Workplace«, *New York Times*, 26. September 2020.

3 Patricia Cohen und Tiffany Hsu, »Pandemic Could Scar a Generation of Working Mothers«, *New York Times*, 3. Juni 2020.

4 Julie Kashen, Sarah Jane Glynn und Amanda Novello, »How COVID-19 Sent Women's Workforce Progress Backward«, Center for

American Progress, 30. Oktober 2020, https://www.americanprogress.org/issues/women/reports/2020/10/30/492582/covid-19-sent-womens-workforce-progress-backward/.

5 Deb Perelman, »In the Covid-19 Economy You Can Have a Kid or a Job. You Can't Have Both«, *New York Times*, 2. Juli 2020. Vgl. außerdem Allyson Waller, »Woman Says She Was Fired Because Her Children Disrupted Her Work Calls«, *New York Times*, 8. Juli 2020.

6 Die monatlichen CPS-Daten zur Erwerbsbeteiligung wurden genutzt, indem man die Quoten für September 2020 bis Januar 2021 mit denen von September 2019 bis Januar 2020 verglich. Mit »Kinder« sind Kinder sorgeberechtigter Mütter gemeint. Für schwarze Frauen ohne College-abschluss im Alter zwischen 35 und 44 Jahren mit mindestens einem Kind zwischen fünf und 13 Jahren zeigte sich eine gesunkene Erwerbstätigenquote, die die für nichtschwarze der gleichen demografischen Gruppe sehr deutlich überschritt.

7 Deryugina u. a. (2021) befragten von Mai bis Juli 2020 Akademiker und Akademikerinnen und konnten zeigen, dass für alle Eltern die Zeit, die sie für Forschung aufbringen konnten, zurückging, allerdings war der Rückgang unter Müttern stärker. Flaherty (2020) analysierte Zeitschriften-Daten von Elsevier und zeigte, dass die Veröffentlichungen von Frauen, mit Ausnahme der Biowissenschaften, in den ersten Monaten der Pandemie hinter denen von Männern zurückblieben.

8 Ähnlich sieht es Garbes (2021). Vgl. außerdem Jessica Bennett, »Three Women on the Brink«, *New York Times*, 4. Februar 2021, über den »Urschrei«.

9 Ich habe sowohl nach *»sex discrimination«* (Geschlechterdiskriminierung) als auch nach *»gender discrimination«* (Genderdiskriminierung) gesucht. Bis circa 2010 wird das Wort *»sex«* (Geschlecht) wesentlich häufiger verwendet als *»gender«*. Ich deflationierte die Anzahl der Begriffsnennungen mit einem neutralen Wort (in diesem Fall »Januar«), um die Größe der Zeitung zu kontrollieren. Auf diese Weise erstellte ich einen Index. Vgl. Online-Anhang Abbildung 1A (Epilog) »Gender Discontent: New York Times Phrase Searches, 1960 to 2019«. Google Ngram (verwendet wird US English 2019) zeigt seit 1960 einen ähnlichen Trend an, allerdings ist der Anstieg während der letzten Jahre weniger ausgeprägt.

10 Die #MeToo-Bewegung begann 2006 und erreichte 2016 landesweite (und sogar globale) Aufmerksamkeit, als Gretchen Carlson dem Vorsitzenden

und CEO von Fox News Roger Ailes sexuelle Belästigung vorwarf und viele Frauen mit Berichten über ähnliche Vorfälle an die Öffentlichkeit gingen. 2015 wurden bereits Anschuldigungen gegenüber Bill Cosby laut. Allerdings berichtete die *New York Times* erst ab 2016 ausführlich über #MeToo.

11 Diese Schätzungen ordnen den Beruf der Person im IPUMS CPS (Zensusklassifikationen von 2017) einer von 22 zweistelligen aggregierten Berufsgruppen aus der Standard Occupational Classification (SOC) 2018 des Bureau of Labor Statistics (BLS) zu. Dingel und Neiman (2020) kategorisierten die einzelnen BLS-Berufe in Bezug auf die Zahl der Berufe, die sich von zu Hause aus ausüben ließen, indem sie verschiedene Elemente in O*NET nutzten. Sie aggregierten sie auf zweistelliger Ebene, indem sie die Occupational Employment Statistics des BLS von 2018 hinzuzogen. Alternativ hätte ich für jeden einzelnen der mehr als 500 aufgelisteten Berufe die Möglichkeit, im Homeoffice zu arbeiten, anwenden und dann aggregieren können. Allerdings wären die Ergebnisse nicht nennenswert abgewichen.

12 Die CPS von Mai bis Dezember 2020 fragte die Teilnehmer, ob sie »aufgrund der Pandemie von zu Hause aus arbeiteten«. Der prozentuale Anteil derer, die diese Frage bejahten, sank bis Dezember 2020 auf 43 Prozent.

13 Die Zahlen für Arbeitslosigkeit und »erwerbstätig, ohne Arbeit« werden auf Basis der CPS vom April 2020 berechnet.

14 Familien werden nach dem Alter ihres jüngsten Kindes eingeteilt. In der Familie könnte es mehr als ein Kind geben.

15 Dieser Anteil mag niedrig wirken, allerdings hatten alle Stichprobenfamilien erwerbstätige Mütter.

16 Die Mütter sind alle nicht erwerbstätig, haben einen erwerbstätigen Ehepartner und mindestens ein Kind unter 18 Jahren. Die Väter sind alle erwerbstätig, haben eine Ehepartnerin, die nicht erwerbstätig ist, und mindestens ein Kind unter 18 Jahren.

17 Der Zuwachs in der Kinderbetreuungszeit wurde auf Basis groß angelegter Studien (z. B. Andrew u. a. 2020) geschätzt, die während des Lockdowns durchgeführt wurden, um einen angemessenen Eindruck davon zu erhalten, wie die Belastungen für Personen mit Vorschul- und Schulkindern zugenommen hatten. Vergleiche Online-Anhang Abbildung 2A (Epilog) »Childcare Hours of College-Educated, Employed Mothers with

College-Educated, Employed Husbands by the Age of Their Youngest Child«.

18 Diese Berechnungen arbeiten mit den Zeitangaben, die Männer über ihre Kinderbetreuungszeit gemacht haben. Mehrere Studien liefern umfassende Belege dafür, dass Männer die Zeit, die sie mit Arbeiten im Haushalt verbringen, höher ansetzen, als sie eigentlich ist, besonders in Bezug auf Kinderversorgung. Allerdings stellt ATUS sicher, dass die angegebene Gesamtstundenzahl mit der eines Tages übereinstimmt, dementsprechend würde eine zu hohe Zeitangabe im Bereich der Care-Arbeit bedeuten, dass in einem anderen Bereich die Zeitangaben zu niedrig liegen.

19 Eltern, deren jüngstes Kind die Grund- oder Mittelschule besuchte, hatten in der Woche 15 Stunden investiert, und vor dem Lockdown übernahmen Mütter 58 Prozent der Gesamtzeit. Mit dem Lockdown stieg die Gesamtzeit mit 33 Wochenstunden auf mehr als das Doppelte, allerdings übernahmen Mütter in dieser Gruppe nun 52 Prozent der Gesamtzeit.

20 Vgl. Andrew u. a. (2020). Laut Pew Research (2020) war die Hälfte der Mütter und Väter, die von zu Hause aus arbeiteten, im Oktober 2020 Unterbrechungen ausgesetzt.

21 Für Schätzungen, die auf zweierlei Weise durchgeführt wurden, vgl. Online-Anhang Abbildung 2A (Epilog) »Childcare Hours of College-Educated, Employed Mothers with College-Educated, Employed Husbands by the Age of Their Youngest Child«. Eine Methode nimmt an, dass die insgesamte Zeit der Elternarbeit in der Nach/Während-Corona-Zeit zwischen der aufgewendeten Zeit vor Corona und der während Corona liegt, wobei Väter zu der Stundenzahl zurückgekehrt sind, die sie vor Corona für die Care-Arbeit aufwendeten. Die andere Herangehensweise sieht die Care-Arbeitsstunden bei Eltern mit sehr kleinen Kindern näher an dem Wert der Stunden vor Corona und die von Eltern mit schulpflichtigen Kindern näher an den Care-Arbeitsstunden, die während Corona geleistet wurden. Sie bezieht dabei die Tatsache mit ein, dass die Kindertagesstätten geöffnet hatten, als öffentliche Schulen noch geschlossen waren.

22 Eine der zusätzlichen Fragen, die erwerbstätigen Personen ab Mai 2020 im Zuge der CPS gestellt wurden, lautet: »Haben Sie während der letzten vier Wochen aufgrund des Coronavirus ihre Erwerbstätigkeit via Telearbeit oder von zu Hause aus ausgeführt?« Im Mai 2020 antworteten 60 Prozent der Collegeabsolventen und -absolventinnen, dass sie von zu Hause aus gearbeitet hätten. Im September 2020 waren es nur noch 40 Prozent. Die veröffentlichten Daten wurden nicht nach Geschlecht aufgeschlüsselt, generell übten in beiden Monaten jedoch mehr Frauen als Männer ihre Erwerbstätigkeit im Homeoffice aus.

23 Elisa Martinuzzi und Marcus Ashworth, »Banker Culture Slips in the Pandemic«, Bloomberg Opinion, 25. September 2020, https://www.bloomberg.com/opinion/articles/2020-09-25/why-wall-street-wants-bankers-back-in-the-office.

24 Handley (2020).

25 Vgl. die vorangegangenen Berechnungen von nach/während Corona. Die aggregierten Zahlen von nach/während Corona bleiben trotz der zwei unterschiedlichen Annahmen in Abbildung 2A (Epilog) des Online-Anhangs unverändert, die weiter oben ebenfalls zitiert wurden.

26 48 Prozent der zivilen Arbeitskräfte in den USA sind Frauen, berechnet auf Basis der CPS von Januar bis März 2020. Unter den 18- bis 64-Jährigen liegt ihr Anteil ebenfalls bei 48 Prozent.

27 Die Kindertagesstätten wurden durch das Defense-Public-Works-Gesetz von 1941 (Titel II des National Defense Housing Act) finanziert, welches darauf abzielte, den Gemeinden in verschiedenen grundlegenden Bereichen zu helfen. Im allgemeinen Sprachgebrauch bezeichnet man es bis heute als »Lanham Act«.

28 Coleman (1968).

29 Genaue Angaben entstammen der *Jewish Women's Archive Encyclopedia*, zu finden unter: www.jwa.org.

30 »Mrs. Nora S. Barney, Architect, 87, Dies«, *New York Times*, 20. Januar 1971.

31 Nina Totenberg, »Martin Ginsburg's Legacy: Love Of Justice (Ginsburg)«, National Public Radio (NPR), 3. Juli 2010, https://www.npr.org/templates/story/story.php?storyId=128249680.

32 Amanda Chatel, »9 Quotes Prove Ruth Bader Ginsburg Has All the Relationship Advice You'll Ever Need«, MIC, 18. Februar 2015, https://www.mic.com/articles/110848/9-quotes-prove-ruth-bader-ginsburg-has-all-the-relationship-advice-you-ll-ever-need.

33 Aus der *Great Aspirations Survey* des Collegejahrgangs von 1961 (vgl. Quellenanhang (Kapitel 5), »*Great Aspirations* Data«).

34 Die General Social Survey (GSS) fragte ihre Teilnehmenden, ob sie ebenfalls der Meinung seien, »dass es wichtiger für eine Frau ist, die Karriere ihres Mannes zu unterstützen, als eine eigene zu haben«. Unter den Collegeabsolventen aller Altersklassen stimmten dem im Jahr 1977

33 Prozent zu (Männer und Frauen gleichermaßen), und von 1985 bis 1990 taten das noch 20 Prozent, etwas weniger Frauen als Männer. In jeder der Umfragen ist die Anzahl der befragten Collegeabsolventen gering (ungefähr 250). Die letzte GSS, die diese Frage stellte, wurde im Jahr 1998 durchgeführt, in ihr stimmten ungefähr 14 Prozent der Frage zu.

35 Knowledge at Wharton Staff, »High-powered Women and Supportive Spouses: Who's in Charge, and of What?«, Knowledge at Wharton, 7. November 2012, https://knowledge.wharton.upenn.edu/article/high-powered-women-and-supportive-spouses-whos-in-charge-and-of-what-2/.

36 Ebd.

37 Ebd.

38 Von den Frauen aus Gruppe Fünf in Abbildung 7.1 im Alter zwischen 40 und 44 Jahren haben 22 Prozent eine Karriere und eine Familie, dieser Anteil steigt im Alter zwischen 50 und 54 Jahren auf 31 Prozent. Dagegen hatten 63 Prozent der vergleichbaren Männer (Collegeabsolventen) in beiden Altersgruppen eine Karriere und eine Familie.

39 Vgl. Pew Research (2020), S. 4, 14, 23. Man beachte, dass die Daten dieser Studie im Oktober 2020 erhoben wurden.

40 Vgl. z. B.: »Return-to-Office Plans Are Set in Motion, but Virus Uncertainty Remains«, *New York Times*, 4. März 2021.

Dank

1 Seamus Heaney, *Ausgewählte Gedichte*, übers. v. Giovanni Bandini und Ditte König, München: Hanser 1995, S. 8.

2 Mary Oliver, *Sag mir, was hast du vor mit deinem wilden, kostbaren Leben*, Gesammelte Gedichte, übers. v. Jürgen Brôcan, Zürich: Diogenes 2023, S. 331.

Abbildungen und Tabellen: Quellen und Anmerkungen

1 Das neue Problem ohne Namen

Abb. 1.1: Geschlechterungleichheit und Couple Inequity

Keine Quellen. Die Anmerkungen sind Teil der Abbildung im Fließtext.

2 Der Staffelstab wird weitergegeben

Abb. 2.1: 100 Jahre mit fünf Gruppen von Collegeabsolventinnen

Anmerkungen: Die angestrebten oder erreichten Ziele bezüglich Familie und Job/Karriere sind unter den Geburtsjahren angegeben. Bei den Gruppen, die noch nicht abgeschlossen sind, werden die »angestrebten« familiären oder beruflichen Ziele genannt, bei den anderen, die ihren Lebensweg bereits vollendet haben, die »erreichten« Ziele. Die Beschreibungen gelten für das Aggregat. Unterschiede innerhalb der Gruppen werden in den einzelnen Kapiteln besprochen.

Abb. 2.2: Anteil der unverheirateten Collegeabsolventinnen nach Alter und Gruppe

Quellen: 1940, 1950, 1960, 1970, 1980, 1990, 2000 Mikrodaten des US Census of Population; 2000 bis 2015 Mikrodaten der American Community Surveys (ACS).

Anmerkungen: Die Eheschließungsdaten werden nur für weiße Frauen angegeben, da schwarze Frauen in den Anfangsjahren nur einen kleinen Anteil der Collegeabsolventinnen ausmachten, aber einen sehr viel größeren in jüngeren Zeitabschnitten. Um sicherzustellen, dass diese Unterscheidungen nicht durch Veränderungen bei der Gruppenzusammensetzung beeinflusst werden, umfassen die Gruppen nur in den USA geborene Frauen. Da die Daten von einer geschlossenen (inländischen) Population stammen, sollte der Anteil der Singles mit zunehmendem Alter in jeder Altersgruppe abnehmen, doch unterschiedliche Sterblichkeitsraten könnten diese Relation stören. Die Datenpunkte für 50- bis 54-Jährige, die im Jahr 1908 geboren wurden, wurden aus Gründen der Kontinuität mit den restlichen Daten um 0,8 verringert. Der Datenpunkt für 1883 gilt für 55- bis 59-Jährige. Der Aufbau der Fünf-Jahres-Gruppen unterscheidet sich leicht, je nachdem, ob der US Census of Population oder die ACS verwendet werden. Beim Census stellen die Daten den Durchschnitt für jede Altersgruppe nach Geburtsjahr dar. Zum Beispiel stammen die Daten für die 35- bis 39-Jährigen, die 1953 geboren wurden, aus dem Census von 1990. Das Geburtsjahr ist der Mittelwert jeder Altersgruppe. Bei den ACS-Daten sind alle Daten aus den fünf Jahren bekannt und gelten für das genaue Geburtsjahr. Der Schnittpunkt für die beiden Datensätze ist das Jahr 2000. Für die Altersgruppe von 25 bis 29 ist das Geburtsjahr 1973 der Schnittpunkt. Die Eheschließungsraten sind zwischen 1973 und 1978 relativ gleich, daher wirkt sich die unterschiedliche Berechnung der Datensätze nicht wesentlich auf die Daten aus.

Abb. 2.3: Anteil der kinderlosen Collegeabsolventinnen nach Alter und Gruppe

Quellen: US Population Censuses (Volkszählungen) von 1940, 1950, 1960, 1970; June Fertility Supplement of the Current Population Survey (CPS) 1973 bis 2018.

Anmerkungen: Die Daten des US Population Census wurden für alle Jahre vor dem Geburtsjahr 1949 für die Gruppe der 25- bis 29-Jährigen verwendet und vor dem Geburtsjahr 1934 für die 40- bis 44-Jährigen. Bei den älteren Altersgruppen wurden die beiden frühesten Jahre für die Gruppe der 40- bis 44-Jährigen herangezogen. Wo immer möglich wurden Daten des CPS June Fertility Supplements verwendet, ausgedrückt als zentrierter, gleitender Fünf-Jahres-Durchschnitt. Für die anderen Jahre wurden Daten des US Population Census herangezogen. Lineare Interpolationen wurden für die Jahre zwischen den Volkszählungen berechnet und verbinden die beiden Quellen. Die Daten gelten für alle Ethnien.

Abb. 2.4: Erwerbsrate nach Alter und Gruppe: Collegeabsolventinnen, die irgendwann verheiratet waren

Quellen: Hier wurden drei Quellen genutzt: Die zweijährige US-Volkszählung (US decennial population censuses), CPS, ACS. Integrated Public Use Microdata Series (IPUMS), zweijährige US-Volkszählung, Mikrodaten, für die Jahre 1940 bis 2000. Die zweijährige Volkszählung verwendet die folgenden Stichproben: 1940 ein Prozent, 1950 ein Prozent, 1960 fünf Prozent, 1970 ein Prozent »Metro Form 1« und »Metro Form 2«, 1980 fünf Prozent »State«, 1990 fünf Prozent und 2000 fünf Prozent. Das CPS Annual Social and Economic Supplement (ASEC) umfasst alle Jahre von 1962 bis 2017. Collegeabsolventin ist in allen Stichproben definiert als jemand, der vier oder mehr Jahre lang das College besucht hat.

Anmerkungen: Als Erwerbstätige wird vom US Census gezählt, wer in der Woche der Volkszählung einer bezahlten Arbeit nachgeht oder arbeitssuchend ist. Alle Elemente in jeder Fünf-Jahres-Matrix (z. B. 35- bis 39-Jährige, die zwischen 1930 und 1934 geboren wurden) sind vollständig. Daten für die 25- bis 29-Jährigen für die Jahre 1900 bis 1904 wurden extrapoliert, basierend auf den Veränderungen zwischen Probanden im Alter von 25 bis 29 Jahren und Probanden im Alter von 35 bis 39 Jahren anhand der Daten jener, die zwischen 1910 und 1914 geboren wurden.

Abb. 2.5: Collegeabsolventenquote männlich und weiblich (im Alter von 30 Jahren)

Quellen und Anmerkungen: IPUMS der Volkszählungen 1940 bis 2000 und CPS Merged Outgoing Rotation Groups (MORG) von 2006 bis 2016 wurden verwendet. Die Vorgehensweise ist dieselbe wie bei Goldin und Katz (2008), Abbildung 7.1.

Tab. 2.1: Ehe, Kinder und Erwerbstätigkeit bei fünf Gruppen von Collegeabsolventinnen

Quellen und Anmerkungen: Die Spalten (A) und (B) verwenden die Geburtsjahre 1890, 1910, 1930, 1950 und 1960 für die fünf Gruppen (Reihen). Siehe auch Abbildung 2.2. Die Daten aus Spalte (C) liegen Abbildung 2.3 zugrunde. Für die ersten drei Gruppen wird die Altersgruppe 45 bis 49 herangezogen. Für Spalten (D) und (E) siehe auch Abbildung 2.4. Die Volkszählungsjahre, die für Spalte (D) verwendet wurden, sind 1940, 1960, 1980 und 1990 für die Gruppen Zwei bis Fünf. Für Spalte (E) wurden die Volkszählungsjahre 1940, 1960, 1980, 2000 und 2010 für die Gruppen Eins bis Fünf herangezogen. Die Geburtsjahre, die für die Gruppen Eins bis Fünf gelten, sind 1890 bis 1894, 1910 bis 1914, 1930 bis 1934, 1950 bis 1954 und 1960 bis 1964. Die Schätzung für Gruppe Eins, Säule (D), ist eine begründete Vermutung. Gruppe Eins war Ende 40 während der Großen Depression und dem Zweiten Weltkrieg, und ihre Erwerbsquote schwankt in diesen Jahren erheblich.

3 Weggabelung

Keine Abbildungen oder Tabellen.

4 Die Brückengruppe

Abb. 4.1: Eheschließungen und Kinder bei Frauen mit Collegeabschluss allgemein und namhaften

Quellen: Die »Namhaften« unter den Frauen mit Collegeabschluss wurden aus allen Bänden von *Notable American Women* zusammengetragen, hauptsächlich jedoch aus den beiden letzten. Vgl. James, James und Boyer (1971), Sicherman und Green (1980) und Ware und Braukman (2004). Für »Frauen mit Collegeabschluss allgemein« vgl. die für die Abbildungen 2.2 und 2.3 angegebenen Quellen in Kapitel 2.

Anmerkungen: Die demografischen Informationen wurden erfasst, als die Frauen in ihren Fünfzigern waren oder, im Fall der *Notable American Women*, am Ende ihres Lebens. Bei der Erfassung von Kindern in Abhängigkeit von einer Eheschließung wird bei der Stichprobe »Alle« davon ausgegangen, dass Frauen, die nie verheiratet waren, keine biologischen Kinder hatten. Kinder schließen auch Adoptivkinder, generell jedoch keine Stiefkinder ein.

Abb. 4.2: Beschäftigungsverbote für verheiratete Lehrerinnen an öffentlichen Schulen: 1928 bis 1951

Quellen: National Education Association (1928, 1932, 1942, 1952).

Anmerkungen: Der Prozentsatz gilt für die Einwohner zahlreicher Städte, die entweder von Einstellungs- oder Personalerhaltungsverboten betroffen waren. Für die Berechnung werden die Originaldaten nach Stadtgröße gewichtet. Die ungewichteten Daten unterscheiden sich kaum von den gewichteten Schätzungen.

5 Am Scheideweg mit Betty Friedan

Abb. 5.1: Anteil an Männern und Frauen (aller Bildungsniveaus), die der Aussage zustimmen, »Ein Kind, das noch nicht zur Schule geht, leidet, wenn seine Mutter arbeitet«

Quelle: General Social Survey (GSS) Mikrodaten von 1977 bis 2016.

Anmerkungen: Die Anteile werden in gleitenden Fünfjahresdurchschnitten angegeben. Die GSS-Daten beginnen im Jahr 1977 und springen dann ins Jahr 1985. Dementsprechend sind die früheren Geburtsjahrgänge zum Zeitpunkt der Befragung im Schnitt älter als die jüngeren Geburtsjahrgänge. Ein Gewichtungsfaktor wurde genutzt.

6 Die stille Revolution

Abb. 6.1: Medianalter bei der ersten Eheschließung von Collegeabsolventinnen nach Geburtsjahr: 1925 bis 1988

Quellen und Anmerkungen: CPS June Fertility Supplements und CPS Annual Social and Economic Supplement (ASEC). Es werden gleitende Dreijahresdurchschnitte abgebildet. Die gestrichelte Linie ist eine freihändige Zusammenfassung der beiden Kurven.

Abb. 6.2: Beschäftigungserwartungen und Haltung von weiblichen Jugendlichen nach Alter und Jahr

Quellen: 1968 National Longitudinal Survey of Young Women (NLS68) und 1979 National Longitudinal Survey of Youth (NLSY). Siehe Goldin (2005) für weitere Einzelheiten. Higher Education Research Institute CIRP (Astin) Freshman Survey. Siehe https://heri.ucla.edu/cirp-freshman-survey/. Anmerkungen sind Teil der Abbildung im Text.

Abb. 6.3: Anteil der Absolventinnen an Professional Schools im Bereich Medizin, Recht, Zahnheilkunde und MBA

Quellen und Anmerkungen: Daten für die Erstsemester Jura von der American Bar Association (ABA) Website, https://www.americanbar.org/groups/legal_education/resources/statistics/femstats.html, insofern verfügbar, sowie vom US Department of Education, National Center for Education Statistics (NCES) *Digest of Higher Education* (online), falls keine ABA-Daten verfügbar. Daten der Erstsemester Medizin von der Website der American Association of Medical Colleges (AAMC), htp://www.aamc.org/data/facts/enrollmentgraduate/table31-women-count.html, so verfügbar, ansonsten vom US Department Education, NCES *Digest of Higher Education* (online). Zahlen für die Erstsemester Zahnheilkunde abgeleitet aus den zahnmedizinischen Abschlüssen, davon ausgehend, dass sie vier Jahre nach Immatrikulation erworben wurden, US Department of Education, NCES *Digest of Higher Education* (online). MBA-Erstsemester extrapoliert aus MBA-Abschlüssen zwei Jahre später, US Department of Education, NCES *Digest of Higher Education* (online).

Abb. 6.4: Berufe von Collegeabsolventinnen im Alter zwischen 30 und 34: 1940 bis 2017

Quellen: Integrated Public Use Microdata Sample (IPUMS) aus US-Zensusdaten von 1940 bis 2000; ACS 2012, 2017.

Anmerkungen: Die durchgezogene Linie beinhaltet Bibliothekarinnen, Krankenschwestern, Sozialarbeiterinnen und im religiösen Bereich Tätige, Sekretärinnen (und andere Büroangestellte) sowie (Grundschul-)Lehrerinnen. Die gestrichelte Linie beinhaltet Anwältinnen, Managerinnen, Ärztinnen (auch Zahnärztinnen, Tierärztinnen und so weiter) sowie Dozentinnen und Wissenschaftlerinnen.

7 Revolution mit Unterstützung

Abb. 7.1: Erfolg in Beruf und Familie für vier Altersgruppen: 1931 bis 1965

Quellen und Anmerkungen: 1931–1957 Health and Retirement Study; 1958–1965 NLSY79. Siehe Quellenanhang (Kapitel 7): »Career and Family Success«. Verwendung von Daten der Geburtengruppen der June Fertility Supplements der CPS anstatt denen der HRS, um die zu hohen Angaben zu den Geburtenraten aus der HRS zu korrigieren. Des Weiteren der Einheitlichkeit halber Verwendung der Fertilitätsdaten der June Fertility Supplements der NLSY79-Gruppe von 1958–1965.

Abb. 7.2: Karriere und Familie mit hohem Bildungsgrad 15 Jahre nach dem Collegeabschluss, Harvard and Beyond

Quellen und Anmerkungen: Siehe Quellenanhang (Kapitel 7): »Harvard and Beyond Project«. Arbeit 15 Jahre nach dem Collegeabschluss. Vollzeit bedeutet auch ganzjährig. MA = Masterabschluss, beinhaltet nicht diejenigen mit höheren Abschlüssen, wie z. B. Doktortitel. Manche Personen haben mehr als einen Abschluss, der höher als ein MA ist. Keiner = Kein Abschluss, der über einem Bachelor liegt. »Kinder« beinhaltet auch adoptierte Kinder unter drei Jahren.

8 Lückenbüßerinnen

Abb. 8.1: Verhältnis des jährlichen Medianeinkommens der ganzjährig Vollzeit arbeitenden Frauen und Männer: 1960 bis 2018

Quellen: Alle Erwerbstätigen, 1960 bis 2019: https://www.census.gov/library/publications/2020/demo/p60-270.html.

Collegeabsolventinnen, 1961 bis 2019: berechnet aus dem Annual Social and Economic Supplement (ASEC), Current Population Survey, US Census Bureau.

Anmerkungen: Da die Daten des Einkommens für das Vorjahr erfasst worden sind, wurde die berechnete Datenreihe des aktuellen Jahres um ein Jahr zurückgesetzt, sodass diese berechneten Daten konsistent mit denen des Einkommens sind. Zentrierte gleitende Durchschnittswerte über einen Zeitraum von drei Jahren werden dargestellt.

Abb. 8.2: Relatives Jahreseinkommen von Männern und Frauen mit Collegeabschluss

Quellen: US Census Micro Data 1970, 1980, 1990, 2000 und American Community Survey 2004 bis 2006 (für 2005), 2009 bis 2011 (für 2010) und 2014 bis 2016 (für 2015). Siehe Goldin (2014), Abbildung 1, Teil b, aktualisiert für 2015.

Anmerkungen: Die Stichprobe besteht aus Männern und Frauen mit Collegeabschluss (mindestens 16 Jahre Bildung, weiß, gebürtige Staatsbürger, zivil, 25 bis 69 Jahre alt), unter Verwendung getrimmter Einkommensdaten (über 1400 Stunden × 0,5 × relevanter bundesweiter Mindestlohn), mit Korrektur der durch die Begrenzung des Messbereichs erzeugten Verzerrungen (top-kodierte Werte × 1,5). Die abhängige Variable ist der Logarithmus des jährlichen Einkommens mit Kontrollen für eine Ausbildung, welche über 16 Jahre hinausgeht, log(Stunden), log(Wochen) und Alter, in Fünf-Jahres-Intervallen, interagierend mit der Dummy-Variable weiblich. Die Linien verbinden die Koeffizienten der Fünf-Jahres-Intervalle für jede Geburtenkohorte. Es werden nur Geburtenkohorten von 1958 bis 1983 und nur Altersgruppen bis 55 Jahre dargestellt. Die vertikale Achse wurde von Logarithmen in Verhältnisse umgerechnet. Der Mittelpunkt der Geburtsjahre ist angegeben, d.h. circa 1963 für die zwischen 1961 und 1965 Geborenen.

Abb. 8.3: Verhältnis des Jahreseinkommens von Frauen und Männern mit MBA nach Jahren seit dem Abschluss

Quelle: Siehe Bertrand, Goldin und Katz (2010).

Anmerkungen: 13 Jahre als Mittelwert zwischen 10 und 16 Jahren nach dem MBA. »Jahreseinkommen« ist definiert als Gesamteinkommen vor Steuern und anderen Abzügen, einschließlich Gehalt und Bonus, und wird als fehlend kodiert, wenn die Person nicht erwerbstätig ist. Die Verhältnisse werden für den Jahresverdienst angegeben, korrigiert für MBA-Kurse und MBA-Noten in einem Regressionskontext mit einer MBA-Kohorte als *fixed effects*. Die Balken »Alle mit MBA« bilden alle Männer und alle Frauen ab.

Für den Balken »Kinderlose Frauen mit MBA« wurden nur Frauen mit MBA-Abschluss befragt, die in dem Jahr der Befragung noch keine Kinder hatten und die keine Auszeit von mehr als sechs Monaten genommen hatten.

Abb. 8.4: Geschlechterspezifisches Einkommensverhältnis von Collegeabsolventen nach Berufsfeld

Quellen: American Community Survey, 2009 bis 2016

Anmerkungen: Die Stichprobe besteht aus Collegeabsolventen zwischen 25 und 64 Jahren, die im Erhebungsjahr ganzjährig in Vollzeit arbeiteten und in einem Beruf tätig waren, bei dem der durchschnittliche Jahresverdienst von Männern bei ganzjähriger Vollzeitarbeit über 65 000 Dollar lag. Zu den Kovariaten gehören das Alter in vierfacher Potenz, die üblichen Arbeitsstunden pro Woche, übliche Arbeitswochen pro Jahr und Bildung (über einem Bachelorabschluss). Siehe Online-Anhang Tabelle 1A (Kapitel 8) »ACS Occupations and Industry Groupings« für eine Liste der Berufe in jeder der zehn Gruppen. Als Gewichtung wird die jeweilige Anzahl der Erwerbstätigen eines Berufsfelds verwendet.

9 Der Fall der Rechtsanwältin und der Apothekerin

Abb. 9.1: Verteilung der Arbeitsstunden bei Juristinnen und Juristen in Prozent: 5 und 15 Jahre nach Studienabschluss.

Quelle: Vergleiche Quellenanhang (Kapitel 9): »University of Michigan Law School Alumni Survey Research Dataset: Further Information«.

Anmerkungen: Enthält Juristen und Juristinnen, die zwischen 1982 und 1992 an der University of Michigan Law School ihren Abschluss gemacht haben und in Jahr 5 und 15 Teil der Erhebung waren. »Nach 5 Jahren« und »nach 15 Jahren« bezieht sich auf die Jahre, die seit dem Erhalt des Juris Doctor (J. D.) vergangen sind. Bei der Gruppe handelt es sich um eine Längsprobe, dementsprechend befinden sich alle Probanden, die Teil der Säulen »nach 5 Jahren« sind, auch in den Säulen »nach 15 Jahren«.

Abb. 9.2: Verschiedene Arbeitsbereiche von Juristinnen und Juristen in Prozent: 5 und 15 Jahre nach Studienabschluss

Quelle: Vergleiche Quellenanhang (Kapitel 9): »University of Michigan Law School Alumni Survey Research Dataset: Further Information«.

Anmerkungen: Enthält Juristen und Juristinnen, die zwischen 1982 und 1992 an der University of Michigan Law School ihren Abschluss gemacht haben, in Jahr 5 und 15 Teil der Erhebung waren und beruflich außerdem in keinem der beiden Jahre als »fehlend« gelistet waren. »Nach 5 Jahren« und »nach 15 Jahren« bezieht sich auf die Jahre, die seit dem Erhalt des Juris Doctor (J. D.) vergangen sind. Bei der Gruppe handelt es sich um eine Längsprobe, dementsprechend befinden sich alle Probanden, die Teil der Säulen »nach 5 Jahren« sind, auch in den Säulen »nach 15 Jahren«.

Abb. 9.3: Frauenanteil bei allen Pharmazieabsolventen und Apothekern in Prozent sowie der Prozentsatz aller in Einzelapotheken arbeitenden Apothekerinnen und Apotheker

Quelle: Goldin und Katz (2016) verwenden Mikrodaten der Befragungen durch das Midwest Pharmacy Research Consortium (vgl. Quellenanhang [Kapitel 9]: »National Pharmacist Workforce Surveys: 2000, 2004, 2009«) und konventionellere Quellen.

Anmerkungen: Der Frauenanteil unter Pharmazieabsolventen ist ein gleitender dreijähriger Durchschnittswert. Die beiden anderen Reihen beziehen sich auf Intervalle und sind keine durchgängigen Reihen.

10 Auf Abruf

Keine Abbildungen oder Tabellen.

Epilog: Am Ende der Reise

Keine Abbildungen oder Tabellen.

Quellenanhang

Längere Beschreibungen sind im Online-Anhang zu finden auf der PUP-Webseite des Buchs unter folgendem Link: https://assets.press.princeton.edu/releases/m30613.pdf.

Kapitel 3: Radcliffe Alumnae Questionnaire of 1928

Der Radcliffe Alumnae Questionnaire (Fragebogen für die Radliffe-Absolventinnen) wurde im Jahr 1928 per Post anlässlich der 50-Jahr-Feier von Radcliffe verschickt. Er sollte einen Überblick über die bisherigen Radcliffe-Absolventinnen verschaffen. Die Stichprobe besteht aus Frauen, die Radcliffe seit seiner Gründung im Jahr 1879 bis zum Zeitpunkt der Umfrage besucht hatten. Etwa 1900 Radcliffe-B.A.s, die zwischen 1880 und 1920 ihren Abschluss gemacht hatten, schickten Antworten. Siehe Solomon (1985, 1989).

Kapitel 5: Women's Bureau 1957 Survey and 1964 Resurvey

Bei dem Bulletin Nr. 268 des Women's Bureau, *Erstanstellungen von Frauen mit Collegeabschluss: Berichte von weiblichen Graduierten, Jahrgang von 1957*, handelt es sich um die Zusammenfassung einer Befragung von rund 6000 Collegeabsolventinnen des Abschlussjahrgangs 1957 von 131 Bildungseinrichtungen. Bei Nr. 292, *Frauen mit Collegeabschluss sieben Jahre nach ihrer Graduierung: Folgebefragung von weiblichen Graduierten, Jahrgang 1957*, handelt es sich um die Folgebefragung von 1964, für die 5000 der ursprünglich befragten Frauen Antwortbögen sandten (US Department of Labor, Women's Bureau 1959, 1966). Das tabellarische Material in den Bulletins stammt hauptsächlich aus den einzelnen Befragungen. Lediglich in einer Tabelle in der Veröffentlichung von 1966 werden die Ergebnisse beider Befragungen gemischt.

Um langfristige Daten zu erhalten, wurde eine Stichprobe der Befragungen vom Nationalarchiv erhoben und die Antworten aus beiden Jahren zusammengebracht. Die Stichprobe wurde im Jahr 1987 erhoben. Da das Nationalarchiv die Befragungen getrennt archiviert, konnten die Antworten der meisten, aber nicht aller Frauen, die an beiden Befragungen teilnahmen, im Vergleich betrachtet werden. Von den 993 Fragebögen, die 1964 erfasst wurden, konnten 749 den Befragten von 1957 zugeordnet werden. Diese Daten bilden die Grundlage für die im Text enthaltenen Aussagen über die Veränderungen, die sich in den sieben Jahren zwischen den beiden Befragungen bei den Frauen ergeben haben. Zusätzlich wurden alle Fragebögen dieser Gruppe, die Kommentare der Befragten enthielten, kopiert. Die Fragebögen stammen von Record Group #86, Boxen 739–767. Vgl. auch Goldin (1990), Datenanhang.

Kapitel 5: Great Aspirations Data

Bei »Karrierepläne und Erfahrungen der Collegeabsolventen vom Juni 1961«, wie der Datensatz *Great Aspirations* am Interuniversity Consortium for Political and Social Research (ICPSR) formell betitelt wird, handelt es sich um eine Längsschnittstudie, die Collegeabsolventen im Frühjahr 1961 (Welle A), 1962 (Welle B), 1963 (Welle C), 1964 (Welle D) und 1968 (Welle E) befragte. Jede Erhebungswelle stellt Fragen zu Karriereplänen und -zielen, die oft mit den ursprünglichen Plänen der Absolventinnen und Absolventen verglichen werden, ebenso wie zur Haltung zu bestimmten Berufsfeldern. Welle D enthält einen Zusatzbogen für weibliche Befragte, in dem ihre Haltung zu Familienplanung und Karriereentscheidungen erfasst wird. Welle E wurde sieben Jahre nach dem Studienabschluss durchgeführt und enthält viele Fragen zu Erfahrungen und Zufriedenheit, die die Befragten rückblickend ihren Bildungseinrichtungen entgegenbringen.

Die erste Stichprobe wurde unter Seniors an 135 Colleges und Universitäten in den USA gesammelt, die vorhatten, im Juni 1961 ihren Abschluss zu machen. Die Stichprobe wurde nach einem zweistufigen Wahrscheinlichkeitsverfahren ausgewählt, bei dem erst bestimmte Colleges aus einer Gruppe möglicher Bildungseinrichtungen und dann wiederum Studentinnen und Studenten aus diesen Colleges ausgewählt wurden. Insgesamt erhielten 41 116 Personen Fragebögen. Die finale Stichprobe aus Universitäten, Liberal Arts Colleges und Teachers Colleges umfasst 35 527 Befragte, die über die Jahre einen unbalancierten Längsschnitt bilden.

Die fünf Erhebungswellen des Originaldatensatzes, der von Forschungsleiter James David genutzt wurde, wurden im Konsortium unter ICPSR 07344 archiviert: »Karrierepläne und Erfahrungen der Collegeabsolventen vom Juni 1961«. Die originalen Daten lagen in ASCII-Form ohne (zugehöriges) Kodebuch. Um Abhilfe zu schaffen, habe ich ICPSR 121481, ein Update des Originaldatensatzes, hinzugezogen. Die auf dem *Great-Aspirations*-Datensatz beruhende Analyse in Kapitel 5 wurde unter Einbezug aller fünf Erhebungswellen des Originaldatensatzes verfasst. Vgl. Davis (1964) und eine umfassendere Beschreibung dieses Datensatzes im Online-Anhang zu diesem Buch auf der Website der Princeton University Press.

Stichprobengröße der fünf Erhebungswellen des *Great-Aspirations*-Datensatzes für Befragte von Universitäten, Liberal Arts Colleges und Teachers Colleges

	Alle Erhebungswellen	Welle A	Welle B	Welle C	Welle D	Welle E
Alle Befragten	35527	32092	29438	28188	23146	4615
Weibliche Befragte	13086	11952	11136	10479	8254	1778

Kapitel 5: Radcliffe College Centennial Survey, 1977

Die Befragung, die Teil der Feier des hundertjährigen Jubiläums des Radcliffe Colleges bildete, wurde an alle Frauen versandt, die am College zwischen den Jahren 1900 und 1977 ein Grundstudium oder Aufbaustudium belegten. Mehr als 6000 Frauen füllten die Fragebögen aus und sandten sie zurück, was eine Antwortrate von 48 Prozent darstellt. Der Bogen enthielt Fragen zur weiteren Ausbildung, bezahlter und freiwilliger Arbeit, beruflicher Laufbahn, Ehe und Kinder, zur Ausbildung eines etwaigen Ehemanns und seinem Beruf sowie Haltung zu Frauen und Bildung. Der Datensatz befindet sich im Henry A. Murray Research Center. Vgl. auch Solomon (1985).

Kapitel 7: Career and Family Success

Um einordnen zu können, inwiefern Frauen eine Karriere und eine Familie erreicht haben, müssen diese Begriffe jeweils definiert werden. »Familie« bedeutet hier, ein Kind zu haben (auch Adoption eines Kleinkinds oder jungen Kindes). Meine Definition von »Karriere« gründet sich auf den Informationen zum Berufsleben und Einkommen der Personen. Ein weiterer Definitionsaspekt beinhaltet, dass eine Karriere sich über einen gewissen Zeitraum erstreckt und ein Arbeitseinkommen über einem bestimmten Niveau voraussetzt.

Ich greife dafür auf zwei umfangreiche Langzeitdatensätze zurück, die mir erlauben, Schlüsse zum beruflichen und familiären Erfolg sowohl der weiblichen als auch männlichen Collegeabsolventen, die zwischen 1931 und 1964 geboren wurden, zu ziehen. In früheren Arbeiten (Goldin 1997, 2004) habe ich den beruflichen und familiären Erfolg von Collegeabsolventinnen in ihren späten Dreißigern und Anfang 40 eingeschätzt. Die Teilnehmenden an der National Longitudinal Survey of Youth, 1979 (NLSY79) sind nun alt genug, um sie bis in ihre Fünfziger zu beobachten. Für meine derzeitigen Untersuchungen nutzte ich die Health and Retirement Study (HRS), die sich auch auf Sozialversicherungsdaten stützt, um den Erfolg von Frauen in Gruppe Drei und Vier bis Anfang 50 zu verfolgen. Zudem stelle ich Vergleichsdaten von Männern mit Collegeabschluss zur Verfügung.

All diesen Schätzungen lege ich als Kriterium für eine Karriere ein Einkommen zugrunde, das über dem 25. Perzentil bei ganzjährig Vollzeit arbeitenden Männern in derselben Altersklasse und mit demselben Bildungsstand liegt. Die Daten zu den Einkünften der Männer stammen aus der Current Population Survey (CPS) für die entsprechenden Jahre. Das Einkommen von Männern im 25. Perzentil ist in den meisten Jahren ungefähr vergleichbar mit dem Medianeinkommen von Frauen.

Um der Definition nach eine erfolgreiche Karriere zu haben, müsste das Einkommensniveau für eine gewisse Anzahl aufeinanderfolgender Jahre überschritten werden (oder in einem Zeitraum von nahe beieinanderliegenden Jahren, insofern die Untersuchung alle zwei Jahre durchgeführt wurde.) Demnach wurde es als Karriere für eine Collegeabsolventin zwischen 40 und 44 definiert, wenn sie mindestens so viel wie ein männlicher Collegeabsolvent im gleichen Alter verdiente, der sich bei der männlichen Verteilung im 25. Perzentil befand. Da die NLSY79 jedes zweite Jahr die Teilnehmenden befragte, wurden sie dreimal in einem Fünfjahresintervall miteinbezogen. Demnach hatte eine Frau eine Karriere, wenn sie bei zwei aus drei möglichen Befragungen über der Grenze lag.

Ich nutze ungefähr dieselbe Definition, indem ich auf die HRS, die sich auch auf Sozialversicherungsdaten (und W-2) stützt, zurückgreife (Goldin und Katz 2018). Die jährlichen Einkommensdaten der HRS werden jedes Jahr erhoben, diejenigen der NLSY79 alle zwei Jahre. Ein Unterschied ist also, dass ich »Karriere« in der HRS so definiere, dass das Einkommenskriterium für mindestens drei Jahre in jedem Fünfjahreszeitraum erfüllt werden muss. Es gibt keine Überschneidungen der Geburtengruppen bei der NLSY79 und den Daten, die von der HRS zum Zeitpunkt, zu dem dieser Text entsteht, zur Verfügung stehen.

Mit den HRS-Daten teile ich die Stichprobe der Einfachheit halber in vier Gruppen zwischen 1931 und 1957 auf. Die ersten beiden Untergruppen bilden eine »frühe« Gruppe Drei (geboren zwischen 1931 und 1937) und eine »spätere« Gruppe Drei (geboren zwischen 1938 und 1944) ab. Aktuellere Geburtenjahrgänge entsprechen einer »frühen« Gruppe Vier (geboren zwischen 1945 und 1950) sowie einer »späteren« Gruppe Vier (geboren zwischen 1951 und 1957). 79,9 Prozent der Collegeabsolventinnen der Gruppe Vier zwischen 1951 und 1957 aus der HRS geben mit 50 an, mindestens ein leibliches Kind zu haben. In den Jahrgängen zwischen 1957 und 1964 der NLSY79 sind es 71,8 Prozent, die zwischen 39 und 46 ein Kind bekommen haben. Um etwaige zu hohe Angaben der Geburten in der HRS zu korrigieren, habe ich die Gesamtkohortenfertilitätsrate der HRS für die finalen

Berechnungen von Karriere- und Familienerfolg mit den June Fertility Supplements der CPS ersetzt.

Kapitel 7: Harvard and Beyond Project

Dieses Projekt stellt detaillierte Informationen über die Bildung, Karriere und familiäre Veränderungen von 13 Jahrgängen des Colleges Harvard/Radcliffe zur Verfügung. Die Erhebung wurde in Zusammenarbeit und mithilfe der finanziellen Unterstützung des Präsidenten der Harvard University, Lawrence H. Summers, durchgeführt. Siehe Goldin und Katz (2008a).

Im Rahmen des Projekts wurden die neuen Jahrgänge zwischen 1965 und 1968 befragt (von denen die meisten ihren Abschluss zwischen 1969 und 1972 machten) sowie die von 1975 bis 1978 (Abschlussjahrgänge 1979 bis 1982) und 1985 bis 1988 (Abschlussjahrgänge 1989 bis 1992). Auch Personen, die zu diesen Jahrgängen dazukamen, nach Harvard wechselten oder ihren Abschluss nicht rechtzeitig schafften, wurden berücksichtigt. Außerdem wurden Frauen aus dem Jahrgang 1973 einbezogen. Verwaltungsangaben aus Transkripten wurden hinzugefügt. Da diese bis Mitte der 1980er-Jahre nicht in elektronischer Form vorlagen, wurden sie anhand der Daten des Harvard University Registrar Office kodiert. Es gingen über 6500 Antworten auf die Umfrage ein.

Kapitel 9: University of Michigan Law School Alumni Survey Research Dataset

Der Forschungsdatensatz der University of Michigan Law School Alumni Survey beinhaltet Befragungen von Absolventen, die von 1967 bis 2006 durchgeführt wurden. Befragt wurden Absolventen und Absolventinnen, die zwischen 1952 und 2001 ihren Abschluss machten, außerdem beinhaltet der Datensatz die administrativen Daten jedes Absolventen. Die Umfragen wurden in einem Zeitraum von 5, 15, 25, 35 und 45 Jahren nach dem Erhalt ihres juristischen Abschlusses (Juris Doctor, J.D.) an die Abschlussjahrgänge versendet. Ursprünglich war die Erhebung als eine Reihe von wiederholten Querschnittstudien gedacht, da allerdings so viele Ehemalige zu den jeweiligen Zeitpunkten an der Befragung teilnahmen, eigneten sich die erhobenen Daten für eine Längsschnittuntersuchung. Wissenschaftler und Wissenschaftlerinnen, die mit diesen Daten arbeiten möchten, können sich an das University of Michigan Law School Alumni Survey Project wenden.

Kapitel 9: National Pharmacist Workforce Surveys: 2000, 2004, 2009

Die nationalen Personalbestandserhebungen unter Apothekerinnen und Apothekern wurden innerhalb von drei verschiedenen Jahren – 2000, 2004 und 2009 – vom Midwest Pharmacy Workforce Research Consortium durchgeführt. Tabellen werden vom Midwest Pharmacy Workforce Research Consortium aufbewahrt (2000, 2005, 2010). Hauptziel der Erhebungen war es, verlässliche Informationen über die demografischen und beruflichen Merkmale von Apothekerinnen und Apothekern in den Vereinigten Staaten zu sammeln. Das Projekt erhielt seine Informationen aus einer national repräsentativen Stichprobe von Apothekerinnen und Apothekern. Der Fragebogen umfasst Angaben zu Folgendem: Beschäftigungsstatus und -situation (erwerbstätig oder nicht, Umfeld, Position, wie viele Jahre bereits angestellt und wie viele Jahre in der jetzigen Position), Vergütung und geleistete Arbeitsstunden, Pläne für die Zukunft in Bezug auf die eigene Arbeit und individuelle Angaben zum demografischen Hintergrund. Über die drei Wellen hinweg konnten ungefähr für 5150 Individuen Beobachtungen angestellt werden. Vgl. Goldin und Katz (2016). Forschende, die diese und andere Erhebungen im Bereich Pharmazie und Apothekenwesen nutzen möchten, wenden sich bitte an Jon Schommer vom Konsortium.

Kapitel 10: Community Tracking Study

Die Community Tracking Study (CTS), ein Projekt des Center for Studying Health System Change (HSC), ist eine groß angelegte Untersuchung des Gesundheitssystems der Vereinigten Staaten; finanziert wird es von der Robert Wood Johnson Foundation (RWJF). Der Teil der CTS, der sich mit der Befragung von Ärzten beschäftigte, befragte Ärztinnen und Ärzte an den 60 CTS-Standorten sowie eine zusätzliche nationale Stichprobe von Ärzten und Ärztinnen. Die CTS Physician Survey fand in vier Wellen statt: 1996, 1998, 2000 und 2004. Im Jahr 2008 wurde sie von der HSC Health Tracking Physician Survey abgelöst. Nur die ersten vier Wellen beinhalten detaillierte Angaben zum Einkommen. Zusammengenommen enthalten die Daten beinahe 50 000 Beobachtungen.

Folgende Angaben zu den Ärztinnen und Ärzten stehen zur Verfügung: Geschlecht, Alter, Race, hispanische Herkunft, Jahr des medizinischen Abschlusses, genaue Angaben zum Fachgebiet, Arbeitszeiten, Arbeitswochen, Verdienst, im Besitz einer eigenen Praxis, Arbeitsbereich, Zufriedenheit mit dem eigenen Werdegang und geografische Lage. Es liegen sehr genaue Informationen zur Arbeit der Ärztinnen und Ärzte und zu durchschnittlichen Patientenmerkmalen vor. Persönliche Informationen in Bezug auf Familienstand und Kinder fehlen. Es handelt sich um Querschnittsdaten, die allerdings über einen Längsschnittaspekt verfügen, da einige der Ärzte und Ärztinnen Teil mehrerer Befragungswellen waren. Fachbereiche ohne Patientenstamm, wie Radiologie und Anästhesiologie, wurden nicht miteinbezogen, da es das Ziel dieser Studie war, Ärztinnen und Ärzte und ihre jeweiligen Patientenstämme zu erfassen. Die Daten können über das Inter-university Consortium for Political and Social Research (ICPSR) abgerufen werden. Eine Version, auf die nur eingeschränkt Zugriff gewährt wird, enthält ausführliche Fachgebiets- und Einkommensangaben der Ärzte und Ärztinnen.

Kapitel 10: American Veterinary Medical Association (AVMA) Dataset for 2007 and 2009

Der AVMA-Datensatz enthält sowohl Querschnittsinformationen als auch retrospektive Informationen zu Tierarztausbildung, Arbeitsstunden, Einkommen, Position, Fachbereich, Dienstjahren und Besitz einer eigenen Tierklinik, aufgeschlüsselt nach Geschlecht und anderen demografischen und geografischen Eigenschaften. Die Daten stammen von 8340 Tierärztinnen und Tierärzten aus den Jahren 2007 und 2009. Sie wurden von der American Veterinary Medical Association (2007, 2009) erhoben.

Da die Gesamtzahl praktizierender Tierärztinnen und Tierärzte landesweit verhältnismäßig klein ist (wahrscheinlich liegt sie ungefähr bei 60 000), liefern die üblicheren Quellen, wie die Current Population Survey (CPS) und sogar der alle zehn Jahre stattfindende Zensus, keine ausreichenden Informationen. Außerdem fehlen den gängigen Datensätzen neben anderen Variablen, die in der AVMA-Umfrage enthalten sind, Angaben zu Ausbildung, Fachgebiet und Inhaberschaft. Die AVMA-Daten werden alle zwei Jahre erhoben; Forschende können sich für diese und neuere Versionen der Umfrage gerne an die AVMA wenden.

Bibliografie

AICPA (Association of Independent Certified Public Accountants), »2017 CPA Firm Gender Survey«, 2017, besprochen in: AICPA, »Women's Initiative Executive Committee«. https://us.aicpa.org/content/dam/aicpa/career/womenintheprofession/downloadabledocuments/wiec-2017-cpa-firm-gender-survey-brochure.pdf.

Alsan, Marcella und Claudia Goldin, »Watersheds in Child Mortality: The Role of Effective Water and Sewerage Infrastructure«, in: *Journal of Political Economy* 127, Nr. 2 (2019), S. 586–638.

American Association of Medical Colleges, *Physician Specialty Data Report*, 2018, Daten entstammen der AMA-Masterfile. https://www.aamc.org/data-reports/workforce/data/active-physicians-sex-and-specialty-2017.

American Medical Association, *Physician Characteristics and Distribution in the United States*, American Medical Association Press 2013.

American Veterinary Medical Association (AVMA), *AVMA Report on Veterinary Compensation*, Schaumburg, IL: AVMA 2007.

American Veterinary Medical Association (AVMA), *AVMA Report on Veterinary Compensation*, Schaumburg, IL: AVMA 2009.

Andrew, Alison, Sarah Cattan, Monica Costa Dias, Christine Farquharson, Lucy Kraftman, Sonya Krutikova, Angus Phimister und Almudena Sevilla, »How Are Mothers and Fathers Balancing Work and Family under Lockdown?«, Institute for Fiscal Studies (IFS), London, England, Mai 2020.

Angelov, Nikolay, Per Johansson und Erica Lindahl, »Parenthood and the Gender Gap in Pay«, in: *Journal of Labor Economics* 34, Nr. 3 (2016), S. 545–579.

Antecol, Heather, Kelly Bedard und Jenna Stearns, »Equal but Inequitable: Who Benefits from Gender-Neutral Tenure Clock Stopping Policies?«, in: *American Economic Review* 108, Nr. 9 (2018), S. 2420–2441.

Azmat, Ghazala und Rosa Ferrer, »Gender Gaps in Performance: Evidence from Young Lawyers«, in: *Journal of Political Economy* 125, Nr. 5 (2017), S. 1306–1355.

Bailey, Martha, »More Power to the Pill: The Impact of Contraceptive Freedom on Women's Lifecycle Labor Supply«, in: *Quarterly Journal of Economics* 121, Nr. 1 (2006), S. 289–320.

Bailey, Martha, »Momma's Got the Pill: How Anthony Comstock and *Griswold v. Connecticut* Shaped US Childbearing«, in: *American Economic Review* 100, Nr. 1 (2010), S. 98–129.

Bertrand, Marianne, Claudia Goldin und Lawrence F. Katz, »Dynamics of the Gender Gap for Young Professionals in the Financial and Corporate Sectors«, in: *American Economic Journal: Applied Economics* 2, Nr. 3 (2010), S. 228–255.

Bitler, Marianne P. und Lucie Schmidt, »Utilization of Infertility Treatments: The Effects of Insurance Mandates«, in: *Demography* 49, Nr. 1 (2012), S. 125–149.

Blau, Francine D. und Lawrence M. Kahn, »Swimming Upstream: Trends in the Gender Wage Differential in the 1980s«, in: *Journal of Labor Economics* 15, Nr. 1, Teil 1 (1997), S. 1–42.

Blau, Francine D. und Lawrence M. Kahn, »The Gender Wage Gap: Extent, Trends, and Explanations«, in: *Journal of Economic Literature* 55, Nr. 3 (2017), S. 789–865.

Bohnet, Iris, *What works: Wie Verhaltensdesign die Gleichstellung revolutionieren kann*, übers. v. Ursel Schäfer, München: C. H. Beck 2017.

Boston Women's Health Collective, *Women and Their Bodies: A Course*, 1970. https://ourbodiesourselves.org/wp-content/uploads/Women-and-Their-Bodies-1970.pdf.

Boston Women's Health Book Collective, *The New Our Bodies, Ourselves: A Book by and for Women*, New York: Simon & Schuster 1984.

Burke, Jenna, Rani Hoitash und Udi Hoitash, »Audit Partner Identification and Characteristics: Evidence from U. S. Form AP Filings«, in: *Auditing: A Journal of Practice & Theory* 38, Nr. 3 (2019), S. 71–94.

Coleman, Robert G., »Memorial of Adolph Knopf«, in: *American Mineralogist* 53, Nr. 3–4 (1968), S. 567–576.

Collins, Gail, *When Everything Changed: The Amazing Journey of Ame-*

rican Women from 1960 to the Present, New York: Little, Brown and Company 2009.

Cookingham, Mary E., »Bluestockings, Spinsters and Pedagogues: Women College Graduates: 1865–1910«, in: *Population Studies* 38, Nr. 3 (1984), S. 649–664.

Cortés, Patricia und Jessica Pan, »Children and the Remaining Gender Gaps in the Labor Market«, NBER Working Paper Nr. 27980, Oktober 2020.

CSWEP (Committee on the Status of Women in the Economics Profession), Annual Reports, verschiedene Jahre. https://www.aeaweb.org/about-aea/committees/cswep/about/survey/annual-reports.

Cull, William L., Holly J. Mulvey, Karen G. O'Connor u. a., »Pediatricians Working Part-Time: Past, Present, and Future«, in: *Pediatrics* 109, Nr. 6 (2002), S. 1015–1020. https://doi.org/10.1542/peds.109.6.1015.

Cull, William L., Mary Pat Frintner, Karen G. O'Connor und Lynn M. Olson, »Pediatricians Working Part-Time Has Plateaued«, in: *Journal of Pediatrics* 171 (2016), S. 294–99. https://www.jpeds.com/article/S0022-3476(15)01652-2/fulltext.

Currie, Janet und Enrico Moretti, »Mother's Education and the Intergenerational Transmission of Human Capital: Evidence from College Openings«, in: *Quarterly Journal of Economics* 118, Nr. 4 (2003), S.1495–1532.

Davis, James A., *Great Aspirations: The Graduate School Plans of America's College Seniors*, Chicago, IL: Aldine Publishing Company 1964.

Davis, Katharine Bement, »Why They Failed to Marry«, in: *Harper's Magazine* 156, März 1928, S. 460–469.

Davis, Katharine Bement, *Factors in the Sex Life of Twenty-Two Hundred Women*, New York: Harper and Brothers 1929. https://archive.org/details/factorsinsexlifeoodavi.

Deryugina, Tatyana, Olga Shurchkov und Jenna E. Steans, »COVID 19 Disruptions Disproportionately Affect Female Academics«, NBER Working Paper Nr. 28360, Januar 2021.

Dingel, Jonathan I. und Brent Neiman, »How Many Jobs Can be Done at Home?«, NBER Working Paper Nr. 26948, April 2020, überarbeitet Juni 2020.

Durand, John Dana, *The Labor Force in the United States, 1890–1960*, New York: Social Science Research Council 1948.

Easterlin, Richard A., *Birth and Fortune: The Impact of Numbers on Personal Welfare*, New York: Basic Books 1980.

Finer, Lawrence B., »Trends in Premarital Sex in the United States, 1954–2003«, *Public Health Reports*, Jan/Feb 2007, S. 73–78.

Flaherty, Colleen, »Women are Falling Behind«, in: *Inside Higher Ed*, 20. Oktober 2020.

Folbre, Nancy, *The Invisible Heart: Economics and Family Values*, New York: New Press 2001.

Friedan, Betty, *Der Weiblichkeitswahn oder Die Selbstbefreiung der Frau: Ein Emanzipationskonzept*, übers. v. Margaret Garroux, dt. Ausgabe im Einverständnis mit der Autorin leicht gekürzt, mit zus. Kap. von Arianna Giachi, Reinbek bei Hamburg: Rowohlt Repertoire 2016.

Garbes, Angela, »The Numbers Don't Tell the Whole Story«, in *New Yorker*, 1. Februar 2021.

Gilette, Moriah, »Profile of Katharine Bement Davis«, in: A. Rutherford (Hg.), *Psychology's Feminist Voices Multimedia Internet Archive* 2018. Abgerufen von https://feministvoices.com/profiles/katharine-bement-davis.

Ginther, Donna K. und Shulamit Kahn, »Women in Economics: Moving Up or Falling Off the Academic Career Ladder?«, in: *Journal of Economic Perspectives* 18, Nr. 3 (2004), S. 193–214.

Goldin, Claudia, »Female Labor Force Participation: The Origin of Black and White Differences, 1870 to 1880«, in: *Journal of Economic History* 37, Nr. 1 (1977), S. 87–108.

Goldin, Claudia, *Understanding the Gender Gap: An Economic History of American Women*, New York: Oxford University Press 1990.

Goldin, Claudia, »Marriage Bars: Discrimination against Married Women Workers from the 1920s to the 1950s«, in: Henry Rosovsky, David Landes und Patrice Higonnet (Hg.), *Favorites of Fortune: Technology, Growth, and Economic Development since the Industrial Revolution*, Cambridge, MA: Harvard University Press 1991, S. 511–536.

Goldin, Claudia, »Career and Family: College Women Look to the Past«, in: R. Ehrenberg und F. Blau (Hg.), *Gender and Family Issues in the Workplace*, New York: Russell Sage Foundation Press 1997.

Goldin, Claudia, »The Long Road to the Fast Track: Career and Family«, in: *Annals of the American Academy of Political and Social Science* 596, November (2004), S. 20–35.

Goldin, Claudia, »From the Valley to the Summit: A Brief History of the Quiet Revolution that Transformed Women's Work«, in: *Regional Review* 14, Q1 (2005), S. 5–12.

Goldin, Claudia, »The ›Quiet Revolution‹ That Transformed Women's Employment, Education, and Family«, in: *American Economic Review* (Ely Lecture) 96, Nr. 2 (2006), S. 1–21.

Goldin, Claudia, »A Grand Gender Convergence: Its Last Chapter«, in: *American Economic Review* 104, Nr. 4 (2014), S. 1091–1119.

Goldin, Claudia, »A Pollution Theory of Discrimination: Male and Female Differences in Occupations and Earnings«, in: Leah Boustan, Carola Frydman und Robert A. Margo (Hg.), *Human Capital and History: The American Record*, Chicago: University of Chicago Press 2014a, S. 313–348.

Goldin, Claudia und Lawrence F. Katz, »The Power of the Pill: Oral Contraceptives and Women's Career and Marriage Decisions«, in: *Journal of Political Economy* 110, Nr. 4 (2002), S. 730–770.

Goldin, Claudia und Lawrence F. Katz, *The Race between Education and Technology*, Cambridge, MA: Belknap Press 2008.

Goldin, Claudia und Lawrence F. Katz, »Transitions: Career and Family Life Cycles of the Educational Elite«, in: *American Economic Review: Papers & Proceedings* 98, Nr. 2 (2008a), S. 363–369.

Goldin, Claudia und Lawrence F. Katz, »Putting the ›Co‹ in Education: Timing, Reasons, and Consequences of College Coeducation from 1835 to the Present«, in: *Journal of Human Capital* 5, Nr. 4 (2011), S. 377–417.

Goldin, Claudia und Lawrence F. Katz, »A Most Egalitarian Profession: Pharmacy and the Evolution of a Family Friendly Occupation«, in: *Journal of Labor Economics* 34, Nr. 3 (2016), S. 705–746.

Goldin, Claudia und Lawrence F. Katz, »Women Working Longer: Facts and Some Explanations«, in: C. Goldin und L. Katz (Hg.), *Women Working Longer: Increased Employment at Older Ages*, Chicago: University of Chicago Press 2018.

Goldin, Claudia, Lawrence F. Katz und Ilyana Kuziemko, »The Homecoming of American College Women: The Reversal of the College Gender Gap«, in: *Journal of Economic Perspectives* 20, Nr. 4 (2006), S. 133–156.

Goldin, Claudia, Sari Pekkala Kerr und Claudia Olivetti, »Why Firms Offer Paid Parental Leave: An Exploratory Study«, NBER Working Paper Nr. 26617, Januar 2020, in: Isabel Sawhill und Betsey Stevenson (Hg.), *Paid Leave for Caregiving: Issues and Answers*, Washington, DC: AEI/Brookings Institution 2020, S. 66–92.

Goldin, Claudia, Sari Pekkala Kerr, Claudia Olivetti und Erling Barth, »The Expanding Gender Earnings Gap: Evidence from the LEHD-2000 Census«, in: *American Economic Review, Papers & Proceedings* 107, Nr. 5 (2017), S. 110–114.

Goldin, Claudia und Joshua Mitchell, »The New Lifecycle of Women's Employment: Disappearing Humps, Sagging Middles, Expanding Tops«, in: *Journal of Economic Perspectives* 31, Nr. 1 (2017), S. 161–182.

Goldin, Claudia und Cecilia Rouse, »Orchestrating Impartiality: The Impact of ›Blind‹ Auditions on Female Musicians«, in: *American Economic Review* 90, Nr. 4 (2000), S. 715–741.

Goldin, Claudia und Maria Shim, »Making a Name: Women's Surnames at Marriage and Beyond«, in: *Journal of Economic Perspectives* 18, Nr. 2 (2004), S. 143–160.

Greenwood, Jeremy, *Evolving Households: The Imprint of Technology on Life*, Cambridge, MA: MIT Press 2019.

Greenwood, Jeremy, Ananth Seshadri und Mehmet Yorukoglu, »Engines of Liberation«, in: *Review of Economic Studies* 72, Nr. 1 (2005), S. 109–133.

Grunwald, Lisa und Stephen J. Adler (Hg.), *Women's Letters: America from the Revolutionary War to the Present*, New York: Dial Press 2005.

Guryan, Jonathan, Erik Hurst und Melissa Kearney, »Parental Education and Parental Time with Children«, in: *Journal of Economic Perspectives* 22, Nr. 3 (2008), S. 23–46.

Handley, Lucy, »Companies Will Have to ›Seduce‹ Staff to Go Back to the Office, Real Estate CEO Says«, in: *Our New Future*, McKinsey and Company Report, 29. September 2020.

Heaney, Seamus, *Ausgewählte Gedichte*, übers. v. Giovanni Bandini und Ditte König, München: Hanser 1995.

Hegewisch, Ariane und Heidi Hartmann, *Occupational Segregation and the Gender Wage Gap: A Job Half Done*, Institute for Women's Policy Research Report, Januar 2014.

HERI CIRP (Astin) Freshman Survey. https://heri.ucla.edu/cirp-freshman-survey/.

Hewlett, Sylvia Ann, *Off-Ramps and On-Ramps: Keeping Talented Women on the Road to Success*, Cambridge, MA: Harvard Business Press 2008.

Horowitz, Daniel, *Betty Friedan and the Making of »The Feminine Mystique«: The American Left, the Cold War, and Modern Feminism*, Amherst: University of Massachusetts Press 1998.

Hsieh, Chang-Tai, Charles I. Jones, Erik Hurst und Peter J. Klenow, »The Allocation of Talent and U.S. Economic Growth«, in: *Econometrica* 87, Nr. 5 (2019), S. 1439–1474.

Hwang, Jisoo, »Housewife, ›Gold Miss‹, and Educated: The Evolution of Educated Women's Role in Asia and the U.S.«, in: *Journal of Population Economics* 29, Nr. 2 (2016), S. 529–570.

Isen, Adam und Betsey Stevenson, »Women's Education and Family Behavior Trends in Marriage, Divorce, and Fertility«, in: J. Shoven (Hg.), *Demography and the Economy*, Chicago: University of Chicago Press 2010, S. 107–140.

James, Edward T., Janet Wilson James und Paul S. Boyer (Hg.), *Notable American Women, 1607–1950: A Biographical Dictionary*, Bde 1–3, Cambridge, MA: Harvard University Press 1971.

Kleven, Henrik, Camille Landais, Johanna Posch, Andreas Steinhauer und Josef Zweimüller, »Child Penalties across Countries: Evidence and Explanations«, in: *AEA Papers and Proceedings* 109, Mai (2019), S. 122–126.

Kleven, Henrik, Camille Landais und Jakob Egholt Søgaard, »Children and Gender Inequality: Evidence from Denmark«, in: *American Economic Journal: Applied Economics* 11, Nr. 4 (2019), S. 181–209.

Komarovsky, Mirra, *Women in College: Shaping New Feminine Identities*, New York: Basic Books 1985.

Krentz, Matthew, »Men Wanted: How Men Can Increase Gender Parity«, LinkedIn 11. Oktober 2017. https://www.linkedin.com/pulse/men-wanted-how-can-increase-gender-parity-matt-krentz/.

Ledbetter, Lilly und Lanier Scott Isom, *Grace and Grit: My Fight for Equal Pay and Fairness at Goodyear and Beyond*, New York: Three Rivers Press, Crown Publishers 2012.

Lemann, Nicholas, *The Big Test: The Secret History of the American Meritocracy*, New York: Farrar, Straus, and Giroux 2000.

Lepore, Jill, »Ruth Bader Ginsburg's Unlikely Path to the Supreme Court«, in: *New Yorker*, 1. Oktober 2018.

Lundberg, Shelly, Robert A. Pollak und Jenna Stearns, »Family Inequality: Diverging Patterns in Marriage, Cohabitation, and Childbearing«, in: *Journal of Economic Perspectives* 30, Nr. 2 (2016), S. 79–102.

Manning, Wendy D., Susan L. Brown und Bart Stykes, »Trends in Births to Single and Cohabiting Mothers, 1980–2013«, Family Profiles FP-15-03, National Center for Family and Marriage Research 2015.

McCarthy, Mary, *The Group*, New York: Harcourt, Brace & World 1963.

McCracken, Douglas M., »Winning the Talent War for Women: Sometimes It Takes a Revolution«, in: *Harvard Business Review*, Nov.-Dez. 2000, Reprint R00611.

Medscape, »Female Physician Compensation Report«, 2018, https://www.medscape.com/slideshow/2018-compensation-female-physician-6010006#23.

Menken, Jane, James Trussell und Ulla Larsen, »Age and Infertility«, in: *Science* 233, Nr. 4771 (1986), S. 1389–1394.

Midwest Pharmacy Workforce Research Consortium, *Final Report of the National Pharmacist Workforce Survey: 2000*, Alexandria, VA: Pharmacy Manpower Project 2000.

Midwest Pharmacy Workforce Research Consortium, *Final Report of the 2004 National Sample Survey of the Pharmacist Workforce to Determine Contemporary Demographic and Practice Characteristics*, Alexandria, VA: Pharmacy Manpower Project 2005.

Midwest Pharmacy Workforce Research Consortium, *Final Report of the 2009 National Pharmacist Workforce Survey to Determine Con-*

temporary Demographic and Practice Characteristics, Alexandria, VA: Pharmacy Manpower Project 2010.

Molina, V. Sue, »Changing the Face of Consulting: The Women's Initiative at Deloitte«, in: *Regional Review of the Federal Reserve Bank of Boston* Q1 (2005), S. 42–43.

National Education Association (NEA), *Practices Affecting Teacher Personnel*, Research Bulletin of the NEA, VI(4), Washington, DC: NEA, September 1928.

National Education Association (NEA), *Administrative Practices Affecting Classroom Teachers. Part I: The Selection and Appointment of Teachers and Retention, Promotion, and Improvement of Teachers*, Research Bulletin of the NEA, X(1), Washington, DC: NEA, Januar 1932.

National Education Association (NEA), *Teacher Personnel Procedures: Selection and Appointment*, Research Bulletin of the NEA, XX(2), Washington, DC: NEA, März 1942.

National Education Association (NEA), *Teacher Personnel Practices. 1950–51: Appointment and Termination of Service*, Research Bulletin of the NEA, XXX(1), Washington, DC: NEA, Februar 1952.

Niederle, Muriel und Lise Vesterlund, »Do Women Shy Away from Competition? Do Men Compete too Much?«, in: *Quarterly Journal of Economics* 122, Nr. 3 (2007), S. 1067–1101.

Office of History and Preservation, Office of the Clerk, US House of Representatives, *Women in Congress: 1917–2006*, Washington, DC: US GPO 2006.

Office of History and Preservation, Office of the Clerk, US House of Representatives, *Black Americans in Congress: 1870–2007*, Washington, DC: US GPO 2008.

Olivetti, Claudia, »Changes in Women's Hours of Market Work: The Role of Returns to Experience«, in: *Review of Economic Dynamics* 9, Nr. 4 (2006), S. 557–587.

Olivetti, Claudia und Barbara Petrongolo, »The Economic Consequences of Family Policies: Lessons from a Century of Legislation in High-Income Countries«, in: *Journal of Economic Perspectives* 31, Nr. 1 (2017), S. 205–230.

Oliver, Mary, *Sag mir, was hast du vor mit deinem wilden, kostbaren Leben*, Gesammelte Gedichte, übers. v. Jürgen Brôcan, Zürich: Diogenes 2023.

O'Neill, June und Solomon Polachek, »Why the Gender Gap in Wages Narrowed in the 1980s«, in: *Journal of Labor Economics* 11, Nr. 1 (1993), S. 205–228.

Pedersen, Sharon, »Married Women and the Right to Teach in St. Louis, 1941–1948«, in: *Missouri Historical Review* 81, Nr. 2 (1987), S. 141–158.

Pew Research, »The Decline of Marriage and Rise of New Families«, 18. November 2010.

Pew Research, »Social and Demographic Trends Project, 2012 Gender and Generations Survey«, November/Dezember 2012.

Pew Research, »Gender Discrimination Comes in Many Forms for Today's Working Women«, Kim Parker und Cary Funk, Juli/August 2017.

Pew Research, »How the Coronavirus Outbreak Has – and Hasn't – Changed the Way Americans Work«, Kim Parker, Juliana Horowitz und Rachel Minkin, Dezember 2020. https://www.pewresearch.org/social-trends/2020/12/09/how-the-coronavirus-outbreak-has-and-hasnt-changed-the-way-americans-work/.

Preston, Samuel H. und Michael R. Haines, *Fatal Years: Child Mortality in Late Nineteenth-Century America*, Princeton, NJ: Princeton University Press 1991.

Ramey, Garey und Valerie Ramey, »The Rug Rat Race«, in: *Brookings Papers on Economic Activity* (Spring 2010), S. 129–199.

Reid, Margaret G., *Economics of Household Production*, New York: John Wiley & Sons 1934.

Rotella, Elyce J., *From Home to Office: U. S. Women at Work, 1870–1930*, Ann Arbor, MI: UMI Research Press 1981.

Rotz, Dana, »Why Have Divorce Rates Fallen?: The Role of Women's Age at Marriage«, in: *Journal of Human Resources* 51, Nr. 4 (2016), S. 961–1002.

Rubin, Lillian B., *Families on the Fault Line: America's Working Class Speaks about the Family, the Economy, Race, and Ethnicity*, New York: HarperCollins 1994.

Seim, David L., »The Butter-Margarine Controversy and ›Two Cultures‹ at Iowa State College«, in: *The Annals of Iowa* 67, Nr. 1 (2008), S. 1–50.

Shinn, Milicent Washburn, »The Marriage Rate of College Women«, in: *Century Magazine* 50 (1895), S. 946–948.
Sicherman, Barbara und Carol Hurd Green (Hg.), *Notable American Women: A Biographical Dictionary*, Bd. 4, *The Modern Period*, Cambridge, MA: Belknap Press 1980.
Smith, Daniel Scott und Michael S. Hindus, »Premarital Pregnancy in America 1640–1971: An Overview and Interpretation«, in: *Journal of Interdisciplinary History* 5, Nr. 4 (1975), S. 537–570.
Solomon, Barbara Miller, *In the Company of Educated Women: A History of Women and Higher Education in America*, New Haven, CT: Yale University Press 1985.
Solomon, Barbara Miller, »Radcliffe Alumnae Questionnaires of 1928 and 1944«, Archiveintrag, Henry A. Murray Research Center at Radcliffe 1989.
Steinmann, Marion, gemeinsam mit »the Women of the Cornell Class of 1950«, *Women at Work: Demolishing a Myth of the 1950s*, Bloomington, IN: Xlibris Corporation 2005.
Stevenson, Betsey, »The Impact of Divorce Laws on Marriage-Specific Capital«, in: *Journal of Labor Economics* 25, Nr. 1 (2007), S. 75–94.
Stevenson, Betsey und Justin Wolfers, »Marriage and Divorce: Changes and Their Driving Forces«, in: *Journal of Economic Perspectives* 21, Nr. 2 (2007), S. 27–52.
US Bureau of the Census, 1900 Census Special Reports: Occupations at the Twelfth Census, Washington, DC: US GPO 1904.
US Bureau of the Census, 1930 Census: Volume 4. Occupations, by States. Reports by States, Giving Statistics for Cities of 25 000 or More, Washington, DC: US GPO 1933.
US Congress, *National Income, 1929–32*, 73d Congress, 2d Session, Document No. 124, Washington, DC: US GPO 1934.
US Department of Education, NCES, *Various years, Digest of Education Statistics*, U. S. GPO. Siehe auch: https://nces.ed.gov/programs/digest/.
US Department of Labor, Women's Bureau, »First Jobs of College Women: Report of Women Graduates, Class of 1957«, in: *Women's Bureau Bulletin*, Nr. 268, Washington, DC: US GPO 1959.
US Department of Labor, Women's Bureau, »College Women Seven Years

after Graduation: Resurvey of Women Graduates-Class of 1957«, in: *Women's Bureau Bulletin*, Nr. 292, Washington, DC: US GPO 1966.

Ware, Susan und Stacy Lorraine Braukman (Hg.), *Notable American Women: A Biographical Dictionary*, Bd. 5, *Completing the Twentieth Century*, Cambridge, MA: Belknap Press 2004.

Wolfers, Justin, »Did Unilateral Divorce Laws Raise Divorce Rates? A Reconciliation and New Results«, in: *American Economic Review* 96, Nr. 5 (2006), S. 1802–1820.

Yohalem, Alice M., The Careers of Professional Women: Commitment and Conflict, Montclair, NJ: Allanheld Osmun 1979.

Zimmerman, Seth, »Elite Colleges and Upward Mobility to Top Jobs and Top Incomes«, in: *American Economic Review* 109, Nr. 1 (2019), S. 1–47.

Liste der Abbildungen und Tabellen

Abbildungen

Tabelle

Liste der Online-Abbildungen, Online-Tabellen und Online-Quellen

Diese Materialien sind auf der Webpage des Buchs der Princeton University Press zu finden oder unter dem Link https://assets.press.princeton.edu/releases/m30613.pdf.

Kapitel 2

Kapitel 3

Kapitel 4

Kapitel 5

Kapitel 7

Kapitel 8

Kapitel 9

Kapitel 10

Epilog